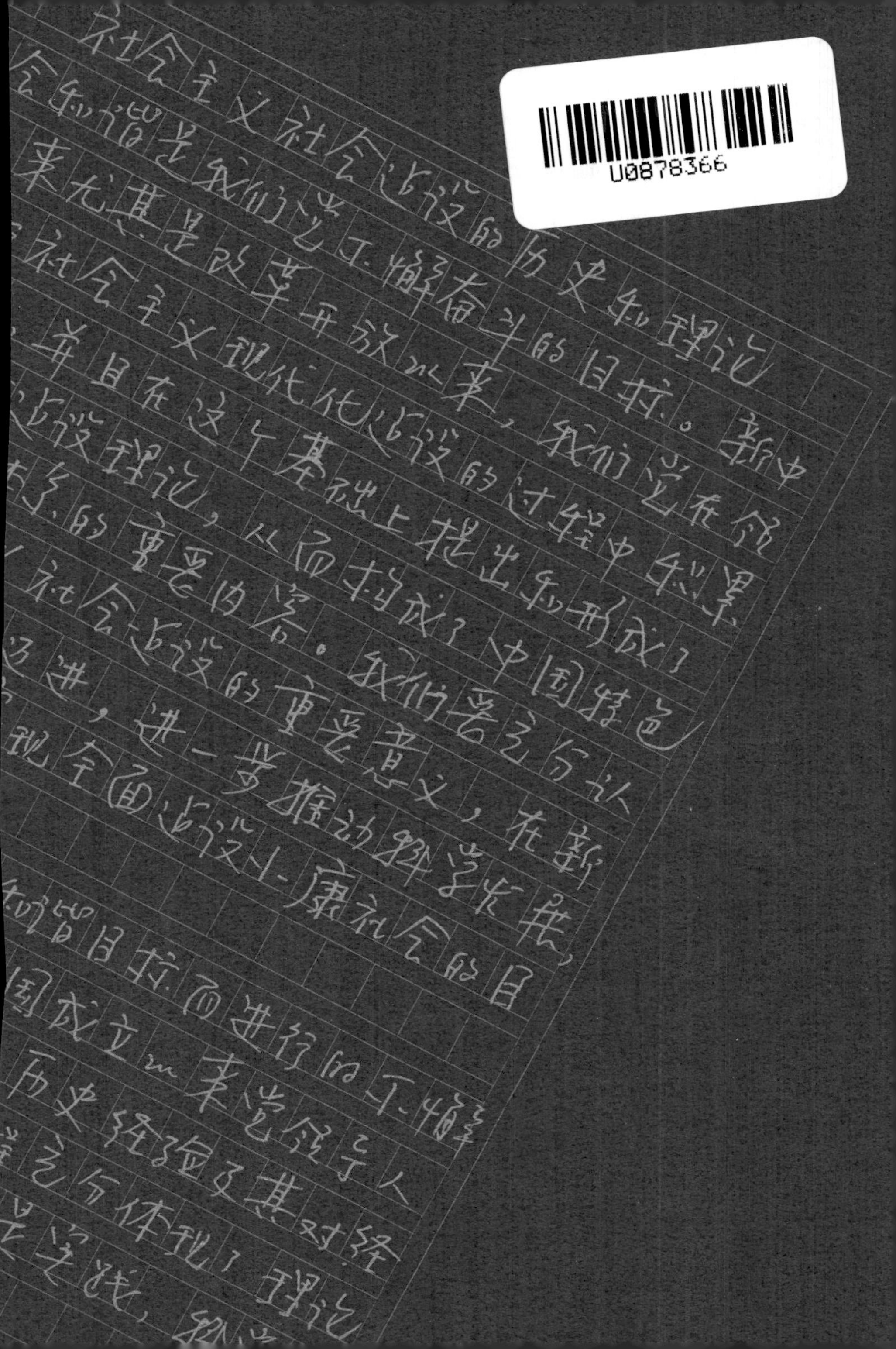

社会主义社会建设的历史和理论
会和谐是我们党不懈奋斗的目标。新中
来尤其是改革开放以来，我们党在领
社会主义现代化建设的过程中积累
并且在这个基础上提出和形成了
建设理论，从而构成了中国特色
的重要内容。我们要充分认
社会建设的重要意义，在新
迈进，进一步推动科学发展，
现全面建设小康社会的目
和谐目标而进行的不懈
国成立以来党领导人
历史经验丰富其对经
充分体现了理论

Yan

uhan

严书翰自选集

YANSHUHAN ZIXUANJI

学习 理论文库

学习出版社

严书翰

严书翰，1950年生于福建省福州市。1969—1971年上山下乡插队劳动。1971—1977年在工厂当工人。1978年恢复高考后考入大学。1991年毕业于中共中央党校研究生院并获法学博士学位。教授，博士研究生导师，享受国务院政府特殊津贴。2001—2010年任中共中央党校科学社会主义教研部主任，社会发展研究所所长。现为中央马克思主义理论研究和建设工程课题组首席专家、全国哲学社会科学基金项目课题评审组专家、国务院学位委员会第六届学科评议组专家，中国科学社会主义学会常务副会长。

主要著作有：《社会主义基本问题研究》、《现代化与社会全面发展》、《经济全球化背景下社会主义与资本主义关系》、《当代资本主义研究》、《与新时期论坛同行》、《中国和平发展过程中经济社会发展战略重大转型》等。1982年以来，在国内外发表论文400多篇。1999年以来先后主持并完成了三项国家社科基金课题。目前正主持一项重大国家课题：中国特色社会主义理论和实践研究。在《求是》2001年第8期发表论文《新时期加强党的建设的基本方针》获全国第八届“五个一工程”优秀论文。2008年9月28日，为十七届中央政治局第八次集体学习讲课。讲课题目：中国特色社会主义理论体系研究。

自　　序

这本《自选集》主要收进2003年以来发表的论文、文章和少量的讲稿。2005年，我的家乡出版社即福建人民出版社以《与新时期论坛同行》为书名出版了我的文集。该文集主要收进的是2003年以前发表的论文和文章。所以，这两本文集可以看做是我前后相互衔接的两本著作。

编辑出版两本文集，使我有机会能对近30年从事的理论学习、研究和教学及其成果进行总结和梳理，并以这种形式向组织汇报，向同行请教，请读者指正。

从时代背景上看，这本《自选集》反映了十六大以来党和国家伟大变化的历史。这个变化有两点根本的标志，一是我国综合国力有了显著提升，二是党的指导思想实现了与时俱进。

从本书内容上看，这本《自选集》除了体现十六大以来这10多年历史性变化外，其中4个部分的内容还有一定的内在逻辑联系。第一部分的论文、文章主要围绕党的指导思想即中国特色社会主义理论体系，从不同角度和层面上所作的阐述。列宁有句名言：没有革命的理论，就不会有革命的运动。新中国成立60年来，我们取得一切成就的根本原因是我们坚持以中国化的马克思主义为指导。中国特色社会主义理论体系是马克思主义中国化的最新成果，是中国共产党人的伟大创造，是全党全国各族人民的主心骨，是实现中华民族伟大复兴的精神动力。

第二部分的论文、文章主要围绕新中国成立60年特别是改革开放30年的成就、经验和世界影响等所作的分析。体现了据史立论和论从史出的体例。其中一篇论文是以我们党60年来对我国工业化现代化的认识和奋斗为线索，再现了我们党对中国特色社会主义道路的艰辛探索过程和取得的成就及其宝贵启示。另一篇论文提出了对“中国道路”的世界影响要作出实事求是的审慎的评价等。应该说这些都是许多读者非常关心的问题。

第三部分的论文、文章主要集中对十六大以来党的理论创新成果科学发展观和构建社会主义和谐社会理论作较为深入的研究。其中有的论文对社会主义和谐社会理论提出的背景、构建社会主义和谐社会的热点和难点问题以及社会主义社会建设理论有新的概括和见解。

第四部分的论文、文章主要围绕我们党的指导思想的理论基础即科学社会主义，还有执政党建设所作的阐析。这一部分论述科学社会主义的几篇论文，吸收了2004年党中央实施马克思主义理论研究和建设工程以来，我国理论界推进科学社会主义研究所取得的成果。其中一篇论文对科学社会主义基本范畴作了新的解析。还有一篇论文对新形势下加强和改进党的建设作了较为全面的解读。

第五部分的论文、文章主题内容不一，篇幅长短不一，但有一点是相同的，就是对现实生活中提出的重大问题的战略思考和对策建议。虽然它们之间不像前4部分的论文、文章有逻辑上的关联，但都是经过深思熟虑后写成的。我自信还能经得起读者的审视。

《自选集》以《马克思主义为什么今后还管用》作为结束语。既指出了作为我们党的指导思想的理论基础的马克思主义的生命力、战斗力和吸引力，又表达了许许多多和我有同样信仰的人的共同信念。“子规夜半犹啼血，不信东风唤不回”。

我确实把这次出版《自选集》当做汇报、请教和交流的机会。“汇报”是指向组织上报告。我是党培养的，组织上给了我很多学术荣誉，我要利用这一机会向组织汇报10多年来学习、研究和讲授党的基本理论的成果。这也是另一种形式的述职；“请教”是指向同行讨教。《自选集》中的论文、文章涉及重大理论与实践问题。在当今各种文化相互激荡，各种思潮蜂拥而出的背景下，就是同行之间的看法都很不一样。我们要习惯于在不同的声音中探讨、思考、表达。我以为这是我向同行尤其是不同意我的见解的人请教的好机会；“交流”是指与广大读者互动。承蒙他们的厚爱，我每每发表一篇文章都会收到读者的反馈。这可以从我在中国网博客上发表的文章的点击率和跟帖中看出来。但是我博客上的文章不过10多篇，而这本《自选集》则是10多年来我的论文、文章的精选。应该说它为我与广大读者的交流搭建了一个较大的平台。期待着在与读者交流中对我不吝赐教。

最后需要说明的至少有两点。一是《自选集》在结集过程中做了些技术处理。如原文中经常出现的“今年”、“本世纪”等都做了准确的标明。二是重复问题困扰着我结集此书的始终。从单篇论文和文章上看，某些论述或引文是不能少的。但是把它们集结在一起就难免重复了。对此虽然也做了处理，仍不能完全解决。只好请同行和读者谅解了。

严书翰

2010年6月于

北京颐和园昆明湖畔

目　录

关于中国特色社会主义理论体系

坚持用中国特色社会主义理论体系武装全党 …………（3）

自觉坚持和不断发展科学社会主义基本原则 …………（17）

中国特色社会主义理论体系研究的几个问题 …………（28）

中国特色社会主义的主题 ……………………………（43）

中国特色社会主义形成和发展的理论轨迹 ……………（59）

中国特色社会主义理论体系的学科建设 ………………（86）

关于新中国成立60年和改革开放30年

新中国成立以来党对工业化现代化不断认识和不懈奋斗的轨迹 …………………………………（99）
为实现中华民族伟大复兴而继续努力奋斗 ……………（110）
改革开放与社会主义历史命运………………………（120）
改革开放与中国工人阶级 ……………………………（141）
中国政治发展道路的未来展望………………………（155）
“中国道路”的世界影响……………………………（159）

关于构建社会主义和谐社会

社会主义和谐社会若干重要问题解析 ………………（173）
科学发展社会和谐是发展中国特色社会主义的基本要求 ……………………………（198）
经济社会结构转型与构建社会主义和谐社会 …………（206）
社会主义社会建设理论的提出及其重要意义 …………（216）

建设和谐文化是篇大文章 …………………………………（228）
加强社会主义核心价值观的研究…………………………（237）
社会主义和谐社会研究中的若干热点难点问题 ………（249）
在新的历史起点上推进科学发展社会和谐 ……………（254）

关于科学社会主义与党的建设

科学社会主义形成和发展的第一个50年…………………（267）
20世纪科学社会主义的理论发展和实践进程 …………（286）
马克思恩格斯创立的科学社会主义 ……………………（302）
科学社会主义基本范畴解析………………………………（312）
科学社会主义在经济文化比较落后国家的
　实现和发展 ……………………………………………（326）
如何认识21世纪社会主义的复兴 ………………………（342）
科学发展观对党的执政能力提出了新的
　更高的要求 ……………………………………………（349）
新形势下加强和改进党的建设的纲领 …………………（359）

战略与对策研究

我国经济社会发展战略的第三次重大转型 …………… (379)

建设和发展中国特色社会主义的切入点 ……………… (389)

建设社会主义新农村多角度研究 ……………………… (394)

走中国特色城镇化发展道路……………………………… (413)

最广泛最充分地调动一切积极因素 …………………… (433)

解决当前我国若干社会阶层利益诉求的建议 ………… (445)

加快推进以改善民生为重点的社会建设 ……………… (455)

要把以人为本落到实处 ………………………………… (479)

一项关系社会主义现代化建设全局的重大决策 ……… (483)

要使协商民主成长为先进文化的重要组成部分 ……… (492)

结束语：马克思主义为什么今后还管用 ……………… (503)

关于中国特色
社会主义理论体系

GUANYU ZHONGGUO TESE
SHEHUI ZHUYI LILUN TIXI

坚持用中国特色社会主义理论体系武装全党*

党的十七大提出深入学习贯彻中国特色社会主义理论体系，着力用马克思主义中国化最新成果武装全党。十七届四中全会重申坚持用中国特色社会主义理论体系武装全党。这是我们党在新的历史起点上引领中华民族继续前进的强大的精神动力，是我们克服今后前进道路上遇到的困难和风险，不断开创改革发展新局面的伟大法宝。用中国特色社会主义理论体系武装全党，就是用发展着的马克思主义武装全党，指导新的实践。这是建设马克思主义学习型政党，提高党的建设科学化水平的首要任务。我们要全面准确把握中国特色社会主义理论体系，使理论武装在党领导人民为实现中华民族伟大复兴而奋斗的过程中发挥主心骨的作用。

---

* 本文发表于《科学社会主义》2009 年第 6 期。

一、坚持用中国特色社会主义理论体系武装全党就是用马克思主义中国化最新成果武装全党、指导实践，是真正坚持和发展马克思主义

中国共产党自成立之日起就认定要以马克思主义为指导。近90年来，坚持和发展马克思主义是党始终不渝努力遵循的基本原则。这也是我们党根本区别于世界上其他政党的地方。我们党在把这个基本原则运用于中国实际的过程中产生并形成了马克思主义中国化重大成果。

在我国民主革命初期，毛泽东就指出，“主义譬如一面旗子，旗子立起来了，大家才有所指望，才知所趋赴。”[①] 这里讲的“主义”就是指马克思主义。但是我们党并没有仅仅停留在“坚持”这个层面，而是努力把马克思主义与中国实际结合起来，在革命、建设和改革实践中创造性地发展了马克思主义。这是真正坚持马克思主义。

《共产党宣言》（简称《宣言》）的发表是马克思主义诞生的标志。马克思恩格斯指出，“这个《宣言》中所阐述的一般原理整个说来直到现在还是完全正确的。”“这些原理的实际运用，正如《宣言》中所说的，随时随地都要以当时的历史条件为转移”。这就是说马克思主义在从理论转化为运动和社会制度的过程中，必须与当时的

① 《毛泽东早期文稿》，湖南人民出版社1995年版，第554页。

历史条件和各个国家的实际相结合。《宣言》发表160多年以来，科学社会主义在全世界的发展经历了两次历史性的飞跃和一次大发展。第一次飞跃是社会主义从空想发展为科学。第二次飞跃是社会主义从理论变为现实。大发展是指马克思主义基本原理与占世界人口1/5的中国实际和时代特征相结合，形成了中国特色社会主义的旗帜、道路和理论体系。中国共产党人把中国特色社会主义界定为是扎根于当代中国的科学社会主义。这个重要判断，既阐明了中国特色社会主义与科学社会主义的辩证关系，又指出了我们党对马克思主义的坚持与发展。因此，从一定意义上说，一部党的历史就是一部我们党坚持与发展马克思主义的历史。

在民主革命时期毛泽东就指出："马克思主义的'本本'是要学习的，但是必须同我国的实际情况相结合。我们需要'本本'，但是一定要纠正脱离实际情况的本本主义。"① 在社会主义建设时期他又深刻指出，"马克思这些老祖宗的书，必须读，他们的基本原理必须遵守，这是第一。但是，任何国家的共产党，任何国家的思想界，都要创造新的理论，写出新的著作，产生自己的理论家，来为当前的政治服务，单靠老祖宗是不行的。"② 十一届三中全会后，我国进入改革开放的新时期，邓小平在正确判断时代主题变化和总结国内外社会主义发展的经验教训后

① 《毛泽东选集》第1卷，人民出版社1991年版，第111—112页。

② 《毛泽东文集》第8卷，人民出版社1999年版，第109页。

高屋建瓴地指出："马克思去世以后一百多年，究竟发生了什么变化，在变化的条件下，如何认识和发展马克思主义，没有搞清楚。绝不能要求马克思为解决他去世之后上百年、几百年所产生的问题提供现成答案。列宁同样也不能承担为他去世以后五十年、一百年所产生的问题提供现成答案的任务。真正的马克思列宁主义者必须根据现在的情况，认识、继承和发展马克思列宁主义。"[①] 江泽民同志在全面总结党成立80年历史经验的基础上指出："马克思主义的基本原理任何时候都要坚持，否则我们的事业就会因为没有正确的理论基础和思想灵魂而迷失方向，就会归于失败。这就是我们为什么必须始终坚持马克思主义基本原理的道理所在。马克思主义具有与时俱进的理论品质。如果不顾历史条件和现实情况的变化，拘泥于马克思主义经典作家在特定历史条件下、针对具体情况作出的某些个别论断和具体行动纲领，我们就会因为思想脱离实际而不能顺利前进，甚至发生失误。这就是我们为什么必须始终反对以教条主义的态度对待马克思主义理论的道理所在。"胡锦涛同志在纪念党的十一届三中全会召开30周年大会上的讲话（简称"12·18"重要讲话）中指出："马克思主义是我们立党立国的根本指导思想。坚持和巩固马克思主义指导地位，是党和人民团结一致、始终沿着正确方向前进的根本思想保证。同时，马克思主义只有同本国国情和时代特征紧密结合，在实践中不断丰富发展，才能

① 《邓小平文选》第3卷，人民出版社1993年版，第291页。

更好地发挥指导实践的作用。”

中国特色社会主义理论体系是在和平与发展成为时代主题的历史条件下，总结我国社会主义建设的历史经验和新鲜经验，吸取其他社会主义国家兴衰成败的历史经验，并借鉴其他国家发展经验教训的基础上，逐步形成和发展起来的。是当代中国的马克思主义。这个理论体系的形成和发展过程有力证明，马克思主义只有与本国国情相结合、与时代发展同进步、与人民群众共命运，才能焕发出强大的生命力、创造力、感召力。这是我们党坚持和发展马克思主义的生动体现。

中国特色社会主义理论体系是包括邓小平理论、“三个代表”重要思想以及科学发展观等重大战略思想（简称“三大理论成果”）在内的科学理论体系，是马克思主义中国化的最新成果，是党最可宝贵的政治和精神财富，是全国各族人民团结奋斗的共同思想基础，是扎根于当代中国的科学社会主义。因此，在当代中国，坚持中国特色社会主义理论体系，就是真正坚持马克思主义。

二、坚持用中国特色社会主义理论体系武装全党是建设马克思主义学习型政党，提高党的建设科学化水平的首要任务

十七届四中全会提出了建设马克思主义学习型政党这个重大战略，提出了提高党的建设科学化水平这个重大命题和重大任务，而且都把理论武装摆在首要位置。这是一

个具有很强现实针对性的重要判断。

科学理论武装是马克思主义学习型政党的根本特征。列宁说过，没有科学理论，党就会失去生存的权利，而且不可避免地迟早注定要在政治上遭到破产。因此，建设马克思主义学习型政党必须始终以思想理论建设为根本，以提高全党的马克思主义理论水平为目标，组织党员、干部深入学习实践马克思列宁主义、毛泽东思想和中国特色社会主义理论体系。用科学理论武装全党包含多方面内容，最基本的就是要把马克思主义中国化最新成果即中国特色社会主义理论体系贯穿到党的各项工作之中，增强党的工作的原则性、系统性、预见性和创造性。这就要求全体党员、干部对这个理论体系要做到真学真懂真信真用。

善于把握规律是马克思主义学习型政党必须具有的科学精神和科学态度。这是提高党的建设科学化水平的重要内容。规律是事物发展过程中的本质联系和必然趋势。任何政党要取得执政成绩，都必须按客观规律办事，我们党执政也不例外。共产党执政规律就是共产党执政后必须遵循的、反映党执政本质和必然性的法则和客观要求，包括共产党执政过程中应该遵循的执政理念和执政方略，应该采取的执政体制和执政方式，应该巩固的执政基础和执政资源，应该创造的执政条件和执政环境等等。提高党的建设科学化水平就是要以科学理论指导党的建设，以科学制度保障党的建设，以科学方法推进党的建设。从而使党的全部理论和工作体现时代性、把握规律性、富于创造性。

此外，重视科学理论武装也是我们党宝贵的历史经验和巨大的政治优势。回顾历史，可以清楚看出，中国共产党的历届领导集体及其核心都非常重视并强调理论武装的重要性。毛泽东在他的光辉著作《实践论》中指出，在马克思主义看来，理论是重要的，它的重要性充分地表现在列宁说过的一句话："没有革命的理论，就不会有革命的运动。"在20世纪80年代中期，邓小平根据当时党的干部队伍新老交替的状况和推进现代化建设的历史任务，要求党中央作出决定：使全党各级干部尤其是领导干部在繁忙工作中努力学习马克思主义的基本理论。因为"只有这样，我们党才能坚持社会主义道路，建设和发展有中国特色的社会主义，一直达到我们的最后目的，实现共产主义"。[①] 江泽民在十六大上把十三届四中全会以来13年的实践经验总结为10条。第一条就是坚持理论武装，不断推进理论创新。胡锦涛同志在十七大上把改革开放以来的实践经验概括为"十个结合"。第一个"结合"就是把坚持马克思主义基本原理同推进马克思主义中国化结合起来。十七届四中全会从新中国成立60年以来历史大跨度上总结了加强执政党建设的基本经验即"六个坚持"。其中第一个"坚持"就是坚持把思想理论建设放在首位，提高全党马克思主义理论水平。

综上所述，可以得此结论：正是我们党善于运用理论武装的宝贵经验，充分发挥理论武装的政治优势。才能在旧中国工人阶级人数少，农民和其他小资产阶级占人口绝

① 《邓小平文选》第3卷，人民出版社1993年版，第147页。

大多数、经济文化十分落后的国度里，建立起既是中国工人阶级又是中国人民和中华民族的先锋队的中国共产党。党在全国执政以后，继续坚持把马克思主义基本原理同中国具体实际结合起来，不断推进马克思主义中国化、时代化、大众化。特别是在改革开放的伟大实践中形成了包括“三大理论成果”在内的中国特色社会主义理论体系，这是马克思主义中国化的最新成果。波澜壮阔的改革发展实践产生了伟大理论，伟大理论进一步推动了全党的理论武装。

60 年的实践证明，坚持科学理论武装，不断实现理论创新，坚持党的指导思想的与时俱进，党和国家事业的发展就有了坚实的理论基础、正确的前进方向和强大的精神动力，就能不断开创改革开放和现代化的新局面。因此我们完全可以这么说，中国特色社会主义理论体系是 60 年来党领导人民在建设、巩固和发展社会主义伟大实践中铸就的中华民族的主心骨。正因为如此，我们党把坚持用中国特色社会主义理论体系武装全党，作为建设马克思主义学习型政党和提高党的建设科学化水平的首要任务。

三、全面准确把握中国特色社会主义理论体系，使科学理论武装在党领导人民实现中华民族伟大复兴而奋斗的过程中发挥主心骨的作用

如前所述，中国共产党近 90 年的历史是努力把马克思主义基本原理同中国实际结合起来的历史。事非经过不

知难。在这个过程中虽然我们也走过弯路甚至遭受挫折，但是党先后解决了两大历史性课题：民族独立和人民解放与国家富强和人民富裕。实现了马克思主义同中国实际和时代特征相结合的两次历史性飞跃，产生了两大理论成果。第一次飞跃发生在新民主主义革命时期，形成了被实践证明了的关于中国革命和建设的正确理论原则和经验总结，这就是毛泽东思想。第二次飞跃发生在党的十一届三中全会以后，形成了被实践证明了的关于中国建设、巩固和发展社会主义的正确理论原则和经验总结，这就是中国特色社会主义理论体系。

应当看到，第二次历史性飞跃并未结束。因为最终实现国家繁荣富强和人民共同富裕的目标即实现中华民族伟大复兴的历史任务还未完成。在党领导人民为实现中华民族伟大复兴而奋斗的过程中，必须继续坚持用中国特色社会主义理论体系武装全党，教育人民。因为这个理论体系是全党全国人民的主心骨。有了这个主心骨，我们就可以做到“任凭风浪起，稳坐钓鱼船”。而要使理论武装在21世纪中叶基本实现现代化过程中发挥主心骨作用的前提，就是要全面准确把握中国特色社会主义理论体系。根据党的十七大、十七届四中全会等文件精神，全面准确把握中国特色社会主义理论体系需要做到：深刻把握精髓、紧紧抓住主题、系统掌握理论。

关于深刻把握精髓。也就是十七届四中全会指出的“牢固树立辩证唯物主义和历史唯物主义世界观和方法论”。这既是党的思想路线的本质，又是中国特色社会主义理论体系的精髓。这就是要坚持解放思想、实事求是、与时俱进，一切从实际出发，理论联系实际，在实践中检验真理和发展真理；大力弘扬求真务实精神，大力推进实践创新和理论创新；以科学的态度对待马克思主义，坚持把马克思主义基本原理同中国具体实际相结合，不断推进马克思主义中国化，善于在解放思想中统一思想，用发展着的马克思主义指导新的实践。

关于紧紧抓住主题。中国特色社会主义理论体系的主题“系统回答了在中国这样一个十几亿人口的发展中大国如何摆脱贫困、加快实现现代化、巩固和发展社会主义的一系列重大问题”。这个主题既坚持了科学社会主义基本原理，即任何民族和国家最终都要走向社会主义，又体现了中国的基本国情，即我们是在经济文化比较落后的十几亿人口的大国建设、巩固和发展社会主义的。邓小平理论、“三个代表”重要思想以及科学发展观等重大战略思想，都是围绕这个主题而展开其丰富的内容，从而形成了马克思主义中国化三个阶段性重要成果。需要指出是，理论体系的主题与基本问题既有联系又有区别。基本问题是围绕理论体系的主题而展开的。精髓和主题是居于中国特色社会主义理论体系的最高层面，贯穿于“三大理论成果”和这个理论体系内容的各个方面。

关于系统掌握理论。也就是十七届四中全会指出的“系统掌握中国特色社会主义理论体系”。这个重要提法是十七大前所没有的。也就是说今天掌握这个理论体系与十七大前学习研究这个理论体系是有所不同的。今天要系统掌握这个理论体系需要做到以下三点。

首先，要把“三大理论成果”贯通起来。中国特色社会主义理论体系是包括“三大理论成果”在内的科学理论体系。但是，这个理论体系不是“三大理论成果”各自内容的简单叠加，而是有内在逻辑联系的。这就是说它们有可以贯通的共同点。一是有共同的世界观和方法论的基础，即实事求是的思想路线：一切从实际出发，理论联系实际，实事求是，在实践中检验真理和发展真理。二是有共同的理论主题，这就是经济文化比较落后的中国走上社会主义道路后，如何建设、巩固和发展社会主义。三是有共同的核心理念，即以人为本的理念。这就是发展中国特色社会主义必须坚持以人为本，始终做到发展为了人民，发展依靠人民，发展成果由人民共享。四是有共同的理论品质，即一脉相承、与时俱进。这些共同点决定了学习研究中国特色社会主义理论体系，必须而且可以把这“三大理论成果”贯通起来。

其次，要把“四个基本问题”有机结合起来。什么是马克思主义、怎样对待马克思主义，什么是社会主义、怎样建设社会主义，建设一个什么样的党、怎样建设党，实现什么样的发展、怎样发展（简称“四个基本问题”）。在研究中国特色社会主义理论体系时为什么要把“四个基本问题”有机结合起来呢？这是因为“三大理论成果”都回答了这“四个基本问题”。当然也要看到，由于“三大理论成果”在产生的历史背景、当时实践的成熟程度和迫切解决的问题等方面的不同，从而使它们在回答这

“四个基本问题”时，存在着重点或程度上的差别。可以这么说，邓小平理论重点回答了什么是社会主义、怎样建设社会主义（即第二个基本问题）。“三个代表”重要思想重点回答了建设一个什么样的党、怎样建设党（即第三个基本问题）。科学发展观等重大战略思想重点回答了实现什么样的发展、怎样发展（即第四个基本问题）。但不能笼统地说，邓小平理论只回答第二个基本问题，“三个代表”重要思想只回答第三个基本问题，科学发展观等重大战略思想，只回答第四个基本问题。

再次，要密切联系十一届三中全会以来的历史和实践。理论来源于实践。在实践基础上形成的科学理论又会对实践起指导作用。我们只有密切联系十一届三中全会以来的历史和实践，才能够把握中国特色社会主义理论体系是在十一届三中全会以后形成和发展起来的，是马克思主义中国化的最新成果。才能够理解为什么中国特色社会主义理论体系不包括毛泽东为代表的中国共产党人，在20世纪五六十年代领导党和人民对建设社会主义所做的艰辛探索的理论成果（简称“毛泽东艰辛探索的理论成果”）。这个问题是广大领导干部和党员群众非常关注的理论问题。对此，需要从以下三个方面加以把握。

一是要把握马克思主义中国化的两次历史性飞跃。100多年来，中华民族先后面临着两大历史性课题。在党领导人民解决这两大历史性课题过程中，实现了马克思主义同中国实际和时代特征相结合的两次历史性飞跃，产生了两大理论成果。这就是毛泽东思想和中国特色社会主义理论体系。因此从近代中国100多年历史发展的大跨度上看，“毛泽东艰辛探索的理论成果”属于第一次飞跃的延续和第二次飞跃的酝酿。二是毛泽东思想体系本身是完整的，它包括多方面的内容。新民主主义理论、社会主义革命和建设理论是毛泽东思想体系中最重要的内容。因此，把“毛泽东艰辛探索的理论成果”留在毛泽东思想体系内，既符合十一届六中全会通过的《关于建国以来党的若干历史问题的决议》精神，又保持了毛泽东思想体系的完整性。三是中国特色社会主义理论体系只有在纠正毛泽东同志晚年错误的基础上才能形成和发展起来。《关于建国以来党的若干历史问题的决议》把毛泽东思想与毛泽东同志晚年错误加以严格区分。并且指出只有正确认识并纠正毛泽东同志晚年错误，才是真正维护和高举毛泽东思想伟大旗帜，才会有十一届三中全会开辟的我国社会主义历史发展的新时期。

因此，我们有必要将中国特色社会主义理论体系形成的起点与对中国社会主义建设道路探索的起点，加以区别。这个理论体系形成的起点是十一届三中全会，对这条道路探索的起点是20世纪五六十年代。同时我们还要把握“毛泽东艰辛探索的理论成果”与中国特色社会主义理论体系的关系。这个关系就是前者是后者的政治前提、制度基础和理论渊源。正如邓小平指出的：“从许多方面来说，现在我们还是把毛泽东同志已经提出、但是没有做的事情做起来，把他反对错了的改正过来，把他没有做好的事情做好。今后相当长的时期，还是做这件事。当然，我们也有发展，而且还要继续发展。”①

还要看到，毛泽东思想和中国特色社会主义理论体系都坚持解放思想、实事求是、与时俱进，都坚持党的群众路线，都坚持独立自主地走自己的路。这是它们在立场、观点和方法等基本方面的共同点。中国特色社会主义理论体系同毛泽东思想是一脉相承而又与时俱进的科学理论体系。正如胡锦涛同志在“12·18”重要讲话中指出的，没有以毛泽东同志为核心的党的第一代中央领导集体带领全党全国各族人民浴血奋斗，就没有新中国，就没有中国特色社会主义制度。

马克思说过：“理论在一个国家实现的程度，总是决定于理论满足这个国家的需要的程度。”② 在科学社会主义基本原则与中国实际和时代特征相结合过程中形成的中国特色社会主义理论体系，必将在全面建设小康社会过程中及其对实践总结的基础上不断得到丰富和发展。用中国特色社会主义理论体系武装全党、教育人民，必将成为实现中华民族伟大复兴的巨大精神动力。

---

① 《邓小平文选》第2卷，人民出版社1994年版，第300页。

② 《马克思恩格斯文集》第1卷，人民出版社2009年版，第12页。

自觉坚持和不断发展科学社会主义基本原则*

中国特色社会主义是扎根于当代中国的科学社会主义，这是一个重大的政治和理论判断。深入研究这个重大判断，必须回答两个根本问题：一是中国特色社会主义坚持了哪些科学社会主义基本原则，二是中国特色社会主义主要在哪些方面创造性地发展了科学社会主义。我们认为，中国特色社会主义在以下八个方面都坚持了科学社会主义基本原则（即八个“坚持”）。

坚持以历史唯物主义为理论基础。在科学社会主义诞生之前，就有各种各样的社会主义流派或思潮。马克思恩格斯在《宣言》中把这些流派划分为三类。一是反动的社会主义，二是保守的或资产阶级的社会主义，三是批判的空想的社会主义。马克思恩格斯划分这些流派的依据就是历史唯物主义。对前两类社会主义流派马克思恩格斯进

* 本文摘要发表于2009年9月14日《人民日报》。

行了深刻的批判，指出了它们的阶级本质和对社会历史发展的阻碍作用。而对空想社会主义，马克思恩格斯既指出它的积极意义，即它严厉批判了资本主义社会的全部基础，启发了工人阶级的觉悟，又指出它的局限，即它的理论基础是唯心史观。恩格斯在《社会主义从空想到科学的发展》（简称《发展》）一书中指出，要使社会主义由空想变为科学，“就必须首先把它置于现实的基础之上”。这里讲“现实的基础”，就是指历史唯物主义阐明的人类社会发展的普遍规律和通过以唯物史观为指导创立的剩余价值学说所揭示的资本主义发展的特殊规律。

坚持以解放和发展生产力为根本任务。对于以科学社会主义为指导的工人阶级政党而言，解放和发展生产力是贯通革命与建设时期的根本任务。科学社会主义认为，工人阶级政党之所以要领导和发动革命并不是它们偏好革命，从根本上说，是因为资本主义生产关系已经成为生产力进一步发展的桎梏，不打破这个桎梏社会就不能前进。这是发生革命的客观依据。而革命胜利后还要建立并巩固社会主义制度，这就必须“把一切生产工具集中在国家即组织成为统治阶级的无产阶级手里，并且尽可能快地增加生产力的总量”。① 十月革命胜利后，列宁指出，“在任何社会主义革命中，当无产阶级夺取政权的任务解决以后，随着剥夺剥夺者及其镇压他们反抗的任务大体上和基本解决，必然要把创造高于资本主义的社会结构的根本任

① 《马克思恩格斯文集》第2卷，人民出版社2009年版，第52页。

务提到首要地位，这个根本任务就是：提高劳动生产率”。

坚持代表最广大人民的根本利益。这是工人阶级政党先进性的由来即本源。马克思恩格斯认为，人民群众是社会历史发展的主体。是人类社会物质财富和精神财富的创造者。以科学社会主义为指导的共产党代表着他们的根本利益。马克思恩格斯在《宣言》中指出，共产党同其他工人阶级政党相比有两个明显的不同点。一是“在无产者不同的民族的斗争中，共产党强调和坚持整个无产阶级共同的不分民族的利益”。二是“在无产阶级和资产阶级的斗争所经历的各个发展阶段上，共产党人始终代表整个运动的利益”。列宁坚持和发展了这个基本原则并指出，“党是阶级的先进觉悟阶层，是阶级的先锋队”。因此，在建党过程中列宁重视的是党员的质量，坚决反对片面追求党员的数量。列宁指出，世界上只有我们这样的党，才不追求党员数量的增加，而注意党员质量的提高。

坚持以工人阶级政党为领导核心。科学社会主义认为，工人阶级成长和成熟有一个过程，即从自在阶级转变为自为阶级的过程。这个转变的标志就是工人阶级政党成为其领导核心。历史上出现过由各种各样主义引导或影响下的运动。而这些运动大多是少数人的或者为少数人谋利益的运动，而只有工人阶级政党领导的社会主义运动，才是为绝大多数人谋利益的运动。这是由工人阶级政党的先进性所决定的。马克思恩格斯在《宣言》中指出，共产党的先进性体现在两个方面。在实践方面，共产党人是各国工人政党中最坚决的、始终起推动作用的部分。在理论方面，他们胜过其余无产阶级群众的地方在于他们了解并以科学社会主义为指导。列宁用阶级的先锋队和以科学理论为行动指南来概括共产党的性质。还指出，“只有以先进理论为指南的党，才能实现先进战士的作用。”列宁非常重视共产党自身建设。

坚持以公有制和按劳分配为社会主义经济制度的基础。科学社会主义非常重视所有制问题。马克思恩格斯在《宣言》中把共产党人的理论概括为一句话：消灭私有制。当然，他们在作这个概括前还指出，科学社会主义并不是要废除一般的所有制，而是要废除资产阶级的所有制。恩格斯还指出，未来社会与资本主义社会“具有决定意义的差别当然在于，在实行全部生产资料公有制的基础上组织生产”。马克思恩格斯认为，所有制性质决定分配方式。按劳分配是与公有制相适应的分配方式。马克思恩格斯论述这个基本原则有两个着眼点。一是与社会化大生产相联系。社会化大生产是马克思恩格斯研究资本主义基本矛盾和科学社会主义由来和发展的历史与逻辑的起点。二是与资本主义社会相比较，即他们是在批判资本主义旧世界中发现了社会主义新世界的。这是科学社会主义区别于空想社会主义的根本点。

坚持人民当家作主的社会主义民主政治的本质。如同重视经济基础一样，科学社会主义非常重视民主。马克思恩格斯在《宣言》中指出：“工人革命的第一步就是使无产阶级上升为统治阶级，争得民主。”在社会主义革命胜利后仍然要重视民主。列宁有句名言：胜利了的社会主义如果不实行充分的民主，就不能保持它所取得的胜利。科学社会主义认为，民主既是国体又是政体。要把民主扩展到社会主义社会的一切领域首先是共产党内。恩格斯有句名言：争取民主自由，首先应当在党内享有充分民主和充分批评讨论的自由。正是从这个意义上，列宁把社会主义民主称之为新型的民主和新型的专政，并指出人民当家作主是社会主义民主的本质。

坚持改革和完善社会主义制度和体制。科学社会主义也预测未来社会。由于它坚持的是科学的方法论，从而使这种预测根本区别于空想社会主义，并且得出的结论具有真理性。列宁称马克思的这种方法论是“最彻底、最完整、最周密、内容最丰富的发展论”。正因为马克思恩格斯坚持科学的发展论，所以他们把社会主义最终必然代替资本主义（简称“两个必然”）看做是一个过程。并且指出这种代替是人类社会的深刻变革，但决不是一帆风顺和一蹴而就的（“两个决不会”包含了这个思想）。他们还认为，社会主义社会本身以及它向共产主义发展也是一个过程。恩格斯有句名言，“我认为，所谓‘社会主义社会’不是一种一成不变的东西，而应当和其他社会制度一样，把它看成是经常变化和改革的社会。”因此，坚持科学的发展论及由此得出的未来社会的结论，也就必然要坚持改革和完善社会主义制度和体制。

坚持以实现共产主义为最高理想。一个政党的纲领就是一面旗帜。真正的共产党人一定会把实现共产主义最高理想写在自己的旗帜上。因此，坚持实现共产主义为最高理想既是科学社会主义基本原则，又是指引共产党人不懈奋斗的伟大旗帜。对于共产主义最高理想，马克思恩格斯运用科学的发展论作过许多深刻的论述。他们指出，人的自由而全面的发展是未来共产主义社会的本质规定；共产主义社会可以划分为第一阶段和高级阶段，这两个阶段属于同一个社会形态；共产主义社会第一阶段由于受生产力发展水平的制约，在经济和社会方面还存在着许多不成熟、不完善的地方。共产主义社会高级阶段的基本特征是，物质财富极大丰富、人民精神境界极大提高、每个人自由而全面发展。

综上所述，我们说中国特色社会主义理论体系同马克思列宁主义是一脉相承的。这个“脉”就包括中国特色社会主义理论体系所坚持的科学社会主义基本原则。

中国特色社会主义是马克思主义中国化的最新成果，是扎根于当代中国的科学社会主义。因此，可以说它是全方位地继承和发展了科学社会主义。但这不妨碍我们着重分析并指出它在哪几个方面创造性地发展了科学社会主义，即这个理论体系中最有中国特色的地方。我们认为集中在以下 5 个方面（简称“五论”）。

中国特色社会主义是扎根于中国国情的社会主义。对这一内容的概括构成了社会主义初级阶段理论。我国正处于并将长期处于社会主义初级阶段，这就是中国最基本的国情。对我国国情作这样的论述，在马克思恩格斯的“本本”中是找不到的。马克思恩格斯认为，无产阶级夺取政权并在过渡时期结束后就进入共产主义的第一阶段。而我国的社会主义初级阶段则是这“第一阶段”的初级阶段。在我国搞社会主义建设，一切要从这个最大的实际出发。这是我们付出了沉重代价后才得到的来之不易的认识。社会主义初级阶段就是生产力不发达的阶段，这就决定了社会主义初级阶段的主要矛盾是人民日益增长的物质文化需要与落后的社会生产的矛盾。这就决定了解放和发展生产力是社会主义初级阶段的根本任务。因此坚持党的基本路线不动摇就是坚持以经济建设为中心不动摇。

经过30年的改革开放和现代化建设，我们取得了举世公认的成就，能不能说当代中国的基本国情发生了根本变化？十七大和十七届四中全会对此作出了明确的回答：我国仍处于并将长期处于社会主义初级阶段的基本国情没有变，人民日益增长的物质文化需要同落后的社会生产之间的矛盾这一社会主要矛盾没有变。强调这两个“没有变”就是为了使我们保持清醒头脑，牢记社会主义初级阶段基本国情，全面认识工业化、信息化、城镇化、市场化、国际化深入发展的新形势新任务，深刻把握我国发展面临的新课题新矛盾，增强聚精会神搞建设，一心一意谋发展的坚定性，提高想问题办事情决不可脱离实际的自觉性，奋力开拓中国特色社会主义更为广阔的发展前景。因此，中国特色社会主义首要问题就是要回答什么是初级阶段的社会主义、在初级阶段要建设什么样的社会主义和怎样建设社会主义。

中国特色社会主义是不断解放和发展生产力并最终实

现共同富裕的社会主义。对这一内容的概括构成了社会主义本质理论。马克思恩格斯设想的未来社会主义社会的前提是生产力高度发展。因此，他们对工人阶级夺取政权后要发展生产力也作过重要的论述。但是他们并没有论述经济文化比较落后国家走上社会主义道路后怎样发展生产力。列宁有这方面的实践并对此作了重要的论述。我们党在总结社会主义发展正反两方面经验的基础上，从我国社会主义初级阶段基本国情出发提出，革命是解放生产力，改革也是解放生产力。一个真正的马克思主义政党在执政以后，一定要致力于发展生产力，并在这个基础上逐步提高人民的生活水平。要始终把发展生产力作为党执政兴国的第一要务。社会主义初级阶段的主要矛盾决定了社会主义的根本任务是发展生产力。我们党认为，解放和发展生产力是实现社会主义本质的基础和前提。并且指出社会主义本质，是解放生产力、发展生产力、消灭剥削、消除两极分化，最终达到共同富裕。

中国特色社会主义是公有制与市场经济相结合的社会主义。对这一内容的概括构成了社会主义市场经济理论。科学社会主义是很重视公有制和分配方式这两个重要问题的。马克思恩格斯设想的未来社会主义社会中的公有制是“一种普照的光”即占绝对优势。而在我国现阶段只能搞以公有制为主体、多种所有制经济共同发展，这是我国初级阶段基本经济制度。它决定了我国社会性质和发展方向。马克思恩格斯设想未来社会商品和货币退出了经济生活，因此也不存在商品交换，更不可能有市场经济。而在当今时代，市场经济是现代经济存在和发展的基本方式，是配置资源整合生产要素的主要途径或手段。经过对社会主义不断再认识，我们党形成了社会主义也可以搞市场经济的认识，在实践中我们把建立社会主义市场经济体制作为我国经济体制改革的目标。经过多年的努力我国已初步建立起社会主义市场经济体制，这是前无古人的伟大创举。市场经济要求生产和交换主体多元化，经济运行法制化。因此我们要毫不动摇地巩固和发展公有制经济、毫不动摇地鼓励支持引导非公有制经济的发展，形成各种所有制经济平等竞争、相互促进的新格局。市场经济要求经济运行有效、有序、公平。这就要求要转变经济发展方式。转变经济发展方式这是贯彻落实科学发展观的根本要求，也是关系我国国民经济发展全局紧迫而重大的战略任务。正如十七大指出的，实现国民经济又好又快发展，关键要在加快转变经济发展方式、完善社会主义市场经济体制方面取得重大进展。可以说上述的社会主义市场经济理论是中国特色社会主义理论体系中最具有中国特色的地方。

中国特色社会主义是科学发展与社会和谐的社会主义。对这一内容的概括构成了社会主义和谐社会理论，反映了科学发展观的要求。如前所述，马克思恩格斯对未来社会主义预测有两个特点：一是以社会化大生产为依据。二是与资本主义社会相比较。因而马克思恩格斯从不过细论述未来社会是如何发展的。十六大以来，以胡锦涛同志为总书记的党中央在进一步总结我国社会主义现代化建设实践基础上，把中国特色社会主义事业总体布局从三位一体扩展为四位一体，即经济建设、政治建设、文化建设和社会建设。这是对中国特色社会主义认识的丰富和发展。党对中国特色社会主义事业总体布局的认识经历了一个过程。从十一届三中全会提出实现四化的目标，到十一届四中全会认为，我国现代化并不以四化为限、还包括民主法制和精神文明建设等。从十二届六中全会首次提出现代化建设总体布局，到十三大形成的三位一体的奋斗目标。十六届三中全会提出科学发展观和十六届四中全会提出构建社会主义和谐社会后，中国特色社会主义事业总体布局就由三位一体扩展为四位一体。这充分体现了我们党对中国特色社会主义认识上的与时俱进。十七大指出，科学发展、社会和谐是发展中国特色社会主义的基本要求。科学发展与社会和谐是内在统一的。没有科学发展就没有社会和谐，没有社会和谐也难以实现科学发展。只有扎扎实实地贯彻落实科学发展观和推进和谐社会建设，才能实现中国特色社会主义科学发展、社会和谐。因此我们要按照构建社会主义和谐社会的总要求和共同建设共同享有的总原则，努力形成全体人民各尽其能、各得其所而又和谐相处的局面，进一步推动中国特色社会主义的科学发展、社会和谐。

中国特色社会主义是始终不渝走和平发展道路的社会主义。对这一内容的概括形成了和平发展合作理论。马克思恩格斯论述过社会主义在实质上是热爱和平的。特别是恩格斯晚年预见到由于资本主义国家之间的矛盾，大规模的战争可能爆发。但是他们没有估计到未来社会将出现两种制度长期并存的状况。我们党根据世界发展大势和社会主义基本制度的性质等，提出了和平发展合作理论。这个理论认为，我们是社会主义国家，社会主义基本制度决定了我们不会对外扩张，不会去侵略别国。新中国成立之初，毛泽东就向全世界宣示：我们是马列主义者，我们国家是社会主义国家，因此一百年、一万年，我们也不会去侵略别人。毛泽东还指出，要把我们的国家建设成“大强国而又使人可亲”。邓小平把中国特色社会主义概括为“是不断发展生产力的社会主义，是主张和平的社会主义”。江泽民同志指出，在世界文明多样性的背景下，世界各国应该和平共处、相互借鉴。胡锦涛同志把走和平发展的道路概括为中国特色社会主义的又一鲜明特色。十七大专门论述了我们要始终不渝走和平发展道路。正因为如此，我们把奉行和平发展合作始终作为坚定不移的对外方针。自中国改革开放以来，我们以努力争取和平的国际环境来发展自己，又以自身的发展来维护世界和平。我们决不争霸、决不称霸、决不当头、决不当附庸。因此我们坚决摒弃冷战思维，始终致力于推动建设持久和平、共同繁荣的和谐世界。中国特色社会主义是在同经济全球化相联系而不是相脱离的进程中通过吸收和借鉴人类文明的优秀成果，坚定不移地走和平发展道路。中国特色社会主义这一鲜明特色在全世界面前彰显了社会主义制度的优越性和吸引力。

综上所述，我们说中国特色社会主义是与时俱进的科学理论。以上这“五论”集中体现了中国特色社会主义理论体系的“进”。

中国特色社会主义理论体系研究的几个问题*

党的十七大用中国特色社会主义理论体系来整合邓小平理论、“三个代表”重要思想和科学发展观等重大战略思想（简称“三大理论成果”），这是重要的理论创新。它的深远意义将随着时间的推移会越来越清楚地显示出来。十七大还指出，中国特色社会主义理论体系是不断发展的开放的理论体系。这就是说十七大对这个理论体系的科学概括虽然达到了新的高度，但是这个理论体系会随着我国改革开放和现代化建设实践的进一步推进，以及我们党对这个实践的科学总结而不断地丰富和发展。这就为我们进一步深入研究中国特色社会主义理论体系留下了很大的空间。

---

* 本文发表于《中共中央党校学报》2009 年第 1 期。

一、中国特色社会主义理论体系的形成和发展过程

从史论结合角度阐明中国特色社会主义理论体系的形成和发展过程，能够清楚地看出，“三大理论成果”在中国特色社会主义理论体系中的地位和作用。

1. **邓小平理论奠定了中国特色社会主义理论体系的基础**。总结新中国成立以来建设社会主义正反两方面经验尤其是“文化大革命”的教训，是我们党开辟新道路形成新理论的思想前提。邓小平在总结以往经验教训时高屋建瓴地指出：“我们建立的社会主义制度是个好制度，必须坚持。……但问题是什么是社会主义，如何建设社会主义。我们的经验教训有许多条，最重要的一条，就是要搞清楚这个问题。”① 而要搞清楚这个问题，首先必须解放思想，破除对马克思主义的教条式的理解和错误的认识。邓小平指出：“不解放思想不行，甚至于包括什么叫社会主义这个问题上也要解放思想。”② 十一届三中全会重新确立了党的实事求是思想路线，实现了党和国家工作重点的转变，作出了改革开放等重大决策。中国改革开放是从十一届三中全会开始的，中国特色社会主义理论体系提出、形成和发展也是以改革开放为历史起点的。思想解放推动了我们党对社会主义再认识的进程，波澜壮阔的改革

① 《邓小平文选》第3卷，人民出版社1993年版，第116页。
② 《邓小平文选》第2卷，人民出版社1994年版，第312页。

开放和现代化建设实践为中国特色社会主义理论体系的形成提供了坚实的实践基础。

在改革开放进程中，以邓小平同志为核心的党的第二代中央领导集体，对什么是社会主义、怎样建设社会主义进行了深入的思考与探索，有针对性地回答了一系列重大问题。提出了一系列重大判断，形成了一系列开创性的重要思想观点。比如：搞社会主义不能照搬别国的模式，只能“走自己的路，建设有中国特色的社会主义”。不能超越阶段搞“左”的那一套，我国正处于并将长期处于社会主义初级阶段。贫穷不是社会主义，社会主义要消灭贫穷。发展是硬道理，不发展只有死路一条。科学技术是第一生产力。社会主义最大的优越性就是共同富裕。社会主义也可以搞市场经济。物质文明建设与精神文明建设要“两手抓，两手都要硬”。没有民主就没有社会主义，就没有社会主义现代化。判断我们各项工作得失成败的标准是“三个有利于”。中国要警惕右，但主要是防止“左”。和平与发展是世界的两大问题，等。邓小平科学概括了“社会主义的本质，是解放生产力，发展生产力，消灭剥削，消除两极分化，最终达到共同富裕。”

十五大深刻分析并高度评价了邓小平理论的历史地位和指导意义。指出邓小平理论是当代中国的马克思主义，它第一次比较系统地初步回答了中国社会主义的发展道路、发展阶段、根本任务、发展动力、外部条件、政治保证、战略步骤、党的领导和依靠力量以及祖国统一等基本问题。在改革开放起步阶段和现代化发展过程中提出并形成的邓小平理论，为中国特色社会主义理论体系奠定了基础。

2. **“三个代表”重要思想对中国特色社会主义理论体系的丰富和发展。**从20世纪八九十年代到世纪之交，国际局势风云变幻，国内外发生了政治风波，国内遇到了经济风险和自然灾害等。对建设中国特色社会主义提出了严峻的考验。十三届四中全会以来，以江泽民同志为核心的党的第三代中央领导集体，高举邓小平理论伟大旗帜，强调对十一届三中全会以来党的基本路线和方针政策，一要坚定不移，毫不动摇，二要全面执行，一以贯之。江泽民指出，建设中国特色社会主义是“一篇大文章”，邓小平同志为它确定了基本思想和基本原则，我们的任务就是继续把这篇文章做好。他还强调要聚精会神地抓好党的自身建设。在改革开放的关键时期，在我们党领导人民继续推进中国特色社会主义伟大事业和党的建设新的伟大工程中，提出并形成了“三个代表”重要思想。

“三个代表”重要思想进一步回答了什么是社会主义、怎样建设社会主义，创造性地回答了建设什么样的党、怎样建设党。反映了当代世界和中国的发展变化对党和国家工作的新要求，是加强和改进党的建设，推进我国社会主义自我完善和发展的强大理论武器，是党必须长期坚持的指导思想。十六大把“三个代表”重要思想与邓小平理论一起作为指导思想写进党章，实现了党的指导思想又一次与时俱进。在我国改革开放和现代化建设的关键时期形成的“三个代表”重要思想，是对中国特色社会主义理论体系的丰富和发展。

3. **科学发展观是中国特色社会主义理论体系的最新成果**。进入新世纪新阶段，我国发展呈现出一系列新的阶段性特征。这些特征可以用“两期并存”和“两难特点”加以概括。“两期并存”是指发展黄金期和矛盾凸显期并存，“两难特点”是指新世纪新阶段遇到的矛盾和问题具有两难的性质。胡锦涛同志的“12·18”重要讲话从8个方面概括了我国遇到的两难问题。因此，中国发展面临的机遇前所未有，挑战也前所未有，机遇大于挑战，我国处在一个新的历史起点上。“实现什么样的发展，怎样发展”成为我们面临的重大理论和现实问题。十六大以来，以胡锦涛同志为总书记的党中央根据国内外形势的发展变化，在研究新情况解决新问题过程中提出并形成了科学发展观等重大战略思想。

胡锦涛同志在总结2003年我国战胜非典疫情的经验后指出：“我们讲发展是党执政兴国的第一要务，绝不只是指经济增长，而是要坚持以经济建设为中心，在经济发展的基础上实现社会全面发展。要更好地坚持全面发展、协调发展、可持续发展的发展观。”十六届三中全会提出“坚持以人为本，全面、协调、可持续的发展观”和五个统筹。十六届四中全会提出构建社会主义和谐社会的战略任务。2005年，胡锦涛主席在联合国成立60周年首脑会议上的讲话中，阐述了努力建设持久和平、共同繁荣的和谐世界的思想。此后，他在十六届五中全会上，提出了“两个趋势”的思想和建设社会主义新农村的重大决策。

2006年，他在全国科学技术大会上的讲话中论述了增强自主创新能力，建设创新型国家的重大战略。十六届六中全会通过的《中共中央关于构造社会主义和谐社会若干重大问题的决定》是我们党执政后制定的第一份指导社会建设的纲领性文献。《决定》提出了一系列重大观点。如，社会和谐是中国特色社会主义的本质属性。我国发展处在新的历史起点上，必须把构建社会主义和谐社会摆在更加突出的地位，建设社会主义核心价值体系等。

十七大对科学发展观的时代背景、历史地位、实践基础、科学内涵、精神实质和根本要求等作了全面的论述。把十六大以来我们党的理论创新的成果概括为“科学发展观等重大战略思想”，并作出要在全党开展深入学习实践科学发展观的决定。在新世纪新阶段，在面临新机遇、应对新挑战过程中提出并形成的科学发展观等重大战略思想，是中国特色社会主义理论体系的最新成果。

总起来说，十一届三中全会以来的历史，既是一部改革开放和现代化建设的实践史，又是一部中国特色社会主义理论体系的形成发展史。中国特色社会主义理论体系是在改革开放和现代化建设实践中提出并形成发展起来的，它是马克思主义中国化的最新成果。

二、中国特色社会主义理论体系的基本内容和相互关系

中国特色社会主义理论体系，紧紧围绕探索和回答

“四个基本问题”，坚持马克思主义基本原理和科学社会主义基本原则，特别是在总结改革开放和现代化建设实践经验的基础上，用一系列紧密联系、相互贯通的新思想新观点新论断，丰富和发展了马克思主义。十一届三中全会以来，党的历次重要会议对这个理论体系的一系列独创性成果，进行了科学的总结和概括。十三大用 12 个理论观点概括了中国特色社会主义的理论轮廓，十四大从 9 个方面阐述了中国特色社会主义理论的基本内容，十五大概括了中国特色社会主义的 10 个基本问题。十六大总结了党领导人民建设中国特色社会主义必须坚持的 10 个方面的基本经验，十七大高度概括了近 30 年改革开放的宝贵经验即“十个结合”，胡锦涛同志的“12 · 18”重要讲话对“十个结合”作了进一步的展开。这些论述都揭示了中国特色社会主义理论体系的基本点。中央历次重要会议对中国特色社会主义理论的科学论述和准确概括，为我们研究并展开这个理论体系的基本内容提供了重要遵循。通过研究我们认为，中国特色社会主义理论体系的基本内容，可以从以下 14 个方面加以概括。

关于中国特色社会主义的思想路线，关于中国特色社会主义的根本任务，关于中国特色社会主义的发展阶段和发展战略，关于中国特色社会主义的发展动力，关于中国特色社会主义的根本目的，关于中国特色社会主义的经济建设，关于中国特色社会主义的政治建设，关于中国特色社会主义的文化建设，关于中国特色社会主义的社会建设，关于中国特色社会主义的国防和军队建设，关于中国特色社会主义的依靠力量，关于推进祖国统一大业，关于中国特色社会主义的外交和国际战略，关于中国特色社会主义的领导核心。

中国特色社会主义理论体系这14个方面的基本内容（简称“十四个方面”）并不是这些方面内容的简单叠加，它们是有内在逻辑联系的，即是由三个层面的理论构成。一是基本理论（或称基础理论），包括第一至第五方面。它们回答了中国特色社会主义的哲学基础，质的规定、历史方位、基本途径和根本目的等最基本的问题。对于上述的基本理论，学术界已形成共识，虽然在表述上不尽相同。二是总体布局理论（或称实体理论），包括第六至第九方面。自从十六届四中全会提出构建社会主义和谐社会这重大战略思想后，中国特色社会主义事业总体布局就由原来的经济建设、政治建设、文化建设这三位一体，扩展为包括社会建设在内的四位一体。十七大对总体布局理论作了科学概括。中国特色社会主义总体布局理论内含党的建设和生态文明建设的内容。总体布局理论是对新中国成立以来，尤其是改革开放30年来现代化建设丰富实践经验的科学总结，反映了党对社会主义建设规律认识的深化。三是实现条件和保障理论（或称条件理论），包括第十至第十四方面。半个多世纪来的实践证明，建设和发展中国特色社会主义事业必须要用包括内部、外部和政治、组织等一系列必不可少的条件加以保障，舍此，中国特色社会主义事业就无法顺利发展。毛泽东有句名言：“国家的统一，人民的团结，国内各民族的团结，这是我们的事业必定要胜利的基本保证。”① 中国特色社会主义理论体系是对包括了中国特色社会主义道路在内的丰富的现代化建设实践的理论概括，因此，这个理论体系无疑包括实现条件和保障理论这些方面的内容，而且对于科学理论体系而言，“条件理论”决不是可有可无的。马克思恩格斯就曾经从“条件理论”这个角度把科学社会主义概括为是无产阶级解放条件的学说。在概括和分析了中国特色社会主义理论体系的基本内容和内在相互关系后，我们可以清楚地看出，**中国特色社会主义有两层最基本的含义：一是社会主义，二是中国特色**。两者像钢一样组成的整体，缺一不可。

总的来说，中国特色社会主义理论体系博大精深。它贯通哲学、政治经济学、科学社会主义等学科，涵盖社会主义经济建设、政治建设、文化建设、社会建设和党的建设以及国防和军队现代化建设、祖国统一、国际战略和外交工作等各个领域，涉及改革发展稳定、内政外交国防、治党治国治军等各个方面。这个理论体系开辟了马克思主义在中国发展的新境界，是中国共产党人深化了对共产党执政规律、社会主义建设规律和人类社会发展规律认识的重大成果。

① 《毛泽东著作选读》下册，人民出版社1986年版，第757页。

三、要进一步展开对中国特色社会主义道路的研究

前已述及，中国特色社会主义理论体系是对包括了中国特色社会主义道路在内的丰富的现代化建设实践的理论概括。十七大报告是迄今为止对这条道路作了最为全面论述的党的文献。首先，对中国特色社会主义道路作了全面概括：在中国共产党领导下，立足基本国情，以经济建设为中心，坚持四项基本原则，坚持改革开放，解放和发展社会生产力，巩固和完善社会主义制度，建设社会主义市场经济、社会主义民主政治、社会主义先进文化、社会主义和谐社会，建设富强民主文明和谐的社会主义现代化国家。其次，指出中国特色社会主义道路是总道路，它是由具体道路构成的。因此，对中国特色社会主义道路的研究还有很大的空间，需要进一步加以展开研究。我们认为要加强对以下三个问题即三对关系的研究。

1. **中国特色社会主义道路与改革开放的关系。**我们党对中国社会主义建设道路的探索是从20世纪50年代中期开始的。十七大指出，我国改革开放伟大事业，是在以毛泽东同志为核心的党的第一代中央领导集体创立毛泽东思想，带领全党全国各族人民建立新中国、取得社会主义革命和建设伟大成就以及艰辛探索社会主义建设规律取得宝贵经验的基础上进行的。“毛泽东艰辛探索的成果”为当代中国一切发展进步奠定了根本政治前提和制度基础。但是从20世纪50年代后期开始，这个探索开始发生失误

直至遭受严重挫折，即发生了像“文化大革命”那样长时间全局性的严重错误。以党的十一届三中全会为转折点，标志着我们党带领全国各族人民开创中国特色社会主义道路。从那时开始至今，这条道路的开辟、形成和发展大致经历了三个阶段。

第一个阶段：转折与奠基阶段（1978—1988 年）。党的十一届三中全会的召开，标志着我们党重新确立了马克思主义的思想路线、政治路线、组织路线，标志着中国共产党人在新的时代条件下的伟大觉醒，也标志着我国社会主义发展回到了科学社会主义的轨道。邓小平指出，搞社会主义一定要遵循马克思主义的辩证唯物主义和历史唯物主义。在总结历史经验教训基础上，邓小平在十二大上提出，“把马克思主义的普遍真理同我国的具体实际结合起来，走自己的道路，建设有中国特色的社会主义”这个重大命题。从这时开始，建设中国特色社会主义就成为我们党全部理论和实践的主题。在总结十一届三中全会以来近十年改革开放和现代化建设实践经验的基础上十三大宣布，我们“开始找到一条建设有中国特色的社会主义的道路”。

第二个阶段：基本形成和不断完善阶段（1989—2002 年）。这一阶段中国特色社会主义道路的发展克服了国内外政治风波，国内经济风险和自然灾害的冲击，继续朝着正确的方向发展。这一阶段有几个主要点需要加以把握。一是形成了“三个代表”重要思想并且和邓小平理论一起作为建设中国特色社会主义的指导思想。二是改革开放和现代化建设取得巨大成绩。三步走的发展战略已经胜利完成了前两步，我国综合国力明显增强。三是党对建设中国特色社会主义的基本内容、实践经验的认识和总结不断完善。十四大从 9 个方面论述了建设中国特色社会主义的基本内容。十五大把中国特色社会主义概括为 10 个基本问题。十六大总结了 13 年的辉煌成就和建设中国特色社会主义必须坚持的 10 条基本经验。

第三个阶段：深化和拓展阶段（2003 年至今）。中国特色社会主义道路的基本形成不等于已经定型，只有经历不断深化和拓展之后，才能达到定型目标。进入新世纪新阶段，这条道路正朝着定型目标发展。其主要标志有三。第一，十七大第一次对中国特色社会主义道路作了全面概表述。第二，十七大指出中国特色社会主义道路是指总道路，它是由具体道路构成的。第三，我们党认为，全面建设小康社会的目标之一就是使中国特色社会主义具体道路定型化。

通过上述分析和总结，完全可以得出这个结论，中国特色社会主义道路是在改革开放过程中开辟、形成和不断拓展的。

2. 中国特色社会主义道路与党的基本路线的关系。 十七大对中国特色社会主义道路所作的概括，其内涵包括：一个前提，即坚持中国共产党的领导。一个核心，即党的基本路线。一个战略布局，即四位一体的总体布局。以及四位一体的奋斗目标。这些要点紧密相联不可分割。30 年来的历史和实践证明，党的基本路线是中国特色社会主义道路的核心和灵魂。30年来，我们毫不动摇地坚持发展是硬道理的战略思想，牢牢扭住经济建设这个中心，不断解放和发展社会生产力，不断夯实我国社会主义制度的物质基础，毫不动摇地坚持四项基本原则、坚持改革开放。30年来的历史和实践证明，党的基本路线是兴国、立国、强国的重大法宝，是实现科学发展的政治保证，是党和国家的生命线、人民群众的幸福线。没有党的基本路线，也就没有中国特色社会主义道路。就党的基本路线而言，以经济建设为中心是兴国之要，是我们党和国家兴旺发达和长治久安的根本要求，四项基本原则是立国之本，是我们党和国家生存和发展的政治基石；改革开放是强国之路，是我们党和国家发展进步的活力源泉。一个中心、两个基本点，是相互贯通、相互依存、不可分割的统一整体，须臾不可偏离、丝毫不可偏废，必须全面坚持、一以贯之。因此，任何偏离、干扰、冲击党的基本路线的言行或倾向等，都是对中国特色社会主义道路的偏离、干扰、冲击。因此，我们需要重申和深刻理解邓小平从中国的历史和现实出发，从改革开放和现代化建设实际出发，提出的两条战线斗争的战略方针："中国要警惕右，但主要是防止'左'。"说它是战略方针，是指这是邓小平着眼于我国发展的长过程而提出的战略判断。"搞现代化建设，搞改革、开放，存在'左'和右的干扰问题。'左'的干扰更多是来自习惯势力。旧的一套搞惯了，要改不容易。右的干扰就是搞资产阶级自由化，全盘西化，包括照搬西方民主。'左'的和右的干扰，最主要的是‘左’的干扰。”[①] 邓小平的这些分析完全适合我们对当前我国意识形态状况的观察。因此，我们要始终坚持党的基本路线不动摇，做到思想上坚信不疑、行动上坚定不移。一定要像胡锦涛同志“12·18”重要讲话指出的那样：决不走封闭僵化的老路，也决不走改旗易帜的邪路，而是坚定不移地走中国特色社会主义道路。

3. **中国特色社会主义总道路与具体道路的关系。**十七大报告等文献指出，中国特色社会主义道路是总道路，它包括中国特色自主创新道路，中国特色新型工业化道路、中国特色农业现代化道路、中国特色城镇化道路、中国特色社会主义政治发展道路、中国特色反腐倡廉道路、中国特色社会主义工会发展道路、中国特色军民融合式发展道路（8条）。应该说研究中国特色社会主义总道路与具体道路的关系，这是深化认识社会主义建设规律的客观要求。在新民主主义革命时期，毛泽东提出要这样研究中国战争问题：先要研究战争的规律，而后研究革命战争的规律，然后研究中国革命战争的规律。对于社会主义发展道路也存在三个层面的规律性问题需要研究：社会主义道路，中国特色社会主义总道路和中国特色社会主义具体道路。因此，深入研究了中国特色社会主义总道路与具体道路的关系，有利于我们坚定不移地走中国特色社会主义道路。

此外，我们要注意研究具体道路的定型化这个重要课

① 《邓小平文选》第3卷，人民出版社1993年版，第248—249页。

题。1992 年，邓小平在南方谈话中提出，要再用 30 年左右时间（也就是到 2020 年左右）才能使十一届三中全会以来形成的路线方针政策和具体制度更加成熟、更加定型，即定型化的战略预见。2020 年正是我们党提出的全面建设小康社会目标实现的时间表。之所以说这是战略预见，是因为只有使这些具体道路定型化，中国特色社会主义总道路才能定型，这是需要经过长时期的努力才能实现的。因此，我们要在新的历史起点上即要在新的实践中继续拓展和完善中国特色社会主义具体道路，可以预言：中国特色社会主义具体道路定型化之日，也就是我们国家朝着实现中华民族腾飞目标又向前跨进一大步之时。

中国特色社会主义的主题*

经济文化比较落后的国家走上社会主义道路后如何建设、巩固和发展社会主义，这是中国特色社会主义要回答的根本问题即主题。与这个主题密切联系或者说是它重要组成部分的另一问题是：经济文化比较落后的国家能否率先走上社会主义道路。站在今天的历史高度，可以清楚地看出，这个问题是整个20世纪在世界社会主义运动中不断被提出，又不断加以回答的重大课题。中国共产党人创立的中国特色社会主义理论体系科学地回答了这一世纪性重大课题，实现了科学社会主义在中国的新发展，从而把马克思主义推向了新的境界，这是中国共产党人对科学社会主义做出的重大贡献。

---

* 本文发表于《理论动态》2008年4月20日。

一、世纪性重大课题的提出和争论

马克思恩格斯有东方社会发展的重要理论观点，但没有经济文化比较落后的国家可以率先走上社会主义道路的思想。以往理论界对马克思恩格斯的东方社会发展理论观点研究不够甚至忽略了，其实这是马克思恩格斯运用唯物辩证法研究社会主义得出的重要结论：走向社会主义的道路是多样的，而不是单一的。马克思曾经明确指出，他在《资本论》中关于资本主义起源的历史概述只限于西欧。如果有人要把这种概述“变成一般发展道路的历史哲学理论”，这样做“会给我过多的荣誉，同时也会给我过多的侮辱。”①

19 世纪七八十年代，促使马克思恩格斯把目光转向东方的主要原因有二：一是马克思恩格斯与俄国年轻革命者保持频繁的书信联系，需要回答他们提出的关于俄国社会发展问题。二是马克思为写《资本论》第 3 卷的“地租篇”阅读了大量东方国家的资料，东方国家奇特的生产方式和古老的国情吸引了他们，马克思曾打算写一部关于东方社会的巨著并为此做了大量的笔记、摘录（学术界称之为人类学笔记或历史学笔记）。马克思恩格斯的东方社会理论观点就散见在这些笔记、摘录和这一时期的书信中。对于马克思恩格斯上述重要理论观点既不能忽略，

① 《马克思恩格斯文集》第 3 卷，人民出版社 2009 年版，第 466 页。

又不能拔高。应该说忽略已经被纠正了，但不能拔高。比如，有的观点认为马克思恩格斯已经有了经济文化比较落后的国家可以率先走上社会主义道路的思想，甚至有的认为十月革命是在马克思恩格斯东方社会理论指导下取得胜利的，等等。

列宁提出并论证了经济文化比较落后的国家可以率先走上社会主义道路，但这一思想还需要进一步完善和深化。列宁是真正的马克思主义者，他不从本本出发，决不把马克思主义当做教条。而是根据20世纪初俄国是当时国内外矛盾的焦点，在革命的主客观条件成熟时，列宁不失时机地领导布尔什维克党和俄国人民取得十月革命的胜利，从而使社会主义从科学理论变为现实。邓小平曾高度评价列宁不是从书本而是从实际中，在一个落后国家干成了十月社会主义革命。然而正因为如此，列宁遭到了国内外机会主义者的猛烈攻击。其始作俑者是第二国际的中派代表和理论权威考茨基以及孟什维克的苏汉诺夫。列宁驳斥了他们的攻击并在此前提出的“一国和数国首先胜利论”的基础上，论证经济文化比较落后的国家可以率先走上社会主义道路。列宁的立论依据主要有两条：一是世界历史发展的一般规律即人类社会是沿着五种社会形态发展的，这并不排斥一些国家或民族个别发展阶段在发展形式或顺序上表现出特殊性，反而是以此为前提的。二是经济文化比较落后的国家在革命主客观条件成熟时可以先夺取政权建立起无产阶级专政，然后利用无产阶级专政这“前提条件”大力发展生产力，巩固和发展社会主义政权。应该说列宁的论证是完全正确的和有说服力的。但今天我们还需要对这一思想加以完善和深化，因为这两条理由还不能解释大多数经济文化比较落后国家革命胜利后，为什么没走上社会主义发展道路。虽然我们不能苛求前人的论证都要面面俱到，但是我们研究马克思主义经典作家在论战中提出的鲜明观点时，要考虑到这一点。

二战结束后，欧洲亚洲一系列经济文化比较落后的国家先后走上了社会主义道路，到20世纪50年代，社会主义国家达到15个。这一时期社会主义在凯歌声中胜利前进，对全世界产生了巨大影响。以此为标志，这一世纪性重大课题就转变为经济文化比较落后国家走上社会主义道路后如何建设、巩固和发展社会主义。

二、世纪性重大课题再遭挑战

苏东剧变再次挑战这一世纪性重大课题。20世纪八九十年代，先是东欧演变后是苏联解体，社会主义国家从15个锐减为5个。世界社会主义运动遭受严重挫折，这是发生在20世纪末我们这个星球上的最重大的历史事件。在这场巨大冲击波发生之后，西方敌对势力喜形于色，寄希望出现“多米诺骨牌”的效应，一举冲垮社会主义国家。与此同时奇谈谬论纷纷出来，经济文化比较落后的国家可以率先走上社会主义道路这一结论再次遭到诘难。最有代表性的观点有二：一是“原罪论”，即苏联东欧社会主义的垮台其原因盖出于列宁错误地发动了十月革命，考茨基当年对十月革命的批判是对的，而且有先见之明。二是“补课论”，即现实社会主义国家都未经历资本主义充分发展阶段，需要补资本主义制度这一课。（有两种补课论，本文批判的是这种带引号的补课论）

中国共产党人对这世纪性重大课题的初步回答。面对苏东剧变的冲击我们党处变不惊，并且用初步形成的中国特色社会主义理论和我国改革开放的成功实践有力批驳了敌对势力诘难，从而对这世纪性重大课题作了初步的回答。这里首先要提到的是1992年邓小平南方谈话和党的十四大。邓小平在南方谈话中高屋建瓴地指出，世界社会主义发展的总趋势中就包括胜利的必然性和发展的曲折性。“封建社会代替奴隶社会，资本主义代替封建主义，社会主义经历一个长过程发展后必然代替资本主义。这是社会历史发展不可逆转的总趋势，但道路是曲折的。资本主义代替封建主义的几百年间，发生过多少次王朝复辟？所以，从一定意义上说，某种暂时复辟也是难以完全避免的规律性现象。一些国家出现严重曲折，社会主义好像被削弱了，但人民经受锻炼，从中吸收教训，将促使社会主义向着更加健康的方向发展。”[①] 邓小平还深刻指出，中国特色社会主义要稳住阵脚继续前进关键要抓两条。一是坚持“一个中心、两个基本点”的基本路线一百年不动摇。不坚持社会主义，不改革开放，不发展经济，不改善人民生活，只能是死路一条。二是抓好党的自身建设。中

① 《邓小平文选》第3卷，人民出版社1993年版，第382—383页。

国要出问题，还是出在共产党内部。关键是要抓好党的建设。

党的十四大在和平与发展仍然是时代主题的历史条件下，在总结我国社会主义胜利和挫折的历史经验尤其是改革开放以来的成功实践，以及借鉴其他社会主义国家兴衰成败历史经验的基础上，从9个方面概括了建设有中国特色社会主义的理论。党的十四大指出，这个理论，第一次比较系统地初步回答了中国这样的经济文化比较落后的国家如何建设、巩固和发展社会主义的一系列基本问题，用新的思想、观点继承和发展了马克思主义。

三、对世纪性重大课题的科学回答

这一世纪性重大课题也是中国特色社会主义所要回答的主题。我们对“什么是社会主义，怎样建设社会主义”这个社会主义的根本问题的提法耳熟能详，那么这个提法同上述的世纪性重大课题的表述是什么关系呢？我们认为，就其实质而言这两种表述是完全一致的。因为从当代中国的实际出发回答“什么是社会主义，怎样建设社会主义”，也就是要回答在中国这样的经济文化比较落后的国家如何建设、巩固和发展社会主义。正因为如此，我们把这一世纪性重大课题作为中国特色社会主义的主题。对此，我们可以从实践和理论上加以分析。

从实践上看，我国建立起社会主义基本制度后的半个世纪以来，是党带领人民艰辛探索和不断开拓中国特色社会主义道路的过程。党的十七大用3个“我们要永远铭记”来表述党中央三代领导集体领导人民在中国这样经济文化比较落后的国家如何建设、巩固和发展社会主义。

以毛泽东同志为核心的党的第一代中央领导集体带领人民取得新民主主义革命的胜利并且建立了社会主义基本制度，为开辟中国特色社会主义道路奠定了根本政治前提和制度基础。此后又对社会主义建设规律进行了艰辛探索，社会主义建设也取得伟大成就。虽然后来发生了像“文化大革命”那样全局性的严重错误，但是这一时期的宝贵探索和取得的成就，无疑是我们党探索中国社会主义建设道路的起点。

以邓小平同志为核心的党的第二代中央领导集体带领人民面对“文化大革命”造成的危难局面，坚定地解放思想，拨乱反正，彻底否定“以阶级斗争为纲”的错误，实事求是地评价毛泽东同志和毛泽东思想，坚决把党和国家工作中心转移到经济建设上来，作出了改革开放的历史性决策，制定了党在社会主义初级阶段的基本路线，制定了三步走的发展战略，现代化建设取得显著成就，开创了中国特色社会主义道路。

以江泽民同志为核心的党的第三代中央领导集体带领人民高举邓小平理论伟大旗帜，坚持党的基本路线不动摇，坚持改革开放，与时俱进。在国内外政治风波、经济风险和自然灾害等严峻考验面前坚定地走中国特色社会主义道路。创建了社会主义市场经济新体制，开创了全面改革开放的新局面，推进了党的建设新的伟大工程，现代化建设取得了举世瞩目的成就，进一步拓展了中国特色社会主义道路。

十六大以来，以胡锦涛同志为总书记的党中央以邓小平理论和“三个代表”重要思想为指导，顺应国内外形势发展变化，带领人民抓住重要战略机遇期，求真务实，开拓进取，坚持理论创新和实践创新，推动科学发展，促进社会和谐，不断完善社会主义市场经济体制，进一步推进党的建设伟大工程，全面建设小康社会取得了新成就，使中国特色社会主义道路越走越宽广。

从理论上看，要回答在中国这样经济文化比较落后的国家如何建设、巩固和发展社会主义，就必须科学阐明我国社会主义的历史方位、本质规定、发展阶段、根本动力、主要特点和发展方式等一系列基本问题。中国共产党人创立的中国特色社会主义理论体系包含了对这些基本问题的全面阐述。正是从这个意义上说，中国特色社会主义理论体系是对上述世纪性重大课题的科学回答。

社会主义初级阶段理论回答了我国社会主义所处的历史方位这个重要问题。经济文化比较落后的国家走上社会主义道路后首先要搞清楚本国所处的历史方位即发展阶段，这是我们付出了高昂的“学费”后才得出的极其重要的结论。正如党的文献指出的，“十一届三中全会前我们在建设社会主义中出现失误的根本原因之一，就在于提出的一些任务和政策超越了社会主义初级阶段”。我们党认为社会主义初级阶段就是说我国已经是社会主义社会，我们必须坚持而不能离开社会主义。就是说我国的社会主义社会还处在初级阶段。我们必须从这个实际出发，而不能超越这个阶段。社会主义初级阶级就是逐步摆脱不发达状态，基本实现社会主义现代化的历史阶段。社会主义初级阶段理论是中国特色社会主义理论体系的重要基石。30年来改革开放和现代化建设取得巨大成功的根本原因之一，就是既克服了那些超越阶段的错误观念和政策，又抵制了抛弃社会主义基本制度的错误主张。

社会主义本质理论回答了我国初级阶段社会主义的本质规定和基本特征等重要问题。科学社会主义从来认为，生产力是一切社会发展的最终决定力量，社会主义是高于资本主义的社会形态。因此高度发展的生产力是社会主义的本质规定。经济文化比较落后的国家走上社会主义道路后，执政党对这个本质规定不但不能忽略而且要全力以赴地加以实现。但是几乎所有的社会主义国家在这个问题上都犯过错误，从而严重影响了社会主义制度优越性的发挥。我们党坚持科学社会主义理论和实践的基本成果，在总结社会主义建设正反两方面经验基础上揭示了社会主义本质，是解放生产力，发展生产力，消灭剥削，消除两极分化，最终达到共同富裕。社会主义基本特征是社会主义本质在经济、政治、文化和社会等领域中的体现和要求。社会主义本质和特征决定了社会主义要在不断解放和发展生产力的基础上实现人的全面发展。社会主义本质理论是不断发展的理论，是中国特色社会主义理论体系的重要基石。

社会主义市场经济理论回答了我国初级阶段社会主义

发展的主要途径及其手段等重要问题。社会主义市场经济理论是我们党的重大的理论创新。长期以来，几乎所有社会主义国家都把市场经济看做是资本主义的东西，并认为只有计划经济才是社会主义经济制度，这就严重束缚了生产力的极大发展。我们党在实践中解放思想大胆探索，并在不断总结经验的基础上提出并形成了社会主义市场经济理论。这个理论认为社会主义市场经济是社会主义基本制度与市场经济相结合的经济制度。我国经济体制改革的目标是建立社会主义市场经济体制，市场经济是配置资源的基本手段。我们党还提出一个重要的判断：经济文化比较落后的中国走上社会主义道路后，要经历相当长的历史阶段去实现工业化、经济的社会化、市场化、现代化（简称“四化”）。这也是补课论即补“四化”的课，但根本区别于前已经论述过的鼓吹补资本主义制度课的那种错误的“补课论”。而在这“四化”中市场化对于推动经济发展的作用是极其重要的，因为它可以有效整合生产要素，充分利用资源，极大调动人们的积极性。改革开放30年来，我国现代化建设取得举世瞩目的成就，中国特色社会主义显示出巨大活力，其根本原因之一就是我们坚持发展市场经济，建立并不断完善社会主义市场经济体制。社会主义市场经济理论是中国特色社会主义理论体系的重要基石。

社会主义改革开放理论回答了我国社会主义社会发展的根本动力和活力等重要问题。社会主义社会发展动力也是来源于社会主义社会基本矛盾。长期以来，在对这个问题的认识上存在两种错误倾向。一是否认社会主义社会存在矛盾，二是夸大了社会主义社会的阶级矛盾。中国共产党人最早提出，社会主义社会基本矛盾仍然是生产力与生产关系，经济基础与上层建筑的矛盾。这两对矛盾是非对抗性的，可以在社会主义制度下得到解决。十一届三中全会以后，我们坚决纠正了“以阶级斗争为纲”的错误，提出改革是社会主义发展的根本动力，因为改革是解决社会主义社会基本矛盾的主要途径，从而作出了改革开放的历史性决策。在实践中改革开放极大地调动了亿万人民的积极性，极大地释放社会主义制度的优越性。只有社会主义才能救中国，只有改革开放才能发展中国、发展社会主义、发展马克思主义。社会主义改革开放理论是中国特色社会主义理论体系的重要内容。

社会主义和谐社会理论回答了在经历了半个多世纪发展后的我国社会主义社会的主要特点以及与社会主义本质的关系等重要问题。新中国成立以来，尤其是改革开放30年来，我国现代化成就举世公认，今天的中国已经是世界上第三大经济体。与此同时，我国发展进入了关键阶段：既要继续发展，又要科学发展和谐发展共享发展。否则不但发展难以持续甚至可能要遭受挫折。我们党提出科学发展与社会和谐是发展中国特色社会主义的基本要求。科学发展与社会和谐是内在统一的，没有科学发展就没有社会和谐，没有社会和谐也难以实现科学发展。社会和谐是中国特色社会主义的本质属性等重大理论判断。因此社会主义和谐社会理论是体现了中国特色社会主义本质属性的重要理论，我们党据此把中国特色社会主义事业总体布局由原来的三位一体扩展为经济建设、政治建设、文化建设、社会建设四位一体，把我国社会主义现代化建设的奋斗目标由原来的三位一体扩展为富强民主文明和谐四位一体。

社会主义和平发展道路理论既回答了中国特色社会主义发展的根本特点，又指明了中国作为发展中大国的全新的发展道路。中国坚定不移走和平发展道路最根本的是由社会主义基本制度的性质所决定的。新中国成立之初，毛泽东就昭告全世界：我们是马列主义者，是社会主义国家，因此一百年、一万年都不会侵略别人。邓小平把中国特色社会主义概括为是不断发展生产力的社会主义，是主张和平的社会主义。江泽民指出，中国的发展需要长期的国际和平环境。即使将来中国富裕起来了，中国独立自主的和平外交政策也不会改变。胡锦涛同志把半个多世纪以来形成的中国特色社会主义道路的特点概括为和平发展。这个理论实际上也给世界各国指明了中国特色社会主义的全新的发展道路，即中国在不照搬国外尤其是西方模式的条件下利用和平发展的国际环境来发展自己，又通过自身的发展进一步促进当今世界的和平与发展。从而为人类和平发展事业做出了重要贡献。

当然，中国特色社会主义理论体系博大精深，其内容不止这些。但是，如上所述的主题和这“六论”无疑是这个理论体系极其重要的内容。

四、对世纪性重大课题的回答并未终结

需要联系其他“两个基本问题”来回答这世纪性重大课题。回答经济文化比较落后国家如何建设、巩固和发展社会主义，还必须联系“建设什么样的党，怎样建设党”和“实现什么样的发展、怎样发展”。

首先，要联系“建设什么样的党，怎样建设党”来研究这个主题。因为这是科学社会主义基本原理的要求。马克思恩格斯在为无产阶级锻造的锐利思想武器即科学社会主义理论中包含了无产阶级政党政治原理。他们在《共产党宣言》中第一次论述了共产党的先进性问题。后来在总结巴黎公社革命失败的教训以及在与形形色色社会主义流派的论战中阐明了这个重要原则：无产阶级要组织成为独立的政党，这是取得革命胜利和胜利后进行统治的基本条件。列宁在领导十月革命和俄国社会主义建设过程中进一步丰富和发展了马克思主义的政党政治原理。

要重视和加强党的建设这也是中国共产党人在对革命、建设和改革实践经验进行总结基础上得出的重要结论。早在民主革命时期，毛泽东根据我们党内农民出身的成员居多数等状况，最早提出了要推进党的建设的伟大工程。这是中国革命最终取得胜利的根本保证。邓小平在改革开放的初期就提出了“执政党应该是一个什么样的党，执政党的党员应该怎样才算合格，党怎样才叫善于领导”这个重大命题。江泽民指出了在新的历史条件下我们党的

历史方位发生了根本变化，面临两个历史性课题，党要领导改革开放和现代化建设取得胜利，必须全面推进党的建设新的伟大工程。以胡锦涛同志为总书记的党中央面对新世纪新阶段的机遇和挑战，提出了以加强党的执政能力建设和先进性建设为根本，以改革创新精神全面推进党的建设新的伟大工程。总之，在总结80多年党的历史经验基础上我们得出了极其重要的结论：中国革命能否胜利，社会主义建设和改革能否取得成功，关键在党。这是千真万确的真理。

其次，还要联系“实现什么样的发展、怎样发展”来研究这个主题。因为这是我国社会主义初级阶段基本国情和当前经济社会发展的阶段性特征所决定的。经过半个多世纪特别是30年的改革开放，我国社会主义现代化建设取得了举世公认的成绩。据世界银行的报告，以市场汇率计算，2003—2005年，我国经济增长对世界GDP增长的平均贡献率达13.8个百分点，并预计2007年要达到18个百分点，成为对全球经济增长贡献最大的国家。

在成绩面前，在别人的喝彩声和赞扬声中我们要保持清醒头脑。也就是说一定要看到这3个“没有变”：我国社会主义初级阶段的基本国情没有变，当前经济社会发展的阶段性特征是我国社会主义初级阶段基本国情在现阶段的体现。社会主义初级阶级的主要矛盾没有变，巩固和发展社会主义的长期性没有变。正因为如此，在今后，发展仍然是我们的兴国之要。但是必须实现科学发展、和谐发展、共享发展。舍此，不但无法实现持续发展，甚至还可能遭受重大挫折。

这也是顺应当今时代发展潮流的要求。二战结束后，西方发达国家在自我调整的过程中抓住科技革命的机遇极大地推动了经济的发展，从而也带动了经济全球化。西方发达国家在这一时期的大发展过程中也出现了严重问题。如单纯追求经济增长，忽视社会发展与社会公正，忽视能源资源节约和生态环境保护等。从而使发展陷入困境，有的国家还走了弯路并为此付出了高昂的代价。20 世纪七八十年代，西方国家在反思产生发展困境原因的基础上提出了新发展观，在这新发展观影响下，当今世界已形成了新的发展潮流，也就是不但要重视经济发展，而且也要重视政治、文化、社会的协调发展，还要重视人与自然界相和谐的可持续发展。我国作为世界上最大的发展中国家，要实现今后又好又快发展，也必须顺应当今世界发展潮流，决不能走西方国家曾经走过的老路，必须走科学发展、和谐发展、共享发展这条具有鲜明中国特色的发展新路。

当然，我们应当如实地指出，需要联系这“两个基本问题”来深化研究中国特色社会主义的主题，也就是说把这“三个基本问题”结合起来深入研究中国特色社会主义理论体系才刚刚破题，还未在全党形成共识，需要理论工作者和实际工作者共同努力做好这篇大文章。也正是从这个意义上说，对这一世纪性重大课题的研究还没有终结。

马克思在理论研究中有一个深刻的方法论思想。马克思指出，“人体解剖对于猴体解剖是一把钥匙。反过来说，低等动物身上表露的高等动物的征兆，只有在高等动物本身已被认识之后才能理解。”[①] 我们可以这么说，站在今天社会主义理论发展比较成熟的阶段可以清楚地看出，这世纪性重大课题产生于20世纪初，而几乎在整个20世纪发展过程中不断被提出又不断加以回答，今天我们也还处在不断认识不断探索这一进程中。此外，认识规律必须经历从一般规律到特殊规律的过程。在抗日战争初期，毛泽东认为要把握中国战争规律，先要研究战争的规律，而后研究革命战争的规律，然后研究中国革命战争的规律。研究和把握社会主义发展规律，也存在着三个层面的规律：社会主义建设的规律，经济文化比较落后国家社会主义建设的规律，像中国这样经济文化比较落后国家建设、巩固和发展社会主义的规律。我们对于这三个层面规律的认识，虽然说现在已知之较多，知之较深，但还不能说已经完全把握了，更不能说已经穷尽真理。

实践永无止境，创新永无止境。我国理论工作者要继续解放思想、实事求是、与时俱进、求真务实。在实践—认识—再实践—再认识的基础上把对中国特色社会主义理论体系的研究推向新的境界。

① 《马克思恩格斯文集》第8卷，人民出版社2009年版，第29页。

中国特色社会主义形成和发展的理论轨迹*

恩格斯指出："历史从哪里开始，思想进程也应当从哪里开始，而思想进程的进一步发展不过是历史过程在抽象的、理论上前后一贯的形式上的反映；这种反映是经过修正的，然而是按照现实的历史过程本身的规律修正的。"① 今天，我们站在新世纪新阶段的高度，回顾和总结半个多世纪以来我国社会主义波澜壮阔的发展实践，可以清楚地看出中国特色社会主义形成和发展的这6条主要理论轨迹。

一、如何认识社会主义

这是中国共产党的三代领导集体都致力于要搞清楚的

* 本文发表于《理论动态》2004年9月24日。

① 《马克思恩格斯文集》第2卷，人民出版社2009年版，第603页。

基本理论问题。虽然今天我们对它的认识已经达到了新的高度、新的境界，但是并没有终结。如何认识社会主义的过程是非常曲折的。

新中国成立之后，社会主义改造和建设提到党的议程。当时的历史状况是：世界上形成了两大对立的阵营。社会主义只有苏联一国的实践。党对社会主义的认识还知之不多、知之不深，这方面的理论准备也不足，等等。所以，我们照搬了苏联模式，也就是说在三大改造完成的“前八年照抄外国经验”（毛泽东语）。促使毛泽东思考并开始寻找中国社会主义建设道路的主要原因有二。一是1956年2月召开的苏共二十大揭开了斯大林问题的“盖子”。尽管我们党不赞成赫鲁晓夫全盘否定斯大林的做法。但是从中得到的最重要教益，就是我们党要从各个方面考虑按中国的情况办事。努力找到中国社会主义建设的具体道路。二是我们在这8年中照搬苏联模式的做法在实践中也暴露出了弊端。在总结经验的基础上，毛泽东在这一时期形成了对社会主义一系列新的深刻认识。主要体现在《论十大关系》和《关于正确处理人民内部矛盾的问题》以及党的八大文献等代表著作中。比如，毛泽东提出，我们不但善于破坏一个旧世界，而要善于建设一个新世界；我国社会主义建设要以苏为鉴，走自己的路；社会主义建设时期仍然要调动一切积极因素、团结一切可以团结的力量；搞社会主义建设要贯彻统筹兼顾、适当安排的方针；等等。

尤其需要指出的是，毛泽东首先提出了要搞清楚

"什么是社会主义"这个命题。并向全党发出了要努力认识社会主义建设规律的要求。1961 年他在中央工作会议上指出，"我们各级干部中许多人不懂得社会主义是什么东西"、"对社会主义，我们现在有些了解，但还不甚了了"。1962 年毛泽东在扩大的中央工作会议上向全党发出了要努力认识社会主义建设规律的要求。"社会主义建设，从我们全党来说，知识都非常不够。我们应当在今后一段时间内，积累经验，努力学习，在实践中间逐步地加深对它的认识，弄清楚它的规律。"① 然而，由于种种原因，特别是受"左"的思想影响，这一时期毛泽东对社会主义的认识是正确与错误交织，党领导的社会主义建设实践是经验与教训并存。但是，这一时期的正确与错误，成功与失败，都为我们后来正确认识中国特色社会主义提供了深刻的启示和宝贵的经验。

1978 年召开的十一届三中全会，标志着我国从此进入社会主义事业发展的新时期。新时期伊始，党在思想领域的根本任务是解放思想，拨乱反正。在这个过程中邓小平反复地指出，要搞清楚"什么是社会主义"这个首要的基本问题。这是邓小平总结新中国成立 30 多年来的经验，特别是"文化大革命"的反面教训后，重提当年毛泽东指出的这个命题。当然，要正确回答这个基本问题并非易事。毛泽东本人并没有搞清楚这个问题。邓小平对这个问题的回答也是逐步深入的。邓小平首先指出了"什

① 《毛泽东著作选读》下册，人民出版社 1986 年版，第 829 页。

么不是社会主义”。20世纪80年代中期之前他多次指出，贫穷不是社会主义，发展太慢不是社会主义；平均主义不是社会主义，两极分化也不是社会主义；人民生活长期停留在很低水平不是社会主义，僵化封闭不能发展社会主义，等等。这些论述带有明显的拨乱反正的时代痕迹。20世纪80年代中期以后，邓小平在总结社会主义建设正反两方面经验的基础上形成了对社会主义的一系列新认识、新观点。到了1992年邓小平南方谈话的发表和十四大召开，中国特色社会主义理论初步形成。党对社会主义的发展道路、发展阶段、根本任务、发展动力、发展战略和外部条件等方面的认识达到了一个新的水平。邓小平关于社会主义本质的论述是他对“什么是社会主义”认识的集大成者。十五大对此作了高度的评价。邓小平抓住“什么是社会主义、怎样建设社会主义”这个根本问题，深刻地揭示了社会主义的本质，把对社会主义的认识提高到新的科学水平。这是马克思主义在中国发展的新阶段的重要标志。

十三届四中全会以来，江泽民指出，要结合新的实践深化对这个根本问题的认识。江泽民在2000年6月召开的中央思想政治工作会上向全党提出了“四个如何认识”。其中第一个就是“如何认识社会主义发展的历史进程”。江泽民在深化认识社会主义首要的基本问题上有两条重大发展，要引起我们重视和研究。一是把实现人的全面发展引进社会主义本质范畴。最早提出这个论断是在2001年的“七一讲话”。江泽民指出：“要努力促进人的全面发展，这是马克思主义关于建设社会主义新社会的本质要求。”这个重要思想已体现在十六大的文献中。二是江泽民认为，我们对社会主义本质的认识并没有穷尽真理。彻底的唯物主义者要在今后的社会主义建设实践中进一步解放思想，深化对社会主义本质的认识。他在十六大上指出：“实践没有止境，创新也没有止境。我们要突破前人、后人也必然突破我们。这是社会前进的必然规律。”

十六大以来，以胡锦涛同志为总书记的党中央在进一步总结新中国成立以来社会主义建设实践经验基础上不断深化对“什么是社会主义”的认识。作出了“社会和谐是中国特色社会主义的本质属性，是国家富强、民族振兴、人民幸福的重要保证”这个重大论断。应该说这是对“什么是社会主义”再认识的重大成果。

二、如何认识资本主义

应该说在新中国成立前后，我们党对资本主义尤其是国内资本主义和资产阶级的认识是实事求是的。有些观点是对马克思主义的创新。比如，在新中国成立后的三大改造时期，我们继续与民族资产阶级保持联盟，对其采取团结和改造的政策。毛泽东在《关于正确处理人民内部矛盾的问题》一书中把我国民族资产阶级纳入社会主义时期人民的范畴，这是对马克思主义人民观的发展。此外，毛泽东在七届二中全会上和三大改造前后对资本主义有不少精辟的论述。至今读起来仍然有耳目一新的感觉。毛泽东在1949年3月进京之前就指出，“在革命胜利以后一个相当长的时期内，还需要尽可能地利用城乡私人资本主义的积极性，以利于国民经济的向前发展。”“为了整个国民经济的利益，为了工人阶级和劳动人民现在和将来的利益，决不可以对私人资本主义经济限制得太大太死，必须容许它们在人民共和国的经济政策和经济计划的轨道内有存在和发展的余地。”① 这一期间毛泽东还提出关于四面八方的思想。他指出：“工作重心转到城市后，我们的经济政策可以概括为一句话，叫做‘四面八方’。四面即公私、劳资、城乡、内外，其中每一面都包括两方面，所以合起来就是四面八方。这就是公私兼顾、劳资两利、城乡互助、内外交流的政策。”② 此外，毛泽东在三大改造时期指出，“华侨投资二十年、一百年不要没收。开投资公司、还本付息，可以搞国营，可以搞私营。可以消灭资本主义，又搞资本主义”。1953年毛泽东还提出“四分之三的社会主义经济”的独到见解。他在全国财经工作会议的一份文件上的批语中指出，“中国现在的资本主义经济其绝大部分是在人民政府管理之下的，用各种形式和国营社会主义经济联系着的，并受工人监督的资本主义经济。”这种经济即国家资本主义经济，“它主要地不是为了资本家的利润而存在，而是为了供应人民和国家的需要

① 《毛泽东著作选读》下册，人民出版社1986年版，第659—660页。

② 《毛泽东与省委书记们》，中央文献出版社2001年版。

而存在。不错，工人们还要为资本家生产一部分利润，但这只占全部利润中的一小部分，大约只占四分之一左右，其余的四分之三是为工人（福利费）为国家（所得税）及为扩大生产设备（其中包含一小部分是为资本家生产利润的）而生产的。因此，这种新式国家资本主义经济是带着很大的社会主义性质的，是对工人和国家有利的。”① 在1957年反右斗争扩大化以后，政治运动不断。“左”的思想逐步在党内占上风。毛泽东对资本主义和资产阶级的认识出现了剧烈的偏摆，到了晚年还出现了重大倒退。比如，提出了商品生产会不断产生资本主义，按劳分配是资产阶级的法权，甚至提出了资产阶级就在共产党内等错误的判断。

在拨乱反正、解放思想过程中是邓小平首先提出了要重新认识资本主义这个沉重命题的。1980年8月21日，邓小平在回答意大利女记者法拉奇关于“你是否认为资本主义并不是都是坏的?”提问后指出，“要弄清什么是资本主义”。邓小平接着说，“资本主义要比封建主义优越。有些东西并不能说是资本主义的。”可以这么说，从十一届三中全会到1992年南方谈话发表的14年间，每当改革开放发展到重要关头都出现了到底是姓“社”还是姓“资”的争论。邓小平总是带头解放思想，力排众议，领导我们冲破了理论和实践中的很多禁区，开创了改革开放的新局面。邓小平指出，农村家庭联产承包责任制是中

① 《建国以来毛泽东文稿》第4册，中央文献出版社1987年版，第271页。

国农民的伟大创举，是我国农业改革和发展的第一个飞跃，决不是搞资本主义。要长期坚持不变。对兴办经济特区，一开始就有不同意见，担心是不是搞资本主义。邓小平指出："深圳的建设成就，明确回答了那些有这样那样担心的人。特区姓'社'不姓'资'。"[①] 对在改革开放中出现的从传统眼光看来是资本主义的东西，邓小平总是持谨慎的态度和主张不争论。他说过，"农村改革初期，安徽出了个'傻子瓜子'问题。当时许多人不舒服，说他赚了一百万，主张动他。我说不能动，一动人们就会说政策变了，得不偿失。像这一类的问题还有不少，如果处理不当，就很容易动摇我们的方针，影响改革的全局。""不搞争论，是我的一个发明。不争论，是为了争取时间干。一争论就复杂了，把时间都争掉了，什么也干不成。不争论，大胆地试，大胆地闯。"[②] 应该说这是邓小平教给我们的如何认识资本主义的一个巧妙的方法。邓小平也看到了"实行对外开放政策，会有一部分资本主义的东西进入。"对此，邓小平指出，只要我们头脑清醒，坚持公有制为主体的基本经济制度，"更重要的是政权在我们手里"。因此，不必惧怕，更不能因噎废食。邓小平在对资本主义再认识中得出了一个具有方法论意义的结论：社会主义要赢得与资本主义相比较的优势，就必须大胆吸收和借鉴人类社会创造的一切文明成果，吸收和借鉴当今世

① 《邓小平文选》第3卷，人民出版社1993年版，第372页。
② 《邓小平文选》第3卷，人民出版社1993年版，第371、374页。

界各国包括资本主义发达国家的一切反映现代社会化生产规律的先进经营方式、管理方法。

十三届四中全会以来，关于姓“社”还是姓“资”的争论并没有消失。江泽民解放思想与时俱进，在如何认识资本主义方面形成了一系列新认识、新观点。首先，提出要全面认识当代资本主义新变化。当我们用宽广的眼光观察世界时首先看到是当代资本主义与以往相比发生了重大变化。怎样正确认识这些新变化并得出使人信服的结论。江泽民2000年6月提出的“四个如何认识”，其中第二个就是“如何认识资本主义发展的历史进程”。他的这次讲话是在党的正式文献中第一次指出要把马克思在1859年《〈政治经济学批判〉序言》中提出的“两个决不会”与马克思恩格斯在《共产党宣言》中提出的“两个必然”结合起来，并运用这个基本原理来考察资本主义发展的历史进程，特别是当代资本主义的新变化。江泽民认为当代资本主义变化的原因是多方面的。有科技革命的原因。比如，西方发达国家在经济全球化背景下利用科技革命给它们带来的经济、技术和军事优势，在世界市场上获得了巨大利润，形成了它们继续发展的重要条件。有上层建筑自我调节的原因。比如，西方发达国家为了维护资本主义制度的生存和发展，对其生产关系的某些环节，某些经济运行和管理机制作了自我调节、改良和改善，其中包括借鉴了社会主义的一些做法，从而使得资本主义生产关系不仅能够容纳现实的生产力，而且生产力还在发展，社会的阶级矛盾和社会矛盾也有一定程度的缓和。江泽民指出，当代资本主义的自我调节并没有改变资本主义制度的性质，也没有改变马克思主义关于资本主义基本原理的真理性。我们要从马克思主义揭示的人类社会历史发展规律的高度认识资本主义发展的历史进程。

其次，指出要正确分析西方资本主义和平演变战略，要摆正反和平演变在我国现代化建设全局中的位置。江泽民指出，自从社会主义这个资本主义对立面在世界上出现以来，西方资本主义国家从未停止过对社会主义的斗争，尽管斗争的形式不断转换。现在，中国是世界上最大的社会主义国家，正在不断发展、日益富强。西方敌对势力加紧以各种手段和方式对我国施行“西化”、“分化”的政治战略即和平演变战略。对此，我们要保持高度警惕并采取切实的防范措施。但是，决不能把反和平演变作为我们工作的中心。他在党的十四大上指出，“坚持党的基本路线不动摇，关键是坚持以经济建设为中心不动摇”。江泽民在许多重要讲话中反复强调：“经济发展了，综合国力提高了，人民生活不断改善了，国家更加强大了，社会主义制度的巨大优越性就会更加充分地显示出来，我们抵御和平演变的斗争就会有更加坚实深厚的物质技术文化基础，我们的社会主义制度就会更加立于不败之地。”①

再次，论述了要解放思想，要冲破以往对资本主义传统认识的束缚，实现理论创新。世纪之交，江泽民多次指

---

① 《江泽民论有中国特色社会主义（专题摘编）》，中央文献出版社 2002 年版，第 31 页。

出，要联系20多年改革开放和现代化建设的实践，进一步研究新世纪新阶段中国特色社会主义道路怎么走的问题。因此，有3个问题必须回答。一是如何看待改革开放以来出现的新的社会阶层（“六个新的社会阶层”）。他们是中国特色社会主义事业的建设者呢？还是“资本家”或“剥削者”？二是如何认识和处理新时期人民内部的利益群体和利益矛盾。新时期人民内部主要不是思想政治方面的矛盾，而是不同利益群体之间的利益矛盾。这些矛盾是什么性质？利益群体差别是否到了两极分化的程度？三是如何把国内巨大的民间资金和劳动力资源充分地调动起来，为实现全面建设小康社会目标服务。而这几个问题都离不开对社会主义条件下的劳动和劳动价值作出进一步阐述。江泽民指出，我们现在搞的是社会主义市场经济，我国的社会主义基本制度已确立了几十年，这是观察和分析我国社会生活中各种问题的政治上的大提前。因此，对很多问题的研究不能简单地套用当年马克思、恩格斯、列宁研究当时资本主义社会而提出的概念。他认为，今天，我们也遇到对马克思当年在《资本论》中提出的价值、剩余价值、剥削等概念的认识问题。也就是说在社会主义条件下，剥削的概念在什么范围内用，在什么范围内不用？要很好地探讨。从十五届五中全会开始，江泽民多次提出要深化对社会主义条件下的劳动和劳动价值论的认识。从那以后至今，在党中央的重视下经过深入调研和总结经验，已形成了这方面的初步成果，即我们党在十六大上提出了要树立新型的社会主义劳动观念。当然，关于社会主义劳动和劳动价值论的研究还有很大的空间。相信经过全党和全国理论工作者的努力，一定会实现这方面的理论创新。

十六大以来，以胡锦涛同志为总书记的党中央在“如何认识资本主义”这个问题上继续坚持解放思想、实事求是的原则。不断排除姓“社”还是姓“资”的干扰，实现了一系列理论创新。

三、如何认识市场经济

我们党对市场经济尤其是社会主义能否搞市场经济的认识经历了一个艰难的过程。不能认为毛泽东从始至终都是排斥或反对市场经济的。20 世纪五六十年代，由于搞大跃进和刮共产风等使我国经济建设遭受挫折。毛泽东认为需要总结经验，需要学习经济理论。1958—1960 年，毛泽东在读斯大林《苏联社会主义经济问题》和《苏联政治经济学（教科书)》时发表的一系列谈话要点中包含了不少关于商品和商品生产的重要见解。毛泽东指出，列宁在《论粮食税》中讲到的关于无产阶级夺取政权后对待商品生产的五项主张“我们都做了”，社会主义还需要商品生产。“问题还是一个农民问题”。商品生产不限于个人消费品。商品生产“是否会导致资本主义呢？不”。他还提出，价值法则是一所伟大学校。领导干部要学习它，掌握它。等等。后来由于“左”的影响不断发展，特别是到了“文化大革命”，毛泽东对商品经济问题的认识出现了倒退。把列宁对过渡时期关于小生产的论述，搬到社会主义制度已建立了20多年的中国。他在1974年关于理论问题的指示中赞成“小生产是经常地、每日每时地、自发地和大批地产生着资本主义和资产阶级的”论断。

我们党对市场经济的认识过程有这么一个特点：实践发展与理论突破相互作用、相辅相成。这个特点明显体现在第二代和第三代中央领导集体的理论主张与执政实践中。1962年，邓小平在总结当时在一些地方自发搞起包产到户的经验时，初步有了生产力标准和群众利益标准的思想。他说：“生产关系究竟以什么形式为最好，恐怕要采取这样一种态度，就是哪种形式在哪个地方能够比较容易比较快地恢复和发展农业生产，就采取哪种形式；群众愿意采取哪种形式，就应该采取哪种形式，不合法的使它合法起来。”① 十一届三中全会以后，他在总结历史经验特别是20世纪五六十年代和“文化大革命”中搞“穷过渡”、“割资本主义的尾巴”、“一大二公三纯”的教训后认为，这决不是社会主义的。社会主义生产关系的调整和完善一定要适合生产力水平。要允许多种所有制经济成分存在。既然现阶段是多种所有制经济成分并存，那就不能只采取计划经济的办法，需要也可以采用市场经济的办法。这就是邓小平提出社会主义也可以搞市场经济的逻辑思路。1979年11月26日，邓小平在接见美国不列颠百科

① 《邓小平文选》第1卷，人民出版社1994年版，第323页。

全书出版公司编委会副主席吉布尼时第一次明确地指出，“社会主义也可以搞市场经济”，“说市场经济只存在于资本主义社会，只有资本主义的市场经济，这肯定是不正确的。社会主义为什么不可以搞市场经济，这个不能说是资本主义。”① 这在当时是石破天惊之语。邓小平的这方面思想是一贯的。从这次讲话到1992年南方谈话的发表，他先后一共作过12次论述。一次比一次明确，最后在南方谈话中形成了“两个不等于”的重要论断。回顾这段历史可以清楚地看出，全党接受社会主义也可以搞市场经济的过程是不平坦的。而在这个认识过程中邓小平始终走在最前头，引导我们党看清方向，排除干扰，坚决向前。

以江泽民同志为核心的党的第三代中央领导集体把邓小平1992年南方谈话作为十四大的指导思想，把邓小平关于社会主义市场经济的思想作为十四大报告的主题。从而把改革开放和现代化建设推进到一个新的阶段。1992年6月9日，江泽民到中央党校作报告，提出了建立社会主义市场经济体制的主张。他在报告中说，在全党学习邓小平南方谈话过程中，在对计划与市场和建立新经济体制问题的认识上党内有三种提法。“我个人的看法，比较倾向于使用‘社会主义市场经济体制’这个提法。”②6月12日，江泽民向邓小平报告了他的这个想法。邓小平当即表示，赞成这个提法。并说，实际上我们是在这样做，深圳

① 《邓小平文选》第2卷，人民出版社1994年版，第236页。

② 《江泽民文选》第1卷，人民出版社2006年版，第202页。

就是社会主义市场经济。十四大报告第一次在我们党的文献中指出，我国经济体制改革的目标是建立社会主义市场经济体制。邓小平关于社会主义也可以搞市场经济的思想实际上是从理论上解决了社会主义公有制与市场经济能否结合这个世纪性的难题，具有深远的理论意义。至于在实践中怎么实现两者的结合，这个任务主要是由以江泽民同志为核心的党的第三代中央领导集体完成的。

十六大以来，以胡锦涛同志为总书记的党中央在坚持和完善社会主义市场经济体制方面，无论在理论还是实践上都有新的进展。2003 年 10 月，十六届三中全会通过的《关于完善社会主义市场经济体制若干问题的决定》是重要标志。十六届三中全会对如何完善社会主义市场经济体制作了全面部署。在对公有制主体地位、产权理论、农村体制改革、建立全国统一市场等方面的认识有新的突破。

四、如何认识社会主义改革

从理论上看，如何认识社会主义改革实际上是如何认识和处理社会主义社会矛盾（包括基本矛盾和主要矛盾）问题。而这个问题在社会主义制度建立之后长期悬而未决。列宁领导的俄国社会主义建设实践虽然短暂，但他对此作过宝贵的提示：社会主义社会，对抗将会消失，矛盾仍将存在。斯大林在这个问题上犯了自相矛盾的错误。他在理论上提出，苏联社会主义社会生产关系完全适应生产力的发展。即不承认社会主义社会还存在矛盾。当实际生活中出现了社会矛盾之后他又夸大了矛盾的程度，混淆了矛盾的性质。认为这是阶级斗争愈来愈尖锐的表现，从而犯了肃反扩大化的错误。斯大林的这个错误对后来苏联社会主义事业的发展起了很消极的影响。

中国共产党人认识和处理社会主义社会矛盾也经历了曲折的过程，终于形成了今天完整的改革理论。20 世纪中叶，毛泽东深刻指出，社会主义社会的基本矛盾仍然是生产关系和生产力，上层建筑和经济基础之间的矛盾。正是这些矛盾推动了社会主义社会的发展。党的八大正确指出，我国国内的主要矛盾已经是人民对于建立先进的工业国的要求同落后的农业国的现实之间的矛盾，已经是人民对于经济文化迅速发展的需要同当前经济文化不能满足人民需要的状况之间的矛盾。应该说党的上述认识是对斯大林时期苏联理论界长期流行的“政治上和道义上的一致是社会主义社会发展动力”这一观点的突破。1957 年以后，由于“左”的思想逐步发展，毛泽东在分析我国社会基本矛盾既相适应又不相适应时认定，无产阶级与资产阶级的矛盾就是这“不相适应”的部分，解决的方法是要搞“以阶级斗争为纲”。从而最终酿成了“文化大革命”，给党和国家事业带来重大损失。

1978 年年底开始了解放思想，拨乱反正。我们党首先在社会主义社会矛盾问题上进行拨乱反正。果断停止“以阶级斗争为纲”的口号，坚决把工作中心转到现代化建设上来。从而也揭开了改革的序幕。邓小平在总结新中国成立以来我国社会主义建设正反两方面经验和其他社会主义国家兴衰成败历史经验的基础上提出了改革理论。这是中国特色社会主义的重要内容。关于改革的必然性邓小平指出，“在建立社会主义经济基础以后，多年来没有制定出为发展生产力创造良好条件的政策。社会生产力发展缓慢，人民的物质和文化生活条件得不到理想的改善，国家也无法摆脱贫穷落后的状态。这种情况，迫使我们在一九七八年十二月召开的党的十一届三中全会上决定进行改革。”① 邓小平认为，我们所有的改革都是为了一个目的，就是扫除发展社会生产力的障碍。关于改革的全面性他多次指出，改革是全面的改革，包括经济体制改革、政治体制改革和其他各个领域的改革。由于多年来形成的计划经济体制，再加上我们在认识上长期把计划经济看做是社会主义的特征。而改革又涉及方方面面和上上下下利益的调整。所以邓小平用“改革是一场革命，是继新民主主义革命后又一次革命”来表达我国改革的艰巨性。但是，邓小平指出，中国必须改革，否则是没有出路的。他还把改革提高到是社会主义条件下解放和发展生产力的必由之路来认识。邓小平的上述思想实际上回答了：改革是社会主义社会的发展动力。邓小平的改革思想又是同开放密切联系在一起的。他认为，要进行改革就必须实行对内和对外开放。因此开放也是改革。开放的目的就是为了“要赶上时代”。邓小平指出：“经验证明，关起门来搞建设

① 《邓小平文选》第3卷，人民出版社1993年版，第134页。

是不能成功的，中国的发展离不开世界。”① 邓小平认为，只要我们把坚持改革开放和坚持四项基本原则这两个基本点结合起来并且坚定地沿着这条道路走下去，我们国家是大有希望的。

江泽民在坚持改革开放方面的贡献主要有四。一是指出坚持改革开放是十一届三中全会以来我们主要的历史经验。是新时期中国最鲜明的特征。没有改革开放就没有建设中国特色社会主义。必须坚定不移地推进改革开放。改革开放是强国之路。四项基本原则是立国之本。二是提出要把改革、发展、稳定作为整个社会主义初级阶段都要解决好的重大关系。江泽民指出，总结我国现代化建设实践可以清楚地看出改革是动力，发展是目标，稳定是前提。这三者之间存在着不可分割的内在联系。正确处理这三者关系关乎我国社会主义现代化建设全局。三是论述了要继续推进和深化全面改革。他在十六大上全面论述了我国经济体制改革、政治体制改革和文化体制改革的目标、基本原则和主要途径。关于经济体制改革，江泽民 20 世纪 90 年代初就提出，用 10 年左右时间初步建立起我国社会主义市场经济体制。进入 21 世纪后他又指出，再用 10 年时间完善我国社会主义市场经济体制。四是提出了要不断提高对外开放水平。江泽民指出，十一届三中全会以来的 20 多年，我国改革开放取得了举世瞩目的成就。我们要有这样的魄力：更加积极推进全方位、多层次、宽领域的

① 《邓小平文选》第 3 卷，人民出版社 1993 年版，第 78 页。

对外开放。“在新的条件下扩大对外开放，必须更好地实施‘引进来’和‘走出去’同时并举、相互促进的开放战略，努力在‘走出去’方面取得明显进展。”① 以江泽民同志为核心的党的第三代中央领导集体还实现了加入世贸组织的战略决策。从而在理论和实践上丰富和发展了邓小平关于改革开放的思想。

十六大以来，以胡锦涛同志为总书记的党中央继续坚持党的基本路线不动摇，坚定不移地进一步推进改革开放。胡锦涛同志在学习《江泽民文选》的报告会上向全党全国提出了7个“继续坚定不移”的任务。第一个“继续坚定不移”就是指继续坚定不移地抓好发展这个党执政兴国的第一要务，紧紧抓住重要战略机遇期，坚持以经济建设为中心，继续深化改革开放。

五、如何认识执政党建设

民主革命时期毛泽东在领导革命斗争的党的建设（简称“革命党建设”）方面，有成功的实践经验和一系列独创性的理论主张，从而丰富和发展了马克思主义党建理论。主要表现为：第一，成功地解决了在我国这样农民人口占绝大多数的国家如何建设一个领导中国革命的马克思主义政党这个问题。第二，提出了思想建党这独创性的

① 《江泽民论有中国特色社会主义（专题摘编）》，中央文献出版社2002年版，第197页。

党建理论。第三，提出了中国共产党在抗日民族战争中是中国工人阶级的先锋队，同时又是中国人民和中华民族的先锋队（即两个先锋队）的主张。

新中国成立后，毛泽东看到了领导社会主义建设的党的建设（简称“执政党建设”）与革命党建设的不同。并在实践中作了积极探索。尤其是在1956年的八大前后，这种探索达到了高潮。党的文献中的执政党概念就是在这一时期提出并反复使用的。但是由于“左”的思想在党内不断发展，使我们已经提出来的执政党建设思路逐步偏离正确轨道。到了“文化大革命”发生了严重挫折。这些错误集中体现在毛泽东晚年对党内状况的错误估计和“文化大革命”中的“五十字”的建党方针上。毛泽东认为，由于国际上帝修反的影响和国内资产阶级的进攻。使各级党组织相当部分的领导权已不在无产阶级手中。党内产生了一个资产阶级，等等。“五十字”的建党方针是“党组织应是无产阶级先进分子所组成，应能领导无产阶级和革命群众对于阶级敌人进行战斗的朝气蓬勃的先锋队组织。”这就混淆了革命党建设和执政党建设的根本区别。上述错误所产生的后果是严重的，教训是深刻的。

十一届三中全会以后，经过解放思想、拨乱反正，执政党建设问题再次被提了出来。1980年2月邓小平就提出了“执政党应该是一个什么样的党，执政党的党员应该怎样才合格，党怎样才叫善于领导？”[①] 这个重要命题。

---

① 《邓小平文选》第2卷，人民出版社1994年版，第276页。

邓小平把执政党建设的理论和实践大大向前推进了。可以概括为9点：第一，重新确立了党的实事求是的思想路线。第二，指出了新时期执政党的历史使命和根本任务。第三，提出并确定了执政党建设的指导思想、基本方向和主要内容。第四，提出了要坚持党的领导必须改善党的领导。第五，阐明了执政党的制度建设更带有根本性、全局性、稳定性和长期性。第六，制定了执政党干部队伍建设的德才兼备原则和“革命化、年轻化、知识化、专业化”的方针。并以此改革现行的干部人事制度。第七，强调党风问题是关系到党生死存亡的重大问题，要把反腐败贯彻于现代化建设的全过程。第八，要正确处理党内矛盾，增强党的团结。第九，要按照“独立自主、完全平等、互相尊重、互不干涉内部事务”的原则发展党际之间的关系。

十三届四中全会以来，以江泽民同志为核心的党的第三代中央领导集体，在领导建设中国特色社会主义的伟大实践中积极回应当代世界和中国发展变化对党和国家工作的新要求，创立了“三个代表”重要思想。“三个代表”重要思想是在邓小平理论基础上，进一步回答了什么是社会主义、怎样建设社会主义的问题，创造性地回答了建设什么样的党、怎样建设党的问题。就其对执政党建设理论的贡献而言，主要体现在以下四个方面。第一，明确了执政党建设的两个历史性课题即不断提高党的领导水平和执政水平，提高拒腐防变和抵御风险的能力（即“两个提高”）。这实际上指出了革命党建设与执政党建设的重大区别。第二，指出了要坚持党的领导就必须改革和完善党的领导方式和执政方式。这是因为我们党所处的地位和外部环境已发生了根本的变化，即已经从领导人民为夺取全国政权而奋斗的党，成为领导人民掌握全国政权并长期执政的党；已经从受到外部封锁和实行计划经济条件下领导国家建设的党，成为对外开放和发展社会主义市场经济条件下领导国家建设的党。党在领导革命和计划经济时期所形成的领导方式和执政方式已不适应今天的情况。只有加以改革才能真正坚持党的领导。“三个代表”重要思想还对坚持党领导的内涵作了科学的概括。第三，确立了以执政能力建设为重点全面加强党的建设新的伟大工程。江泽民指出，执政党建设是一个系统工程。推进党的建设新的伟大工程的重点是加强党的执政能力建设。第四，提出了深化对共产党执政规律的认识。“三个代表”重要思想在全面总结了党成立以来的历史经验，科学判断了当今国际局势，深刻认识当代中国的发展变化的基础上，提出了要深化对共产党执政规律的认识。（这是我们以往研究得很不够的问题）“三个代表”重要思想既是对执政党建设规律的总结，又是我们进一步深化认识共产党执政规律的新起点。

十六大以来，以胡锦涛同志为总书记的党中央高度重视党的自身建设尤其是执政能力建设，继续推进党的建设的伟大工程。十六大后，先后在全党开展了保持共产党员先进性教育活动。十六届四中全会通过了《关于加强党的执政能力建设的决定》。这是十一届三中全会以来，我们党专门就加强党的执政能力建设通过的第一份文件。其中有许多党的建设理论观点的创新。

六、如何认识当今时代

半个多世纪来的实践证明，能否正确认识当今时代和时代主题是能否准确观察和判断我国所处的外部环境的根本前提。这对中国特色社会主义事业的发展关系极大。因为这是正确制定我国对外战略和方针的依据，从而才能为建设中国特色社会主义营造较好的国际环境。

新中国成立后不久即在20世纪50年代中期，毛泽东对当时复杂的国际形势作了客观分析，这就为中国社会主义建设道路的最初探索提供了很好的前提条件。当时的情况是，国际上形成了两大阵营。我国是想发展对外关系，但是以美国为首的西方势力对我国实行封锁政策。1953年7月，朝鲜停战，国际形势开始发生重大变化。1955年4月，在印尼万隆召开的亚非会议提出了促进世界和平与合作的十项原则。同年4—7月举行的日内瓦会议实现了印度支那停战。这些都标志着世界形势正朝着和平的方向发展。这一时期党中央多次召开政治局会议，研究国际形势。毛泽东认为，虽然我们处在革命与战争时代，但是新的侵华战争或世界大战打不起来，可能会维持10年或更长时间的和平。这就是我们党在20世纪50年代中期开始探索中国社会主义建设道路时对外部环境作出的正确观察和判断。60年代以后，世界上民族解放运动风起云涌，越南战争爆发，社会主义阵营因内部分裂而不复存在。中苏论战演变为国家争端，苏联领导人对我国施加政治、经济和军事上巨大压力，迫使我们进行反对苏联大国沙文主义的斗争。世界形势发生了重大变化。但是，由于受“左”的思想影响，毛泽东晚年未能正确判断当时的国际形势（这也是导致“文化大革命”发生的一个重要原因），从而提出了一些错误口号。20 世纪 70 年代初期，有几个重要事件的发生实际上表明当时国际形势正在朝和平方向发展。比如，1971 年我国恢复了在联合国的合法席位。1972 年中断了 20 多年的中美关系大门开启。1973 年中日实现邦交正常化，1975 年印度支那战争结束，等等。其中有些重大决策都是在毛泽东亲自领导下作出的。由于未能摆脱“左”的影响，毛泽东没能对时代主题正在开始发生重大变动作出正确判断。

进入 20 世纪 80 年代以来，邓小平用宽广的眼光观察世界，既看到新科技革命的兴起，又注意到时代主题正在发生变化。邓小平指出，“苏美两家都在努力进行全球战略部署，但都受到了挫折”。因此世界大战可以推迟或避免。1985 年 6 月，邓小平在军委扩大会上的讲话中指出，这几年我们仔细地观察了形势，可以得出这个结论，“在较长时间内不发生大规模的世界战争是有可能的，维护世界和平是有希望的。根据对世界大势的这些分析，以及对我们周围环境的分析，我们改变了原来认为战争的危险很迫近的看法。"① 对国际形势所作的这个正确判断，成为我们党和国家工作重点转移和推进建设中国特色社会主义的基本依据之一。同年，邓小平正式提出和平与发展这两大主题并形成了"东西、南北"的战略判断。他指出，"现在世界上真正大的问题，带全球性的战略问题，一个是和平问题，一个是经济问题或者说发展问题。和平问题是东西问题，发展问题是南北问题。概括起来，就是东西南北四个字。南北问题是核心问题。"② 十三大把和平与发展是当代世界的主题正式写进党代会报告。从此，坚持对和平与发展时代主题的正确认识，就成了我们努力营造建设中国特色社会主义外部环境的根本依据。

十三届四中全会以来，江泽民坚持邓小平对时代主题的科学认识和"东西、南北"的战略判断。在十四大、十五大和十六大上都指明了和平与发展仍然是当今时代的主题。而且在重大事件的冲击面前排除干扰，经受了考验。这样的冲击先后经历过三次。第一次是 20 世纪八九十年代先是东欧剧变，后为苏联解体。第二次是 1999 年 5 月，以美国为首的北约在科索沃战争中悍然轰炸我国驻南斯拉夫使馆，引起了中国人民和全世界主持正义、爱好和平人民的极大义愤。第三次是 2001 年发生了在美国本土上的"9·11"恐怖袭击事件。在这些事件发生后，国内、党内都有人对和平与发展的时代主题产生了怀疑，对

① 《邓小平文选》第 3 卷，人民出版社 1993 年版，第 127 页。
② 《邓小平文选》第 3 卷，人民出版社 1993 年版，第 105 页。

“东西、南北”的战略判断发生了动摇。江泽民及时而坚定地指出，这些风波和事件并没有改变和平与发展的时代主题，动摇不了我们对天下大势的基本判断，只是表明经济全球化和世界多极化的形成和发展是一个艰难曲折的过程。在当今时代主题上江泽民主要有三个方面的创新。一是确立了我们要积极参与经济全球化，努力促进世界多极化的对外战略。他指出，经济全球化对发展中国家而言是一个难得的历史机遇，也是一个巨大的挑战。国际格局走向多极化，是时代进步的要求，符合各国人民的利益。二是提出了要紧紧抓住21世纪头20年对我国来说是可以大有作为的重要战略机遇期。而且要千方百计延长这个战略机遇期，为建设中国特色社会主义营造较好的外部环境。三是形成了世界文明多样性的新理念。江泽民多次指出，世界是丰富多彩的。世界上的各种文明、不同的社会制度和发展道路应彼此尊重，在竞争比较中取长补短，在求同存异中共同发展。这个新理念决定了我们实行独立自主的和平外交政策是我们真实的方针。这个新理念也是中国在当今世界上和平崛起的根本标志。

十六大以来，以胡锦涛同志为总书记的党中央科学判断和全面把握国际形势发展变化，正确应对世界多极化和经济全球化以及科技进步的发展趋势、在日益激烈的综合国力竞争中牢牢掌握我国发展的主动权，并提出了中国走和平发展道路的理论。这是深化“如何认识当今时代”的理论硕果。

综上所述，我们沿着这六条主要理论轨迹即六条基本思路，从逻辑与历史的结合上阐述了中国特色社会主义的形成和发展过程。从中我们至少可以得出两点重要的结论。一是中国特色社会主义理论来之不易。它是对中国共产党几代领导集体领导党和人民在半个多世纪中进行的社会主义建设实践的科学总结。这个过程经历了探索、曲折、重新探索、成功开辟和进一步发展等不寻常的阶段。事非经过不知难。今天，从十一届三中全会以来逐步形成并提出的中国特色社会主义理论已经成为全党全国各族人民团结奋斗的共同思想基础。正在指引我们全面建设小康社会，并最终实现中华民族的伟大复兴。二是中国特色社会主义理论弥足珍贵。从中国特色社会主义理论形成和发展过程我们可以生动地看到，它是科学社会主义基本原则与当今时代特征和中国建设实际相结合的伟大成果。这个理论是回答中国这样经济文化比较落后的国家怎样巩固、建设和发展社会主义的一系列基本问题。无疑是对科学社会主义的创新，无疑具有世界历史意义。虽然我们不必把话说满，但是要有这种自信。中国特色社会主义在促使世界上越来越多的人赞成或相信马克思主义方面，在推动社会主义朝着更加健康的方向发展方面，已经并将继续显示出它的巨大影响力。中国特色社会主义是当代中国共产党人在丰富马克思主义理论宝库方面做出的重大贡献。对于这份弥足珍贵的思想财富，我们要倍加珍惜并不断发扬光大。

中国特色社会主义理论体系的学科建设*

中国特色社会主义理论体系是马克思主义中国化的最新成果，是党最可宝贵的政治和精神财富，是全国各族人民团结奋斗的共同思想基础，是扎根于当代中国的科学社会主义。十七大后，在贯彻党中央用这个理论体系武装全党的过程中，我国理论界做了大量的工作。尤其是在党中央实施马克思主义理论研究和建设工程的推动下，对这个理论体系的研究和宣传取得了显著成果。十七届四中全会通过的《决定》再次强调，要推动中国特色社会主义理论体系进教材、进课堂、进头脑（简称“三进”），增强科学理论教育引导群众作用。而要真正解决“三进”，增强这个理论体系的教育引导作用，就必须从学科建设上加强对中国特色社会主义理论体系的研究。

为此，**需要回答两个问题**：一是要不要从学科建设上

---

* 本文发表于《中共中央党校学报》2009年第6期。

加强对中国特色社会主义理论体系的研究，二是怎样从学科建设上加强对这个理论体系的研究。**关于第一个问题**有一种意见认为，中国特色社会主义理论体系是党性和实践性很强的理论，对它不宜强调或难以做到严格意义上的学科性。这种意见实际上涉及马克思主义及其组成部分能否做到党性实践性和学科性统一这个问题。这不是一个可有可无的问题。对此，重温马克思主义创始人对科学社会主义的有关论述，有利于我们在这个问题上取得共识。

恩格斯有句名言："社会主义自从成为科学以来，就要求人们把它当做科学来对待，就是说，要求人们去研究它。"① 恩格斯还在《社会主义从空想到科学的发展》中提出，现在需要对科学社会主义这门科学的一切细节和联系作进一步的探讨。这既是工人阶级政党的历史使命，又是科学社会主义研究的任务。而要做到像恩格斯所说的那样的科学研究和探讨，必须在学科建设中把科学社会主义深化和系统化。列宁还指出，科学社会主义对世界各国社会主义者具有不可遏止的吸引力，是因为这个理论把严格的高度的科学性同革命性结合起来，因而它是社会科学的最新成就。

中国特色社会主义理论体系也是党性实践性和学科性相统一的理论体系。对于这个理论体系而言，推进学科建设与增强教育引导作用是相辅相成、相得益彰的。只有以学科建设成果为支撑，中国特色社会主义理论体系的教学

① 《马克思恩格斯文集》第2卷，人民出版社2009年版，第219页。

和科研才能做到有高度有深度，从而增强理论说服力和感召力。只有在用这个理论体系教育引导党员群众的过程中不断研究新情况，回答新问题，并且不断做出新的概括，才能进一步丰富发展中国特色社会主义理论体系。需要指出的是，2004 年由党中央领导并开始实施的马克思主义理论研究和建设工程，其中一项重要任务是建设充分反映马克思主义中国化最新成果的学科体系和教材体系，至今已取得阶段性的丰硕成果。这也有力佐证了推进中国特色社会主义理论体系的学科建设与增强教育引导作用是相统一的。

关于第二个问题是我们要着重探讨的问题。从目前我国学科划分上看，中国特色社会主义理论体系是马克思主义理论的二级学科。如果我们不是自觉地把它作为重要学科来推进，那么就会制约这个理论体系的教学质量和研究水平的提高。那如何把这个理论体系作为重要学科来推进呢？我们认为关键要确定若干个相对稳定的研究方向。学科建设一般包括这 3 个层面的内容。一是学科建设总体思路（这是最高层面）。二是若干个研究方向（这是中间层面）。三是教学讲题与科研课题（这是基础层面）。因此，研究方向既要服从于学科的建设总体思路，又要高于教学讲题和科研课题。所以抓住了研究方向实际上就抓住了学科建设的“牛鼻子”。我们认为，中国特色社会主义理论体系这个学科的研究方向目前不宜设立太多，以确定这 7 个研究方向为宜。

1. 科学社会主义与中国特色社会主义的关系。对这个方向研究不能仅仅停留在“两者是一脉相承与时俱进的关系”的宣传层面上，而是要深入研究中国特色社会主义理论体系的“脉”是什么，“进”在何处。关于科学社会主义与中国特色社会主义的关系，十一届三中全会以来党的重要文献中有过三次重要论述。第一次是十三大报告，是用“扎根于当代中国的科学社会主义”的提法。第二次是十七大报告，是用“我们既坚持了科学社会主义的基本原则，又根据我国实际和时代特征赋予其鲜明的中国特色”的提法。第三次是胡锦涛同志在纪念党的十一届三中全会召开30周年大会上的讲话，还是用“扎根于当代中国的科学社会主义”这个提法。这些党的文献所包含的上述提法的论述，虽然在文字表述上有所不同，但是都揭示了科学社会主义与中国特色社会主义的关系。因此可以说，上述提法不是一般的提法，而是统览全局的提法，是具有厚重历史的结论。

对于这个研究方向要把握两个重点。一是中国特色社会主义理论体系到底坚持了哪些科学社会主义的基本原则，二是如何理解科学社会主义与中国特色社会主义的差异。关于第一个重点十七大以来研究得比较充分，这方面成果也比较多。一般认为，中国特色社会主义理论体系至少在以下8个方面坚持了科学社会主义的基本原则：以历史唯物主义为理论基础，以解放和发展生产力为根本任务，以坚持代表最广大人民的根本利益为宗旨，以无产阶级政党为领导核心，以公有制和按劳分配为社会主义经济制度的基础，以人民当家作主为社会主义民主政治的本质，以坚持改革和完善社会主义制度体制为根本方向，以实现共产主义为最高理想。对第一个重点的研究还涉及基本原则与基本原理关系的认识。这两个概念既联系密切又有区别。虽然在很多情况下两者可以交替使用，但是这两个概念还是有区别的。**基本原则主要是指观察问题、处理问题的准绳。基本原理主要是指某一科学或领域中的具有普遍意义的基本规律。**基本原则更具有方法论的性质。基本原理是对实践经验的科学总结，它还可以推演出其他具体原理和结论。因此，基本原则要比基本原理简明，基本原理要比基本原则丰富。

关于第二个重点的研究有待加强。科学社会主义与中国特色社会主义的差异是客观存在的，无须回避。关键在于我们怎么正确认识这种差异。我们认为产生这种差异的根本原因有二。**一是时代条件不同。**科学社会主义是马克思恩格斯在19世纪中叶创立的。马克思恩格斯所处的时代是自由资本主义时代，他们考察社会主义代替资本主义是以欧洲发达国家为研究对象的。比如《资本论》是以商品经济发育成熟和欧洲工业化发达的典型即英国为考察对象的。由此得出的科学结论无疑具有真理性。而社会主义从理论变为现实是发生在20世纪初叶，此时世界资本主义发展已进入垄断阶段即进入了帝国主义和无产阶级革命的时代。这就使得社会主义革命有可能在经济文化比较落后的国家率先取得胜利。**二是各国国情不同。**世界上第一个走上社会主义道路的苏联与19世纪的英、美、法、德等发达国家的国情很不一样。因此在革命的条件、过渡的形式和建设道路的选择等方面与马克思恩格斯的论述很不一样。正因为列宁根据当时的时代条件和俄国的实际全面回答了这些重大问题，从而使马克思主义发展到新的阶段即列宁主义阶段。中国虽然与苏联、东欧各国都属于经济文化比较落后的国家，但是我国具体国情与这些国家也很不一样。因此，中国革命的道路、社会主义改造的形式和内容以及所选择的建设道路等都具有鲜明的中国特色。对此，中国共产党人很早就认识到这一点。邓小平有段精辟的论述，“我们现在所干的事业是一项新事业，马克思没有讲过，我们的前人没有做过，其他社会主义国家也没有干过，所以，没有现成的经验可学。我们只能在干中学，在实践中摸索。”①

所以不必要回避科学社会主义与中国特色社会主义的差异这个问题。在深入研究之后我们反而会看到，在坚持科学社会主义基本原则基础上产生的这些“差异”，往往正是我们党对科学社会主义的发展，或具有鲜明中国特色的地方。这就从学科建设层面上把握了中国特色社会主义与科学社会主义是一脉相承、与时俱进的关系。

2. **中国特色社会主义理论体系的方法论。**这个研究方向不单是研究这个理论体系的哲学基础，而是要重点研究：为什么要把邓小平理论，“三个代表”重要思想和科学发展观（简称“三大理论成果”）打通，为什么能打通（即贯通的依据），怎么打通。还要研究这个理论体系是

① 《邓小平文选》第3卷，人民出版社1993年版，第258—259页。

如何围绕什么是马克思主义、怎样对待马克思主义，什么是社会主义、怎样建设社会主义，建设什么样的党、怎样建设党，实现什么样的发展、怎样发展（简称“四个基本问题”）展开和深化的。这也是我们今天学习这个理论体系与十七大前学习这个理论体系的不同之处。当然，这个研究方向还包括多学科的研究方法。因为中国特色社会主义理论体系是综合性很强的学科，需要运用多学科方法加以研究，才能深化和拓展这个学科。

3. **中国特色社会主义理论体系概论**。这个研究方向（简称“概论”）是从总体上研究这个理论体系的。它内容丰富，需要多学科合作研究，共同攻关。这个方向包括这3个层面内容。一是中国特色社会主义理论体系的精髓和主题研究，二是中国特色社会主义基本问题研究，三是中国特色社会主义理论体系基本内容研究。应该看到，“精髓和主题”是贯穿这个理论体系始终的。“四个基本问题”是围绕主题展开的，从而构成了中国特色社会主义理论体系的基本内容。

以上每一层面的内容中都包含若干个重要问题，都可以单列出来加以研究。但是这个研究方向应侧重从总体上，即从3个层面内容的有机联系上加以研究。这是一篇大文章，这篇文章做好了，中国特色社会主义理论体系这个学科也就立起来了，因此需要联合攻关。

4. **中国特色社会主义史研究**。这个研究方向主要是研究两门史。一是中国特色社会主义理论发展史。根据十七大精神和我国理论界多数研究者的观点：中国特色社会主义理论体系形成发展的起点是十一届三中全会。也就是通常说的“三段论”，即邓小平理论、“三个代表”重要思想和科学发展观等重大战略思想这3个发展阶段。在这个方向的研究中要解决好这个问题，即中国特色社会主义理论体系与20世纪五六十年代毛泽东领导党和人民探索社会主义所形成的理论成果的关系。这个问题在高层已经解决，但还不能说在广大党政干部中都已经解决。它也是这个研究方向的题中应有之义。

二是中国特色社会主义实践史。我们认为这门史的起点至少应从新中国成立后算起。（理论界有种观点主张：应从延安时期我党局部执政13年的实践算起，这是值得重视的观点）20世纪五六十年代毛泽东领导党和人民探索社会主义建设道路的实践，应该在这里得到充分的体现和全面的评价。当然，这门史也应重点研究十一届三中全会以来的改革开放史。

5. **中国特色社会主义理论体系的基本内容和逻辑建构**。这个研究方向是从“概论”中单列出来的，是中国特色社会主义理论体系这个学科的非常重要的研究方向，可以说是它的“骨骼”。

对中国特色社会主义理论体系基本内容的研究，在十七大后的两年来有重要的进展。代表性成果是中宣部理论局编写并出版的《中国特色社会主义理论体系学习读本》（2009年1月）。该书把这个理论体系的基本内容概括为14个方面。而且每个方面都有“三大理论成果”中的相关内容，这无疑是一种创新。当然对这个方向的研究并未终结，需要以此为基础继续研究并加以概括。

无论是把这个理论体系的基本内容概括为 14 个方面，还是 16 条、或是 13 论等，都有一个逻辑建构的问题。因为它是科学理论体系的重要组成部分，是学科的一个研究方向。所以，它不是这十几方面内容的简单叠加，而是有内在逻辑联系的，即是由这三个层面的理论构成的。一是基本理论（或称基础理论）。它回答了中国特色社会主义的哲学基础、质的规定、历史方位、基本途径和根本目的等基本的问题。二是总体布局理论（或称主体理论）。它包括经济建设、政治建设、文化建设、社会建设和生态文明建设等内容。三是实现条件和保障理论（或称条件理论）。它包括建设和发展中国特色社会主义事业所必需的内部、外部和政治等一系列保障条件，舍此，中国特色社会主义事业就无法顺利发展。而对于一个科学理论体系而言，“条件理论”决不是可有可无的。马克思恩格斯曾经把科学社会主义概括为是关于无产阶级解放条件的学说。对中国特色社会主义理论体系的基本内容和逻辑建构这个方向的研究，有着重要的理论意义和政治意义。

6. 中国特色社会主义道路研究。这个研究方向也是从“概论”中单列出来的，而且内容很实，很丰富。应该说当前理论界对这条道路的研究是稍逊于对这个理论体系的研究的，所以有必要加强。

这个研究方向不仅要研究十七大概括的这条道路的四个要点：一个前提，即坚持中国共产党的领导。一个核心，即党的基本路线。一个战略布局，即四位一体的总体布局；一个发展目标，即四位一体的奋斗目标；还要研究中国特色社会主义总道路与具体道路的关系。党的文献已经明确指出中国特色社会主义道路是总道路。它至少包括这8条具体道路：中国特色自主创新道路、中国特色新型工业化道路、中国特色农业现代化道路、中国特色城镇化道路、中国特色社会主义政治发展道路、中国特色反腐倡廉道路、中国特色军民融合式发展道路、中国特色社会主义工会发展道路。

现在的情况恰恰是，对总道路与具体道路的关系研究得不够，而这是深化认识社会主义建设规律的必经路径。在抗日战争爆发的初期，毛泽东提出要这样研究中国战争问题：首先要研究战争的规律，而后研究革命战争的规律，然后再研究中国革命战争的规律。今天研究社会主义发展道路也要研究三个层面的规律性问题：社会主义道路，中国特色社会主义总道路和中国特色社会主义具体道路。从哲学方法论上看，这是要解决共性与个性的关系问题。显然，仅就对具体道路的研究，就涉及多个学科，也需要合力攻关。

7. **中国特色社会主义的世界历史意义和国外研究状况。**这个研究方向容易被忽视，其实无论从扩大中国特色社会主义理论体系的影响，还是从学科建设上看，都需要重视这个研究方向。

对于中国特色社会主义的世界历史意义，我们应该如实地、谨慎地而又充分地予以估计。这决不是一个可有可无的问题。新中国成立60年来，中国人民的面貌、社会主义中国的面貌、中国共产党的面貌发生了历史性的变化。作为世界上最大的发展中的社会主义国家发生了如此巨大变化，不可能不对国际社会和世界历史进程产生深远影响。作为这一切巨大变化在理论上的反映即中国特色社会主义理论体系，肯定是具有世界历史意义的。问题在于我们怎么估计。

与上述研究问题相联系的是，国外对中国特色社会主义的研究状况。我们对此的总体评价是：逐步升温，良莠皆有。随着中国特色社会主义事业的不断发展和我国综合国力的提高，国际社会展开了关于“中国模式”和“中国经验”等的热烈讨论。中国发展道路正日益成为国外学术界探讨的热点问题，大凡影响大一点的国际学术会议必然要涉及中国的话题。“中国因素”正日益成为西方政要和学者认识和分析世界格局的重要依据。他们已经意识到，当今世界发展需要中国。

我们也注意到，西方一些人在研究中国的成就时，总是故意淡化“社会主义”的色彩。由于价值观、立场和研究方法的不同，他们不愿意或很少使用“中国特色社会主义”这个概念。也许在有些西方政要和学者看来，如果使用这个概念，那么就等于承认社会主义的生命力和创造力。此外，他们在对“中国模式”和“中国经验”的研究中也存在着两点明显不足。一是没有把总道路与具体道路加以区分，二是对“中国经验”的解读存在着立场和观点上的局限性。尽管如此，这些国外的研究动态需要我们及时跟踪研究。这也是这个学科建设的题中应有之义。

关于新中国成立60 年
和改革开放30 年

GUANYU XINZHONGGUO CHENGLI 60 NIAN

HE GAIGE KAIFANG 30 NIAN

新中国成立以来党对工业化现代化不断认识和不懈奋斗的轨迹*

1840 年鸦片战争后，中国成为半殖民地半封建国家。从那时开始中华民族面临着两大历史任务：一个是求得民族独立和人民解放，一个是实现国家繁荣富强和人民共同富裕。新中国的诞生，标志着第一大历史任务的完成和为实现第二大历史任务而奋斗的开始。新中国成立以来，党对工业化现代化的不断认识和不懈奋斗，是贯穿党领导人民为完成第二大历史任务而进行艰苦探索过程的一条主线。

一、新中国成立以来党对工业化现代化不断认识和不懈奋斗的过程

这个过程可以划分为 4 个阶段：

* 本文发表于《中国特色社会主义研究》2009 年第 5 期。

第一阶段（1949—1976 年），以毛泽东为代表的中国共产党人深深懂的，为完成第二大历史任务而努力就是为实现中华民族的伟大复兴而奋斗。而工业化现代化是实现中华民族伟大复兴的基础。早在民主革命时期，毛泽东就指出“共产党是要努力于中国的工业化的”。1949 年通过的《共同纲领》就提出了要准备把中国从农业国转变为工业国的任务。1954 年写进我国第一部宪法的过渡时期总路线的内容是“一体两翼”。“一体”是指以逐步实现我国社会主义工业化为主体。“两翼”是指对我国农业、手工业和对资本主义工商业的社会主义改造。毛泽东在八大的开幕词中提出，“要把一个落后的农业的中国改变成一个先进的工业化的中国”。

我们党在制定新中国的建国纲领中，把实现工业化现代化放在非常重要的地位。并领导人民进行艰苦探索而且取得了重要的理论成果。其主要点有：（1）指出要走适合我国情况的工业化道路。要从中国是农业大国这个实际情况出发，发展工业化。不要机械照搬外国经验。（2）提出并适时调整我国工业化发展的方针。针对新中国成立初期的落后状况和国际环境，党提出了优先发展重工业的方针。20 世纪 50 年代中期，鉴于苏联片面发展重工业出现的问题，党提出要正确处理重工业、轻工业和农业的关系。1958 年提出了一整套“两条腿走路”的方针。1959 年提出国民经济发展要以“农、轻、重”为序，形成了“以农业为基础，以工业为主导”的发展国民经济的总方针。（3）论述了推进我国工业化要处理好一系列重要的关系。《论十大关系》首先论述了重、轻、农的关系，而后还论述了沿海工业和内地工业、经济建设和国防建设、中央和地方等九大关系。

这一时期，以毛泽东同志为核心的党的第一代中央领导集体领导人民在实践中探索工业化道路的最重要成就，是建立起了独立的比较完整的工业体系和国民经济体系。据统计，1953 年，第一个五年计划的基本任务是集中力量进行以 156 个建设单位为中心，由限额以上的 694 个建设单位组成的工业建设，建立起我国社会主义工业化的初步基础。国家为此投入 600 多亿元资金。第一个五年计划的各项指标大都超额完成。“一五”期间我国工业生产取得的成就，超过了旧中国的 100 年。与其他国家工业起飞时期的增速相比，也是名列前茅的。这一时期我国的农业、国防和科学技术也得到明显的发展。《关于建国以来党的若干历史问题的决议》指出，“我们现在赖以进行现代化建设的物质技术基础，很大一部分是这个时期建设起来的；全国经济文化建设等方面的骨干力量和他们的工作经验，大部分也是在这个期间培养和积累起来的。”

由于在中国建设社会主义是一项崭新的实践，人们对如何走适合中国情况的工业化道路还缺少规律性认识，加上当时严峻复杂的国际环境的影响，党在社会主义建设道路的探索中发生了曲折，给我国工业化现代化造成了巨大损失。但是，以毛泽东为代表的中国共产党人领导中国人民努力探索适合中国国情的社会主义建设道路，并且取得了重要的成果。开始进行全面大规模的工业化现代化建设，建立起独立的比较完整的工业体系和国民经济体系。这是我们要永远铭记的。

第二阶段（1978—1992 年），十一届三中全会的召开，开启了我国改革开放历史的新时期。与此同时，以邓小平同志为核心的党的第二代中央领导集体对工业化现代化的认识并领导人民为之奋斗也进入了新的历史时期。其主要点：（1）更加明确地把工业化和现代化紧密联系起来。在前一个阶段，我们大体上是把工业化和现代化当做同一的概念加以理解和使用的。十一届三中全会明确作出把党和国家工作中心转移到四个现代化上来。在“四化”的排序中把工业移到农业的前面，强调现代化要以工业化为主导。（2）对工业化的内涵作了新的阐释。十三大指出，社会主义初级阶段就是要在社会主义条件下去实现别的许多国家在资本主义条件下实现的工业化和生产的商品化、社会化、现代化的历史任务。并指出工业化是不可逾越的阶段。（3）制定了“三步走”的现代化发展战略。第一步到 1990 年国民生产总值比 1980 年翻一番。第二步到 20 世纪末再翻一番。第三步到 21 世纪中叶人均国民生产总值达到中等发达国家水平，基本实现现代化。（4）提出了关系现代化发展全局的许多重要思想。支持并推动农村改革。适时推进城市改革。提出现代化建设要注意综合平衡。要把教育科学摆在优先发展的位置等。（5）提出了两个大局的战略思想。要让拥有两亿人口的沿海地区先发展起来，这是关系我国现代化大局。内地要顾全这个大局。发展到一定的时候，又要求沿海拿出更多力量来帮助内地发展，这也是现代化大局。沿海也要顾全这个大局。

十四大全面回顾和总结了十一届三中全会以来14年党领导人民进行改革和现代化建设的实践。指出这14年是从农村改革到城市改革，从经济体制改革到各方面体制改革，从对内搞活到对外开放的波澜壮阔的历史进程。充分肯定了这一期间我国工业化现代化取得的成就。指出党中央在这一期间作出了关于开放上海浦东的决策，通过了国民经济和社会发展十年规划及“八五”计划的建议，作出了关于搞好国有大中型企业的决定，通过了进一步加强农业和农村工作的决定等。

第三阶段（1992—2002年），在我国改革开放和现代化建设新的发展阶段以及总结实践经验的基础上，以江泽民同志为核心的党的第三代中央领导集体对工业化现代化又有新的深刻认识。其主要点：（1）提出工业化和信息化并举的发展方针。这一时期我国是在全球信息化的背景下发展工业化的。要坚持以信息化带动工业化，以工业化促进信息化。（2）指出国有企业仍然是实现我国工业化现代化的主体。在改革开放深化的背景下，党坚持认为，国有企业是国民经济的支柱，是整个经济体制改革的中心环节。搞好国有企业是实现国家长治久安和保持社会稳定的重要基础。（3）社会主义与市场经济结合是实现现代化的必由之路。发展社会主义市场经济是实现我国经济振兴和社会进步的必由之路，是前无古人的创举。（4）提出并实施科教兴国战略和可持续发展战略。十五大提出并实施科教兴国战略和可持续发展战略。十六大把继续实施这两大战略与走新型工业化道路结合起来。（5）积极参与经济全球化。指出经济全球化是一把双刃剑。要善于趋利避害，要适应经济全球化的要求，在更大范围、更广领域和更高层次上参与国际经济技术合作和竞争。

十六大充分肯定了十三届四中全会以来的13年的成就和基本经验。其中包括在这一时期工业化现代化方面取得显著成就，并指出，这一阶段社会主义市场经济体制初步建立而且不断得到完善。这是前无古人的伟大创举，是党对马克思主义发展做出的历史性贡献。到2001年年底，我国经济总量已跃居世界第六位。

第四阶段（2002年以来），进入了新世纪新阶段。以胡锦涛同志为总书记的党中央提出了科学发展观等重大战略思想。在总结国内外发展经验的基础上，党以科学发展观为指导，又赋予工业化现代化以新的丰富的内涵。其主要点：（1）提出要走中国特色新型工业化道路并对此作了概括。这就是促进经济增长由主要依靠投资、出口拉动向依靠消费、投资、出口协调拉动转变，由主要依靠第二产业带动向依靠第一、第二、第三产业协同带动转变，由主要依靠增加物质资源消耗向主要依靠科技进步、劳动者素质提高、管理创新转变。（2）确立建设创新型国家战略。这是国家发展战略的核心，是提高综合国力的关键，是实现新型工业化现代化的重要途径。（3）指出转变经济发展方式是紧迫而重大的任务。转变经济发展方式，对经济发展的理念、目的、战略、途径等提出了新的更高的要求。（4）提出促进国民经济又好又快发展。就是坚持好字优先，在好的前提下，实现国民经济长期持续快速增长。（5）提出建设生态文明。十七大第一次把它作为一项战略任务明确提出来。这项战略任务的主要内容就是要建设以资源环境承载力为基础、以自然规律为准则、以可持续发展为目标的资源节约型、环境友好型的社会。

2009 年 1 月，中央政治局常委在向中央政治局所作的报告中从 5 个方面总结了十六大以来推动科学发展的实践和成就。充分肯定了在工业化现代化方面做了以下卓有成效的工作：坚持把三农作为全党工作的重中之重，建设社会主义新农村；积极推进国有经济布局和结构调整，引导非公有制经济发展；坚持走中国特色新型工业化道路，推进信息化与工业化融合；提出建设创新型国家，制定中长期科学和技术发展规划纲要；继续实施区域经济发展战略；推进生态文明建设战略等。到 2007 年年底，我国经济总量已跃居世界第三位。

二、新中国成立以来党对工业化现代化认识和奋斗过程的重要启示

马克思有句名言："对人类生活形式的思索，从而对这些形式的科学分析，总是采取同实际发展相反的道路。这种思索是从事后开始的，就是说，是从发展过程的完成

的结果开始的。"[①] 回顾新中国成立以来，党对工业化现代化不断认识和不懈奋斗的过程可以得出这3点重要启示。

1. **我们党不断认识工业化现代化并为此进行不懈奋斗的唯一目的就是为了实现中华民族的伟大复兴。**在中国共产党成立之前，先进的中国人也曾为振兴中华民族而进行过种种努力，甚至流血牺牲。但是正如毛泽东所说的"一切别的东西都试过，都失败了"。这是为什么呢？这是因为中国人没有找到正确的"主义"，没有从根本制度上改变半殖民地半封建的旧中国社会。我们党成立之后就面临着两大历史任务。党以马克思主义为指导，认识到只有完成第一大历史任务才能为实现第二大历史任务而奋斗。只有领导中国人民用革命的手段彻底推翻三座大山，才能最终实现中华民族的伟大复兴。

我们党在领导中国人民推翻三座大山的过程中，产生了强烈的忧患意识即"落后就要挨打"，以及对工业化现代化的渴求。深刻认识到实现中华民族伟大复兴的任务更加艰巨，道路更加漫长。深刻认识到必须坚决走社会主义工业化现代化的道路。惟有如此，中华民族才能自立于世界民族之林。1956年，毛泽东在党的八大预备会上说过一段发人深省的话。"你有那么多人，有那么一块大地方，资源那么丰富，又听说搞了社会主义，据说是有优越性，结果你搞了五六十年还不能发展起来，你像个什么样

---

① 《马克思恩格斯文集》第5卷，人民出版社2009年版，第93页。

子呢？那就要从地球上开除你的球籍。”1989 年国内政治风波平息后，邓小平说过，当我听到西方七国首脑会议决定要制裁中国，马上就联想到 1900 年八国联军侵略中国的历史。这就是老一代革命家的忧患意识。邓小平还多次谈到“没有四个现代化，中国在世界上就没有地位”。他在 1992 年南方谈话中指出，到 21 世纪中叶即新中国成立 100 年时把我国建成中等水平的发达国家，这是中华民族的雄心壮志。我们要一切着眼于确保这个伟大目标的实现。

2. **代表先进生产力的发展要求是我们党立于不败之地的坚强根基。**半殖民地半封建社会是旧中国的基本国情。所以党在成立后的相当长的时期里，只能在几乎没有现代工业的最为落后的偏僻农村开展革命活动。但是党以马克思主义为指导，既是中国工人阶级先锋队又是中国人民和中华民族的先锋队。党的这种性质决定了它对属于先进生产力范畴的工业化现代化寄予强烈的渴望。民主革命时期，毛泽东同志就说过，“对于经济工作，尤其是工业，我们还不大懂，可是这一门又是决定一切的，是决定军事、政治、文化、思想、道德、宗教这一切东西的，是决定社会变化的。”他在七大的政治报告中指出，“中国一切政党政策及其实践在中国人民中所表现的作用的好坏、大小，归根到底，看它对于中国人民的生产力的发展是否有帮助及其帮助之大小，看它是束缚生产力的，还是解放生产力的。”代表先进生产力发展要求是中国共产党先进性的本源。

但是在新中国成立后的一段时间里，由于种种原因，尤其是受“左”的影响，党一度偏离历史唯物主义的轨道，搞“以阶级斗争为纲”。在十年动乱中把历史唯物主义的基本原理当做“唯生产力论”加以批判。十一届三中全会后，党从思想路线上端正对生产力原理的认识，并确立了“三个有利于”这衡量一切工作得失成败的生产力标准。2001 年江泽民同志在“七一讲话”中指出，总结 80 年党的奋斗历程和基本经验，展望新世纪的艰巨任务和光明前途，归结起来，就是我们党必须始终代表中国先进生产力的发展要求，代表先进文化的前进方向，代表最广大人民的根本利益。

“三个代表”重要思想是统一的整体。它统一于代表先进生产力的发展要求，体现为代表先进文化的前进方向，落脚到代表最广大人民的根本利益。因此始终代表中国先进生产力的发展要求，是党的先进性的本源，是党立于不败之地的坚强根基。那种把我们党代表先进生产力的发展要求说成是“只讲生产力，不讲阶级性”的观点，是不正确的。

3. **工业化现代化阶段不可逾越，但旧式工业化道路可以避免**。社会主义初级阶段理论中包含工业化现代化阶段不可逾越这重要观点，但是不能由此得出旧式工业化道路不可避免。应当看到，旧式工业化道路是在特定历史条件下形成的，对生产力发展也曾起过推动作用。但是它的特点是高投入、高消耗、高污染和低效益（简称“三高、一低”）。虽然世界上不少国家都走过旧式工业化道路，但是现在已经难以为继了。西方一些发达国家在 20 世纪 60 年代后，就开始改变旧式工业化道路，而且取得了成效。今天它们已经完成了工业化阶段。如果今天我们还继续走旧式工业化道路，重复西方国家走过的弯路，其后果是严重的。因为它违背贯彻落实科学发展观的要求。旧式工业化道路完全可以避免。但是我们要防止走向另一个极端：即有一种观点认为，当今世界已进入信息化时代，可以跨越工业化阶段直接进入现代化阶段（即“去工业化”）。对此，要做具体分析。对于当今西方少数发达国家而言，它们已经完成了工业化，可以利用信息化时代提供的机遇进入更高水平的现代化阶段。但是对于广大发展中国家尤其是像我们这样原先经济文化基础落后的大国，一定要从我国基本国情出发，走中国特色的新型工业化道路。实现节约发展、清洁发展、安全发展、和谐发展、和平发展。

为实现中华民族伟大复兴而继续努力奋斗*

新中国的成立是中国和世界历史发展进程中的重大事件。2009 年是新中国成立 60 周年。理论界许多同行以“总结历史经验，探讨发展规律，服务资政育人”的原则，从当代中国和世界关系等角度对这一重大事件提出自己的看法和观点。如何认识新中国的 60 年？如何看待新中国成立以来的两个 30 年的关系？如何更好地认识和坚持中国特色社会主义？如何看待关于“中国模式”的热议？这些问题成为当前意识形态领域和理论研究中的热点问题，也出现了很不相同的看法。在这重要的历史时刻，笔者觉得有必要发表自己的见解，既为了满足读者的要求又可求教于同行。

---

* 本文发表于《前线》2009 年第 9 期。

一、对新中国成立60年的基本判断

在当前经济全球化深入发展、世界多极化趋势不断增强，尤其是由美国次贷危机引发的世界金融危机仍在发展的背景下，正确认识新中国的60年、科学总结我国60年社会主义发展正反两方面经验，是十分必要的。对此，我们有一个基本判断：新中国的60年是我们党始终不渝地努力把科学社会主义基本原则与时代特征和中国实际相结合的60年。

我们党自成立之日起就以马克思主义为指导。在新民主主义时期是这样，在社会主义时期也是这样。列宁认为，广义的科学社会主义就是马克思主义。因此，坚持科学社会主义也就是坚持马克思主义。

新中国成立60年来，我们党以科学社会主义来指导我国的社会主义革命和建设实践，从而使我们这个原先一穷二白的国家发生了历史性巨变，取得了举世瞩目的成就。其间虽然也走了弯路甚至发生了像“文化大革命”这样的严重挫折。但是，这些错误或挫折都是在党的领导下由我们自己纠正了。在科学社会主义与新中国60年实践相结合的过程中，先后形成了毛泽东思想体系中的社会主义革命和社会主义建设理论、邓小平理论、“三个代表”重要思想和科学发展观等重大战略思想。这充分证明中国共产党人是科学社会主义坚定的信仰者、捍卫者和继承者。我们决不会去搞资本主义，也决不会去迎合民主社会主义。我们坚定不移地走自己的路，建设中国特色社会主义。

新中国成立以来的60年可以划分为前后两个30年。许多读者都很关注新中国成立以来这前后两个30年的关系。当前在这个问题上，议论很多，讨论也很热烈。但也存在着一些认识误区。我们认为，新中国前30年为后30年奠定基础，后30年是在前30年的基础上大踏步前进的。为什么要把这两个30年联系起来而不是割裂开来或对立起来呢？这两个30年是有内在的逻辑和历史联系的。这是因为，对中国特色社会主义道路的探索、开辟和形成，毛泽东思想是中国特色社会主义理论体系的理论渊源以及毛泽东思想与中国特色社会主义理论体系中包含着共同的立场、观点和方法等，都把新中国成立以来的前后这两个30年连接起来了。只要遵循实事求是的思想路线，都不会把这前后两个30年割裂开来或对立起来。

我们党对中国社会主义建设道路的探索是从20世纪五六十年代开始的。江泽民在毛泽东同志诞辰100周年纪念大会上的讲话和胡锦涛在毛泽东同志诞辰110周年纪念大会上的讲话都指出，以毛泽东同志为代表的中国共产党人领导中国人民，对适合中国国情的社会主义建设道路进行了艰苦探索，并取得了重要的理论成果。建立起独立的比较完整的工业体系和国民经济体系。

如前所述，这些理论成果是中国特色社会主义理论体系的理论渊源。正如十七大指出的，我们要永远铭记，改革开放伟大事业，是在以毛泽东同志为核心的党的第一代中央领导集体创立毛泽东思想，带领全党全国各族人民建立新中国、取得社会主义革命和建设伟大成就以及艰辛探索社会主义建设规律取得宝贵经验的基础上进行的。此外，贯穿毛泽东思想的活的灵魂，即实事求是、群众路线、独立自主、自力更生，这也是中国特色社会主义理论体系的立场、观点和方法。

因此，任何把这两个30年割裂开来或对立起来的观点，都是不对的。正是从上述意义上说，中国特色社会主义理论体系与马克思列宁主义和毛泽东思想是一脉相承、与时俱进的。我们还可以进一步这么说，新中国成立60年来，我们取得一切成绩和进步的根本原因，就是开辟了中国特色社会主义道路，形成了扎根于当代中国的科学社会主义即中国特色社会主义理论体系。

二、坚持中国特色社会主义的核心是坚持党的基本路线

60年来我们取得一切成绩和进步的根本原因，归结起来就是坚持了中国特色社会主义，即开辟了中国特色社会主义道路，形成了中国特色社会主义理论体系。那么，在当代中国今后进一步发展过程中，如何做到坚持中国特色社会主义呢?

党的十七大在党的文献中第一次对中国特色社会主义道路作了全面而规范的表述。这条道路有4个根本点：一个前提，即坚持中国共产党的领导。一个核心，即党的基

本路线。一个战略布局，即四位一体的总体布局。一个发展目标，即四位一体的奋斗目标。

如何理解党的十七大提出的党的基本路线是中国特色社会主义道路的核心，也是中国特色社会主义的核心呢？这需要从史论结合上加以把握。20世纪80年代，邓小平把“一个中心、两个基本点”的基本路线称为建设中国特色社会主义的路线。并且多次明确指出，只要不发生大规模的战争，我们就要坚持“一个中心、两个基本点”不动摇。在党的十三届四中全会上，江泽民指出，这次中央领导机构作了一些人事调整，但是党的十一届三中全会以来的路线和基本政策没有变，必须继续贯彻执行。在这个最基本问题上，我要十分明确地讲两句话：一句是坚定不移，毫不动摇。另一句是全面执行，一以贯之。

胡锦涛同志在纪念党的十一届三中全会召开30周年大会上的讲话，把改革开放以来党领导人民经过艰辛探索积累的宝贵经验用“十个结合”加以概括。这是属于认识规律层面的经验。其中“第二个结合”就是指坚持党的基本路线不动摇。新中国成立60年来社会主义发展的正反两方面经验尤其是改革开放以来的实践证明：以经济建设为中心是兴国之要，是我们党、我们国家兴旺发达和长治久安的根本要求；四项基本原则是立国之本，是我们党、我们国家生存发展的政治基石；改革开放是强国之路，是我们党、我们国家发展进步的活力源泉。一个中心、两个基本点，是相互贯通、相互依存、不可分割的统一整体，须臾不可偏离、丝毫不可偏废，必须全面坚持、一以贯之。十一届三中全会以来，我们党既以四项基本原则保证改革开放的正确方向，又通过改革开放赋予四项基本原则新的时代内涵。

这是我们党经过长期探索甚至付出沉重代价后得到的弥足珍贵的结论。党的基本路线是中国特色社会主义的核心。因此，坚持党的基本路线不动摇就能做到坚持中国特色社会主义不动摇。

三、“中国模式”的热议反映了什么？

当前国际金融危机还在肆虐全球，世界各国的人们在深刻反思资本主义固有矛盾的同时，把目光纷纷投向蓬勃发展的社会主义中国，关于“中国模式”的讨论再一次受到了海内外舆论界和学术界的格外关注。对此，可以说是议论纷纷、良莠皆有。

“中国模式”是一些西方学者、政要研究中国问题尤其是研究近30年来中国的发展时使用的一个基本概念。这是个中性概念，可以为我所用。但是应该看它是有不足的。“中国模式”与我们中国学者讲的“中国道路”、“中国经验”是很不一样的。党的文献至今没有采用“中国模式”这个提法。我们认为这是有道理的。因为一个国家或地区的经验一旦形成了模式，它就具有了两个特点。一是定型化，二是可复制。而中国特色社会主义道路（包括具体道路）目前并未定型。我们党认为，只有再经过10多年的努力，在全面建设小康社会目标实现时，这条道路可望定型。至于对中国社会主义建设的经验，尤其是改革开放的经验，我们历来不赞成别人照搬我们。对此，邓小平有过深刻的论述。

但是，我们可以透过现象看本质。西方学者、政要热议“中国模式”至少可以说明这个问题：中国特色社会主义是具有强大凝聚力和世界影响力的。

我们认为需要重点研究如何充分显示中国特色社会主义的凝聚力和影响力这个问题。笔者认为，坚持科学发展、和谐发展、和平发展，可以充分显示中国特色社会主义的凝聚力和影响力。新中国成立 60 年来，发展是我们党领导人民进行社会主义革命和建设的主旋律。其间由于种种原因，发展受到了干扰甚至发生过曲折，但主旋律还是发展。

新中国成立后，我们党面临着为实现国家富强和人民共同富裕而奋斗的伟大历史任务，这个任务可以用发展加以概括。从毛泽东提出我们要从破坏一个旧世界转变为建设一个新世界，到邓小平指出发展才是硬道理，从江泽民提出发展是执政兴国的第一要务，到胡锦涛同志指出科学发展观的第一要义是发展，充分证明发展是建设中国特色社会主义的主题。

正因为我们坚持了发展这个主题，才有 60 年之后在新中国发生的历史性巨变。但是，当前我们仍然要清醒地看到：我国社会主义初级阶段的基本国情没有变，社会主要矛盾即人民日益增长的物质文化需要同落后的社会生产之间的矛盾没有变。

因此，在新的历史起点上，我们要坚持科学发展、和谐发展、和平发展。坚持科学发展、和谐发展就是坚持以人为本的全面协调可持续的发展，就是要让全体人民共享改革发展的成果。和平发展是相对于一些西方国家曾经走过的通过损人利己甚至利用发动战争来实现本国发展道路而言的。新中国成立以来的60年发展之路是和平发展之路。应该说这条道路为社会主义赢得了好形象和亲和力。可以说，我们一直在为实现毛泽东当年提出的要把新中国建设成为“大强国而又使人可亲”而努力。今后我们将继续抓住当前和平发展的有利时期来发展自己，通过中国的持续发展来进一步推动当今世界的和平与发展潮流。

总之，坚持科学发展、和谐发展、和平发展，对内可以形成强大的凝聚力，对外可以不断扩大中国特色社会主义的世界影响力。此外，重视研究中国特色社会主义的世界影响力，与我们所主张的“韬光养晦”并不矛盾。“韬光养晦”主要是指一种精神状态，即我们不当头、不扛旗，切切实实做好自己的事。

四、中国特色社会主义的最终成功关键在党

新中国成立60年来我们取得的历史性成就举世公认，中国特色社会主义的成功也得到了大多数人的认同，“中国模式”被热议，就从一个侧面证明了这一点。但是，我们现在还不能轻言中国特色社会主义已最终成功。

之所以还不能轻言中国特色社会主义已最终成功，主

要是因为根据我们党制定的“三步走”发展战略的设想：第一步，从1981年到1990年，国民生产总值翻一番，实现温饱；第二步，从1991年到20世纪末，再翻一番，达到小康；第三步，到21世纪中叶，再翻两番，达到中等发达国家水平。其中的关键是第三步。只有到了这个目标即中华民族伟大复兴实现的时候，我们才能断言中国特色社会主义最终成功。

总结新中国60年的历史经验，可以得出一个结论：中国特色社会主义取得今天这样的成功，关键在党。而从根本上说，中国特色社会主义要获得最终成功，关键也在党。关键在党，就是指在坚持和改善党的领导的前提下，要切切实实地抓好党的自身建设。这是总结世界社会主义兴衰成败，尤其是苏联、东欧共产党失败的惨痛教训得出的重要结论。前事不忘，后事之师。况且，当前我国经济社会发展正处在发展黄金期与矛盾凸显期并存的阶段，所遇到的问题带有明显的“两难”特点。胡锦涛同志在党的十七大上论述了我们当前在8个方面遇到的“两难”问题。这决定了中国特色社会主义的最终成功任重道远，决定了中国特色社会主义的最终成功，关键在党。这是今后理论和实践中要解决的重中之重的问题。中国共产党成立88周年的时候，我们党召开了十七届四中全会。全会通过了《关于加强和改进新形势下党的建设若干重大问题的决定》。这是新形势下加强和改进党的建设伟大纲领。表明我们党对共产党执政规律、社会主义建设规律和人类社会发展规律的认识，达到了一个新的境界。

最后，笔者要引用胡锦涛同志在纪念党的十一届三中全会召开30周年大会上的讲话中的一段话作为本文的结束语："我们取得的成就已载入史册，新的更加艰巨繁重的任务正摆在我们面前。"让我们为实现中华民族的伟大复兴，为中国特色社会主义的最终成功，而继续努力奋斗。

改革开放与社会主义历史命运*

20世纪八九十年代，在东欧剧变和苏联解体之后，世界上掀起了关于社会主义命运的大争论。那时候一边倒的声音是：东欧共产党垮台了，苏联解体了。20世纪是以社会主义的彻底失败为标志而被送走的。然而10多年过去了，世界社会主义不但没有彻底失败，而且中国特色社会主义蓬勃发展，尤其是改革开放取得了巨大的成就。随着近几年世界上一些地区左翼力量的崛起，现在议论的话题是：社会主义能否在21世纪复兴。作为马克思主义理论工作者应该从历史的高度、规律的深度来研究和回答改革开放与社会主义历史命运之间的关系这个重大课题。

---

* 本文发表于《理论动态》2008年10月30日。

一、20世纪五六十年代社会主义国家改革潮流涌动的深层原因

站在今天的历史高度考察已经过去的20世纪，可以清楚地看出，20世纪五六十年代多数社会主义国家都掀起了改革潮流。虽然这些国家改革的背景、原因和过程等不尽相同，但是大致可分为四种类型。

1. **南斯拉夫被苏共逼出来的改革。**第二次世界大战结束后，南斯拉夫起初也和其他东欧国家一样都以苏联的模式和经验为榜样。由于南共领导人铁托对国际共运等有不同于苏共和斯大林的看法，而苏共总是以老子党自居，从而引起两党关系紧张，受苏共控制的共产党情报局于1948年错误地把南共开除出了这个机构。以铁托为首的南共承受了极大的压力，在孤立无援的困境中被迫另辟蹊径。南共在寻找适合本国情况的发展道路中深感苏联体制的弊端，必须彻底摆脱苏联的体制和思想体系，这就需要改革。南共在这一时期改革中提出的某些改革主张和做法至今看来仍然可圈可点。比如，南共提出社会所有制是社会主义国家理想的公有制，要防止社会主义国家体制“官僚化”，等等。

2. **东欧一些国家“静悄悄”的改革。**东欧多数国家是在苏联支持下走上社会主义道路的。所以几乎完全照搬苏联模式，他们在实践中深感这种体制弊端很多，需要改革，但是必须看苏联的眼色行事。这些国家在两者之间寻

求平衡的改革，被西方学者称之为“静悄悄”的改革。如保加利亚、民主德国等。然而要改革就不可能平静。尤其是苏共二十大冲破了对斯大林的“个人崇拜”，披露了苏联的体制问题，引发了东欧一些国家的老百姓对苏联的不满，有些国家的改革做法超出苏联的容忍度，结果遭到苏联的干预，有的酿成悲剧，如波兰、匈牙利。所以东欧这些国家改革的主要原因是苏联模式不适合它们的国情和人民群众对苏联的不满。

3. **苏联自身的改革**。1956 年 2 月，以苏共二十大召开为标志苏联也开始了自身改革。我们要像当年毛泽东用一分为二的观点分析苏共二十大那样，来看待赫鲁晓夫搞的改革。（毛泽东说过，苏共召开的二十大有喜有忧）这一时期的苏联改革是既有成绩，又有错误。赫鲁晓夫对苏联的政治体制和经济体制进行了改革以及调整了对外政策等。苏联这一时期改革的原因是要冲破对斯大林的个人崇拜，解决历史遗留的问题和体制带来的弊端。但是由于赫鲁晓夫采取了全盘否定斯大林的错误做法，而且并没有真正深刻认识苏联模式弊端的根源，因而赫鲁晓夫的改革从总体上看是不成功的。所以，人们把赫鲁晓夫称之为“蹩脚的改革家”也就不足为奇了。

4. **中国高起点的改革**。以毛泽东同志为核心的党的第一代中央领导集体在 20 世纪 50 年代中期对我国社会主义进行了高起点的改革。之所以称为“高起点”，是因为我国这一时期的改革已经涉及对产生苏联模式弊端的体制原因和走适合我国情况的社会主义建设道路这个深层次问题。代表作是毛泽东的两篇光辉著作：《论十大关系》和《关于正确处理人民内部矛盾的问题》。毛泽东在这一时期的著作和有关讲话中，深刻地指出了苏联和某些东欧国家在处理农轻重关系、民主问题和民族关系等方面的错误。毛泽东还指出，我国“前八年照抄外国的经验。但从一九五六年提出十大关系起，开始找到自己的一条适合中国的路线”、“开始反映中国客观经济规律”。[①] 由此开始，我们逐步形成了不同于苏联的体制和做法。后来由于受“左”的指导思想影响，改革未能持续下去并由于“文化大革命”发生而中断。

回顾这一时期社会主义国家的改革状况，虽然它们改革的背景、直接原因和具体做法等并不一样，但是我们完全可以得出两点结论。一是社会主义国家在自己建设实践中认识到苏联体制的弊端并竭力克服这些弊端，这是20世纪五六十年代掀起改革潮流的深层次原因。正如邓小平20世纪80年代中期深刻指出的，“我们过去照搬苏联搞社会主义的模式，带来很多问题。我们很早就发现了，但没有解决好。我们现在要解决好这个问题，我们要建设的是具有中国自己特色的社会主义。”[②]

二是苏联模式是对苏联体制和做法的一种概括，而不是泛指苏联社会主义基本制度。当年东欧这些国家（包括南斯拉夫）改革的指向并没彻底否定苏联社会主义基

① 《关于建国以来党的若干历史问题的决议（注释本）》第246页。

② 《邓小平文选》第3卷，人民出版社1993年版，第261页。

本制度，主要涉及改革苏联体制，改变照搬苏联的那些具体做法和对斯大林专制作风的不满等。邓小平在1981年就指出，“社会主义制度并不等于建设社会主义的具体做法。苏联搞社会主义，从一九一七年十月革命算起，已经六十三年了，但是怎么搞社会主义，它也吹不起牛皮。”[①]后来邓小平又一次深刻指出，“社会主义究竟是个什么样子，苏联搞了很多年，也并没有完全搞清楚。可能列宁的思路比较好，搞了个新经济政策，但是后来苏联的模式僵化了。”[②]由此可见，邓小平讲的苏联模式是特指苏联体制和具体做法。

二、社会主义国家改革成效的反差及其经验教训

站在今天的历史高度，从宏观上看20世纪社会主义国家改革的成效或结局无非有两种。一是成功的，二是失败的。只要我们坚持用辩证的历史的唯物主义分析这两种结局就可以看出：成功的结局中也有需要总结的教训。失败的结局中也有值得吸收和借鉴的做法。

1. 要重视研究东欧国家改革曾经取得成效的经验。不能因为东欧国家改革最终失败了和我国改革开放今天取得了巨大的成功，而忽视东欧国家改革尤其是20世纪七

① 《邓小平文选》第2卷，人民出版社1994年版，第250页。
② 《邓小平文选》第3卷，人民出版社1993年版，第139页。

八十年代改革曾经取得成效的经验。应该看到，当我国还处在十年动乱的时期，东欧国家正进行着改革。1978 年年底召开的十一届三中全会，拉开了我国改革开放的帷幕。而这时候东欧一些国家的改革已积累了不少好的经验并且先于我国遇到了改革中的矛盾和问题。英国有位哲人说过，“历史是用例子来教育人的哲学”。研究这段东欧改革历史和改革经验，对于我们深入研究改革开放与社会主义历史命运的关系，对于我国在新的历史起点上进一步深化改革，扩大开放都是有益的借鉴。因为当年东欧国家在改革开放中遇到的问题尤其是没能解决好的难题，如政府与市场的边界，经济体制改革与政治体制改革的关系，如何应对西化和分化等等，今天我们都遇到了，而且也要下气力才能解决。

在《邓小平文选》第 3 卷中有 9 篇是邓小平在 20 世纪 80 年代接见东欧一些国家领导人的谈话。从这些谈话中可以看出，邓小平或是以东欧改革为背景，或是以东欧改革经验为借鉴阐述中国的改革开放，充分体现出他的宽广眼光。更重要的是，邓小平关于建设中国特色社会主义的不少高屋建瓴的重大判断是在同东欧领导人谈话中提出来的。

1986 年 9 月，邓小平在同波兰统一工人党中央第一书记雅鲁泽尔斯基的谈话中指出，“我们两国原来的政治体制都是从苏联模式来的。看来这个模式在苏联也不是很成功的。即使在苏联是百分之百的成功，但是它能够符合中国的实际情况吗？能够符合波兰的实际情况吗？”① 后来雅鲁泽尔斯基在回忆这次同邓小平的谈话时感慨地说：“1986年访华时，有幸同邓小平同志见面。他的远见卓识给了我很深的印象。”② 1987年4月，邓小平在同捷克总理什特劳加尔的谈话中介绍说，中国实行改革开放政策是对“文化大革命”进行总结的结果。中国胜利地完成现代化三步走的发展战略，“这不但是给占世界总人口四分之三的第三世界走出了一条路，更重要的是向人类表明，社会主义是必由之路，社会主义优于资本主义。”③ 1987年10月，邓小平在会见匈牙利社会主义工人党总书记卡达尔时指出，我们现在干的中国特色社会主义事业是全新的事业。我们现在对社会主义有新的理解，这就是在大力发展生产力基础上实现共同富裕。“在对社会主义作这样的理解下面，我们寻找自己应该走的道路。这涉及政治领域、经济领域、文化领域等所有方面的问题。”④ 重温邓小平当年对东欧国家领导人的上述谈话精神，对我国今天进一步推进改革开放和现代化建设仍然有重要的指导意义。

2. **苏联东欧改革失败的根本原因。**总结苏东改革失败的经验教训是一个重大的课题。随着时间的推移，历史档案资料的公布和研究的深入等，人们的认识逐渐趋同。

---

① 《邓小平文选》第3卷，人民出版社1993年版，第178页。
② 《世界社会主义研究动态》，2004年第34期。
③ 《邓小平文选》第3卷，人民出版社1993年版，第225页。
④ 《邓小平文选》第3卷，人民出版社1993年版，第255页。

大家公认，研究这一重大课题必须坚持辩证的历史的唯物主义观点，尤其是要坚持恩格斯的“历史结果合力论”。恩格斯深刻指出的“历史是这样创造的：最终的结果总是从许多单个的意志的相互冲突中产生出来的，而其中每一个意志，又是由于许多特殊的生活条件，才成为它所成为的那样。这样就有无数互相交错的力量，有无数个力的平行四边形，由此就产生出一个合力，即历史结果”。[①] 但是也应该看到，苏联与东欧改革失败的具体原因也是不尽相同的。本文力图从深层次上分析其共性原因即苏联东欧改革失败的根本原因。

（1）改革最终背离了社会主义方向。社会主义发展的历史经验证明，社会主义与改革不能分割。社会主义需要进行各方面的改革，但改革必须坚持社会主义方向。虽然不能说苏东改革一开始就背离了社会主义方向，但是从20世纪80年代中后期开始，苏东改革彻底脱离社会主义轨道，这在前苏联表现得尤其充分。1985年，戈尔巴乔夫上台后先后提出“新思维”、“公开性”、“思想多元化”等口号。公开鼓吹要对苏联从经济基础到上层建筑的整个大厦进行“根本改造”等，从而搞乱了人们思想，客观上为西化和分化提供了便利。1988年的苏共第十九次代表会议，尤其是1990年的苏共二十八大正式提出“走向人道的民主的社会主义”的纲领为其指导思想。此后，戈尔巴乔夫宣布在苏联实行议会制、总统制和多党

① 《马克思恩格斯文集》第10卷，人民出版社2009年版，第592页。

制。这表明苏联的改革已经彻底背离科学社会主义基本原则。

20 世纪 80 年代中后期由于国内外种种因素的作用，东欧一些国家改革开始迅速滑向资本主义。前波兰统一工人党领导人雅鲁泽尔斯基在下台前几个月对我国驻波兰大使说，这几年波兰“在上层建筑领域，由于进行了一系列的制度变革，波兰已经不是社会主义国家了”。“西方将继续支持波兰的变革，推动波兰向资本主义的方向走下去，这是影响波兰的外部因素”。①

（2）经济发展滞后，人民生活水平提高缓慢。解放和发展生产力是社会主义制度优越性充分发挥的经济基础。苏联东欧国家在经济建设上都曾经取得辉煌成就。但是由于苏联模式的僵化体制和经济发展战略的失误，经济发展开始缓慢并逐步下降，从而影响了人民生活水平的提高。以苏联最为典型。根据统计资料，从 1975 年开始苏联经济发展出现迟缓，经济增长率明显下降。1951—1960 年国民收入的年增速为 10.25%，1961—1970 年为 6.45%，1971—1980 年下降到 4.95%。到了 80 年代后期甚至出现负增长。国民收入的下降，自然要影响到人民生活水平的提高。二战结束后的初期，匈牙利与奥地利经济发展水平相同，但是到了 1988 年匈牙利的人均 GDP 为 2460 元，而奥地利是 15470 元。民主德国（东德）与联邦德国（西德）原来同为一个国家，1988 年东德人均 GDP

① 《世界社会主义研究动态》，2004 年第 34 期。

7080元，而西德是18480元（后者是前者的2.6倍）。这一时期苏东国家的日常生活必需品和食品极其匮乏，消费品严重不足，人民群众生活水平明显不如西方国家（所以当时有“东西南北”一说，即东德不如西德，北朝鲜不如南朝鲜）。这就严重影响社会主义制度优越性的发挥。因此，经济发展滞后，人民生活水平提高缓慢甚至于下降，这是苏东改革失败的带有根本性的原因。

（3）执政的共产党内部出了问题。这是苏东改革失败的又一个带有共性的原因。冰冻三尺，非一日之寒。考察执政的苏共演变轨迹，可以看出它经历了从僵化到西化，从改革到改向的过程。苏联模式确实造成了僵化的体制和苏共领导人教条主义的思维方式。赫鲁晓夫也想冲破它，但是采取的是全盘否定斯大林的方法来冲破当时苏共党内盛行的“个人崇拜”，结果搞乱了人们的思想。赫鲁晓夫修修补补的改革根本无法撼动原有体制，而且继续沿袭苏联模式。勃列日涅夫时期也是基本上不对原有体制进行改革。在党内也是大权独揽，严重违背民主集中制。对外关系上搞大国主义、大党主义，比起前任有过之而无不及。

戈尔巴乔夫时期的改革可分为三个阶段。第一阶段是1985年3月—1988年6月。是他提出的加速发展和实施经济体制改革阶段。第二阶段是1988年6月—1990年2月。这一阶段苏联改革方向开始发生了实质性变化。戈尔巴乔夫提出了“公开性”、“多元化”和“人道的民主的社会主义”纲领。这意味着苏联改革开始转向。第三阶段是1990年2月—1991年12月。这时戈尔巴乔夫宣布，放弃苏共在苏联的领导地位，放弃意识形态以马克思主义为指导，实行总统制、议会制和多党制，完全搞西方国家那一套体制和做法。这标志着苏共已经从僵化跳到西化，苏联已经从改革走到改向，从而最终导致苏联解体。

由于苏共在党的建设尤其是党风上存在着严重问题，导致苏共党内逐渐形成特殊利益集团。而且腐败现象严重，裙带关系盛行等，从而导致执政党严重脱离群众。一个不为人民群众所拥戴的党是不可能领导改革取得成功的。苏联解体前的一项社会调查结果发人深省：1990年苏联《西伯利亚报》曾以“苏共代表谁”为题在部分群众中进行调查。统计结果，认为苏共代表劳动人民的只占7%，认为代表工人的只占4%，代表全体党员的只占11%，而认为代表官僚等的却占85%。[①] 在苏联解体后，原苏共党内高官摇身一变，便成为当时那个时代的“精英”。美国学者大卫·科兹曾提供了这份资料：1991年，美国有一社会调查机构对苏共政治局成员和苏联精英阶层作了一次关于政治和意识形态的问卷调查，结果有77%的人完全支持搞资本主义。他在研究苏联解体过程后得出结论：苏联解体的原因来自苏联领导层。[②]

（4）西方对苏联东欧推行和平演变战略得逞。二战结束后不久，西方一些政治势力提出了冷战时期对社会主

① 《世界社会主义研究动态》，2006年第70期。
② 《世界社会主义研究动态》，2004年第53期。

义国家实行和平演变战略（邓小平曾把西方和平演变战略称之为“没有硝烟的世界大战”）。西方和平演变战略不但有明确的战略意图，而且有一整套具体做法。一般说来有三种：一是采取经济手段，迫使社会主义国家做出符合西方国家意图的让步，如果不让步就采取停止援助或经济制裁。二是以“人权”、“民主”、“自由”为借口，干涉社会主义国家内政。通过各种方式扶植社会主义国家的反对派，甚至支持或策划动乱。三是进行意识形态渗透。以西方价值观作为“普世价值”，以各种媒体为宣传载体，对社会主义国家的意识形态进行全面渗透。

冷战期间，在西方国家对社会主义国家推行和平演变过程中形成了“苏联学”这门学科，耐人寻味。所谓“苏联学”是指二战结束后，美国以其主要对手苏联为研究对象，先后在美国国内的大学、研究所和“智库”等研究机构开设的课程。后来逐渐形成了“苏联学”这门特殊学科。这个学科有强烈的意识形态色彩和特殊功能：一是在冷战中为美国反苏提供理论支持，二是直接为美国对苏外交服务，三是配合美国情报部进行某些策反工作。

前车之覆，后车之鉴。全面分析苏联、东欧失败的教训，既是研究改革开放与社会主义命运关系的题中应有之义，又是留给今人和后人的一笔宝贵财富。

3. **中国改革开放成功的根本原因**。中国的改革开放取得了巨大成功，既是客观事实又是举世公认。我们注意到世界上有不少人关注中国发展模式（有人称中国发展模式为C模式），研究中国改革开放成功的“奥秘”。他们所说的“奥秘”就是我们讲的改革开放取得成功的根本原因。党的十七大大跨度全面地论述了我国改革开放历程尤其是总结了“十个结合”的宝贵经验。这个总结是很有理论和政治分量的，可以说是管全局、管方向、管长远。这“十个结合”涉及改革开放取得成功的原因，我们要把握其中三条根本原因。

第一，始终坚持把马克思主义基本原理与中国改革开放的实际结合起来。经济文化比较落后的国家如何建设、巩固和发展社会主义，如何搞改革开放，这在马克思主义和社会主义发展史上是没有先例的。因此，既要坚持马克思主义基本原理和科学社会主义基本原则，又不能从书本、概念或别国的模式出发，只能从我国具体实际出发。我国改革开放取得成功的根本原因是既没有丢老祖宗，又发展老祖宗。既坚持马克思主义基本原理，又根据当代中国实践和时代发展不断推进马克思主义中国化，使马克思主义更好地发挥对改革开放的指导作用，从而赋予当代中国马克思主义以勃勃生机。

第二，始终坚持四项基本原则与改革开放这两个基本点的统一。我们坚持把四项基本原则作为立国之本，作为我国改革开放朝着正确方向推进的根本保证。同时又通过改革开放赋予四项基本原则新的时代内涵。教育和引导全党全国各族人民深刻认识坚持这两个基本点的辩证关系及其重大意义，坚持把以经济建设为中心同四项基本原则、改革开放统一于建设中国特色社会主义的伟大实践，使中国特色社会主义在当今世界的深刻变动中牢牢地站住了、站稳了，从而使当代中国在深刻变革中充满了生机与活力。

第三，始终坚持把尊重人民首创精神同加强和改善党的领导结合起来。我们在改革开放实践中始终坚持人民群众创造历史这一马克思主义的基本原理，忠实代表最广大人民的根本利益，紧紧地依靠人民群众，最广泛地调动人民群众的积极性、主动性和创造性，从人民群众中凝聚力量，汲取智慧，不断加强和改善党的领导，使党得到人民群众的充分信赖和衷心拥护，从而始终发挥党的领导的核心作用。

当然，我国改革开放取得巨大成功还有其他重要原因，都需要加以认真总结，这些原因和上述的3个“始终坚持”一样，都是我们宝贵的思想财富，我们要在今后进一步改革和全方位开放中发扬光大。

三、改革开放与中国特色社会主义共命运

中国特色社会主义理论体系是在改革开放中形成和发展起来的。中国特色社会主义道路是在改革开放中开辟、拓展并且越走越宽广的。改革开放与中国特色社会主义就是这样密不可分地联系在一起。

1. **中国特色社会主义理论体系是在改革开放中形成和发展起来的**。中国共产党人在改革开放的伟大实践中，既坚持科学社会主义的基本原则，又根据我国实际和时代特征赋予其鲜明的中国特色，在不断探索和回答什么是社

会主义、怎样建设社会主义，建设什么样的党、怎样建设党，实现什么样的发展、怎样发展（简称“三个基本问题”）的过程中，实现了马克思主义中国化的第二次历史性飞跃，形成了中国特色社会主义理论体系。

（1）邓小平理论奠定了中国特色社会主义理论体系的基础。认真总结过去的经验，尤其是“文化大革命”教训，是开辟新道路、形成新理论的思想前提。邓小平在总结经验教训时说：“我们建立的社会主义制度是个好制度，必须坚持。……但问题是什么是社会主义，如何建设社会主义。我们的经验教训有许多条，最重要的一条，就是要搞清楚这个问题。”① 而要搞清楚这个问题，首先必须解放思想，破除对马克思主义的教条式的理解和错误认识。邓小平指出：“不解放思想不行，甚至于包括什么叫社会主义这个问题也要解放思想。”② 十一届三中全会重新确立了党的实事求是思想路线，作出了改革开放等重大决策，实现了党和国家的工作中心的转变。中国改革开放是从十一届三中全会开始的，中国特色社会主义理论体系是以改革开放为历史起点。思想解放推动了对社会主义再认识的进程，波澜壮阔的改革开放实践为中国特色社会主义理论体系的形成提供了坚实的实践基础。

在改革开放进程中，以邓小平同志为核心的党的第二代中央领导集体，对“什么是社会主义，怎样建设社会

① 《邓小平文选》第3卷，人民出版社1993年版，第116页。
② 《邓小平文选》第2卷，人民出版社1994年版，第312页。

主义”进行了深入的思考与探索，有针对性地回答了一系列重大问题。提出了一系列重大判断，形成了一系列重要思想观点。比如：搞社会主义不能照搬别国的模式，要“走自己的路，建设有中国特色社会主义”。不能超越阶段搞“左”的那一套，我国正处于并将长期处于社会主义初级阶段。贫穷不是社会主义，社会主义要消灭贫穷。发展是硬道理，不发展只有死路一条。科学技术是第一生产力。社会主义最大的优越性就是共同富裕。社会主义也可以搞市场经济。物质文明建设与精神文明建设要“两手抓，两手都要硬”。没有民主就没有社会主义，就没有社会主义现代化。判断我们各项工作得失的标准是“三个有利于”。中国要警惕右，但主要是防止“左”。和平与发展是世界的两大问题，等等。邓小平概括了“社会主义的本质，是解放生产力，发展生产力，消灭剥削，消除两极分化，最终达到共同富裕”。

十五大指出邓小平理论是当代中国的马克思主义，它第一次比较系统地初步回答了中国社会主义的发展道路、发展阶段、根本任务、发展动力、外部条件、政治保证、战略步骤、党的领导和依靠力量以及祖国统一等一系列基本问题。在改革开放中形成的邓小平理论奠定了中国特色社会主义理论体系的基础。

（2）“三个代表”重要思想，是对中国特色社会主义理论体系的丰富和发展。20 世纪八九十年代到世纪之交，国际局势风云变幻，国内外发生了政治风波、经济风险和自然灾害等。对建设中国特色社会主义提出了严峻的考验。十三届四中全会以来，以江泽民同志为核心的党的第三代中央领导集体，高举邓小平理论伟大旗帜，强调对党的基本路线要“毫不动摇，坚定不移，全面执行，一以贯之”。强调要聚精会神地抓好党的自身建设。在领导党和人民继续推进中国特色社会主义伟大事业和党的建设新的伟大工程中，形成了“三个代表”重要思想。

“三个代表”重要思想进一步回答了“什么是社会主义、怎样建设社会主义”，创造性地回答了“建设什么样的党、怎样建设党”。反映了当代世界和中国的发展变化对党和国家工作的新要求，是加强和改进党的建设，推进我国社会主义自我完善和发展的强大理论武器，是党必须长期坚持的指导思想。在我国改革开放的关键时期形成的“三个代表”重要思想是对中国特色社会主义理论体系的丰富和发展。

（3）科学发展观是中国特色社会主义理论体系的最新成果。进入新世纪新阶段，我国发展呈现一系列新的阶段性特征。重要战略机遇期和矛盾凸显期并存。中国发展面临的机遇前所未有，挑战也前所未有，机遇大于挑战，我国处在一个新的历史起点上。“实现什么样的发展、怎样发展”成为我们面临的重大理论和实际问题。十六大以来，以胡锦涛同志为总书记的党中央根据国内外形势的发展变化，在回应新情况、解决新问题过程中提出并形成了科学发展观等重大战略思想。

胡锦涛同志在总结2003年我国抗击非典的经验后指出：“我们讲发展是党执政兴国的第一要务，绝不只是指经济增长，而是要坚持以经济建设为中心，在经济发展的基础上实现社会全面发展。要更好地坚持全面发展、协调发展、可持续发展的发展观。”十六届三中全会提出“坚持以人为本，全面、协调、可持续的发展观”和五个统筹。十六届四中全会提出构建社会主义和谐社会的战略任务。2005 年，胡锦涛主席在联合国成立 60 周年首脑会议上的讲话中，阐述了努力建设持久和平、共同繁荣的和谐世界的思想。此后，他在十六届五中全会上，提出了“两个趋势”的思想和建设社会主义新农村的重大战略决策。2006 年，他在全国科学技术大会上的讲话中论述了增强自主创新能力，建设创新型国家的重大战略。十六届六中全会通过的《决定》提出了一系列重大观点。如，社会和谐是中国特色社会主义的本质属性。我国发展已处在新的历史起点上，必须把构建社会主义和谐社会摆在更加突出的地位，建设社会主义核心价值体系等。

十七大对科学发展观的历史地位、时代背景、实践基础和科学内涵、精神实质和根本要求等作了全面的论述。并把十六大以来我们党的理论创新的成果概括为“科学发展观等重大战略思想”。十七大第一次提出了“中国特色社会主义理论体系”这个重要概念，明确指出它是包括三大理论成果在内的科学理论体系。在新世纪新阶段形成的科学发展观等重大战略思想是中国特色社会主义理论体系的最新成果。

总起来说，十一届三中全会以来的历史，既是一部改革开放和现代化建设的实践史，又是一部中国特色社会主义理论体系的形成发展史。在改革开放中形成的中国特色社会主义理论体系是马克思主义中国化的最新成果。

2. **中国特色社会主义道路是在改革开放过程中开创、形成和不断拓展的。**我们党对中国社会主义建设道路的探索是从20世纪50年代中期开始的。十七大指出，我国改革开放伟大事业，是在以毛泽东同志为核心的党的第一代中央领导集体创立毛泽东思想，带领全党全国各族人民建立新中国、取得社会主义革命和建设伟大成就以及艰辛探索社会主义建设规律取得宝贵经验的基础上进行的。如前所述的“高起点改革”，就是这一时期我们党探索中国社会主义建设道路赢得了良好开端的有力佐证。

但是从20世纪50年代后期开始，这个探索开始发生失误直至严重挫折，即发生了像“文化大革命”那样长时间全局性的严重错误。以党的十一届三中全会为转折点，标志着我们党带领全国各族人民开创中国特色社会主义道路。从那时开始至今，这条道路的开辟、形成和发展经历了三个阶段。第一个阶段：转折与奠基阶段（1978年—1988年）。十一届三中全会解放思想、拨乱反正，重新确立实事求是的思想路线，使我国社会主义回到了正确的轨道。邓小平指出，搞社会主义一定要遵循马克思主义的辩证唯物主义和历史唯物主义。在总结历史经验教训基础上，他在十二大上提出，“把马克思主义的普遍真理同我国的具体实际结合起来，走自己的道路，建设有中国特色社会主义”这个重大命题。从这时开始，我们党领导人民开创中国特色社会主义道路。十三大宣布，我们

"开始找到一条建设有中国特色的社会主义的道路"。第二阶段：基本形成和不断完善阶段（1989 年—2002 年）。这一阶段中国特色社会主义道路克服了国内外政治风波、国内经济风险和自然灾害的冲击，继续朝着正确的方向发展。这一阶段有几个主要点需要加以把握。一是形成"三个代表"重要思想并且和邓小平理论一起作为建设中国特色社会主义的指导思想。二是改革开放和现代化建设取得巨大成绩。三步走的发展战略已经胜利完成了前两步，我国综合国力明显增强。三是党对中国特色社会主义的基本内容和实践经验等的认识和总结不断完善。十四大从九个方面论述了中国特色社会主义的基本内容。十五大把这个理论概括为十个基本问题。十六大总结了建设中国特色社会主义必须坚持的十条基本经验。第三阶段：深化和拓展阶段（2003 年至今）。中国特色社会主义道路的基本形成不等于已经定型，只有经历不断深化和拓展之后，才能达到定型目标。进入新世纪新阶段，这条道路正朝着定型目标发展。其主要标志有三。第一，我们党第一次对中国特色社会主义道路作了全面概括，即十七大表述的在中国共产党领导下，立足基本国情，以经济建设为中心，坚持四项基本原则，坚持改革开放，解放和发展社会生产力，巩固和完善社会主义制度，建设社会主义市场经济、社会主义民主政治、社会主义先进文化、社会主义和谐社会，建设富强民主文明和谐的社会主义现代化国家。第二，我们党认为这条总道路是由具体道路构成的。十七大指出，它包括中国特色自主创新道路，中国特色新型工业化道路、中国特色农业现代化道路、中国特色城镇化道路、中国特色社会主义政治发展道路、中国特色反腐倡廉道路、中国特色军民融合式发展道路、中国特色社会主义工会发展道路等。第三，使中国特色社会主义具体道路定型这是全面建设小康社会的目标。我们党提出，要在新的实践中继续探索和发展中国特色的具体道路，只有使这些具体道路不断扩展和完善即定型，中国特色社会主义总道路才能定型。1992 年，邓小平在南方谈话中提出了要在 2020 年左右，使十一届三中全会以来形成的正确的路线、方针、政策和具体制度定型的战略预见。2020 年正是全面建设小康社会目标实现的界碑。可以预言：中国特色社会主义具体道路定型之日，也就是我们朝着实现中华民族腾飞目标又向前跨进一大步之时。

以上我们从三大方面论述改革开放与社会主义历史命运的关系。从中可以得出令人信服的结论：只有改革开放才能发展中国特色社会主义，只有改革开放才能复兴世界社会主义。

改革开放与中国工人阶级*

改革开放是中国共产党领导中国人民进行的新的伟大革命。改革开放是决定当代中国命运的关键抉择，是发展中国特色社会主义、实现中华民族伟大复兴的必由之路。中国工人阶级在这场新的伟大革命中起着主力军的作用。改革开放又使中国工人阶级获得进一步的发展壮大。进入新世纪新阶段我们面临着新的历史任务，中国工人阶级要在深化改革、扩大开放、推动科学发展、促进社会和谐中再立新功。

一、中国工人阶级是推动改革开放的主力军

党的十一届三中全会是在当时世界经济快速发展、科技进步日新月异、国内广大干部群众盼望党和国家从危难中重新奋起、国家建设百业待兴等背景下召开的。十一届

---

* 本文发表于《求是》2009 年第 13 期。

三中全会作出了把党和国家工作中心转移到经济建设上来、实行改革开放的历史性决策。工作中心转移，实行改革开放，就其引起社会变革的广度和深度来说，是一场新的伟大革命。既是一场革命就要有推进革命的基本力量即主力军，中国工人阶级就是中国共产党领导的这场新的伟大革命的主力军。

1. **中国工人阶级为我国改革开放和现代化建设做出了重大贡献。**30 年来，中国工人阶级在波澜壮阔的现代化建设实践中为改革开放做出了重大贡献，有力佐证了它是推动改革开放的主力军。30 年来，中国工人阶级在中国共产党的领导下，以改革开放为己任、与时代发展同步伐。无论是在改革开放的起步阶段，还是深化阶段，都以高度负责的主人翁精神，积极投身改革开放和现代化建设。尤其是在改革进入攻坚阶段，发展处于关键时期，部分工人利益受到影响的背景下，我国工人阶级服从改革开放大局，继续推动科学发展，促进社会和谐，为发展中国特色社会主义伟大事业做出了不可磨灭的历史性贡献。

中国工会是中国共产党领导的工人阶级的群众组织，是国家政权的重要社会支柱。30 年来，各级工会组织在党的领导下，坚持解放思想、实事求是、与时俱进，始终围绕中心、服务大局，在改革开放中找准定位、发挥优势，在团结动员全国广大职工贯彻党的基本路线，完成党的中心任务等方面做了大量扎实有效的工作。尤其是改革开放和现代化建设进入新的发展阶段，我国工会组织适应经济关系和劳动关系的深刻变化，加大参与协调劳动关系和社会利益关系的力度，全面履行各项社会职能，突出维护职能，保护调动和发挥职工的积极性、创造性，团结广大职工大力支持和积极投身改革与发展，为深化改革、扩大开放、促进发展、维护稳定发挥了重要作用。为形成全体人民各尽其能、各得其所而又和谐相处的局面做出了重大贡献。

需要指出的是，中国特色社会主义道路是在我国改革开放过程中开辟、形成和发展起来的。这是一条包括中国特色社会主义工会发展道路在内的总道路。中国特色社会主义工会发展道路是在中国共产党的领导下由中国工人阶级开创的。这条具体道路体现了共产主义远大理想同中国特色社会主义共同理想的统一，体现了时代要求与中国国情的统一，体现了工人阶级长远利益和当前利益的统一（简称3个“统一”）。中国特色社会主义工会发展道路是中国特色社会主义总道路的重要组成部分。这也充分证明了中国工人阶级为开辟、形成和发展中国特色社会主义道路做出了重要的贡献。

2. **中国工人阶级的主力军作用是由它所具有的先进性决定的。**中国工人阶级为什么能成为推动改革开放的主力军，这是由中国工人阶级具有先进性这个最重要的特点决定的。对此，我们不能不提到在党的十一届三中全会召开的前夕，党的第二代中央领导集体的核心邓小平在中国工会九大上的那篇报告。这篇报告对中国工人阶级为什么是新的伟大革命的主力军作了透辟的分析。邓小平指出，党中央、国务院已经确定了加快实现四个现代化的任务，并且为此而提出一系列政策和组织措施。中央认为："这是一场根本改变我国经济和技术落后面貌，进一步巩固无产阶级专政的伟大革命。这场革命既要大幅度地改变目前落后的生产力，就必然要多方面地改变生产关系，改变上层建筑，改变工农业企业的管理方式和国家对工农业企业的管理方式，使之适应于现代化大经济的需要。"① 邓小平认为，中国工人阶级一定会在这些改革中起大公无私的模范先锋作用。这是因为"工人阶级最重要的特点之一就是同社会化的大生产相联系，因此它的觉悟最高，纪律性最强，能在现时代的经济进步和社会政治进步中起领导作用。"② 邓小平关于工人阶级具有同社会化大生产相联系的先进性从而决定了它能完成自己历史使命的论断，既坚持了马克思主义关于工人阶级的性质、地位和历史作用的重要思想，又在新的历史条件下讲出了新话。体现了邓小平作为我国改革开放总设计师的远见卓识。

马克思恩格斯认为，科学社会主义与空想社会主义的根本区别之一，是前者找到了能够完成社会主义代替资本主义这伟大历史使命的社会主体即工人阶级。这是由工人阶级在资本主义生产方式中所处的地位所决定的。恩格斯曾经谈到，"英国工人阶级的历史是从18世纪后半期，从蒸汽机和棉花加工机的发明开始的。大家知道，这些发明推动了产业革命，产业革命同时又引起了市民社会中的变

---

① 《邓小平文选》第2卷，人民出版社1994年版，第135－136页。
② 《邓小平文选》第2卷，人民出版社1994年版，第136页。

革，而它的世界历史意义只是现在才开始被认识清楚”①。在马克思恩格斯看来，以蒸汽机的发明为标志的劳动工具的变革，促成了产业革命，而产业革命造就了工人阶级最革命、最先进、纪律性最强、目光最远大等特点。这决定了工人阶级能够完成它的历史使命。但是他们并没有明确地讲到，工人阶级的先进性是由于它与社会化大生产紧密联系所决定的。这是我们党在新的历史条件下，对工人阶级先进性的新的认识，体现了我们党在这个马克思主义重要理论观点上的与时俱进。正如江泽民指出，我国工人阶级是近代以来我国社会发展特别是社会化大生产发展的产物，具有严格的组织性纪律性和革命的坚定性彻底性等品格。胡锦涛同志也指出，中国工人阶级之所以是先进阶级，是因为它始终站在时代前列，引领着先进生产力和生产关系的发展，善于顺应社会前进的潮流不断发展自身的先进性。

二、改革开放促进中国工人阶级不断发展壮大

新时期最鲜明的特点是改革开放，最显著的成就是快速发展，最突出的标志是与时俱进。30 年改革开放和现代化建设实践使中国人民的面貌，社会主义中国的面貌和中国共产党的面貌发生了历史性的变化，同样，也促进了中国工人阶级不断发展壮大。

---

① 《马克思恩格斯文集》第1卷，人民出版社2009年版，第388页。

1. 改革开放以来我国工人阶级队伍不断发展壮大。 首先，从工人阶级队伍的数量和结构上看。改革开放以来，随着我国经济社会持续较快发展和工业化、信息化、城镇化、市场化、国际化快速发展，我国工人阶级队伍发生了具有深远意义的新变化。改革开放初期，在邓小平同志为核心的党的第二代中央领导集体领导下，解决了我国知识分子是工人阶级一部分这一重大的理论和实践问题。30 年来，乡镇企业职工，非公企业职工和新兴产业职工尤其是 1 亿多的农民工源源不断地加入工人阶级队伍。今天中国工人阶级已经成为一个包括产业工人、其他工人、知识分子、管理干部等在内的不可分割的强大的统一体。使得我国工人阶级作为劳动大军的主体和现代化建设的主力军的地位更加突出。中华全国总工会已成为世界上最大的工会组织。我国工人阶级队伍的数量和结构发生了历史性变化。

其次，表现为工人阶级素质进一步提高，权益进一步实现。改革开放以来，我们重视用建设中国特色社会主义理论武装工人阶级，重视提高职工的文化科学知识水平，尤其是近几年来，我们在职工队伍中开展社会主义核心价值体系教育。我国工人阶级的思想道德素质和科学技术文化素质得到新的提高；在党和政府以及工会组织共同努力下，我们确立了“组织起来，切实维权”的工作方针，我国职工的经济、政治、文化、社会权益得到了有力保障，社会主义和谐的经济关系和劳动关系已基本形成并得到不断的发展。

再次，当代中国工人阶级历史使命进一步明确。马克思主义认为，工人阶级由自在阶级转变为自为阶级后，表明它已经认识到了自己的历史使命。而工人阶级使命在不同的历史阶段其内涵是不同的。我国工人阶级是在中国半殖民地半封建的社会条件下诞生的。深受三座大山压迫和剥削，因此，最富有革命的坚定性和彻底性。它与当时沿海的机器大工业相联系，具有高度的组织性和纪律性。我国工人阶级与农民阶级有着天然的紧密联系，它刚登上政治舞台，就在中国共产党的领导之下。所以，我国工人阶级能以党的路线纲领为自己的路线纲领，能以党在各个时期的中心任务为自己的中心任务。因此，新民主主义时期我国工人阶级的历史使命，就是在中国共产党的领导下，推翻三座大山，建立新中国。改革开放时期我国工人阶级的历史使命，就是在中国共产党的领导下，全面建设小康社会，为把我国建设成为富强民主文明和谐的社会主义现代化国家而奋斗。

综上所述，改革开放促进了我国工人阶级不断发展壮大。中国工人阶级仍然是我国先进生产力和生产关系的代表，是我们党最坚实最可靠的阶级基础，是社会主义中国当之无愧的领导阶级，是进一步推进改革开放、全面建设小康社会、发展中国特色社会主义的主力军。

2. **要始终坚持对中国工人阶级先进性的正确认识。** 改革开放以来，我们确立了建立和完善社会主义市场经济体制的目标。发展社会主义市场经济这是前无古人的创举，也因此引起了我国经济体制深刻变革、社会结构深刻变动、利益格局深刻调整、思想观念深刻变化。与经济社会变革相适应出现了新的社会阶层：民营科技企业的创业人员和技术人员、受聘于外资企业的管理技术人员、个体户、私营企业主、中介组织的从业人员、自由职业者等（简称“六个新的社会阶层”）。

在我国原有的社会阶级、阶层发生了变动，尤其是由于经济结构和产业结构调整出现了部分工人下岗甚至失业的背景下，我国工人阶级先进性是不是弱化了，甚至没有了？党和政府对工人阶级的方针是不是变了？这是广大党员、干部、职工群众非常关注的问题。我们党从一开始出现这种情况就非常重视回答和解决这个深层次的思想问题。十六大强调指出，包括知识分子在内工人阶级、农民阶级，始终是推动我国先进生产力发展和社会全面进步的根本力量。在社会变革中出现的“六个新的社会阶层”是中国特色社会主义事业的建设者。十六大以来，党中央多次明确指出，工人阶级作为国家领导阶级的地位不能动摇，作为改革开放和社会主义现代化建设主力军的作用不能削弱，全心全意依靠工人阶级的根本指导方针不能改变。正如胡锦涛同志在同中国工会十五大部分代表和全国总工会新一届领导班子成员座谈时指出的，“随着改革开放和社会主义现代化不断推进，我国工人阶级的先进性必将进一步发展，国家领导阶级的地位必将进一步巩固，主力军作用必将进一步发挥。”

当今世界各种思想、文化相互激荡，文化与经济和政治相互交融。在这样国际背景下，各种各样的思潮、观点都会传入我国。其中难免鱼龙混杂，良莠皆有。对此，我们要用马克思主义观点加以甄别和分析。在此，我们有必要对西方政界、学界关于“白领阶层”和“蓝领阶层”这两个时髦的观点加以剖析。第二次世界大战结束后的半个多世纪，由于西方国家发生了科技革命和资本主义上层建筑自我调节能力的增强，使西方国家社会的阶级和阶层结构发生了很大变化。出现了越来越多脱离直接生产岗位的技术工人、管理人员和第三产业的人员。西方政界、学界称这些人员为“白领阶层”或“白领阶级”。而从事直接生产或体力劳动的工人则越来越少。在西方国家这样的人员占从业人员不到5%。西方政界、学界称这些人员为“蓝领阶层”或“蓝领阶级”。应该说这两个概念是一种形象的提法，但不是科学概念。只要我们坚持用马克思主义观点加以分析，就会发现这两个概念不仅欠缺科学性，而且实际上是对科学社会主义基本原则提出挑战。因为西方一些政要和学者热衷于使用的“白领阶层”这种提法，实际上把从事脑力劳动、科技劳动、管理劳动和服务劳动的人员剥离出工人阶级的队伍。这样在他们看来，在西方国家真正算得上是工人的就只是“蓝领阶层”了，而且他们认为“蓝领阶层”将越来越少并且最终要被“消灭”。这里有两点要引起我们警惕：一是他们这种阶级或阶层划分法是与马克思主义的阶级和阶层相结合的科学划分法相悖的，二是他们这种提法是把产业工人摆在终将被历史淘汰的“一小撮人”的位置。因此，这个概念从学理研究上看，是不科学的。从实践上看，如果将它们引入我们国内则有百弊而无一利。在当前复杂的国际背景下，我们头脑里要有科学社会主义基本原则这根“弦”。我们认为，无论在西方国家、还是在中国，工人阶级的先进性都源自它与社会化大生产相联系。因为马克思主义的基本原理告诉我们，社会化大生产不但可以生产出巨大的物质财富，而且可以生产出先进的阶级即工人阶级（资产阶级也曾经是先进的阶级），还可以生产出先进的社会制度即社会主义，并且最终生产出“自由人的联合体”即共产主义。因此，只要有社会化大生产的存在和发展，就有工人阶级的存在和发展，就有工人阶级先进性的存在和发展。正如鲁迅说过的，“石在，火是不会灭的”。

三、中国工人阶级要在深化改革、推动科学发展、社会和谐中再立新功

30年来，在党的领导下，我们始终以改革开放为强大动力，在新中国成立以后取得成就的基础上，推动党和国家各项事业取得举世瞩目的新的伟大成就。胡锦涛同志在纪念党的十一届三中全会召开30周年大会上的讲话（简称“12·18”讲话），从11个方面全面概括了改革开放取得的成就。与此同时，他还用3个“世所罕见”来表述我们已经遇到和今后将会遇到的矛盾、问题、困难和风险。充分体现了我们党对未来发展道路上可能遇到的困难和风险的清醒认识。

1. 当前深化改革扩大开放，推进科学发展遇到的矛

盾和问题。当前我国经济社会发展呈现出一系列新的阶段性特征。概括地说，“两期并存、两难问题”，即发展黄金期和矛盾凸显期并存，所遇到的矛盾和问题带有两难的性质。展开地说，当前我们遇到了一系列突出的两难问题。比如，既要全方位地对外开放，又要承受并化解西方国家在经济技术上长期占优势的压力和国际金融危机等给我国带来的负面影响；既要保持经济持续较快增长，又要加快社会建设步伐；既要推动产业升级和技术进步，又要扩大就业；既要保持东部地区发展的势头，又要促使东中西部协调发展；既要推进城镇化，又要加大反哺农村的力度；既要注重公正、缩小差距，又要保持活力，提高效率；既要扩大吸引外资，又要优化引资结构；既要以市场换技术，又要增强科技自主创新；既要深化各项改革，又要保持社会稳定；既要鼓励公平的市场竞争，又要关心困难群众的生产生活问题，等等。

集中地说，就是我国生产力水平总体上还不高，自主创新能力还不强，长期形成的结构性矛盾和粗放型的发展方式尚未根本改变，影响发展的体制机制障碍依然存在，城乡贫困人口和低收入人口还有相当数量，农业基础薄弱、农村发展滞后的局面尚未改变，缩小城乡差距和促进经济社会协调发展任务艰巨，社会建设和管理面临诸多新课题，党和国家工作中还存在缺点和不足，人民群众还有不少不满意的地方。正如胡锦涛同志在“12·18”讲话中指出，我们取得的成就已经载入史册，新的更加艰巨繁重的任务正摆在我们面前。

2. 在新的历史起点上工人阶级要再立新功。在新的历史起点上，深化改革、扩大开放，推进科学发展、社会和谐，对我国工人阶级进一步发挥主力军作用和再立新功提出了更高要求。

一是我国工人阶级要继续解放思想、改革创新。建设中国特色社会主义是前无古人的新事业。马克思没有讲过，我们的前人没有做过，其他社会主义国家也没有干过，所以，没有现成的经验可学。就当前我们在改革发展中遇到的矛盾和问题，是西方国家100多年甚至200年间遇到的，而我们在新世纪新阶段就遇到了，并且要在未来的10年内加以解决。这就需要我国工人阶级继续解放思想、改革创新。我国30年改革开放的一条重要经验，就是要坚持以实践基础上的理论创新推动其他各方面创新，不断推动思想新解放，生产力新发展。这也就是十七大概括的改革开放基本经验即“十个结合”中的第一个结合。改革开放30年来，我国工人阶级在解放思想、改革创新上已成为时代先锋。在新的历史起点上，要在党的领导下，继续解放思想、改革创新。要继续与时代发展同步伐，与改革开放共命运。要始终以主人翁的精神面貌投身到深化改革、进一步扩大开放的新的实践中去，为改革开放的伟大事业再立新功。

二是我国工人阶级要为推动科学发展、促进社会和谐做出新的贡献。在新的历史起点上推动科学发展、促进社会和谐，是发展中国特色社会主义的基本要求，是全面建设小康社会的主旋律。这对于实现我国现代化，进而实现中华民族伟大复兴具有决定性的意义。因此，我国工人阶级要在这个新的奋斗实践中，用先进思想和模范行动影响带动全社会，发扬工人阶级识大体、顾大局的光荣传统，正确认识和对待改革发展中出现的新情况、新问题，妥善处理改革攻坚阶段、发展关键时期的人民内部的种种利益矛盾，自觉维护职工队伍团结统一和社会稳定，为推动科学发展、促进社会和谐做出新的贡献。

三是我国工人阶级要为深化和拓展中国特色社会主义工会发展道路做出新的探索。中国特色社会主义工会发展道路是中国特色社会主义总道路的重要组成部分。从理论上看，深化和拓展对中国特色社会主义工会发展道路的研究，有利于进一步深入研究中国特色社会主义总道路。因为这里涉及社会主义的个性与共性关系问题。这对于我们深刻领会中国特色社会主义道路是科学社会主义基本原则与中国实际和时代特征相结合的产物这个重要结论，是有着重要意义的；从实践上看，由于我国是社会主义国家，中华全国总工会是世界上最大的工会组织。因此，中国特色社会主义工会发展道路举世关注。虽然我们对这条具体道路的基本点已经有了比较清楚的认识，概括了它包括指导思想、政治保证、根本任务、职能作用、组织体制、对外交往和内在动力等主要内容。而且指出了这条道路的根本点，是要把坚决按照工会章程和有关法律法规独立自主开展工作同自觉接受党的领导紧密结合起来，要把维护职工群众具体利益同维护全国人民根本利益紧密结合起来，要把服务职工、维护职工合法权益同组织职工、教育引导职工紧密结合起来（即3个“紧密结合起来”），不断提高为职工群众服务的能力和水平。还指出这条道路的实质体现了3个“统一”（前已述及）等。但是，还不能说我们已经穷尽了对这条具体道路的认识，还有不少重要的理论和实践问题需要探讨并加以解决。比如，社会主义市场经济条件下工会工作的规律，如何正确处理依法和按章办工会与自觉接受党的领导的关系，如何准确把握现阶段经济关系、劳动关系和职工队伍发展变化的新特点并制定出行之有效的对策，如何构建有中国特色的和谐的劳动关系，等等。

我国工人阶级始终是推动我国先进生产力发展和社会全面进步的根本力量，是实现和发展最广大人民根本利益的坚定力量，是维护社会安定团结的中坚力量。因此要继续为深化和拓展中国特色社会主义工会发展道路做出新的探索，使这条道路越走越宽广。从而为进一步推动中国特色社会主义总道路的发展做出新的更大的贡献。

中国政治发展道路的未来展望*

外国人关注中国大多集中在这两点：中国经济为什么发展得这么快？中国政治发展道路未来会怎么样？笔者仅就第二点谈些看法。

中国政治发展道路未来会怎么样？在这个问题中实际上包含着对中国已经选择的这条政治发展道路和它今后向何处去的疑问。这是可以理解的，因为这个问题毕竟不是1+1=2那么简单，而是涉及历史、现实和未来。尤其是对于外国人。

新中国成立60年来，我们国家的政治面貌变化可以用“天翻地覆”这4个字来形容。这60年，我国政治发展道路经历了从“一唱雄鸡天下白”即人民翻身解放，到“六亿神州尽舜尧”即人民当家作主的伟大历程。这两句话是从一代伟人毛泽东诗词中摘出来的。毛泽东是与20世纪中国同行的伟人，他用极其精炼的语言概括了中

* 本文发表于《当代中国》2009年10月。

国选择了能让人民翻身解放和当家作主的政治发展道路。这条正确道路是历史的选择并被60年的现实所佐证。

笔者对国外时兴的理论历来抱着吸收借鉴和为我所用的态度。其中“路径依赖”理论中有可取的观点。“路径依赖”理论认为，道路选择有主观因素，但更多取决于历史和现实及其相互作用等这些因素。用这个观点来解释中国为什么选择了这条政治发展道路，也许外国人更容易接受。自鸦片战争以来，先进的中国人也曾探求过种种道路，包括辛亥革命前后时期。这些人也效仿西方提出议会制、多党制等方案。据可考证的资料，辛亥革命胜利后，登记注册的政党曾达200多个。由于当时的中国不具备实现这些政治方案的种种条件，结果是“你唱罢，我登场”，这些政党和方案只能落了个昙花一现的结局。值得一提的是，抗日战争结束后，中国共产党郑重提出第三次国共合作，实行多党政治协商。毛泽东在中共七大上的政治报告题目就是《论联合政府》。可以设想当时国民党如果接受中国共产党的倡议，那么中国就会出现以国共两党为主的多党联合政府。但是并没实现，因为当时国民党政府在其后台老板美国的支持下，撕毁停战协议，发动了内战。残酷的历史事实告诉中国人民，“一切别的东西都试过，都失败了”（毛泽东语）。只有在中国共产党领导下，彻底推翻三座大山，才能实现民族独立和人民解放。所以说中国这条政治发展道路是历史的选择。

60年来，中国发展及其取得的举世公认的成就雄辩证明：中国政治发展道路体现了社会主义本质的要求，与我国疆域广阔、人口数量巨大、民族众多相适应，有利于国家发展、民族团结、经济繁荣、社会进步。一位发展中国家的首脑曾对我国的总理说过，他佩服中国两点，一是不搬西方民主制度，中国社会照样发展；二是不搞新自由主义，中国经济照样发展。

党的十七大用中国特色社会主义政治发展道路来概括我国60年的政治发展历程，这是非常准确的。与此同时，也就提出了这条政治发展道路的根本点是什么。笔者认为就是坚持党的领导、人民当家作主、依法治国有机统一（简称“三统一”）。可以说这“三统一”既是60年来我国政治发展道路的基本经验总结，又为这条政治发展道路的未来发展指明了方向。

新中国的60年，可以大致划分为前后两个30年。对这两个30年既不能割断，也不能对立起来。就政治发展道路而言，总的说，后30年要比前30年发展得顺利和显著。这首先是有了前30年奠定的政治前提和制度基础。其次是我们党善于总结正反两方面的历史经验。邓小平在1992年南方谈话中论述过一个具有前瞻性、战略性的思想：改革开放以来，我们立的章程并不少，而且是全方位的。并且有准确的表述语言。但是这还不够，恐怕再有30年的时间，我们才会在各方面形成一整套更加成熟、更加定型的制度。也就是说要使我们建立的正确的章程“更加定型化”。笔者认为要使“三统一”更加定型化，这就是我国政治发展道路的未来发展方向，也是今后我国继续推进政治体制改革的根本原则和目标。

我们说要使我国政治发展道路做到或实现“三统一”，这是就总体或成功的经验而言的。这并不意味着我们在什么时候，什么地方都已经做到或实现了“三统一”。应该看到，有些时候在有些地方还做不到“三统一”，甚至还有违背“三统一”的情况发生。因此，今后进一步推进我国政治发展道路的重要内容，就是要在总结“三统一”成功经验的基础上使之定型化。也就是推进社会主义民主政治制度化、规范化、程序化，为党和国家长治久安提供政治和法律制度保障。十六大以来，胡锦涛同志在一系列重要讲话中凡是讲到要坚定不移地推进改革时，都讲到要深化政治体制改革。决不像国外有的人所扬言的“中国为了达到本世纪中叶实现强国的目标，不惜停止政治改革”。因此，我们完全可以这么说，在改革发展过程中使“三统一”更加定型化，是今后 10 年、20 年，乃至更长的时间里中国特色社会主义政治发展道路的发展方向和我国政治体制改革的根本目标。我们有理由对此充满信心。

“中国道路”的世界影响*

自从2004年，一位叫乔舒亚·库珀·雷默的美国中国问题专家在一份研究报告中提出“中国模式”、“北京共识”等问题后，可以说一石激起千层浪，“中国模式”、“北京共识”的提法很快地流行起来。近几年，凡是影响大一点的国际研讨会都涉及中国话题，都要讨论“中国模式”、“北京共识”等问题。

最近这一波热议“中国模式”，是伴随着世界各国共同抵御国际金融危机而来的。目前这一波的讨论主要集中在以下三个问题。一是中国的实力提高得很快，令人刮目相看。二是期待中国在抵御国际金融危机中发挥更大的作用。三是中国经济一旦率先复苏，那么“中国模式”的世界影响将更大。

值得注意的是，一些西方学者和政要在谈到“中国模式”、中国实力、中国成就等问题时，尽量回避或有意不

---

* 本文发表于《瞭望》2009年9月7日。

提中国特色社会主义。这说明他们很难摆脱固有的价值观念和理论观点的束缚。其实他们所说的“中国模式”的世界影响，也就是中国特色社会主义的世界影响。

观察近几年国外学者和政要对“中国模式”的议论，可以看出，中国特色社会主义的世界影响是客观存在的。对此，既不要刻意回避，又不要飘飘然，甚至忘乎所以。对中国特色社会主义的世界影响要作出如实的、谨慎的而又充分的估计，也就是说要全面评价和分析。

一、中国发展道路的魅力

60 年来，中国发展道路的特点可以用科学发展、和谐发展、和平发展加以概括。考察西方学者和政要近年来研究“中国模式”可以看出，他们对这三点是看好的。换言之，中国走科学发展、和谐发展、和平发展之路，其魅力四射。

早在 20 世纪末，我国提出并实施可持续发展战略后，西方一些有识之士就敏锐地指出，中国是第三世界中最早认识到必须实行可持续发展的国家。进入新世纪新阶段，我国逐步形成并提出了科学发展观，并且把它概括为以人为本，全面、协调、可持续的发展观。对此，一些西方学者和政要给予了正面的评价。

2003 年 4 月，德国《我们的时代》杂志发表贝特霍尔德的文章指出，当今资本主义“在经济发展速度不断加快的同时，它已无法解决日益严重的全球性问题”。他列举了南北鸿沟加深、环境遭到破坏、对地球资源不负责任的随意开采、暴力、战争等事实后得出结论：“现在世界越来越明确地要求成功塑造一个资本主义的对立面。中华人民共和国的重要意义以及今天中国所发生的一切也正在于此。”有的西方学者还称，科学发展观是“人类发展理论的重大创新”。

构建社会主义和谐社会提出后，更加引起世人关注。一些西方学者和外电也敏锐地觉察到这是中国发展理念的变化。2007 年 10 月 15 日，日本共同社在报道中指出，中国提出的和谐社会“使经济发展更加关注生活质量和公平感等内容”、“又使得长期以来‘一边倒’式的发展经济向重视民生和民权的方向转变，大力推进经济、社会、政治、文化、环境等各个领域的协调和平衡发展”。

60 年来中国发展之路也是和平发展之路。对此，任何不抱偏见的人都会看到或承认这个事实。中国走和平发展道路，决不是一时应紧之策。而是由中国社会制度性质和我们对外国际战略所决定的。从毛泽东提出“我们是马列主义者，我们的国家是社会主义国家。因此，一百年、一万年我们也不会侵略别人”，到邓小平指出，中国特色社会主义“是主张和平的社会主义”，从江泽民提出“尊重世界的多样性，保证各国和睦相处、相互尊重”，到胡锦涛主席倡议“努力建设持久和平、共同繁荣的和谐世界”，这一切向世人昭示：60 年来中国坚定不移地走和平发展道路。正如俄罗斯科学院院士季塔连科在《中国社会科学报》上撰文指出的，建设中国特色社会主义是与完成三个伟大历史任务相联系的，其中之一是“在推动现代化发展的情况下捍卫世界和平”。

因此，被西方学者和政要称之为“中国模式”的中国发展道路对于当今世界是有影响力的。德国社会学家哈拉尔德·韦尔策在2008年8月15日《世界报》上发表的文章中认为，对于现代化的新兴国家，“中国模式”甚至有可能成为比西方模式更具魅力的模式，而傲慢的西方模式现在给人的感觉是过时了。

二、凝聚战略思维的谨慎评析

近10多年来，中央高层对中国特色社会主义的世界影响的评析是谨慎的，没有讲过头话。这充分彰显中国共产党人具有强烈的忧患意识和冷静观察外部世界的能力。

20世纪八九十年代，先是东欧剧变后是苏联解体，世界社会主义运动遭受严重挫折。当时对我们党和国家造成很大压力。在挺住这罕见的压力后，中央提出要埋头苦干，要首先把自己的事做好。这也是1992年初邓小平南方谈话的重要思想。邓小平告诫党的第三代中央领导集体，“从现在起到下个世纪中叶，将是很要紧的时期，我们要埋头苦干。我们肩膀上的担子重，责任大啊！”

以江泽民同志为核心的党的第三代中央领导集体没有辜负邓小平等老一辈革命家的期望。党的十六大充分肯定了十三届四中全会以来的13年的成就和基本经验，指出这13年是我国综合国力大幅度跃升、人民得到实惠最多的时期，是我国社会长期保持安定团结、政通人和的时期，是我国国际影响显著扩大、民族凝聚力极大增强的时期。到2001年年底，我国经济总量已跃居世界第六位。

在取得这样重大成绩面前，江泽民在十六大上依然指出，面对很不安宁的世界，面对艰巨繁重的任务，全党同志一定要增强忧患意识，居安思危，清醒地看到日趋激烈的国际竞争带来的严峻挑战，清醒地看到前进道路上的困难和风险。

十六大以来，以胡锦涛同志为总书记的党中央全面贯彻党的十六大、十七大精神，在党的第二代和第三代中央领导集体打下的良好基础上，继续推进中国特色社会主义事业。在推动经济又好又快发展，推进社会主义民主政治建设，推进社会主义文化建设，发展社会事业和改善民生，推进党的建设新的伟大工程等方面也取得显著成绩。到2007年年底，我国经济总量已跃居世界第三位。

在取得这样新的重大成绩面前，党中央领导集体多次郑重宣示：要始终做到政治坚定，带头高举中国特色社会主义伟大旗帜，坚持中国特色社会主义道路和理论体系不动摇，不为任何风险所惧，不被任何干扰所惑。要始终做到审时度势，带头增强忧患意识，做到居安思危，科学判断国内外形势的发展变化，全面把握国内大局和国际大局、内政和外交的紧密联系，正确处理改革发展稳定关系，保持社会大局的稳定。

尤其需要指出的是，2007年年底，胡锦涛同志在新进中央委员会的委员、候补委员学习贯彻党的十七大精神研讨班的讲话中突出地讲了忧患意识。他深刻指出，越是形势好的时候，我们越要有忧患意识，越要居安思危。并提出明确要求：对今后出现的九个方面的困难和风险，我们要有足够的估计和充分的准备。

综上所述，十三届四中全会以来，我们党对中国特色社会主义的世界影响的评析是谨慎的。这种谨慎的态度凝聚了我们党的战略思维。继续保持这样的精神状态和清醒的头脑，是今后继续战胜困难和风险、不断取得新的胜利的重要保障。与此同时，还要重视客观地、充分地肯定中国特色社会主义的世界影响。这也是全面评析中国特色社会主义的世界影响的题中应有之义，两者都不能偏废。

三、60年铸就的主心骨

中国特色社会主义的世界影响是与中国特色社会主义理论体系作为全党全国人民的主心骨紧密相联的。这个主心骨既不是从天上掉下来的，又不是原先头脑里固有的，它是在新中国成立以来60年的宏伟实践中铸就的。

毛泽东思想是中国特色社会主义理论体系的理论渊源。两者是马克思主义与中国实际相结合的两次历史性飞跃产生的两大理论成果，前者是后者的理论渊源，后者是对前者的继承和发展。毛泽东思想体系中的立场、观点和方法，如实事求是、群众路线、独立自主、自力更生，也是中国特色社会主义理论体系的立场、观点和方法。

邓小平理论奠定了中国特色社会主义理论体系的基

础。十五大指出，邓小平理论是当代中国的马克思主义，它第一次比较系统地初步回答了中国社会主义的发展道路、发展阶段、根本任务、发展动力、外部条件、政治保证、战略步骤、党的领导和依靠力量以及祖国统一等基本问题。奠定了中国特色社会主义理论体系的基础。

“三个代表”重要思想是对中国特色社会主义理论体系的丰富和发展。“三个代表”重要思想反映了当代世界和中国的发展变化对党和国家工作的新要求，是加强和改进党建设，推进我国社会主义自我完善和发展的强大理论武器，是党必须长期坚持的指导思想。十六大把“三个代表”重要思想与邓小平理论一起作为指导思想写进党章，实现了党的指导思想又一次与时俱进。

科学发展观是中国特色社会主义理论体系的最新成果。进入新世纪新阶段，我国发展呈现一系列新的阶段性特征，发展黄金期和矛盾凸显期并存，我国处在一个新的历史起点上。“实现什么样的发展、怎样发展”成为我国面临的重大理论和实际问题。十六大以来，以胡锦涛同志为总书记的党中央根据国内外形势的发展变化，在研究新情况解决新问题过程中提出并形成了科学发展观等重大战略思想。

十七大第一次指出了中国特色社会主义理论体系是包括了邓小平理论、“三个代表”重要思想以及科学发展观等重大战略思想在内的科学理论体系。回顾中国特色社会主义理论体系孕育、形成和发展过程，可以看出，这个理论体系既不照搬书本又不照搬外国模式，而是中国共产党人把马克思主义与时代特征和中国实际相结合的产物，既坚持了科学社会主义基本原则，又赋予其鲜明的中国特色，是扎根于当代中国的科学社会主义。正因为中国特色社会主义理论体系是全党全国人民的主心骨，才能使中国发展道路产生重要的世界影响。

四、坚定信仰和理想的要求

全面评析中国特色社会主义的世界影响是坚定信仰和树立共同理想的要求。共产党人是坚信马克思主义关于人类社会必然走向共产主义这一崇高信仰的，同时又脚踏实地地为建设中国特色社会主义而不懈努力。建设中国特色社会主义也是全体人民的共同理想。在当今世界不同社会制度并存和各种思潮相互激荡的背景下，13 亿人民在党的领导下建设中国特色社会主义。这就有一个与其他“主义”、其他制度、其他道路等相比较的问题。这是不可回避的。

提出中国现代化建设的“三步走”发展战略时，邓小平就把它同我们的共同理想即建设中国特色社会主义紧密地联系在一起。1987 年，邓小平在接见外宾并向他们介绍“三步走”发展战略时说，到了 21 世纪中叶，我们人口 15 亿，人均达 4000 美元，达到中等发达国家水平，属于世界前列，这是了不起的事。“这不但是给占世界人口四分之三的第三世界走出一条路，更重要的是向人类表明，社会主义是必由之路，社会主义优于资本主义。”这一时期邓小平多次讲了类似上述的话。1988 年，他又讲实施“三步走”发展战略，就是“努力向世界证明社会主义优于资本主义。我们要用发展生产力和科学技术的实践，用精神文明、物质文明建设的实践，证明社会主义制度优于资本主义制度，让发达资本主义的人民认识到社会主义确实比资本主义好。”

苏东剧变后，邓小平坚定指出，没有必要惊慌失措。只要中国还在搞中国特色社会主义，那么世界上就有 1/5 的人在坚持社会主义。“只要中国社会主义不倒，社会主义在世界始终站得住。”这一时期邓小平仍然关注我国与世界其他国家和周边国家进行比较这个问题。从中可以看出邓小平对中国特色社会主义的世界影响的重视。他在 1992 年年初南方谈话中指出，现在，周边一些国家和地区发展比我们快，如果我们不发展或发展太慢，老百姓一比较就有问题了。他还指出，广东提出 20 年赶上亚洲“四小龙”，“不仅经济要上去，社会秩序、社会风气也要搞好，两个文明建设都要超过他们，这才是有中国特色的社会主义。”

五、为人类做出较大贡献的有力佐证

党的十一届三中全会以来，我国确立了一心一意搞现代化建设的政治路线，指出只要不发生大规模的战争，就要扭住经济建设这个中心不放松。苏东剧变之后，还强调不扛旗、不当头，埋头苦干，首先做好自己的事。历史和实践证明这些决策是完全正确的。但与此同时国内外也出现了一种议论，认为中国不提国际主义了。这是一种误解。中国共产党人对国际主义有自己特有的表达语言。这就是“中国应当对人类有较大的贡献”。毛泽东在1956年发表的《纪念孙中山先生》一文中提出，“因为中国是一个具有九百六十万平方公里土地和六万万人口的国家，中国应当对于人类有较大的贡献。”在此后的60年代里，毛泽东多次谈到这个问题。

邓小平认为，国际主义者与爱国主义者并不矛盾。他在1981年为英国培格曼出版社出版的《邓小平副主席文集》所作的序言中指出，“国际主义者的共产党员，是否可以同时又是一个爱国主义者呢？我们认为不但是可以的，而且是应该的。”邓小平还指出，“中国人民将通过自己的创造性劳动根本改变自己国家的落后面貌，以崭新的面貌，自立于世界的先进行列，并且同各国人民一起，共同推进人类进步的正义事业。”

邓小平还曾预言：“我们的改革不仅在中国，而且在世界范围内也是一种试验，我们相信会成功。如果成功了，可以对世界上的社会主义事业和不发达国家的发展提供某些经验。”他还指出，到21世纪中叶，中国基本实现现代化，“到那时，社会主义中国的分量和作用就不同了，我们就可以对人类有较大的贡献。”

1992年召开的党的十四大，标志着国内进入进一步推动改革开放的阶段。当时国际背景是，世界社会主义在遭受严重挫后还处于低迷时期。江泽民在十四大上强调指出，中国特色社会主义事业蓬勃发展，必将对世界社会主义事业和人类进步事业做出重大贡献。

胡锦涛同志在党的十七大上指出，建设中国特色社会主义的伟大事业，使当代中国同世界的关系发生了历史性变化。中国人民愿与各国人民携手努力，推动建设持久和平、共同繁荣的和谐世界。

正是从上述意义上说，中国特色社会主义对于当今世界的影响力是中国为人类做出较大贡献的有力佐证。它的深刻意义，会随着时间的推移，愈来愈清楚地看出来。

关于构建社会主义和谐社会

GUANYU GOUJIAN SHEHUIZHUYI
HEXIE SHEHUI

社会主义和谐社会若干重要问题解析*

社会主义和谐社会理论，是十六大以来党中央提出的重大战略思想和理论创新成果，是中国特色社会主义理论体系的重要内容。全面把握这个重大战略思想和理论创新成果，需要深刻理解党提出构建社会主义和谐社会的历史背景和实践基础；需要深刻理解社会和谐是中国共产党不懈的奋斗目标，是中国特色社会主义的本质属性；需要深刻理解科学发展与社会和谐是内在统一的，科学发展，社会和谐是发展中国特色社会主义的基本要求。我们要在新的历史起点上进一步推动科学发展，促进社会和谐。

一、社会主义和谐社会理论提出和形成的背景

马克思有一句名言，“理论在一个国家实现的程度，

* 本文发表于《河北日报》2007年9月11日。

总是决定于理论满足这个国家的需要的程度。”① 党的十一届三中全会以来的历史发展告诉我们，每一次重大的理论创新都是我们党从所处的时代背景出发，以马克思主义的理论勇气，总结新的实践经验，不断对中国特色社会主义进行再认识的结果。构建社会主义和谐社会是十六大以来我们党的重大的理论创新成果，这个理论形成和提出的背景主要有三个方面。

1. **把握复杂多变的国际形势，应对来自国际环境各种挑战和风险的必然要求。**和平与发展是当今时代的主题。当前国际形势处于深刻复杂的变化之中。20 世纪 90 年代以来，世界格局进入向多极化过渡的重要时期，经济全球化趋势不断深入发展，科技进步突飞猛进，国际产业升级和转移速度加快，各国都很重视经济发展和国际经济合作，区域经济一体化进程加速。从总体上看，这些因素给我国的改革开放和现代化建设带来了难得的机遇和有利条件，只要我们高举和平、发展、合作的旗帜，坚持冷静观察、沉着应对的方针，牢牢掌握应对国际局势和处理国际事务的主动权，就能够营造有利于我国改革开放的外部环境，为我国现代化建设争取较长时期的好的国际条件。

同时，我们也必须清醒地看到，当今世界仍然很不安宁，各种矛盾错综复杂，影响和平与发展的不稳定不确定因素依然存在。由于世界力量失衡的局面短时期内难以根本改变，世界多极化趋势的发展不会一帆风顺。由于旧的

① 《马克思恩格斯文集》第 1 卷，人民出版社 2009 年版，第 12 页。

国际经济秩序没有根本改变，经济全球化一方面在推动世界经济发展的同时，另一方面也给世界各国特别是发展中国家（包括中国）带来挑战和风险，发展中国家在经济、政治、文化、信息、军事等方面面临严峻压力。由于传统安全威胁和非传统安全威胁因素相互交织，民族、宗教矛盾和边界、领土争端等导致的局部冲突时起时伏，恐怖主义活动依然猖獗，地区和国际安全形势不容乐观。在这样复杂多变的国际形势下，我们要应对来自外部的风险和挑战，就必须把国内的事情办好，始终保持国家统一、民族团结、社会稳定的局面。因此，集中全党全民族的智慧和力量构建社会主义和谐社会，这是全面推进中国特色社会主义事业发展的重要保障。

为此，我们要有机遇意识和忧患意识。要有机遇意识就是指当前和今后我们都要抓住机遇，珍惜机遇，用好机遇。否则就会落后于时代甚至被历史所淘汰。要有忧患意识，这是党中央反复强调的。在现代化建设和改革开放取得伟大成绩面前，在世人喝彩声和赞扬声中，我们千万骄傲不得，千万头脑发热不得。要清醒地看到，在世界多极化和经济全球化深入发展、各种不稳定不确定因素明显增多的国际环境中，在国际国内各方面矛盾和问题相互交织、相互作用的现实状况下，可以预见和难以预见的风险增多，发生这样那样的问题甚至较大风险的可能性不仅是存在的，而且是很现实的。提出要树立机遇意识和忧患意识体现了我们党在政治上的清醒和自觉。如前所述，这是我们党提出的构建社会主义和谐社会的世情依据。

2. **深入认识新世纪新阶段我国经济社会发展中出现的阶段性特征基础上得出的科学结论。**正确认识我国的基本国情及其在各个发展阶段的新特征，是我们党制定正确的路线方针政策和战略策略的根本依据。我们党提出构建社会主义和谐社会，不是主观设想，也不是一般逻辑演绎的结果，而是依据当前我国经济社会发展出现的阶段性特征提出来的。

关于现阶段我国经济社会发展的新特征即阶段性特征，是以胡锦涛同志为总书记的党中央对我国国情分析的一个重要判断。十六大以来，最先对阶段性特征作出全面分析和概括的党的文献是，胡锦涛同志2005年2月19日在省部级主要领导干部提高构建社会主义和谐社会能力研讨班的讲话（简称“2·19”讲话）。“2·19”讲话从8个方面，对阶段性特征作了论述，在十六届五中全会上胡锦涛同志又把它概括为10条，十七大又概括为8个要点。社会发展是一个从量变到质变，又从质变到新的量变的螺旋式上升过程，在不同发展时期也会呈现不同特征。因此，阶段性特征就是指新世纪新阶段我国经济社会发展实践中出现的新情况新问题。对此我们党给予了高度的关注。十六届六中全会通过的《关于构建社会主义和谐社会若干重大问题的决定》（以下简称《决定》）指出，我们要始终保持清醒头脑，居安思危，深刻认识我国发展的阶段性特征，科学分析影响社会和谐的矛盾和问题及其产生的原因，更加积极主动地正视矛盾、化解矛盾、最大限度地增加和谐因素，最大限度地减少不和谐因素，不断促进社会和谐。

十七大指出，进入新世纪新阶段，我国发展呈现一系列新的阶段性特征，主要是：（1）在国民经济发展方面，经济实力显著增强，同时生产力水平总体还不高，自主创新能力还不强，长期形成的结构性矛盾和粗放型增长方式尚未根本改变；（2）在经济体制方面，社会主义市场经济体制初步建立，同时影响发展的体制机制障碍依然存在，改革攻坚面临深层次矛盾和问题；（3）在国民生活方面，人民生活总体上达到小康水平，同时收入分配拉大的趋势还未根本扭转，城乡贫困人口和低收入人口还有相当数量，统筹兼顾各方面利益难度加大；（4）在统筹发展方面，经济社会发展取得显著成绩，同时农业基础薄弱、农村发展滞后的局面尚未改变，缩小城乡、区域发展差距和促进经济社会协调发展任务艰巨；（5）在政治方面，社会主义民主政治不断发展、依法治国基本方略扎实贯彻，同时民主法制建设与扩大人民民主和经济社会发展的要求还不完全适应，政治体制改革需要继续深化；（6）在文化方面，社会主义文化更加繁荣，同时人民精神文化需求日趋旺盛，人们思想活动的独立性、选择性、多变性、差异性明显增强，对发展社会主义先进文化提出了更高要求；（7）社会建设方面，社会活力显著增强，同时社会结构、社会组织形式、社会利益格局发生深刻变化，社会建设和管理面临诸多新课题；（8）在开放方面，对外开放日益扩大，同时面临的国际竞争日趋激烈，发达国家在经济科技上占优势的压力长期存在，可以预见和难以预见的风险增多，统筹国内发展和对外开放要求更高。

这些阶段性特征具有两个突出的特点：一是发展黄金期与矛盾凸显期并存；二是当前我们遇到的矛盾是一系列两难问题。西方发达国家100多年甚至200年现代化过程所经历的矛盾和问题，我们在新世纪新阶段几乎都遇到了，而且是在工业化尚未实现的背景下遇到的。这充分表明，我们面临的发展机遇前所未有，面对的挑战也前所未有。这是我们党提出构建社会主义和谐社会的国情依据。

社会主义中国到底能否解决、怎么解决这些问题，举世瞩目。我们党认为，解决上述一系列两难问题，必须坚持把科学发展观作为我国经济社会发展的指导方针，以构建社会主义和谐社会目标为指引，坚持全面协调可持续发展，贯彻统筹兼顾的原则，从而实现又好又快发展。这也是中国特色社会主义的优势所在。

3. 巩固党执政的社会基础、实现党执政的历史任务的必然要求。构建社会主义和谐社会是我们党坚持立党为公、执政为民的必然要求，是我们党实现好、维护好、发展好最广大人民的根本利益的重要体现，也是我们党实现执政的历史任务的重要条件。

巩固党执政的社会基础、实现党执政的历史任务要求我们：必须紧紧依靠人民群众，团结一切可以团结的力量，调动一切可以调动的积极因素，把人民群众以及各方面的积极性、主动性、创造性都充分发挥出来，为实现全面建设小康社会的宏伟目标而奋斗。必须正确认识和妥善处理新形势下的人民内部矛盾和其他社会矛盾，协调好各方面的利益关系，在不断发展的基础上满足人民群众日益增长的物质文化需求，保证人民群众共享改革发展的成果。必须抓紧解决人民群众生产生活中的突出问题和困难，保持党同人民的血肉联系，夯实党执政的阶级基础和群众基础。必须加快推进以改善民生为重点的社会建设，营造良好的人际环境，保持良好的社会秩序，维护社会稳定，加强社会管理，保证广大人民群众安居乐业。只有把这些工作都更加自觉、更加主动地做好了，才能不断增强党执政的阶级基础和社会基础，才能更好地实现继续推进现代化建设、完成祖国统一、维护世界和平与促进共同发展这三大历史任务。如前所述，这是我们党提出构建社会主义和谐社会的党情依据。

二、社会和谐是中国共产党不懈奋斗的目标

十六届六中全会通过的《决定》是我们党执政后制定的第一份指导社会建设的纲领性文件。但是应当看到，我们党在新中国成立之后就开始领导人民进行社会主义社会建设。《决定》鲜明指出的，社会和谐是我们党不懈奋斗的目标。这是一个具有全局性、战略性的重大判断，对此需要加以深刻的把握。

1. 新中国成立以来党领导人民进行社会建设的历史经验。我们党为实现构建社会主义和谐社会目标而进行的不懈奋斗，生动地体现在新中国成立以来党领导人民进行社会主义社会建设的历史经验及其对经验的科学总结之

中。这一过程充分体现了理论来源于实践，理论发展的动力是实践，以及科学理论对实践的指导作用。

（1）毛泽东思想中包含了丰富的社会建设思想。新中国成立之初，以毛泽东同志为核心的党的第一代中央领导集体在阶级矛盾是主要矛盾、生产建设是中心工作的历史条件下，提出了“四面八方”政策[①]和符合中国实际的社会主义改造方针，在社会和谐的氛围中领导人民成功地完成了社会主义改造，从而为社会主义社会建设奠定了制度前提和物质基础；进入社会主义社会以后，以毛泽东同志为核心的党的第一代中央领导集体在领导人民全面建设社会主义过程中提出了一系列关于社会和谐的宝贵观点。毛泽东思想中关于社会建设的重要思想和正确主张主要有以下 5 个方面。

第一，提出了必须调动一切积极因素为建设社会主义服务的基本方针。20 世纪 50 年代中期，毛泽东先后写下了《论十大关系》和《关于正确处理人民内部矛盾的问题》（简称《正处》）等光辉著作。毛泽东指出，建设社会主义的基本方针，“就是要把国内外一切积极因素调动起来，为社会主义事业服务。”这里讲的社会主义事业当然包括社会建设事业。这两部著作明确论述了正确处理社

① 毛泽东指出，我们的经济政策可以概括为一句话，叫做“四面八方”。什么叫“四面八方”？四面即公私、劳资、城乡、内外。其中每一面都包括两方，所以合起来就是“四面八方”。……我们的经济政策就是要处理好四面八方的关系，实行公私兼顾、劳资两利、城乡互助、内外交流的政策。引自《毛泽东传》1949—1976 年（上），中央文献出版社 2003 年版。

会主义建设中的一些重大关系，其中涉及社会建设的主要有，要正确处理国家、生产单位和生产者个人关系，汉族与少数民族关系等，还有关于工商业者问题，知识分子问题，双百方针和长期共存、互相监督问题，等等。

第二，创立了关于两类不同性质矛盾的学说。毛泽东在《正处》中明确提出了社会主义基本矛盾的理论，解决了社会主义社会发展的动力问题。把社会主义社会的矛盾划分为敌我矛盾和人民内部矛盾两大类，并把解决人民内部矛盾作为我国政治生活的主题。提出要学会用民主的办法解决人民内部矛盾，包括坚持百花齐放、百家争鸣的方针，坚持长期共存、互相监督的方针，等等。

第三，形成了统筹兼顾的重要思想。在党的文献中是毛泽东最早提出统筹兼顾这一重要思想。他第一次提出这个问题是 1957 年 1 月在省市自治区党委书记会上的讲话中指出，“现在我们管事了。我们的方针就是统筹兼顾，各得其所。”在同年 2 月发表的《正处》中进一步展开了这个思想。毛泽东所说的“统筹兼顾，适当安排”的方针重点在经济领域，但又不仅仅限于经济领域，还包括就业、教育、知识分子、各种爱国力量的统一战线、少数民族以及其他问题上都要贯彻这个方针。可以说毛泽东提出的统筹兼顾的思想实际上是我们党成为执政党后提出的治国理政的重要理念。正如毛泽东当时深刻指出的“我们作计划、办事、想问题，都要从我国有六亿人口这一点出发，千万不要忘记这一点。”①

第四，要高度重视和处理好汉族与少数民族的关系。这是新中国成立后，党领导人民进行社会建设过程中要解决的一个重要问题。毛泽东把它列为我国社会主义建设的十大关系之一。毛泽东分析了汉族与少数民族的各自优势和不足，指出只有正确处理好汉族与少数民族的关系，巩固我国各民族的大团结，才能建设好我们的社会主义国家。毛泽东在这两部著作中还告诫全党，要吸取苏联在处理民族关系上所犯的大俄罗斯民族主义错误的教训，要谨慎对待我国民族地区的社会体制改革等。

第五，倡导妇女解放，主张男女平等。我们党和毛泽东不但在民主革命时期而且在社会主义建设时期都非常重视妇女解放和实现男女平等。我们党曾经用“妇女能顶半边天”这个口号来比喻我国妇女在社会主义建设中的重要作用。毛泽东还指出，妇女解放不仅是口号，不能停留在思想层面，要在改造客观世界过程中体现妇女的作用，实现男女平等。“中国的妇女是一种伟大的人力资源。必须发掘这种资源，为了建设一个伟大的社会主义国家而奋斗。要发动妇女参加劳动，必须实行男女同工同酬的原则。”②

（2）邓小平理论关于社会建设的新论述。党的十一届三中全会的召开，标志着新的历史时期的开始。这一时

① 《毛泽东著作选读》下册，人民出版社1986年版，第782页。
② 《毛泽东文集》第6卷，人民出版社1999年版，第458页。

期以邓小平同志为核心的党的第二代中央领导集体带领党和人民进行社会主义现代化建设有这么一个鲜明特点，即越来越明确地把社会建设作为我国现代化建设的重要组成部分。需要着重从这4个方面把握邓小平理论关于社会建设的新论述。

第一，科学概括了社会主义本质。这就是解放生产力，发展生产力，消灭剥削，消除两极分化，最终达到共同富裕。这个科学概括是我们进行社会主义和谐社会建设的前提。社会主义本质理论告诉我们，尽管社会主义社会还存在种种矛盾，但本质上是和谐的。

第二，明确提出社会主义现代化建设不能单打一，要注意综合平衡。邓小平在总结20世纪80年代初我国现代化建设实践经验基础上深刻指出，“现代化建设的任务是多方面的，各个方面需要综合平衡，不能单打一。”① 邓小平还指出，不能认为经济发展也就是教育、科学、文化、卫生等发展。根据邓小平的这些重要战略思想，党中央从1982年制定“六五”计划的建议开始，把以往国民经济发展五年计划的提法改为国民经济与社会发展五年计划。虽然只多了“与社会”这3个字，但这是我们党开始越来越重视社会建设的有力佐证。

第三，阐述了要十分重视树立和保持良好的社会风气。邓小平认为社会风气是社会建设的题中应有之义。针对20世纪80年代社会风气出现的问题，邓小平严肃地提

① 《邓小平文选》第2卷，人民出版社1994年版，第250页。

醒全党：社会风气如果坏下去，经济建设搞上去又有什么意义？这一时期邓小平反复强调要“两手抓，两手都要硬”。邓小平把社会风气好与社会主义制度优越性紧密联系在一起。他在1992年南方谈话中针对广东提出20年内赶上亚洲“四小龙”时指出，“不仅经济要上去，社会秩序、社会风气也要搞好，两个文明建设都要超过他们，这才是有中国特色的社会主义。”

第四，强调要高度重视并切实抓好社会稳定问题。邓小平针对20世纪80年代由于多种原因而诱发了社会不稳定因素时鲜明指出，“文化大革命”的教训已经证明，动乱不能前进，只能后退，要有秩序才能前进。现代化建设需要的是安定团结与生动活泼的统一，两者不能偏废。在总结1989年发生的政治风波教训后邓小平再次强调：中国要摆脱贫困，实现现代化，最关键的问题是需要稳定，坚持稳定压倒一切的方针。总之，这一时期我们党和邓小平非常强调维护社会稳定是进行社会建设的根本前提。

（3）“三个代表”重要思想对构建社会主义和谐社会的新发展。以江泽民同志为核心的党的第三代中央领导集体在领导党和人民推进伟大事业和伟大工程中形成了“三个代表”重要思想。在继承以往我们党的关于社会建设思想的基础上，对构建社会主义和谐社会理论做出了新的发展。对此，要着重把握以下4个方面。

第一，首先使用“和谐”的概念来表达社会建设要达到的状态和目标。江泽民在十六大上用“安定和谐的政治局面”来表述这是我国社会主义民主政治建设要达到的一个重要目标。他在阐述贯彻“三个代表”重要思想时指出，必须最广泛最充分地调动一切积极因素，形成全体人民各尽其能、各得其所而又和谐相处的局面，这就是社会建设要达到的理想状态。

第二，揭示了要重视加强社会建设的深层原因，统一了全党在这方面的认识。江泽民在2001年的“七一”讲话中提出了5个“多样化”的重要论断。他指出，“由于实行改革开放和发展社会主义市场经济，我国社会经济成分、组织形式、就业方式、利益关系和分配方式日益多样化。如果我们思想上不清醒，工作中不注意，是很容易搞散的。”可以说这5个“多样化”揭示了我国经济社会体制发生转型的深层原因，是我们党越来越重视社会建设的重要立论依据。

第三，阐明了改革发展稳定是我国整个社会主义初级阶段都要处理好的关系。江泽民指出，改革发展稳定这三者关系涉及全局，必须高度重视，正确处理。发展是硬道理，是解决中国所有问题的关键。改革是经济社会发展的强大动力，是解放和发展生产力的客观要求。改革是社会主义制度的自我完善。稳定是发展和改革的前提，发展和改革都必须有稳定的政治社会环境。江泽民指出，正确处理这三者关系不仅是当前而且是今后整个社会主义初级阶段都要解决好的重大战略任务。

第四，制定并实施可持续发展战略。这一时期我们党提出并制定了可持续发展战略，十五大把实施可持续发展战略写入党代会报告。江泽民指出，可持续发展包括两个主要方面。一是人类代际之间的可持续发展。“即不要以牺牲后代人的利益为代价来满足当代人的利益。”二是人类社会与自然界之间的可持续发展。即要“正确处理经济发展，同人口、资源、环境的关系”。我们党从十五大开始就把可持续发展战略作为我国社会主义现代化建设的重大战略。

（4）十六大以来党对构建社会主义和谐社会的理论创新。十六大以来尤其是进入新世纪新阶段，我们党在深刻总结新中国成立以来社会主义建设的经验教训，面对经济全球化和世界格局多样化进一步发展，适应我国经济社会发展出现了阶段性特征的要求，应对实现全面建设小康社会新要求对党的执政能力提出的新挑战，在对构建社会主义和谐社会认识上提出了一系列新思想、新论断，从而把对中国特色社会主义的认识提高到新的科学水平。这方面的理论创新成果集中体现在十六届六中全会通过的《决定》和十七大报告中。

构建社会主义和谐社会是以胡锦涛同志为总书记的党中央提出的重大战略思想和理论创新成果。这个理论深刻阐明提出构建社会主义和谐社会的世情、国情和党情依据；指明了实现社会和谐是中国共产党不懈奋斗的目标，是中国特色社会主义的本质属性；论述了科学发展观与构建社会主义和谐社会是内在统一的，科学发展、社会和谐是发展中国特色社会主义的基本要求；制定了构建社会主义和谐社会的指导思想、目标任务和基本原则；阐述了构建社会主义和谐社会与建设中国特色社会主义以及与全面建设小康社会的关系等。由此可见，构建社会主义和谐社会理论是对马克思主义关于社会建设理论的丰富和发展，是对党中央三代领导集体这方面重要思想的进一步继承和发展，是中国特色社会主义理论体系的重要组成部分。

三、社会和谐是中国特色社会主义本质属性的内涵

社会和谐是中国特色社会主义的本质属性，这是我们党在十六届六中全会提出的一个重大理论判断，党的十七大又重申了这个重大判断。对此，需要加以全面和深入的把握，这个重大判断的基本内涵主要体现在以下 5 个方面。

1. **体现了我们党对共产主义理想的追求。**我们党从成立之日起就认定要以马克思主义为指导。因此，马克思恩格斯关于共产主义理想的论述始终指引着我们党为人类社会崇高的理想而奋斗。马克思主义创始人认为，社会主义是共产主义的第一阶段，与共产主义同属于一种社会形态。虽然社会主义自身也有一个很长的发展过程，但是它与共产主义同属于一个社会形态，是不能截然分开的。这是因为社会主义的本质属性决定了它与共产主义是紧密联系在一起的。马克思恩格斯在《共产党宣言》中充分肯定了空想社会主义者提出的未来社会是和谐的这一“积极主张”。而且明确指出，只有到了共产主义社会才能真正达到人类和谐社会的最高境界。因为那时候已经不存在阶级和阶级差别，物质财富极大丰富，人们精神境界极大

提高。马克思恩格斯还用“自由人的联合体”来界定未来共产主义和谐社会。

党对共产主义理想的追求集中地体现为我们是最高纲领与现阶段基本纲领的统一论者。我们党认为，既然是共产党就要把实现共产主义作为我们为之奋斗的最高理想。与时同时，要脚踏实地地为实现党在现阶段的基本纲领而努力，因为这是朝着最终实现共产主义的最高纲领前进的。忘记了远大理想只顾眼前，就会失去前进方向，称不上是真正的共产党人；相反的，如果离开现实努力空谈远大理想，就会脱离实际，也不是真正的共产党人。正如胡锦涛同志指出的，社会主义社会开辟了通往高度和谐的未来社会的现实道路，但要实现理想的社会主义和谐社会，是一个漫长的历史过程，需要进行很长时期的艰苦努力。

当今世界经济、政治、文化联系更加密切，各种思潮相互激荡。在这样的背景下，我们要更加注意保持清醒的头脑，坚持我们的理想追求。现在有一种值得警惕的思潮或主张，即把中国特色社会主义说成与民主社会主义并没有什么根本区别的理论。中国特色社会主义与民主社会主义是有着根本区别的。区别之一就是两者的最终目标不同。中国特色社会主义的最终目标是实现共产主义。这个重要思想已包含在社会和谐是中国特色社会主义的本质属性这个重大判断中。

2. **反映了社会主义本质的要求**。本质，是事物的内部联系。它由事物内在矛盾构成，是事物的深刻的一贯的和稳定的方面。现象是本质在各方面的外部表现。属性是指事物本身所固有的性质。属性分为本质属性和非本质属性。从上述《辞海》对本质和本质属性的界定中我们可以看出，这是两个既有区别又有密切联系的概念。本质属性是反映事物本质的最重要的属性。

我们党在总结我国社会主义建设的胜利和挫折的历史经验，并借鉴其他国家社会主义兴衰成败的基础上，紧紧围绕搞清楚"什么是社会主义、怎样建设社会主义"这个首要的基本问题，揭示了社会主义本质，是解放生产力，发展生产力，消灭剥削，消除两极分化，最终达到共同富裕。从而把对社会主义的认识提高到新的科学水平。实现社会主义本质，需要社会和谐。构建社会主义和谐社会反映了社会主义本质的要求。这是因为，在社会主义社会，要解放和发展生产力，直至达到共同富裕，无论是通过斗争或非斗争的途径，都必须在宪法和法律所规定的范围内，以社会和谐的方式循序推进。

3. **揭示了社会主义基本矛盾的根本特点**。在社会主义发展史上最早对社会主义社会矛盾及其特点作出分析和回答的是列宁。十月革命胜利后，列宁在总结仅有几年苏维埃俄国社会主义建设实践基础上从理论高度分析和回答了这个问题。列宁指出，"对抗和矛盾完全不是一回事。在社会主义下，对抗将会消失，矛盾仍将存在。"① 此外，列宁还从不同角度即从经济、政治、文化和党内等方面涉及对社会主义社会矛盾的具体论述。斯大林对社会主义社

① 《列宁全集》第60卷，人民出版社1990年版，第281—282页。

会矛盾的认识却在列宁认识的水平上大大地倒退了。在苏联社会主义基本制度建立之后，斯大林认为，苏联社会主义社会的生产关系完全适应生产力的发展（即“完全适应论”）。那又如何解释苏联社会存在的现实矛盾和阶级矛盾呢？斯大林认为，这是外部帝国主义势力渗透的结果。后来在苏联国内出现的较为尖锐的社会矛盾面前，斯大林的认识又走向另一极端，提出了“社会主义愈是胜利，阶级斗争就愈加尖锐”的判断。斯大林的上述认识在理论和实践方面都对社会主义发展产生了消极影响。

毛泽东大胆地冲破了斯大林在社会主义社会矛盾问题上的认识束缚，在总结我国社会主义建设实践经验的基础上发挥和发展了列宁的认识。毛泽东明确指出，社会主义社会的基本矛盾仍然是生产关系和生产力、上层建筑和经济基础的矛盾。这基本矛盾既相适应，又不相适应，从而推动社会主义社会前进。与旧社会不同，社会主义社会的矛盾可以依靠自身制度加以解决。党的第二代和第三代中央领导集体对丰富和发展社会主义社会基本矛盾理论都做出了贡献。邓小平揭示的社会主义本质实际上指出了社会主义生产关系在本质上是和谐的，社会主义生产方式可以通过不断调整生产关系与生产力和上层建筑与经济基础之间的关系，最终达到共同富裕的目标。江泽民认为，在建设中国特色社会主义过程中，我们经过不懈的努力是可以实现物质文明、政治文明和精神文明建设协调发展的。

十六届六中全会提出的社会和谐是中国特色社会主义的本质属性这个重大判断，是十六大以来我们党根据国内外形势的变化，在全面分析我国发展面临的机遇和挑战等基础上形成的。因此，我们党提出社会主义和谐社会决不是没有矛盾没有斗争的社会。因为任何社会都不可能没有矛盾，人类社会总是在矛盾运动中发展进步的。构建社会主义和谐社会是一个不断化解社会矛盾的持续过程。十七大再次强调，构建社会主义和谐社会是在发展的基础上正确处理各种社会矛盾的历史过程和社会结果。由此可见，这个重大判断深刻揭示了社会主义社会基本矛盾的根本特点，即社会主义制度本质上是和谐的，但社会主义社会又充满了矛盾。

4. **反映了当代中国国情的基本要求。**经过新中国成立以来特别是改革开放30年的发展，我国取得了举世瞩目的发展成就，从生产力到生产关系、从经济基础到上层建筑都发生了意义深远的重大变化，但我国现在仍处于并将长期处于社会主义初级阶段的基本国情没有变，人民群众日益增长的物质文化需要同落后的社会生产之间的矛盾这一社会主要矛盾没有变。现阶段我国经济社会出现的新的阶段性特征，是社会主义初级阶段基本国情在新世纪新阶段的具体体现。也就是说人口多、底子薄、城乡以及区域发展不平衡、生产力不发达的状况仍然是我国的最大实际，这是对我国基本国情的最为科学的判断。

社会和谐是中国特色社会主义的本质属性，体现了这一基本国情的基本要求。因为这个判断表明我们建设、巩固和发展社会主义，必须始终坚持以经济建设为中心，始终坚持四项基本原则和改革开放；同时，要统筹城乡发展、统筹区域发展、统筹经济社会发展、统筹人与自然和谐发展、统筹国内发展和对外开放。这一切，都要求我们在和谐中谋发展，在发展中求和谐。对此，我们务必要有全面的认识。

5. **体现了人类优秀思想成果的共同价值取向**。从古希腊先哲对“和谐即最美”的界定，到中国思想家“贵和尚中”的主张，从空想社会主义对未来和谐社会的描述、向往和追求，到我国传统文化中形成的有利于实现社会和谐的道德和规范，无不说明“和谐”是古今中外人们的美好追求，它反映了人类优秀思想成果的价值取向，尤其是中国传统文化中“和谐”充满了文化和人性化的底蕴。“和谐”如同“小康”、“大同”一样对中国老百姓具有亲和力和向心力。今天我们党提出的社会和谐是中国特色社会主义的本质属性，把千百年来人们对真善美的追求，把人类优秀思想成果中体现出来的价值取向，有机地融合在我们党的崇高理想和奋斗目标即建设中国特色社会主义之中。因此构建社会主义和谐社会，对凝聚党心民心，共创幸福生活和美好未来具有难以估量的作用。总之，我们完全可以这么说，社会和谐是中国特色社会主义的本质属性这个重大理论判断，反映了当代中国改革开放和现代化建设的根本要求。

四、科学发展与社会和谐的内在统一

科学发展观与构建社会主义和谐社会是中国特色社会

主义理论体系的重要组成部分。正确把握两者之间的关系，对于在新的历史起点上推动我国科学发展，促进社会和谐具有重要的理论和现实意义。十七大指出，科学发展与社会和谐是内在统一的。没有科学发展就没有社会和谐，没有社会和谐也难以实现科学发展。对于这两者辩证统一的关系需要从以下 4 个方面加以把握。

1. **两者都强调以人为本。**十六届三中、五中全会是把以人为本作为科学发展观的核心提出来的，十六届六中全会把以人为本作为构建社会主义和谐社会的出发点、落脚点和基本原则。十七大进一步展开论述了科学发展观的核心是以人为本。把以人为本作为中国特色社会主义现代化建设的重要理念，这是我们党解放思想、与时俱进的有力佐证。

因为在中外思想史上对以人为本问题的认识曾发生过长时期的争论。总结这方面的争论可以看出，对以人为本存在着两种解释即马克思主义与非马克思主义的解释。我们党并没有因噎废食（因为在西方哲学史上以人为本的概念最初是由唯心主义者提出来的），而是选择了对以人为本的马克思主义的解释。这就是解放思想、与时俱进。而且，我们党还以唯物史观为指导，总结自身治国理政的丰富经验，吸收借鉴人类文明成果，给以人为本注入了具有时代精神的丰富的内涵。

第一，以人为本的“人”，不是抽象的人，而是具体现实的人，也就是指全体人民，包括他们的根本利益以及与此密切联系的每个个人的生命权、人权和人的尊严。第二，以人为本中的“人”是主体而不是客体。也就是说不能把人民群众仅仅看做是执政党和政府同情、关爱或被救济的对象。人民群众是贯彻落实科学发展观与构建社会主义和谐社会的主体。第三，以人为本中的“人”是社会发展的主体，但不是自然界的主宰，应当保持人与自然界的和谐，这是我们党提出建设生态文明的根本依据。第四，以人为本中的“本”，不是指事物的本质或本体，而是指改革和发展的出发点和落脚点，是构建社会主义和谐社会的力量之源。因此，党提出的以人为本，坚持了尊重社会发展规律与尊重人民历史主体地位的一致性，坚持了为崇高理想而奋斗与为最广大人民谋利益的一致性，坚持了完成党的各项工作与实现人民利益的一致性。简而言之，就是坚持发展为了人民、发展依靠人民、发展成果由人民共享。

2. 两者都强调统筹兼顾。十六届三中全会指出“五个统筹”是贯彻和落实科学发展观的根本要求。十六届六中全会通过的《决定》制定了构建社会主义和谐社会的6项基本原则。其中第二项原则就是要坚持统筹兼顾原则。《决定》指出，要适应我国社会结构和利益格局的发展变化，坚持统筹兼顾，正确协调各方面利益关系，妥善处理社会矛盾。十七大把统筹兼顾作为贯彻落实科学发展观的根本方法。

此外，我们还要看到科学发展观与构建社会主义和谐社会所共同强调的统筹兼顾，实际上是我们治党治国治军和治理社会的重要理念。毛泽东最早提出统筹兼顾的主张。他指出，我们的方针就是统筹兼顾、适当安排。这是调动一切积极因素，处理社会主义建设中重大关系的基本方法。邓小平指出，我们必须按照统筹兼顾的原则来调节各种利益的相互关系。江泽民强调，我们所有的政策、措施和工作，都应该正确反映并有利于妥善处理各种利益关系，都应该认真考虑和兼顾不同阶层、不同方面群众利益。

需要指出的是，胡锦涛同志在十七大报告中进一步拓展了统筹兼顾这个治国理政理念的内涵，提出了“四大统筹”即统兼城乡发展、区域发展、经济社会发展、人与自然界和谐发展、国内发展和对外开放，统筹中央和地方关系，统筹个人利益和集体利益、局部利益和整体利益、当前利益和长远利益，统筹国内国际两个大局。

3. **两者都强调全面协调可持续发展。**十六届三中全会首次提出科学发展观时就指出，它是“全面协调可持续的发展观”。十六届五中全会指出，全面贯彻落实科学发展观要做到“六个必须”，体现了科学发展观的基本要求。正如十七大指出的，贯彻落实科学发展观必须坚持全面协调可持续发展。党提出构建社会主义和谐社会的直接依据就是我国经济社会发展呈现出一系列阶段性特征，处在这样的阶段，我们讲发展不仅仅是经济的发展或 GDP 总量的提高，而是要以经济建设为中心，在经济发展的基础上推动社会全面进步，实现全面协调可持续发展。十六届六中全会指出，社会要和谐，首先要发展。同时，要更加注重解决发展不平衡、不协调问题，使发展做到又好又快。经济建设、政治建设、文化建设、社会建设和党的建设的和谐发展，也就是全面协调可持续发展。正如十七大指出，构建社会主义和谐社会是在发展的基础上正确处理各种社会矛盾的历史过程和社会结果。要通过发展增加社会物质财富、不断改善人民生活，又要通过发展保障社会公平正义、不断促进社会和谐。

4. **两者都强调要提高党的执政能力**。党的十六届五中全会指出，贯彻和落实科学发展观，胜利实现“十一五”规划，关键在加强党的领导，并且指出要加强党的执政能力建设和先进性建设。这就是说与以往相比，贯彻和落实科学发展观对党的执政能力提出了新的更高的要求。

因为科学发展观的提出适应了当代中国发展的阶段性特征。它要求我们党要不断提高把握中心驾驭全局的能力；科学发展观抓住了当今影响我国社会和谐的突出矛盾和问题，它要求我们党要不断提高引领和推进科学发展和谐发展的能力；科学发展观的核心是以人为本，即以最广大人民群众的根本利益为本，它要求我们党要不断提高统筹协调各方面利益关系、妥善处理社会矛盾的能力，从而把代表最广大人民的根本利益落到实处。

十六届四中全会提出构建社会主义和谐社会是把它作为执政党五大执政能力之一提出来的。十六届六中全会通过的《决定》指出，构建社会主义和谐社会是建设中国特色社会主义的重大战略任务，是对我们党执政能力的重大考验并从中得出结论：构建社会主义和谐社会关键在党。我们党还认为，提高构建社会主义和谐社会能力是指执政党的宏观执政能力。落实到各级领导班子和领导干部即执政骨干，就是要提高他们领导建设社会主义和谐社会的本领：即管理社会事务、协调利益关系、开展群众工作、激发社会创造活力、处理人民内部矛盾、维护社会稳定这6方面的本领。十七大提出要以改革创新精神全面推进党的建设新的伟大工程，使党成为构建社会主义和谐社会的坚强领导核心。

当然，科学发展观与构建社会主义和谐社会的内涵以及强调的侧重点还是有区别的。科学发展观是关于发展的世界观和方法论的集中体现，是我国经济社会发展的重要指导方针，是发展中国特色社会主义必须坚持和贯彻的重大战略思想。而构建社会主义和谐社会是我们党不懈的奋斗目标，是贯穿于建设中国特色社会主义全过程的重大战略，体现在经济建设、政治建设、文化建设、社会建设和党的建设等领域。因此，从总体上讲两者是辩证统一的。科学发展观是以发展来促进社会和谐，这样的和谐社会才是充满活力的和有扎实物质基础的；构建社会主义和谐社会是以和谐来保证和巩固发展，使人人参与发展，发展成果人人共享。

科学发展社会和谐是发展中国特色社会主义的基本要求*

科学发展、社会和谐作为中国特色社会主义的鲜明特色，不是自然而然生成的，是要通过我们的努力才能实现的，因此，党中央强调坚持科学发展、社会和谐是发展中国特色社会主义的基本要求。我们要在发展中国特色社会主义事业进程中，在新的历史起点上不断推进科学发展、社会和谐。

一、科学发展、社会和谐反映了马克思恩格斯的科学社会主义的基本思想

1. **马克思恩格斯的发展思想。**马克思恩格斯的发展思想是非常丰富的。主要体现在这两个层面。一是世界观和方法论层面。他们辩证唯物主义和历史唯物主义的体系

* 本文发表于《红旗文稿》2008年第12期。

中有大量关于发展的论述。如对立统一规律、质量互变规律和否定之否定规律。还如生产力与生产关系、经济基础与上层建筑既矛盾又统一并推动人类社会发展的规律，等等。因此，从世界观和方法论上我们可以把整个马克思主义称之为发展论。当然，这是就广义而言的，列宁曾经就是从这个广义上讲的。列宁指出，马克思“就是运用最彻底、最完整、最周密、内容最丰富的发展论去考察现代资本主义。自然，他也就要运用这个理论去考察资本主义的即将到来的崩溃和未来共产主义的未来的发展。”①

二是社会发展层面。这方面马克思恩格斯有大量论述，其主要点有三。第一，全面评价了工业化。马克思恩格斯超越了当时思想家对工业化的片面认识。把工业化与社会化大生产紧密联系起来，又把社会化大生产与工人阶级的诞生和壮大以及促进历史进步联系起来。恩格斯曾经深刻指出，“英国工人阶级的历史是从18世纪后半期，从蒸汽机和棉花加工机的发明开始的。大家知道，这些发明推动了产业革命，产业革命同时又引起了市民社会中的全面变革，而它的世界历史意义只是在现在才开始被认识清楚。”② 马克思在《资本论》中有句名言：“工业较发达的国家向工业较不发达的国家所显示的，只是后者未来景象”。这段名言被美国《国际社会科学百科全书》列为阐释现代化定义的第一词条。

---

① 《列宁选集》第3卷，人民出版社1995年版，第186页。

② 《马克思恩格斯文集》第1卷，人民出版社2009年版，第388页。

第二，高度评价了科学技术在社会历史发展中的革命性作用。在这方面马克思恩格斯也超越了当时的思想家认识。马克思指出，社会生产力当然包括科学技术。在传统社会向现代社会发展的各种动因中科学技术是最高意义上的革命力量。因此，马克思对他那个时代出现的科学技术上的发现和发明总是抱着极度喜悦的态度。而且还对科学技术的发展趋势作出了预测。

第三，关于未来社会发展。马克思恩格斯认为，资本主义社会最终必然要被社会主义社会所取代，这是不以人们的意志为转移的客观规律。任何民族最终都要走向社会主义的。资本主义向社会主义发展的途径或形式并不是单一的 。未来社会主义社会也同任何其他社会一样是不断发展和改革的社会。未来社会的特征是“以每个人的全面而自由的发展为基本原则的社会形式”，等等。

2. **马克思恩格斯的和谐思想**。马克思恩格斯的和谐思想也主要体现在两个层面。一是价值观层面。和谐是古今中外人们的共同向往和美好追求。在马克思恩格斯时代就有不少思想家对和谐作过大量的论述。马克思恩格斯认为，和谐不仅属于知识性的认识而主要是价值性的认识，和谐体现了人们对共同价值取向的追求。而真正的和谐在资本主义社会是实现不了的。只有到了共产主义社会才能实现真正意义上的和谐。马克思恩格斯还用自由人的联合体来表达未来共产主义社会，并且认为只有在这个时候才能实现“每个人的自由发展是一切人的自由发展的条件”。

二是未来社会特征层面。科学社会主义与空想社会主义的区别不在于有无对未来社会进行预测，而在于以什么样的世界观和方法论来预测。马克思指出，“新思潮的优点又恰恰在于我们不想教条式地预期未来，而只是想通过批判旧世界发现新世界。”① 马克思恩格斯在《共产党宣言》中之所以肯定了圣西门、傅立叶和欧文关于未来社会是和谐的主张是正确的，是因为马克思恩格斯认为，资本主义制度从根本上说是不和谐的。而未来社会主义社会在人与人、人与自然界的关系上是可以做到和谐的。关于人与人的关系，马克思恩格斯指出，“只是从这时起，人们才完全自觉地自己创造自己的历史”，这里的“这时起”就是指未来社会主义社会。关于人与自然界的关系，马克思恩格斯也有很多深刻的论述。他们认为，未来社会主义社会是生产力高度发达和人的精神生活高度发展的社会，从而克服了以往把自然界当做人类征服对象的错误，是实现了人与自然和谐共生的社会。马克思在《资本论》中对未来社会主义社会作了这样的描述，“社会化的人，联合起来的生产者，将合理地调节他们和自然之间的物质变换，把它置于他们共同控制之下，而不让它作为一种盲目的力量来统治自己。靠消耗最小的力量，在最无愧于和最适合于他们的人类本性的条件下来进行这种物质变换。”

① 《马克思恩格斯文集》第10卷，人民出版社2009年版，第7页。

二、科学发展、社会和谐是中国特色社会主义的鲜明特色和基本要求

1. **科学发展、社会和谐是中国特色社会主义的鲜明特色。**科学发展观和社会主义和谐社会理论内涵丰富。其中也包括回答了在经历了半个多世纪发展后中国特色社会主义的鲜明特色以及它与社会主义本质的关系等重要问题。新中国成立以来，尤其是改革开放30年来，我国现代化建设成就举世公认，今天的中国已经是世界上第三大经济体。与此同时，我国经济社会发展进入了关键阶段：既要继续发展，又要科学发展。科学发展观的第一要义是发展，核心是以人为本，基本要求是全面协调可持续，根本方法是统筹兼顾。而要实现科学发展，必须以社会和谐为条件和保证。因为，构建社会主义和谐社会的总要求是民主法治、公平正义、诚信友爱、充满活力、安定有序，人与自然界和谐相处。今天我们党已经把中国特色社会主义事业总体布局由原来的三位一体扩展为经济建设、政治建设、文化建设和社会建设四位一体，把我国社会主义现代化建设的奋斗目标由原来的三位一体扩展为富强民主文明和谐四位一体。进入新世纪新阶段以来，由于党提出并坚持贯彻落实科学发展观，提出并坚持构建社会主义和谐社会，从而使科学发展、社会和谐这中国特色社会主义的鲜明特色呈现得愈来愈明显。

2. **科学发展、社会和谐是发展中国特色社会主义的**

基本要求。这是党的十七大提出的重要理论观点，对此我们可以从科学发展观的提出依据、贯彻要求和重要作用以及中国特色社会主义本质属性等方面加以把握。

进入新世纪新阶段，我国经济社会发展出现了一系列阶段性特征。我国发展既面临着前所未有的机遇，也面临着前所未有的严峻挑战；既要全方位地对外开放，又要承受并化解西方国家在经济技术上长期占优势的压力；既要使经济持续较快增长，又要加快社会建设步伐；既要推动产业升级和技术进步，又要扩大就业；既要保持东部地区发展的势头，又要促使东中西部协调发展；既要推进城镇化，又要加大反哺农村的力度；既要重视公正、缩小差距，又要保持活力、提高效率；既要扩大吸引外资，又要优化引资结构；既要以市场换技术，又要增强科技自主创新；既要深化各项改革，又要保持社会稳定；既要推进市场竞争，又要关心困难群众的生产生活问题；等等。要适应当前的阶段性特征，开创全面建设小康社会的新局面，发展中国特色社会主义，就必须科学分析我国全面参与经济全球化的新机遇新挑战，全面认识工业化、信息化、城镇化、市场化、国际化深入发展的新形势新任务，深刻把握我国发展面临的新课题、新矛盾，以新的思路、新的办法推进现代化建设，更加自觉地走科学发展之路。

进入新世纪新阶段，由于经济体制深刻变革、社会结构深刻变动、利益关系深刻调整、思想观念深刻变化，这些深刻的变动必定会导致上层建筑等其他方面的深刻变化，因此，我国经济社会发展中的深层次矛盾逐步显现，影响社会和谐的问题明显增多。社会主义中国到底能否解决、怎么解决这些问题，举世瞩目。我们党认为，解决上述一系列深刻变动带来的矛盾和问题，必须坚持社会主义和谐社会理论，努力化解各种社会矛盾，实现我国经济又好又快地发展。这也是中国特色社会主义的优势所在。总之，贯彻落实科学发展观，要求我们始终坚持“一个中心、两个基本点”的基本路线，要求我们积极构建社会主义和谐社会。

总之，科学发展、社会和谐，反映了建设富强民主文明和谐的社会主义现代化国家的内在要求，体现了全党全国各族人民要求科学发展，社会和谐的共同愿望。这个重大理论判断包含着以下深刻的内涵：我国社会总体上是和谐的，但也存在不少影响社会和谐的矛盾和问题。任何社会都不可能没有矛盾，人类社会总是在矛盾运动中发展进步的。社会主义中国完全可以解决影响社会和谐的矛盾和问题。构建社会主义和谐社会是一个不断化解社会矛盾的持续过程。我们要最大限度激发社会创造活力，最大限度增加和谐因素，最大限度减少不和谐因素。

由此可见，科学发展观是要解决以发展来促进社会和谐，这样的和谐社会是充满活力和有扎实物质基础的。构建社会主义和谐社会就是要以和谐来保证和巩固发展，使发展的成果由全社会成员共享。

综上所述，党在全面深入分析当今世情、国情和党情的基础上，提出社会和谐是中国特色社会主义的本质属性，提出科学发展、社会和谐是发展中国特色社会主义的基本要求等重大理论判断，这是十六大以来我们党的重大理论创新，是社会主义和谐社会理论中的重大理论观点。我们要以发展中的马克思主义理论为指导，在新的历史起点上不断推进科学发展、社会和谐。

经济社会结构转型与构建社会主义和谐社会*

在深入分析和研究党提出构建社会主义和谐社会这重大战略任务的背景时，人们都很重视我国经济社会发展已进入从人均 GDP1000 美元向 3000 美元跨越这一阶段，这是有道理的。因为这个阶段具有“共性”。纵观当今世界已经迈上现代化发展道路的国家或地区，他们在经历这个阶段时都呈现出两个特点：既是黄金发展期，又是矛盾凸显期。都面临两种前景：如果执政党和政府能认清形势，举措得当，那么就能继续推进经济发展和社会平稳前进。如果判断失误，应对不当，那么就会导致经济徘徊或倒退，甚至出现社会不稳乃至引起动荡。但是，还应该看到，我们党提出构建社会主义和谐社会还有另一重要背景，而这个背景则体现“个性”即中国特点。把握这个特点对于我们理解为什么和怎样构建社会主义社会是极其重要的。

* 本文发表于《社会主义研究》2005 年第 3 期。

一、这个背景就是我国正处于经济社会结构整体转型时期

十一届三中全会揭开我国改革开放的序幕至今已经近30年了。这一期间我国经济社会生活中最大、最深刻的变化，就是初步实现了由计划经济体制向社会主义市场经济体制的转变。这种转变不是对原有经济体制作细枝末节的变动，而是根本性的变革。因而对经济生活的影响是极其深刻的。对此，大家有同感或容易形成共识。但是，对与此相应的我国社会体制的变动进而对整个经济社会结构产生的深刻影响并不是都有同感和共识的。在20世纪90年代初，特别是在邓小平南方谈话发表后，我国理论界就有这样一种观点：我国经济社会结构将要发生重大转型，而且认为这一转型是“另一只看不见的手”，它将决定我国经济社会发展和资源配置的趋向等等。但是，当时理论界对这种具有前瞻性观点的关注和了解是不够的。当然，我们对此不必苛求。

我们党是与时俱进的党。这个特点鲜明地体现在能善于不断总结我国改革开放和现代化建设的实践经验。在实践—认识—再实践—再认识的基础上，我们党在一些重要文献中肯定了上述观点，而且把适应我国经济社会结构整体转型作为提出构建社会主义和谐社会的重要立论依据。

江泽民在2001年的“七一”讲话中指出，“由于实行改革开放和发展社会主义市场经济，我国社会经济成

分、组织形式、就业方式、利益关系和分配方式日益多样化。如果我们思想上不清醒，工作中不注意，是很容易搞散的”（简称五个“多样化”）。胡锦涛同志在十六届四中全会的讲话中也指出，我国经济社会生活的变化反映在思想领域，人们受各种思想观念影响的渠道明显增多，程度明显加深，思想活动的独立性、选择性、多变性、差异性（简称四个“特点”）明显增强。上述五个“多样化”和四个“特点”实际上已经勾画了现阶段我国经济社会结构整体转型的基本内涵和特点。2005 年 2 月 19 日，胡锦涛同志在中央党校举办的省部级主要领导干部提高构建社会主义和谐社会能力专题研讨班上的讲话（简称“2·19”讲话）中更加明确地谈到了这一“整体转型”。他指出，随着我国社会主义市场经济不断发展，随着我国公有制为主体、多种所有制经济共同发展的基本经济制度和按劳分配为主体、多种分配方式并存的分配制度不断完善，随着我国工业化、城镇化和经济结构调整加速，随着我国社会组织形式、就业结构、社会结构的变革加快，我们正面临着并将长期面对一些亟待解决的突出矛盾和问题。他还从 8 个方面具体分析了由此出现的新趋势新特点。经济社会结构整体转型对我国社会发展的影响具有深刻性和两重性。这两重性是指它既是推动我国社会向“全面小康”目标前进的深层动力，又对现阶段我们党的执政基础产生重大的影响。党的执政基础包括阶级基础、群众基础和社会基础等。以下我们逐一分析经济社会结构整体转型对这“三个基础”的影响。

我国经济体制改革是以 1978 年前后在农村兴起的家庭联产承包责任制为契机和起点的。农村的这一改革极大地调动了农民发展生产的积极性，极大地释放了农村生产力。我们仅用了 5 年时间就解决了新中国成立 30 多年未能解决的农村的温饱问题。邓小平赞扬这是中国农民的伟大创造。与此同时，大量农民从原先农村和土地对他们的束缚中解放出来，出现了向城市转移富余劳动力这个不可阻挡的趋势。至今已转移农村劳动力达 2.5 亿人，从而推动了我国工业化和城镇化进程。但是，也应该看到，随着工业化和城镇化的进一步推进，今天在农村已经出现了为数不少失地或无地的农民。因此，对我国农民阶级内部的这些变化我们需要清醒地看到。

我国农村改革的成功经验启迪并推动了城市经济体制改革。而城市经济体制改革必然或迟或早要引起原有经济社会结构的转型。国有企业是原有经济体制的微观基础。改革经济体制必然要改革国有企业。20 世纪 80 年代初，我们就形成了国有企业改革是经济体制改革的中心环节的重要思路。到 90 年代初，我们把国有企业改革的目标定位为要建立起现代企业制度。为此，需要对国有企业进行战略性改组。也就是要关、停、并、转那些效益差、产品无出路或不适应经济结构优化的企业。同时还要对国有企业进行优化组合，等等。这些改革明显提高了我国国有企业的素质，增强了公有制经济的实力。比如，从 1998 年到 2003 年虽然国有及国有控股企业户数从 23.8 万户减少到 15 万户，减少了 40%。但实现利润则从 213.7 亿元提高到4951.2亿元。增长了23.1倍。目前国有中小企业改制面已达85%左右，改制后的国有中小企业由24.5万户下降为14.7万户，减少了9.8万户。但实现利润由22.8亿元提高到1968.2亿元，增长了86.3倍。但是，与此同时也出现了为数不少的下岗工人和失业工人。这种情况在制造业系统尤显突出。当然，我国工人阶级队伍这20多年的变化，决不仅仅是出现了上述的下岗工人和失业工人。我们当然要看到工人阶段队伍变化的主流方面。即由于广大农民工的加入，使我国工人阶级队伍在量上不断壮大，由于我们要在国有企业中建立现代企业制度，因此需要吸收大批有知识、有文化、有技能的青年工人和各种人才，这就使得我国工人阶级队伍的素质也得到了提高，这是有目共睹的事实。但是，在此我们所要强调的是：要高度重视由于经济体制改革而引起的经济社会结构转型，从而出现的工人阶级和农民阶级内部发生的变化。这些变化无疑对党执政的阶级基础产生了影响。工农阶级无论过去、现在和将来都是我们党执政的依靠力量。

由经济体制改革引起的经济结构的变化，是比较容易看到或感觉到的。相比较而言，对由此引起的社会体制和社会结构的变化并不是所有人都能觉察到的。十六届四中全会的《决定》第一次在党的文献中对加强社会建设和管理，推进社会管理体制创新问题作了重要的论述。比如，提出了要研究社会管理规律，完善社会管理体系和政策法规，整合社会管理资源，建立健全“党委领导、政府负责、社会协同、公众参与的社会管理格局”，等等。

这些都是为适应我国经济社会结构发生转型而提出的社会体制改革和创新的重要思路和对策。尤其是胡锦涛同志在“2·19”讲话中对此又作了重要的论述。他在分析现阶段我国经济社会发展出现的必须认真把握的新趋势新特点时指出，劳动者就业结构和方式不断变化，人员流动大大加强，越来越多的社会成员由“单位人”变成“社会人”，社会组织和管理面临新问题。胡锦涛同志在论述当前为促进社会主义和谐社会建设要重点做好十个方面的工作时，再次论述了要切实加强社会建设和管理。强调指出，各级政府要进一步完善社会管理和公共服务的职能，改善公共服务质量，提高依法管理社会的能力和水平，推动建立政府调控机制同社会协调机制互联、政府行政功能同社会自治功能互补、政府管理力量同社会调节力量互动的社会管理网络，形成对全社会进行有效覆盖和全面管理的体系。

二、今天之所以要如此重视加强社会建设和管理，实现社会管理体制创新，是因为我们党看到了由于经济社会结构转型而带来的群众基础的变化

虽然我们不能把这种变化理解为群众思想觉悟下降了，与党和政府疏远了，等等。但是在党和政府与群众之间确实出现了“中梗阻”的状况。最近，有关部门对1.2万人员进行了问卷调查。调查结果的某些数字是发人深省的。从统计分析结果看，有21.2%的人不知道正在开展

的保持共产党员先进性教育活动。19.9%的人不了解这次教育活动的目的、内容和安排（其中包括一部分共产党员）。有51.2%的农民不知道有2005年中央1号文件。当然对于这种“中梗阻”现象要作具体分析，不能简单化地归咎于“官僚主义”。其中重要原因是我们原有的社会管理方式已经不适应已经变化了的群众活动方式、生活方式和就业方式等。这是值得我们高度警觉的现象。基础不牢，地动山摇。胡锦涛同志在“2·19”讲话中特别重视社区建设。他指出，要从建设和谐社区入手，加强城乡基层自治组织建设。使社区在提高居民生活水平和质量上发挥服务作用，在密切党和政府同人民群众的关系上发挥桥梁作用，在维护社会稳定、为群众创造安居乐业的良好环境上发挥促进作用。胡锦涛同志还提出，今后全党要从理论和实践结合上加强对九个重大课题的研究。其中，有两大课题都涉及对加强社会建设和管理、实现社会组织机制创新、形成社会管理的整体合力。因此，加强社区建设是构建社会主义和谐社会的基础性工程。也是夯实我们党执政的群众基础的必由之路。

三、这里讲的党执政的社会基础，主要是指社会状态，也就是指社会安定不安定，和谐不和谐

我们党在总结20多年改革开放和现代化建设实践经验的基础上提出了要正确处理改革发展稳定的关系，要把

改革的力度、发展的速度和社会可以承受的程度有机地统一起来。这对于构建社会主义和谐社会也是一项具有全局性战略性意义的指导方针。胡锦涛同志概括的社会主义和谐社会的六大特征之一就是安定有序。上述的“方针”和“特征”都是巩固党执政的社会基础所要求的。但是，现阶段我国经济社会结构的整体转型给党执政的社会基础带来了诸多问题。我们党对此既保持了清醒的认识，又有决心和信心去解决。当前，我国出现的突出的社会问题主要有：

一是社会各阶层收入分配差距过大从而凸显分配不公。反映居民收入分配状况的基尼系数2000年在我国就已达到了0.4的国际警戒线，而且每年都有所上升。经济发展水平同我国大体相当的国家，城乡居民收入差距一般是1.7倍，而根据国家统计局的资料显示，我国已达到3倍左右。如果把农村居民收入被高估的水分挤掉，把城镇居民享有的隐性福利和优惠折算成收入，那么，城乡居民事实上的收入差距比上述数字还要大。分配差距过大，其中很多是由不公平分配造成的。比如垄断行业的垄断收入、偷税漏税、不法经营、腐败和通过权力寻租等而获得的非法收入。

二是一些社会群体为改革发展所承担的代价与应得到的补偿不对等。众所周知，在工业化初期，我国农民因工农业产品价格剪刀差实际上为国家的工业化作出了重大贡献；而在工业化的中后期，应该是工业反哺农业、城市支持和带动农村发展的时期。目前农村的情况虽然有很大改变。但是，农民人均收入还很低，负担还很重。在城市，改革开放以来，因为经济体制改革和对原有经济结构的战略性调整，国有企业特别是制造业系统的国有企业出现了一支为数不少的下岗和失业工人的队伍。可以说，这些农民和产业工人曾经为改革发展承担了相当大的成本或代价。从道理上讲，因社会发展和改革所付出的代价本应当由全社会来分担，但是在我国实际上主要是由工人、农民尤其是其中一部分人（比如失地或无地农民和下岗和失业的产业工人）来承担；同样的，社会发展和改革的成果本应当由全社会来共享，但是在我国最大受益者是某些阶层，尤其是这些阶层中的一部分人来主要享受了（这里不涉及对这些阶层的评价）。对农民、产业工人等社会群体为改革发展所承担的代价和做出的贡献，应当想方设法予以适当的补偿。

三是人民内部的利益矛盾问题错综复杂。根据世界各国现代化发展的经验，所谓矛盾凸显期就是社会矛盾突出和社会问题多发期，也是社会最容易出现不安定的时期。目前，我国经济社会生活出现的新趋势新特点可以用三个“重叠”加以概括，即经济社会结构转型与进入人均GDP1000美元向3000美元跨越和全方位对外开放的重叠。因此，产生了许多从未遇到过的而且又绕不开的矛盾和问题，特别是利益矛盾越来越突出。比如，工农矛盾、工农内部的矛盾，还有各个阶层之间以及每个阶层内部方方面面之间的矛盾。这些纵横交错的利益矛盾成为新形势下人民内部矛盾的主要体现。就当前而言，人民内部矛盾多数是由涉及群众切身利益的问题引起的。比如，企业改制、房屋拆迁、土地征用等。在我国经济社会结构转型的特殊时期，不同利益群体、不同社会阶层、不同社会成员的利益差别越来越大，从而利益关系错综复杂，利益摩擦愈来愈突出。而且这些利益矛盾有时是通过干群矛盾和群体性事件的爆发等表现出来的。其表现形式也常常是非理性甚至是难以控制的。这给我们正确处理新形势下人民内部矛盾问题增加了难度。

总而言之，我们党作为执政党既要坦诚地承认存在的社会矛盾和问题，特别是社会收入分配方面的差距，又要真诚地为解决这些矛盾和问题，缩小这种差距而奋斗。正如温家宝总理 2005 年 3 月 14 日答记者问时指出的，我们这个国家太大、问题太多、太复杂，这要求我们这个民族不畏艰险、百折不挠、坚定信心、永远奋斗。笔者认为综合起来看，在当前和今后相当长一段时间内，我国经济社会发展面临的矛盾和问题可能更复杂、更突出。作为执政党理当居安思危，增强忧患意识。

综上所述，为了适应主要由于经济社会结构整体转型而引起的我国社会的深刻变化，为了巩固党的执政基础，为了实现党执政历史任务的必然要求，我们党提出了构建社会主义和谐社会这一战略任务和奋斗目标。确立这一战略任务和奋斗目标的重大而深远的意义，将随着时间的推移会愈益清楚地显示出来。

社会主义社会建设理论的提出及其重要意义*

社会和谐是我们党不懈奋斗的目标。新中国成立以来尤其是改革开放以来，我们党在领导人民进行社会主义现代化建设的过程中积累了宝贵经验，并在这个基础上提出和形成了社会主义社会建设理论，它是中国特色社会主义理论体系的重要内容。我们要充分认识党提出社会主义社会建设理论的重要意义，在新的历史起点上，推动科学发展，促进社会和谐，为实现全面建设小康社会的目标而奋斗。

一、社会建设有大小社会建设之分

马克思恩格斯在运用唯物史观分析人类社会发展规律时，就把社会区分为大社会与小社会。他们认为，与自然

---

* 本文发表于《红旗文稿》2009 年第 3 期。

界相对应的社会就是大社会，与国家、公民相对应的就是小社会。作这样的区分是非常有必要的，因为这有利于深化对社会发展理论的研究。

十六大以来，我们党的文献在论述社会建设时也作了大小社会建设的区分。当然作这样的区分有个过程。大社会建设就是指构建社会主义和谐社会。小社会建设就是与经济建设、政治建设、文化建设并列的社会建设。胡锦涛同志在十六届六中全会闭幕会上的讲话中明确指出，在实际工作中，我们既要从“大社会”着眼，把和谐社会建设落实到包括经济建设、政治建设、文化建设、社会建设和党的建设等在内的党和国家全部工作之中；又要从“小社会”着手，以解决人民群众最关心、最直接、最现实的利益为重点，着力发展社会事业，促进社会公平正义、建设和谐文化、完善社会管理、增强社会活力、走共同富裕道路，推动社会建设与经济建设、政治建设、文化建设协调发展。党的十七大报告也使用大小社会概念论述社会建设的。本文论及的社会建设是指小社会建设。

二、社会建设理论的主要内容

我国理论界对社会建设的研究由来已久。但是掀起研究社会建设理论的热潮是近几年的事，因为以十六届四中全会为标志，我们党提出了社会建设而且把它摆在越来越重要的位置。一般认为，社会建设理论主要包括以下 8 个方面的内容。

1. **社会结构的变动和建构**。唯物史观和社会学都研究社会结构。虽然社会学研究也是以唯物史观为指导的，但是两者研究的侧重点不同。唯物史观侧重研究社会阶级，而社会学侧重研究社会阶层。因此，当前我们要坚持阶级分析和阶层分析相结合的方法来研究我国社会结构，主要是研究阶级、阶层的变动。

改革开放以来，由于社会主义市场经济的发展，我国工人阶级队伍不断壮大，素质不断提高。农民阶级队伍也发生了很大变化。知识分子队伍更加壮大。在社会变革中出现了民营科技企业的创业人员和技术人员、受聘于外资企业的管理技术人员、个体户、私营企业主、中介组织的从业人员、自由职业人员等社会阶层（简称“六个新的社会阶层”）。他们与工人，农民和知识分子一样，都是中国特色社会主义事业建设者。作为执政党要善于因势利导，在阶级、阶层的变动中实现社会结构的优化。经过30年改革开放，中国工人阶级已经成为一个包括产业工人、其他工人、知识分子、管理干部等在内的不可分割的强大的统一体。使得我国工人阶级作为劳动大军的主体和现代化建设的主力军的地位更加突出。十七大制定的2020年的社会建设目标中包括“中等收入者占多数”这个重要指标。“中等收入者”也是一个社会阶层。

2. **社会有序流动**。社会流动是社会发展过程中普遍存在的现象。社会流动又分为垂直流动和水平流动。但是农业社会、工业社会和信息社会，无论在人员流动的原因、形式和结果等方面都有很大的不同。工业社会和信息社会由于社会化大生产的发展，社会分工发达，产业结构调整，不断出现新的岗位和职位，因而人员的流动要比农业社会快得多。这是社会历史进步的体现，因为在工业社会和信息社会的人员的流动中，人们有可能通过个人努力奋斗到达比原来高的或比较理想的岗位。

当前我国社会正处于由农业社会向工业社会转变时期，尤其是改革开放打破了原来计划经济时代封闭式的社会结构，出现了大规模大范围的流动。这既是优化社会结构的重要动力，又对原有的体制机制产生了巨大冲击，从而对社会体制机制提出了改革的要求。作为执政党要在研究社会发展规律的基础上，驾驭社会结构的变化，促进社会人员的有序流动，使之既成为社会体制机制改革的动力，又不影响社会安定和谐，这是社会建设理论应包含的重要内容。

3. **社会组织建设。**与社会结构调整和社会流动密切联系的是社会组织建设。新中国成立以来，在计划经济条件下，我们是把人民群众组织起来了，并且建立了与计划经济相适应的社会组织体制。这个体制曾经发挥过重要作用。但是我们今天搞的是社会主义市场经济，要构建的是社会主义和谐社会。原来的社会组织已经基本不能适应社会发展了，需要加以改革和重新建构。只有这样才能实现在新的历史条件下把人民群众组织起来。

十六届六中全会通过的《决定》指出，“健全社会组织，增强服务社会功能。”这里讲的社会组织主要指民间组织和社团组织。发展社会主义市场经济和构建社会主义和谐社会都需要建立健全社会组织，在这方面既存在着管理上的问题，又存在着发展不足的问题。在建立健全社会组织方面，我们还有很大的发展空间。

4. **利益关系的协调和机制保障**。随着我国社会结构的深刻变动，新的社会阶层的出现等，表明我国社会利益主体已经多元化了。由此带来了利益关系复杂化、利益要求多样化。因此，协调并理顺利益关系就成了推进社会建设的必然要求。

必须统筹协调社会各利益主体之间的关系，努力使社会各阶层在利益关系上都能做到共享和双赢，即党的文献所说的“努力形成全体人民各尽其能、各得其所而又和谐相处的局面”。为达到这个目标需要建立起一整套保障机制。主要包括：一是利益表达机制。让社会各阶层、群体、个人等的利益诉求都能得到合理表达。二是平等协商机制。使干群之间、业主与员工之间、阶层之间等都能通过平等协商对话机制各得其所，和谐相处。三是矛盾与问题排查调处机制。要建立在矛盾暴露前的排查机制。当矛盾与问题不可避免地出现时，就要有调处机制来应对和解决这些矛盾与问题，维护社会稳定与和谐。当然，协调利益关系并建立起一系列相应的机制，需要做大量艰巨和细致的工作。

5. **社会事业的发展**。社会事业一般是指教育、科研、文化、卫生、艺术、体育等。应该看到，新中国成立以来尤其是改革开放以来，我国社会事业有了明显的发展。但也要看到，与快速发展的经济建设相比，社会事业发展的这条腿是短的。这种状况在2003年我国爆发的非典疫情以及在抗击非典过程中暴露无遗。不改变这种状况，就无法构建和谐社会。社会事业的发展与人民的幸福安康息息相关。学有所教、劳有所得、病有所医、老有所养、住有所居，这是全面建设小康社会的重要目标。

在社会事业发展上，由于我们历史欠账太多，在目前综合国力的条件下能投入的资金是有限的，因此要实现社会事业的大发展，任务艰巨。我们必须统筹兼顾，正确处理政府与市场、公平与效率、尽力而为与量力而行的关系。要在综合国力不断增强的基础上把社会事业的发展摆在更加突出的位置。

6. **社会保障制度的建设**。这是社会建设的重要内容。因为社会保障制度是现代社会发展的稳定器和安全网。应该说改革开放前，我国社会保障制度就有一定的基础。改革开放以来，尤其是社会主义市场经济的发展，我国社会保障制度的建设又有新的进展。但是从总的看，社会保障的覆盖面窄，社会保障资金不足，社会统筹层次低，城乡反差大，等等。当前我国社会保障制度的建立和完善离推动科学发展、促进社会和谐的基本要求还有很大的差距。

我们要按照十七大提出的“加快建立覆盖城乡居民的社会保障体系，保障人民基本生活”的目标要求，从我国实际出发，建立起与经济发展水平相适应、标准适中、覆盖面广、运行健康、管理有效、体现公平的具有中国特色的社会保障制度。我国社会保障体系是以社会保险、社会救助、社会福利为基础，以基本养老、基本医疗、最低生活保障制度为重点，以慈善事业、商业保险为补充。当前我国社会保障制度建设已经迈开了重要的一步，但是要达到建设中国特色社会保障制度的目标还有很长的路要走。

7. **社区建设**。社区是社会的基本单元，和谐社区是构建社会主义和谐社会的基础。改革开放以来，随着社会主义市场体制的建立，与“单位人”大量变为“社会人”状况相适应，我国社区体制发生了很大变化，尤其是从20世纪90年代以来，党和政府越来越重视社区建设这个问题，社区建设也有了明显的发展。

但是，当前我国社区建设上明显存在着不平衡。一是城乡社区发展不平衡，二是各地区城市社区发展不平衡，三是社区内部组织发展不平衡。为此，我们要下决心从建设和谐社区入手，来构建和谐社会。因为社区建设是构建社会主义和谐社会的基础工程，是夯实党执政的社会基础的重要阵地。因此，我们要经过长期努力把社区建设成居民自治、管理有序、服务完善、治安良好、环境优美、文明祥和的社区。

8. **社会管理体制的建设和完善**。改革开放以来，由于我国经济社会等领域发生了巨大变化，城乡二元结构虽未根本改变，但也受到了冲击。原有的社会某些管理体制要么瓦解，要么过时，急需对这部分管理体制进行重建。伴随着社会主义市场经济的发展而建立起来的新的社会管理体制也有待完善。因此，在推进我国社会建设过程中社会管理体制的建设和完善的任务还很重。

我们要按照“党委领导、政府负责、社会协同、公众参与的社会管理格局”，以这个指导方针来建设和完善我国社会管理体制。社会管理体制可以划分为常态和非常态管理体制。相比较而言，当前非常态管理体制的建立和完善滞后于常态管理体制。需要指出的是，在社会管理体制中安全体制建设是重要内容。随着经济全球化和社会发展，人们对安全内涵的认识也不断拓展和深化。从原先的国防和军事的安全，扩展到了经济安全、科技安全、意识形态安全和社会运行安全等。安全体制包括安全对策研究机制、安全决策机制、危机应对和化解机制等。

三、社会建设的重点是民生

从以上社会建设理论的主要内容中可以看出，社会建设作为中国特色社会主义事业四位一体总体布局中的“一位”，所包含的内容是很丰富的。党从我国实际出发，提出当前和今后相当长的时期里，社会建设的重点是民生。党的十七大专门论述了加快推进以改善民生为重点的社会建设。应该说这是抓住了我国社会建设的“牛鼻子”。

十七大还提出了今后要着力抓好社会事业和民生方面的六项工作。这就是优先发展教育，建设人力资源强国。实施扩大就业的发展战略，促进以创业带动就业。深化收入分配制度改革，增加城乡居民收入。加快建立覆盖城乡居民的社会保障体系，保障人民基本生活。建立基本医疗卫生制度，提高全民健康水平。完善社会管理，维护社会安定团结。十七大后，在总结社会建设实践的基础上，我们将社会事业和民生又扩展到八项，增加了科技发展和文化建设。

四、社会主义社会建设理论提出和形成的重要意义

社会主义社会建设理论是十六大以来我们党的理论创新成果的重要组成部分。对于这个理论的主要内容和意义，党的十六届六中全会通过的《决定》和十七大报告作了全面和深刻的论述。这些论述是很重要的，需要我们加以准确的把握。

1. **这是我们党执政理念提升的重要标志。**自从我们党提出构建社会主义和谐社会这个战略任务后，中国特色社会主义事业总体布局由三位一体扩展为四位一体，从而为解决“经济建设这条腿长，社会建设这条腿短”提供了重要的指导思想，这是我们党执政理念的重大提升。对于我国现代化事业而言，经济建设是基础，政治建设是保障，文化建设是方向，社会建设是支撑。

应该看到，在这四大建设中与人民幸福安康息息相关或者说联系最直接的就是社会建设。社会建设中的许多内容也直接关系到我们党的“权为民所用、情为民所系、利为民所谋”的宗旨。因此从一定意义上说，社会建设是最能直接体现我们党以人为本的执政理念。因此重视并在实践中加强社会建设是我们党执政理念提升的重要标志。当前党和政府领导人民积极应对还在蔓延的国际金融

危机给我们带来的消极影响。在新增的投资中大幅度增加了对民生投入的比例。党和政府以人为本的执政理念得到了进一步的检验和彰显。有力佐证了我们党全心全意为人民服务的宗旨。

2. **这是全面建设小康社会的必然要求。**十一届三中会以来，我们党以建设中国特色社会主义为目标，领导人民进行改革开放和现代化建设并取得了举世公认的成就。“三步走”的发展战略已经完成了前两步，正在全面建设小康社会。2002年以来，全面建设小康社会有了很好的开局。党的十七大对全面建设小康社会提出了新的要求并制定了五大建设基本纲领。这新的要求既体现在对四大建设的论述上，又体现为增加了建设生态文明这个极其重要的内容。经济方面，要增强发展协调性，努力实现经济又好又快发展。政治方面，要扩大社会主义民主，更好地保障人民权益和社会公平正义。文化方面，要加强文化建设，明显提高全民族文明素质。适应人民需要的文化产品更加丰富。所增加的建设生态文明，要求形成节约能源和保护生态环境的产业结构、增长方式和消费模式。建设生态文明的目的是要建设资源节约型、环境友好型的社会。从十七大表述的全面建设小康社会的五大建设基本纲领和提出的新要求中可以看出，社会建设和涉及社会建设的任务是很重的。这足以说明在不断发展生产力的基础上把社会建设摆在更加突出的地位，这是全面建设小康社会的必然要求。

3. **这是巩固党执政基础的客观需要。**我们党既是中国工人阶级先锋队，又是中国人民和中华民族先锋队的性质，以及党的历史方位发生了根本变化。这些特点都决定了我们要不断巩固党的执政基础。党的执政基础的内涵丰富，包括意识形态基础、合法性基础、阶级基础和群众基础等。

合法性是政治学的一个重要概念。是民主政治建设实践中不能回避的问题。合法性这个概念并不难懂。简而言之，就是选民的支持是政党执政的依据。用邓小平的话说就是“人民拥护不拥护、赞成不赞成、高兴不高兴、答应不答应”。社会建设关系人民群众切身利益，而人民群众的利益是马克思主义者和共产党人始终关切的根本问题。马克思有句名言：“人们奋斗所争取的一切，都同他们的利益有关。”[①] 列宁也说过，利益是“人民生活中最敏感的神经”。[②] 我们党指出，中国共产党代表中国最广大人民群众的根本利益。因此，社会建设搞不好尤其是长期没搞好，必然要导致合法性危机或削弱执政党的执政基础。这已被一些国家政党政治发展的历史和现实所佐证。

此外，还应该清醒地看到，社会建设关系到巩固党执政的阶级基础、扩大党执政的群众基础。改革开放30年来，尤其是进入新世纪新阶段以来，我国社会经济体制深刻变革、社会结构深刻变动、利益格局深刻调整、思想观念深刻变化，这“四个深刻”再加上新兴媒体迅速崛起，

① 《马克思恩格斯全集》第1卷，人民出版社1956年版，第82页。
② 《列宁全集》第13卷，人民出版社1959年版，第113页。

对党执政的阶级基础，尤其是群众基础提出了严峻挑战。一个非常清楚的现实是，由于改革开放和社会主义市场经济的发展，我国社会流动人员大大增加，由于就业结构的变化，越来越多的社会成员由“单位人”变成“社会人”，社会组织和社会管理出现了很多新情况新问题。这些都对党的执政基础，尤其是基层党组织建设提出了挑战。而党的基层党组织是我们党的全部工作和战斗力的基础。基础不牢，地动山摇。我们要从党的兴衰存亡的高度来认识搞好社会建设与巩固和加强党执政基础的关系这个重大问题。为此，我们要研究社会管理规律，完善社会管理体系和政策法规，整合社会管理资源，建立起合乎现代社会发展趋势的社会管理格局。尤其是要加强社区建设。而这些都属于社会建设的重要内容。正因为如此我们才说，搞好社会建设这是巩固和加强党执政基础的客观需要。

建设和谐文化是篇大文章*

与提出构建社会主义和谐社会的情形相似，党的十六届六中全会提出建设和谐文化后，立即引起了理论界和相关部门强烈的反响。从根本上说，这是因为人们对于建设和谐文化在构建社会主义和谐社会中的重要性有共识。近几年来的建设和谐文化的理论研究和实践推进表明：建设和谐文化是一篇大文章。无论从历史、理论，还是从实践上看，对建设和谐文化都还需要作进一步的深化和拓展。

从历史发展进程上看，具有五千多年文明历史的中华民族在源远流长的延续中形成了博大精深的传统文化，即中华文化。笔者认为，中华文化的一个根本特征就是“和谐”。追溯人类文化发展史可以看出，中华文化与西方文化几乎是在同一时代提出“和谐”这个命题的。虽然中国社会历史发展历经沧桑。既有过领跑于世界文明前列的自豪，也有经历“落日辉煌”的悲壮，更有在近代

* 本文发表于《新视野》2010年第6期。

历史上任人宰割的屈辱。但是综观中国社会历史的发展，“和谐”就像“基因”一样牢牢地存在于中华民族文化之中，这是我们这个古老民族能生生不息和与时俱进的重要原因。考察我国文化发展史就能知道，中华文化中的“和谐”内涵主要体现在这三个层面上：第一，思维方式，即哲学命题层面的“和谐”。如孔子认为，“和谐”就是“万物并育而不相害，道并行而不相悖”；荀子则提出了“和则一，一则多力”；老子提出的“道生一，二生三，三生万物”的哲学命题，被认为是最超前的宇宙形成观。第二，治国安邦层面的“和谐”。孔子提出的“中和位育”是儒家思想的最高概括。《尚书·尧典》中就有“百姓昭明，协和万邦”的记载。《谥法》说，“不刚不柔曰和”。还有老子的名言，“治大国若烹小鲜”等等。第三，社会关系和道德规范层面的“和谐”。表述这一层面“和谐”的思想和格言更是脍炙人口。如，人和：和以处众。家和：家和万事兴。还有“和衷共济”、“和气生财”以及“和合故能谐”等至理名言。与中华文化相比，西方文化中的“和谐”命题虽然也很早就已提出。但在经历嬗变之后几乎成了个别学科的研究对象。如几何学、美学等。

从理论上看，与构建社会主义和谐社会相适应的和谐文化，仍然是一个需要深化研究的重要课题。相比较而言，近几年对社会主义核心价值体系的研究及其成果要多于对建设和谐文化的研究。而要深化研究建设和谐文化，需要对几个相关文化概念之间的区别和联系加以廓清。比如，先进文化、新文化、健康文化、外来文化和亚文化等等。这些概念当然是有区别的，但也不要简单地把它们对立起来。其实它们与和谐文化这个概念是兼容的，在某些内涵上是相同的。列宁曾经以玻璃杯子为例来说明由于事物具有不同的属性，从而使人们可以从不同角度观察事物并界定它们的作用。但是列宁认为，正确的认识应该是坚持全面性与辩证逻辑的统一。这样“可以使我们防止错误和防止僵化”（列宁语）。先进文化是与先进生产力相适应，外来文化是与民族文化、新文化是与旧文化相对应的。显然和谐文化是与构建社会主义和谐社会相适应的。只要我们在研究中对所使用的文化概念作出清晰的界定，是不会引起逻辑混乱或者把它们对立起来的。

笔者竭力主张要把和谐文化的内涵做大做实。因为和谐文化是一个包容性很强，即内涵极其丰富的概念。从理论研究上看，和谐文化至少包括这 4 个层面的内容。第一，以马克思主义为指导的意识形态。因为“任何一个时代的统治思想始终不过是统治阶级的思想”（马克思语）。在我国建设和谐文化只能以马克思主义（包括发展中的马克思主义）为指导。而在这一层面的内容中当然包括马克思主义创始人提出的关于社会和谐的卓越思想。第二，古今中外关于和谐的优秀思想成果。这一层面的内容是极其丰富的。它既包括前面讲的要从祖国传统文化中挖掘和谐思想的资源，又要吸收和借鉴国外关于和谐思想的优秀成果。因此，和谐文化既包括民族精神又反映了时代特征。关于吸收和借鉴国外和谐文化的优秀成果，这是一个需要我们继续深入研究的理论课题。在古希腊的先哲那里，在空想社会主义者的著作中都有关于和谐的丰富思想。改革开放以来，我们逐步形成了必须吸收和借鉴国外尤其是西方国家一切有益的思想成果的正确态度。这是我国理论界与时俱进的生动体现。今后我们要进一步解放思想，大胆吸收和借鉴国外在研究社会和谐方面的有益的思想成果。第三，以社会主义荣辱观为标志的道德建设。我们党为了适应构建社会主义和谐社会的总要求而提出的社会主义荣辱观，它无疑是和谐文化中十分重要的、实实在在的基本内容。在对待这一层面的内容上要注意防止两种倾向。一是忽视社会主义道德建设的倾向。要防止把依法治国与以德治国割裂开来，甚至厚此薄彼。事实上，社会主义道德建设是极其重要的。它体现了诚信友爱这一社会主义和谐社会的重要特征。如果全民族都做到了社会主义荣辱观的要求，构建社会主义和谐社会就有了坚实的道德基础和良好的人文环境，中国就能在全世界面前树立起历经改革开放发展洗礼后的文明大国的形象。二是对建设和谐文化有畏难情绪的倾向。有人认为，建设和谐文化说说可以，要落到实处谈何容易。笔者认为，与精神文明建设一样，建设和谐文化重在落实，贵在坚持。可以考虑在我们已有的开展群众性精神文明建设活动的基础上增加建设和谐文化的内容。使建设和谐文化有实实在在的群众载体。第四，人道主义的主张和规范。虽然这是和谐文化中的浅层面的内容，但是决不能忽视。建设和谐文化要从我国实际出发，这个实际就是我国目前正处于并将长期处于社会主义初级阶段和有13亿人口。正因为是处在这样的阶段，面对的是如此众多的人，所以建设和谐文化或进行道德建设，要求我们不能仅仅只是一个标准或一种建设模式。应该是多层次的标准、多样化的建设模式。而人道主义中的某些思想和规范，如：尊重人格、保护人权、关爱生命、乐善好施和扶危助困等等，这些对于凝聚人心、促进社会和谐都具有积极的意义。而且弘扬这个层面的内容，还有很大的空间。

从今天现状上看，在人类文明历程不断向前推进的大背景下，我国全面建设小康社会实践也在不断发展，人们从文明发展进程和全面建设小康社会实践中愈来愈看到了文化的重要性。这种重要性不仅体现在人们对文化的需求日益增长，而主要体现在人们对文化的认识日益深入。在当今世界，只要是成熟的民族就有属于自己的特有文化。而能称得上强大的民族就必须有先进文化的引领。因为文化是一个民族、国家和社会的生命力、亲和力、凝聚力等的源泉。

当前，在构建社会主义和谐社会过程中，我们提出的建设和谐文化除了认同中华文化中的“和谐”这一特征外，无论是对其内涵还是对其重要性的认识上，都大大地前进了。建设和谐文化既是构建社会主义和谐社会的重要内容，又是重要的途径。因为，和谐文化是与社会主义和谐社会相适应（或称相配套）的观念系统。提倡和谐文化有利于树立共同理想，增强全社会的凝聚力。有利于培育和形成人们的和谐思维方式，完善人们的内心世界。有利于丰富人们的精神文化生活，形成和谐的人际关系。而这一切可以为构建社会主义和谐社会提供思想基础、现代观念、道德支撑和社会氛围。用句时尚的话说，建设和谐文化是构建社会主义和谐社会必不可少的“软件”。用规范的语言说，和谐文化的力量，深深熔铸在民族生命力、创造力和凝聚力之中。

如前所述，和谐文化是与社会主义和谐社会相适应的重要的意识形态。因而建设和谐文化对于构建社会主义和谐社会具有强大的生命力、创造力、凝聚力。

充满活力既是社会主义和谐社会的重要特征，又是构建社会主义和谐社会的总要求之一。所谓重要特征也就是对社会主义和谐社会制度的理论概括。当我们把这个重要特征还原为现实时可以看出，我们所要构建的社会主义和谐社会决不是平平静静、无需发展或没有矛盾、没有问题的社会。尽管在人类社会历史发展过程的某个生产力低下的阶段也曾出现过社会和谐的状态。但社会主义和谐社会决不是生产力不发达的社会。充满活力与社会和谐在社会主义条件下能得到有机的统一。充满活力就是指要不断发展，要实现科学发展、和谐发展。让一切劳动、知识、技术、管理和资本的活力竞相迸发，让一切创造社会财富的源泉充分涌流。而要达到充满活力这一构建社会主义和谐社会的总要求，除了要有发达的物质技术基础和现代市场经济体制外，还必须建设和谐文化。因为和谐文化能为构建社会主义和谐社会提供精神支持，道德基础和文化氛围等。

在这里尤其要强调树立和谐文化氛围对于构建社会主义和谐社会的重要性。因为社会和谐的最重要内容是阶层与阶层之间、人与人之间的和谐。经过30多年的发展和改革开放，我们已经顺利实现了现代化建设“三步走”战略任务的第一步和第二步目标，人民生活总体上达到小康水平，正在向全面小康迈进。但是，就生活水平而言，并不是所有人都得到明显的提高，而且还出现了若干社会阶层收入差距拉大和为数不少的弱势群体这种状况。这就有一个怎么看的问题。客观地说，30多年来我国社会某些阶层贫富差距的绝对值在缩小。比如，我国在改革开放前的贫困人员为2.5亿，到现在还剩下不到3000万，2009年我国人均GDP已达3000美元等。但是相对值在扩大。比如，把先富起来的群体与现在还处于贫困的群体相比就有明显的差距等。这些差距或不和谐因素是我们朝着富强民主文明和谐的现代化目标前进过程中出现的状况。这显然是构建社会主义和谐社会的制约因素。但是应该看到，这是改革发展即前进中出现的问题。需要在不断推进社会主义和谐社会建设过程中逐步解决这些问题的。我们要用这样的思维方式与和谐心态看待当前我国经济社会出现的矛盾和问题。决不能把“账”算到改革开放的决策上，把气撒在率先勤劳致富、合法致富的阶层上。建设和谐文化有利于社会成员形成和谐的思维方式与和谐的心态，从而也非常有利于形成良好的和谐文化氛围。因此，我们要十分重视建设和谐文化。只有不断推进社会主义和谐文化建设才能真正实现我们党提出的“努力形成全体人民各尽其能、各得其所而又和谐相处的局面”和“尊重劳动、尊重知识、尊重人才、尊重创造”这重大战略思想。

众所周知，当今世界文化已经成为各国综合国力的重要组成部分。文化建设是增强综合国力的重要途径。现在国际上通行把综合国力分解为硬实力和软实力。硬实力包括了经济力、科技力、军事力等。软实力主要就是指文化力即文化建设。而我们讲的建设和谐文化，它包括社会主义先进文化建设、社会主义核心价值体系和社会主义核心价值观的建设，等等。它对于维系国家统一、民族团结、社会和谐，对于增强我国综合国力，对于铸就全党全国各族人民的主心骨，起着其他方面建设所不可替代的重要作用。此外，我们还要看到全面建设小康社会对建设和谐文化提出了更加具体和更高的要求。这是因为在进入全面建设小康社会后，人民群众日益增长的精神文化需求与文化产品供给的矛盾日益突出。这是社会主义初级阶段的主要矛盾在当前文化建设领域的反映。构建社会主义和谐社会既是我们长期的奋斗目标，又是全面建设小康社会的重大现实问题。因此，我们在制定“十二五规划”时要认真筹划今后10年建设和谐文化这个重要问题。如同抓经济建设一样，建设和谐文化也要有长远规划和近期安排。只有这样才能把建设和谐文化落到实处，才能更好地体现社会和谐是中国特色社会主义的本质属性。因此，我们可以这么说，体现了和谐属性的中国特色社会主义基本制度是具有强大创造力和生命力的优越的社会制度。

党的十七大提出，要壮大统一战线，团结一切可以团结的力量。促进政党关系、民族关系、宗教关系、阶层关系和谐和海内外同胞关系和谐。笔者认为建设和谐文化对于实现这五个方面关系的和谐，能起着其他建设所不能替代的作用。正因为如此，我们要十分重视建设和谐文化，并把它扎扎实实地落到实处。这对于我们执政党整合力量、凝聚人心、团结人民、共创伟业、实现中华民族伟大复兴，具有极其重要的意义。

加强社会主义核心价值观的研究*

自从党的十六届六中全会第一次提出并论述了建设社会主义核心价值体系以来，由于这个命题对于党、国家、民族都具有极端重要性，因此，对它的理论研究和实践推进都取得显著的成果。在理论研究上，由于社会主义核心价值体系是社会主义意识形态的本质体现，因此，理论工作者高度关注并踊跃研究这个重大的命题，尤其是将它纳入马克思主义理论研究和建设工程后，由于整合了各方面的研究力量，对它的研究取得了可喜的成果。在实践中，由于各级党委和政府重视并坚持把社会主义核心价值体系融入国民教育和精神文明建设的全过程、贯穿现代化建设各方面，因此，实践中开展建设社会主义核心价值体系的活动也取得了明显成效。

要使建设社会主义核心价值体系不停步，首先理论研究不能停步。当前社会主义核心价值体系的研究面临着新

---

* 本文发表于《人民论坛》2010 年 4 月。

的突破，这就是要把对它的研究聚焦到社会主义核心价值观上来。而在这方面的研究要有所突破，需要强化对以下3个关节点的研究。

一、和谐文化、社会主义核心价值体系和社会主义核心价值观这三个概念的联系、区别及其相互关系

近几年我们在文化建设上形成了不少概念（或提法）。比如，优秀文化、先进文化、中华文化、外来文化、健康文化、无害文化等。这些概念并不是对立的，由于对它们是从不同角度来界定的，因而可以说这些概念是兼容的。但不一定都有内在的逻辑联系。而和谐文化、社会主义核心价值体系和社会主义核心价值观这3个概念是有内在的逻辑联系的。

和谐文化是与社会主义和谐社会相适应（或称相配套）的观念和观念系统。它的内涵是很丰富的。因为与社会主义和谐社会相适应的文化不仅仅是先进文化，也还包括中华文化、外来文化、健康文化、无害文化等等；社会主义核心价值体系是体现社会主义意识形态本质的观念系统；社会主义核心价值观是从社会主义核心价值体系中提炼出来的、能集中体现社会主义质的规定性的核心理念。对这3个概念作这样的界定，应该说是多数人认可的。从中可以看出它们之间既是兼容关系，又有内在逻辑联系。可以说这三者是你中有我、我中有你的关系。我们

还可以把这三者关系形象地比喻为是3个同心圆的关系：和谐文化是最大的同心圆，社会主义核心价值体系次之，社会主义核心价值观是最小的同心圆。但是，它是处在3个同心圆的最中心位置。

需要看到是，我们面对的是世界范围内各种文化相互激荡的现实。虽然我们不能简单化地把这些文化看做只有对立没有融合的关系。但是确实应该看到它们之间存在的差异。那么一种文化与另一种文化根本区别在哪里呢。一般认为，文化自身内部由3个系统组成。知识系统、价值系统和审美系统。而价值系统是决定文化质的规定的系统。因此，各种文化之间的差异主要不在于知识系统和审美系统，而在于价值系统。这就是我们党为什么如此重视社会主义核心价值体系建设的根本原因。这就是我们党为什么会作出当今“全球思想文化交流、交融、交锋呈现新特点”这个判断的重要依据。

二、研究社会主义核心价值体系的聚焦点

深入研究社会主义核心价值体系当然要准确地找到它的聚焦点。因为社会主义核心价值体系的内容非常丰富。党的十六届六中全会指出，这个核心价值体系的内容包括4个层次，5个方面：这就是马克思主义的指导思想、中国特色社会主义共同理想、以爱国主义为核心的民族精神和以改革创新为核心的时代精神、社会主义荣辱观。面对如此丰富内涵的社会主义核心价值体系，怎么聚焦？即需

要通过哪个必经环节？研究社会主义核心价值体系的聚焦点在哪？这是需要认真研究的。笔者认为，寻求社会主义核心价值体系聚焦点的必经环节是中国特色社会主义共同理想。

首先，中国特色社会主义共同理想既是中国人民感受到的活生生的现实，又是他们美好的向往。理想有各种各样，我们不能强求人们只能信一种理想。但是，在理想之前加上中国特色社会主义这8个字，这样的理想就能凝聚最广大中国人民的心。“神女应无恙，当惊世界殊”。中国人民从新中国成立以来尤其是改革开放以来的沧桑巨变中深刻体察到这个真理：只有社会主义才能救中国，只有中国特色社会主义才能发展中国。

其次，中国特色社会主义共同理想在社会主义核心价值体系中起着承上启下的作用。也就是说它上承马克思主义的指导思想，下联民族精神和时代精神。而且与社会主义荣辱观水乳交融，密不可分。中国特色社会主义的形成，标志着马克思主义基本原理与中国实际相结合的第二次历史性飞跃，是马克思主义中国化的最新成果。是科学社会主义基本原则与中国实际和时代特征相结合的产物，是扎根于当代中国的科学社会主义，是全党全国各族人民团结奋斗的共同思想基础。

中国特色社会主义为什么能成为全国各族人民的共同理想，是因为它体现并弘扬了以爱国主义为核心的民族精神和以改革创新为核心的时代精神。近代以来的中国先后面临两大历史性课题。一是民族独立和人民解放，二是国家繁荣富强和人民共同富裕。为解决第一大历史课题，中国共产党成立之前的先进的中国人经历了千辛万苦，前仆后继，但都没有成功。用毛泽东的话说，“一切别的东西都试过，都失败了”。虽然这一切努力都失败了，但是从中体现出来的中国人的伟大的爱国主义精神是永垂史册的。只有在马克思主义、科学社会主义传入中国以后并与中国实际相结合，诞生了中国共产党，中国人民爱国主义精神的发扬并付诸改变旧中国实践才能出现峰回路转，柳暗花明。

在解决第二大历史性课题过程中虽然我们也走了弯路，但是我们能够自己纠正错误，并在全面深入总结国内外社会主义发展正反两方面经验的基础上，提出了“走自己的路，建设有中国特色社会主义”这个重要的指导思想，并且实行改革开放的伟大决策。30 年波澜壮阔的改革开放实践使中国人民的面貌、社会主义中国的面貌、中国共产党的面貌发生了历史性的变化。而 60 年来我们取得一切成就和进步的根本原因，归结起来就是开辟了中国特色社会主义道路，形成了中国特色社会主义理论体系。由此可见，中国特色社会主义与以爱国主义为核心的民族精神和以改革创新为核心的时代精神，历史地必然地联系在一起了。

中国特色社会主义共同理想也就是实现中华民族伟大复兴的共同理想。这个共同理想可以最大限度地凝聚中国人民的心，可以最广泛最充分地调动一切积极因素，可以实现政党关系和谐、宗教关系和谐、阶层关系和谐、民族关系和谐和海内外同胞关系的和谐。实现中华民族伟大复兴的这个共同理想不但历久而且能够弥新。自从20世纪初，孙中山提出“振兴中华”的口号后，中国近代历史发展不断赋予这个鼓舞人心口号以新的深刻的内涵。毛泽东在领导中国人民推翻了三座大山，建立新中国之后，提出了“中华民族要自立于世界民族之林”的雄心壮志。邓小平指出，中国人民“一定有能力永远屹立于世界民族之林”。江泽民提出，中国特色社会主义“必将对世界社会主义事业和人类进步事业做出重大贡献”。胡锦涛指出，我们要继续朝着“实现中华民族伟大复兴的宏伟目标奋勇前进”。因此，实现中华民族伟大复兴的共同理想就成为了我国各族人民的精神支柱。

三、如何概括社会主义核心价值观

在通过了中国特色社会主义共同理想这个必经环节后，就接触并需要研究社会主义核心价值体系的聚焦点了。这里首先要解决研究社会主义核心价值观的标准问题。笔者认为，最基本的标准至少有这两条：一是它应最能反映社会主义的质的规定，而且是优越于其他主义的价值观的。二是它应是跨越时空的，也就是说它虽然是由马克思主义创始人首先提出，但是为后人所不断发展，是最能体现一脉相承和与时俱进的。笔者认为以下4个观点（或称概念）应该成为社会主义核心价值观，并以此求教同行。

民主。这是人类政治文明发展的重要成果。马克思主义创始人非常重视民主这个问题。他们把民主与工人阶级奋斗目标紧密联系在一起。《共产党宣言》指出："工人革命的第一步就是使无产阶级上升为统治阶级，争得民主。"① 实现工人阶级奋斗目标的第一步是"争得民主"。那么在工人阶级夺取政权以后是不是可以忽视，甚至不要民主了，决非如此。列宁有句名言：没有民主，就不可能有社会主义。"胜利了的社会主义如果不实行充分的民主，就不能保持它所取得的胜利，并且引导人类走向国家的消亡。"② 恩格斯晚年曾针对党内民主状况讲过一段意味深长的话，争取民主自由，首先应当在党内享有充分的民主，充分的批评讨论的自由，"难道我们要求别人给自己以言论自由，仅仅是为了在我们自己队伍中又消灭言论自由吗?"③ 邓小平指出，"继续努力发扬民主，是我们全党今后一个长时期的坚定不移的目标。"④ 江泽民指出，"人民当家作主是社会主义的本质要求。"胡锦涛同志在党的十七大上深刻论述了"人民民主是社会主义的生命。发展社会主义民主政治是我们党始终不渝的奋斗目标。"现在，我们共产党人是把民主的话语权拿回来了，但是在实践和理论上都还做得不够。今后我们要继续高度重视并切切实实地搞好民主建设。正如毛泽东说过的，我们充分

① 《马克思恩格斯文集》第2卷，人民出版社2009年版，第52页。
② 《列宁全集》第28卷，人民出版社1990年版，第168页。
③ 《马克思恩格斯文集》第10卷，人民出版社2009年版，第580页。
④ 《邓小平文选》第2卷，人民出版社1994年版，第176页。

地发扬了民主，就能把党内、党外广大群众的积极性调动起来。“做到了这些，我们的工作就会越做越好，我们遇到的困难就会较快地得到克服，我们事业的发展就会顺利得多。”① 因此，深入研究社会主义核心价值观，要求我们必须把民主作为社会主义核心价值观的重要内涵。

平等。在马克思恩格斯著作中“公平”和“平等”都是他们经常使用的概念。两者联系紧密，又有区别。今天我们讲的公平实际上是马克思恩格斯讲的平等的延伸。马克思恩格斯更多或更重视强调平等。马克思主义的平等观包括三个要点。一是人类千百年来追求的真正平等，只有在共产主义社会才能实现。恩格斯在1884年写的《家庭、私有制和国家的起源》一书中，运用否定之否定规律论述了他对自由、平等、博爱的精辟认识（可惜不少人不重视这段论述）。恩格斯认为，在古代社会即原始社会中人类就已经出现了自由、平等、博爱的萌芽。但是，进入私有制社会尤其是资本主义社会后，自由、平等、博爱就蒙上了虚伪的面纱。只有到了共产主义社会，自由、平等、博爱才能“在更高级形式上的复活”。二是科学社会主义讲的平等，最主要的是指消灭阶级和阶级差别。恩格斯在《反杜林论》中指出，无产阶级提出的平等有双重含义：第一，消灭私有制社会中的阶级不平等。第二，吸收和进一步发展资产阶级某些正当的平等要求。马克思还认为，只要存在着阶级和阶级差别，人类社会就仍然处

---

① 《毛泽东著作选读》下册，人民出版社1986年版，第838页。

于史前史，就无平等可言。三是在共产主义社会第一阶段和高级阶段的平等及其平等的实现是不一样的。共产主义社会第一阶段实行“各尽所能，按劳分配”，共产主义社会高级阶段才能实行“各尽所能，按需分配”。马克思认为，从共产主义社会高级阶段看社会主义社会的平等，还是不完全和不充分的。

集体主义。从人类思想发展史上看，资本主义价值观的提出对于封建专制思想而言，是一种冲击和解放，是伟大的历史进步。但是它与社会主义核心价值观相比其局限性是明显的。资本主义价值观是以个人为本位的。社会主义核心价值观是在不否认个人利益基础上强调要以集体为本位的，即集体主义的。虽然马克思恩格斯没有使用过集体主义这个提法，但他们是有这方面丰富思想的。马克思在年轻时代写的《青年在选择职业时的考虑》中就充满了集体主义的思想。他指出，“人们只有为同时代人的完美，为他们的幸福而工作，才能使自己也达到完美”，“赞美那些为大多数人带来幸福的人是最幸福的人。”[①] 马克思恩格斯是唯物史观的创立者，他们认为，集体主义是由社会主义社会经济基础决定的。他们在《共产党宣言》第二章反驳了种种对社会主义的攻击和歪曲的观点时指出，“人们的观念、观点和概念，一句话，人们的意识，随着人们的生活条件、人们的社会关系、人们的社会存在

① 《马克思恩格斯全集》第40卷，第7页。

的改变而改变”①。集体本位取代个人本位是由于社会生活条件和社会关系发生根本变化的结果。集体主义是社会主义生活条件和社会关系在意识形态中的升华。恩格斯曾将这个核心价值观表述为：社会利益高于个人利益，而且使两者处于一种公正而和谐的关系中。集体主义这个核心价值观一旦形成，便成为人类社会中极其先进的价值理念，影响和鼓舞一代又一代志士仁人为共产主义的理想而奋斗。正因为如此，中国共产党的历代领导集体都非常重视用集体主义的核心价值观武装广大党员和干部。

人的自由全面发展。这是社会主义核心价值观的极其重要的内涵。为什么说它极其重要，这是因为在马克思恩格斯看来，人的自由全面发展最能体现未来社会的本质规定。马克思恩格斯多次用自由人的联合体来界定未来共产主义社会。对于这个核心价值观以往我们对它重视不够，甚至理解有误。今天我们党对这个核心价值观的认识是来之不易的，这也是我们党与时俱进的生动体现。

1894 年 1 月 3 日，意大利友人卡内帕给恩格斯写信，请求他为即将在日内瓦出版的《新纪元》周刊的创刊号题词。而且要求恩格斯尽量用简短的字句来表述未来社会主义新纪元的基本思想。以区别于伟大诗人但丁对旧纪元所作的界定，即“一些人统治，另一些人受苦难”。恩格斯在回信中指出，马克思是当代唯一能够与但丁相提并论的伟大的社会主义者。对于卡内帕的要求恩格斯指出，除

① 《马克思恩格斯文集》第 2 卷，人民出版社 2009 年版，第 50—51 页。

了从《共产党宣言》中摘出下列一段话外，我再也找不出合适的了："代替那存在着阶级和阶级对立的资产阶级旧社会的，将是这样一个联合体，在那里，每个人的自由发展是一切人的自由发展的条件。"①

2005年2月19日，胡锦涛同志在中央党校举办的省部级主要领导干部提高构建社会主义和谐社会能力研讨班上所作的重要讲话中，全文引用了《共产党宣言》中的这段话。今天我们党把以人为本作为建设和发展中国特色社会主义的根本目的，体现了中国共产党人对这一核心价值观的高度重视和努力践行。

可以说把"人的自由全面发展"作为社会主义核心价值观是大家的共识。因为这是一种最高的社会境界，因而也是一个很高级的概念。可以说这种社会境界是我们今天的人们难以完全想象的。列宁曾经说过，共产主义社会的生产力不是我们今天的生产力，共产主义社会的人不是我们今天的庸人。在共产主义社会每个人的自由全面发展不但不会影响别人，而且还是别人自由全面发展的前提。这不就是我们所追求的最高境界的和谐社会吗？江泽民在2001年的"七一讲话"中指出，"要努力促进人的全面发展。这是马克思主义关于建设社会主义新社会的本质要求。"这里没有加"自由"这两个字，笔者认为是恰如其分的。因为在共产主义社会第一阶段即社会主义社会还做不到人的自由全面发展的。对于实现人的全面发展，我们

① 《马克思恩格斯文集》第10卷，人民出版社2009年版，第666页。

党也是把它作为社会主义社会的目标或奋斗纲领提出来的。这是我们党坚持最高纲领和现阶段纲领相统一的有力佐证。

1979年，邓小平在《坚持四项基本原则》一文中指出，四项基本原则并不是新的东西，是我们党长期以来所一贯坚持的。需要根据新的丰富的事实作出新的有充分说服力的论证。这样才能够教育全国人民，也才能够说服那些向今天的中国寻求真理的人们。这是一项重大任务。“这决不是改头换面地抄袭旧书本所能完成的工作，而是要费尽革命思想家心血的崇高的创造性的科学工作”。

如前所述，如何从古今中外的优秀文化中，从我们党所代表的先进文化以及具有丰富内涵的社会主义核心价值体系中提炼出社会主义核心价值观。这项工作的艰巨性及其重大意义，怎么估计也不为过。这需要靠理论工作者和实际工作者的共同努力。这也是一项需要费尽思想家心血的崇高的创造性工作。

社会主义和谐社会研究中的若干热点难点问题*

十六届四中全会在党的历史上第一次提出构建社会主义和谐社会这个重要命题。2005 年胡锦涛同志的“2·19”讲话全面论述了构建社会主义和谐社会的重大意义、指导思想、基本特征、重要原则和主要任务等。这表明我们党已把构建社会主义和谐社会作为治国理政的纲领。但是，从理论研究上看，构建社会主义和谐社会还有很大的研究空间。本文介绍围绕这一问题研究中的热点、难点问题，有利于社会主义和谐社会理论研究的深化和在实践中贯彻落实这一重大战略思想。

一、关于构建社会主义和谐社会提出的背景

所谓背景也就是指提出一种理论的立论依据。这是深

* 本文发表于《求是内参》2006 年第 4 期。

化理论研究必不可少的环节。这方面主要有四种观点：

（1）“关键阶段论”。侧重强调从人均1000美元向3000美元跨越这一阶段的特殊性。即这一阶段是发展黄金期和矛盾凸显期并存。

（2）“问题依据论”。侧重强调现阶段我国经济社会发展中出现的问题。并且认为这些问题以往未曾遇过，而且带有两难特点。

（3）“远近结合论”。侧重强调近期我国经济社会结构变化的原因（这是近因）和我们的奋斗目标（这是远因）。

（4）“内外依据论”。侧重强调我国国内原因和国外背景。

结论：上述讨论有利于我们形成对为什么要构建社会主义和谐社会的共识。

二、关于社会主义和谐社会的内涵和特征

1. 内涵。对社会主义和谐社会内涵的讨论主要有三种观点：

（1）狭义论：即认为社会主义和谐社会是四位一体中的“一位”。

（2）广义论：即认为社会主义和谐社会包括了三位一体。

（3）属性论：即认为社会主义和谐社会的和谐属性渗透或体现在社会主义社会经济、政治、文化等方方面面。

2. 特征。对社会主义和谐社会特征的认识主要有两种观点：

（1）层次论：即认为社会主义社会的重要特征和社会主义和谐社会的特征是两个层面的问题。要加以区别，不能混为一谈。

（2）排序论：即对目前文献中关于社会主义和谐社会6条特征的排序有不同看法。主要有三：一是认为民主法治应排先。二是充满活力应排先。三是公平正义应排先。

结论：上述讨论有利于深化对社会主义和谐社会主要内容的研究。

三、关于效率与公平

对于这个问题的讨论是最为热烈的。可以说迄今为止也还没有结束，有的观点还是针锋相对的。主要观点有六：

（1）“效率优先，兼顾公平”决不能变；（2）“公平优先，也要效率”；（3）“效率与公平并重”；（4）“效率与公平不是一对矛盾”；（5）“要以制度建设为中心”；（6）中央文件对“效率优先，兼顾公平”的提法已经发生了变化。

结论：上述每一种观点都有自己的角度，都有合理的成分。不要简单化地予以肯定或否定。为此，一是要有兼听则明、尊重包容的精神。二是不要因为这些讨论而影响我们贯彻落实科学发展观。

四、关于构建社会主义和谐社会与党内和谐关系

关于这对关系的讨论主要有三种观点。

（1）强调党内和谐对于社会和谐的重要性；（2）要重视解决党内和谐存在的问题；（3）只有改革党的领导制度和党内体制才能实现党内和谐。

结论：上述讨论实际上涉及构建社会主义和谐社会与政治体制改革的关系。因为党的自身改革是政治体制改革最为关键同时也是最为敏感的内容。对于政治体制改革，多数人的观点：一是不能不改，二是深化政治体制改革要十分谨慎。

五、关于构建社会主义和谐社会与体制改革

对这对关系的讨论主要有两种观点。

1. 暂缓改革论。这种观点认为，面对如此复杂的外部环境和国内发展遇到这么多的问题，为保持社会稳定和维护社会和谐要暂缓改革，至少是不能再加大体制改革的力度。

2. 加大改革力度论。这个观点也不否认当前我国经济社会发展过程中遇到的问题、困难。但是认为只能用发展和改革的办法解决前进中的问题。因此，要加大改革的力度。

在围绕要加大体制改革力度的讨论中有两种观点要引起注意，即我国今后改革的重点是什么。

一是认为重点是社会体制改革。这种观点认为我国目前的社会体制是与计划经济相适应的。已经严重不适应构建社会主义和谐社会的要求。必须把它摆在优先改革的议程。

二是认为重点是政府职能转变和财税体制、金融体制改革。这种观点是从十六届四中全会提出的要创新社会管理体制引申出来的。认为政府职能转变尤其是财税体制、金融体制改革，直接关系构建社会主义和谐社会的成效。

结论：上述讨论反映了我国经济体制改革确实已经处于攻坚阶段。如何突破这个阶段，无疑要有新思路、新举措。

在新的历史起点上推进科学发展社会和谐*

经过30年改革开放和现代化建设，尤其是进入新世纪新阶段后的这几年的发展，我们国家正站在一个新的历史起点上。全面认识这新的历史起点，清醒地看到当前遇到的困难和问题，明确今后我国进一步推动科学发展、促进社会和谐的战略思路，这对于我们实现全面建设小康社会奋斗目标的新要求，不断发展中国特色社会主义事业具有重要的意义。

一、全面认识新的历史起点上已经取得的成就和面临的困难和问题

1. 已经取得的成就。

（1）进入新世纪新阶段以来全面建设小康社会有了

* 本文发表于《中共福建省委党校学报》2008年第6期。

新的进展。经济快速增长，经济总量增大，为科学发展、社会和谐提供了扎实的物质基础。新世纪新阶段以来，我国经济发展的明显特点是增速较快，波动较小。增长速度和波动幅度这是国际上通行的评价经济发展的重要指标。从增速上看，2007 年我国 GDP 达 24.66 万亿元。按不变价格计算，比 2006 年增长 11.4 个百分点，是 2000 年的 1.96 倍（这意味着我们可以提前 3 年实现翻一番）。2003—2007 年 GDP 年均增速为 10.06 个百分点（为同期世界所没有），2006 年我国就成为世界上第四大经济体。从波幅上看，2002 年至 2007 年间平均波幅为 0.48 个百分点。根据我国经济学界的普遍认识，这几年我国经济发展增速较快，波动较小，说明执政党和中央政府驾驭经济发展的能力明显提高。这几年经济总量大幅度增长为今后我国科学发展、社会和谐提供了扎实的物质基础。

（2）供求结构改善和消费结构升级，为科学发展、社会和谐提供了较好的供求基础。供求和消费既是经济发展的重要动力又是评价经济的重要指标。新世纪新阶段以来，我国供给结构明显改善的标志是基础产业和基础设施建设迅速发展，供给能力大幅度提高。一大批关系国计民生的重点建设项目竣工投产。如，到 2007 年年底，“五纵七横”的国道主干线基本贯通，我国已形成了覆盖全国、通达世界的信息通信基础网络。网络规模世界第一，互联网网民人数已达 2.2 亿，为世界第一。5 年来，随着我国人均收入水平的提高，城乡居民的消费结构也在优化。我国在 2001 年人均 GDP 突破 1000 美元后，2006 年又突破了2000美元。与此同时，恩格尔系数逐步下降，以住房和汽车为代表的消费结构升级，表明人们的生活方式正在从生存型向发展型和享受型升级，这是经济发展的重要动力，也为今后的科学发展、社会和谐提供了较好的供求基础。

（3）社会事业得到重视和加强，为科学发展、社会和谐提供了较好的社会基础。新世纪新阶段以来，我国社会事业发展的突出特点是更加体现以人为本的理念。从人民群众最关心最直接最现实的问题入手，来解决改善民生问题。党的十七大明确提出，要加快改善以民生为重点的社会建设。教育方面，全面实现了农村免费义务教育。基本普及九年制义务教育和基本扫除青壮年文盲（简称“两基”）的攻坚计划已如期完成。职业教育、普通高中教育和高等教育等继续发展。医疗卫生方面，自2003年取得抗击非典疫情胜利以来，我国重大疾病防控体系和突发公共卫生事件医疗救治体系已经基本建立起来了。多层次的医疗保障体系初步形成，尤其是新型农村合作医疗保险试点范围进一步扩大。我国人均预期寿命达72.5岁，比发展中国家高出6.4岁。社会事业方面，低水平广覆盖的城乡居民社会保障体系正在加快建立；就业总量不断扩大，失业得到了控制；社会管理不断加强和改善；等等。从而为今后科学发展、社会和谐提供了较好的社会基础。

（4）改革开放不断深化，为科学发展、社会和谐提供了重要的体制基础。新世纪新阶段以来，我国改革开放的主要任务已由建立社会主义市场经济体制转入完善市场经济体制。其特点是制度性建设进一步深化，经济活力明显增强。以公有制为主体，多种所有制共同发展的基本经济制度得到不断完善。市场在资源配置中的基础性作用得到了进一步的发挥。财税、金融等体制改革不断深化。自2001年年底我国加入世界贸易组织至今，过渡期已经结束，开放型经济进入了新的发展阶段。

综上所述，我们主要是从经济社会发展方面概述新世纪新阶段取得的成就。与此同时，5年来我国在民主政治建设、文化建设和党的建设等领域也取得了显著的成就，这一切都为我国今后的进一步推动科学发展、促进社会和谐奠定了政治文化和组织基础。

2. **主要困难和问题**。与此同时，我们也要清醒地看到继续推进科学发展、促进社会和谐面临的主要困难和问题。

（1）虽然经济总量大，但生产力水平总体不高。前已论述，经过近30年改革开放和现代化建设从经济总量上看，到2006年年底我国已经是世界第四大经济体。但是生产力水平总体不高。根据国际通行的标准，人均GDP和经济效率等是衡量生产力总体水平的重要指标，而恰恰这两项指标我国居世界后列。根据世界银行的统计，2006年我国人均GDP为2010美元，在世界排名第129位。劳动生产率的绝对水平底，2005年为11625美元，在79个国家中排名69位，是经济合作与发展组织（OECD）国家的1/6。

（2）工业化速度加快，但结构性矛盾未根本改变。

当前我国在加快工业化、城镇化发展过程中结构性矛盾凸显了。总需求结构矛盾表现为：投资规模过大，消费需求相对不足，尤其是广大农民和城镇低收入者的收入水平低，消费能力不强。总供给结构矛盾表现为：第二产业如工业尤其重化工业比重偏大，第三产业即服务业比重偏低，第一产业即农业基础薄弱的状况尚未根本改变。

（3）经济快速发展，但资源环境压力大。这个矛盾和问题已尖锐地摆在我们面前。粗放型的经济发展方式未得到根本改变，“四高、一多”即高投入、高能耗、高物耗、高污染、多占地的状况仍很严重，节能减排的形势严峻。“十一五”规划头一年的节能减排任务未能完成，2007 年节能减排的形势不容乐观。土地是我国的特殊资源。只有在保住 18 亿亩耕地的条件下才能保证我国经济和社会安全。但是这几年由于种种原因耕地锐减，我国耕地减少的压力直逼 18 亿亩这条红线，对此要引起我们高度重视。

（4）人民生活总体得到提高，但民生方面存在的问题不少。新世纪新阶段以来，我国人民群众的总体生活水平又有了新的改善和提高，这是绝大多数人都能感受到的现实。而同样不能否认的现实是，涉及群众切身利益即民生问题仍然很多。主要是：收入分配差距拉大的趋势还未得到根本扭转。城乡之间，区域之间、行业之间、群体之间等的收入差距还有扩大的趋势。城乡贫困人口和低收入人口还有相当数量。按照我国的标准，农村绝对贫困人口目前还有 2000 多万，城市列入最低生活保障范围的低收入人口目前也还有2000多万。如果按联合国的标准，我国贫困和低收入人口的数字就更大了。

二、推动科学发展、促进社会和谐的战略思路

全面分析了新世纪新阶段以来我们取得的成就和存在的矛盾、困难和问题，我们就会深切体会到当前我国处于机遇与挑战并存、机遇大于挑战的时期。根据十七大提出的重大战略思想和重大工作部署，结合实现全面建设小康社会奋斗目标的新要求，我们认为，今后要进一步推进我国科学发展，促进社会和谐必须确立以下几条重要的战略思路。

1. **扎扎实实地全面贯彻落实科学发展观。**党的十七大对科学发展观作了政治定位和理论定位。政治定位是指十七大全面论述了科学发展观并且把它写入党章。理论定位是指对科学发展观的实践基础、科学内涵、精神实质、根本要求等作了进一步展开论述。科学发展观是中国特色社会主义理论体系的最新成果，是我国经济社会发展的重要指导方针，是发展中国特色社会主义必须坚持和贯彻的重大战略思想。因此，全面贯彻落实科学发展观就是坚持用发展着的马克思主义来指导客观世界和主观世界的改造。

但是，我们也要看到任何好的战略思想、正确的方针和政策如果不把它们落到实处，那么也只是纸上谈兵，是起不了什么实际作用的。扎扎实实地全面贯彻落实科学发

展观关键要解决两个问题。一是观念问题。虽然需要解决的观念问题不少，比如政绩观、人才观等。但是当前要着力解决的观念问题是要大力倡导和树立全局观念。这是因为中央的宏观调控决策是把科学发展观落到实处的重要手段。因此，全面贯彻落实科学发展观要求各级领导必须坚决执行中央的宏观调控决策，这就需要有全局观念。因为在局部或某些地区行得通或能做的事，从国家宏观调控角度来看，可能是行不通或不能做的事。这就需要各级领导要有全局观念，正确处理全局与局部，中央和地方的关系。所以，从这个意义上说，对待中央宏观调控决策的态度就是对待科学发展观的态度。胡锦涛同志曾经指出，不谋全局者不足以谋一域。党的十七大和十七大通过的党章都要求共产党员要认真学习科学发展观，要求领导干部带头贯彻落实科学发展观。二是体制改革。也就是需要改革我国现行的某些体制和机制。因为体制和机制更带有根本性、全局性、稳定性和长期性。近几年的实践证明：大胆地对现行某些体制和机制进行改革对贯彻落实科学发展观产生了十分积极的影响。如，2005 年中央组织部出台的《体现科学发展观要求的地方党政领导班子和领导干部综合考核评价试行办法》（简称《试行办法》）公布后，在党政干部中震动很大，效果很好。因为《试行办法》克服了以往考核领导干部政绩的不完整性，并且对领导干部的要求具体化、规范化、制度化了。现在大家都看到了，需要改革我国现有的财税体制。这是因为现有财税体制的某些制度安排，容易导致对第二产业的“投资饥渴”。因为发展第二产业能给地方政府带来可观的财税来源。所以，如果不改革现行的某些财税制度，那么贯彻落实科学发展观就要打折扣。

2. **努力加快转变经济发展方式。**加快转变经济发展方式既是十七大提出的重大的理论创新观点，又是继续推进我国今后科学发展、社会和谐的重要战略思路。从转变经济增长方式到转变经济发展方式，虽然只有两个字的变动，其内涵十分丰富。因为转变经济发展方式，其内涵除了包括转变经济增长方式的全部内容外，还对经济发展的理念、目的、战略、途径等提出了新的更高的要求。加快转变经济发展方式根本是坚持走中国特色新型工业化道路，关键是大力推进经济结构战略性调整。为此要促进经济增长由主要依靠投资、出口拉动向依靠消费、投资、出口协调拉动转变，由主要依靠第二产业带动向依靠第一、第二、第三产业协同带动转变，由主要依靠增加物质和资源消耗向主要依靠科技进步、劳动者素质提高、管理创新转变。只有做到了这“三个转变”才能实现经济又好又快发展，而这对于推动我国科学发展、促进社会和谐有着十分重要的意义。我国2008年经济工作的总要求体现这个战略思路：紧紧围绕转变经济发展方式和完善社会主义市场经济体制，继续加强和改善宏观调控，积极推进改革开放和自主创新，着力优化经济结构和提高经济增长质量，切实加强节能减排和生态环境保护，更加注重改善民生和促进社会和谐，推动国民经济又好又快发展。

3. **要进一步从整体上推进改革开放。**无论是全面贯彻落实科学发展观，还是加快转变经济发展方式，都要求我们要进一步从整体上推进改革开放。新时期最鲜明的特点是改革开放。改革开放是决定当代中国命运的关键抉择，是发展中国特色社会主义、实现中华民族伟大复兴的必由之路。1978 年以来，我国改革开放走的是一条渐进式的路子。在改革的对策上，是采取自下而上，先易后难、从农村到城市、从经济领域到政治等其他领域。在开放格局上，采取的是从沿海到沿江沿边，从东部到中西部，从“引进来”到“走出去”。这种渐进性改革取得了很大成功，已引起了世界各国的关注和研究。

前已述及，进入新世纪新阶段，我国改革开放遇到了一系列两难问题，也就是说遇到了一些内外交织、上下关联的难题。这些难题涉及面广，关联性强，牵一发动全身。因此，仅仅靠局部或某个领域的改革是无法解决这些两难问题的。尤其需要重视的是，随着改革进入攻坚时期，改革和发展的受益群体面出现了缩小的趋势，即与改革开放初期相比，改革受益的普惠面在缩减，而且出现了既得利益群体。我国对外开放也遇到了涉及经济和国家安全方面的难题。如，次贷危机、油价暴涨、美元贬值等等。因此，我们只有通过从总体上推进改革开放才能解决当前已经遇到的和今后可能遇到的这些带有两难特点的矛盾和问题。总之，进一步从总体上推进改革开放，要求我们对已经遇到的错综复杂的难题进行整体规划、重点突破、抓住时机、果断前行。

4. 要继续重视和着力改善民生。社会建设与人民幸福安康息息相关。社会建设的目的就是要把我们党以人为本的理念落到实处，社会建设的核心就是解决民生问题。社会建设的重要目的就是要确保每位社会成员的生活底线，确保他们的基本权益和公平的发展机会，从而为科学发展、社会和谐创造好的社会条件。正因为如此，我们党越来越重视民生问题。

党的十七大首次把社会建设的目标单独作为全面建设小康社会奋斗目标的一个重要部分加以论述，这是十七大报告的亮点。十七大指出，我国到 2020 年现代国民教育体系更加完善，终身教育体系基本形成，社会就业更加充分。覆盖城乡居民的社会保障体系基本建立，人人享有基本生活保障。合理有序的收入分配格局基本形成，中等收入者占多数。人人享有基本医疗卫生服务。社会管理体系更加健全。十七大报告的第八部分专门论述了加快推进以改善民生为重点的社会建设。十七大还未闭幕，这一部分内容刚公布立即引起普通民众的高度关注，因为其中提出的“五个有”：学有所教、劳有所得、病有所医、老有所养、住有所居，都直接关系到人民群众的幸福安康。

当然，我们在推进以改善民生为重点的社会建设过程中一定要坚持尽力而为、量力而行的原则。既然民生问题如此重要，作为执政党和政府在继续引领发展的同时，无疑要把社会建设摆在更加重要的位置。但是也要充分把握我国的国情，要认识到实现我国工业化、社会化、市场化和现代化的长期性和艰巨性，要考虑现阶段经济发展水平和各方面的承受能力，坚持量力而行的原则，即要循序渐进逐步解决民生问题。之所以强调量力而行，还因为根据世界各国发展的经验，社会建设尤其是福利水平的提高与发展经济不同，经济发展历来是一条波动的曲线，即有升有降这都是正常的。而社会保障和福利水平的提高则呈“棘轮效应”（棘轮是一种只能前进不能后退的齿轮），也就是说社会保障和福利水平上去后就下不来了。因此，一定要从我国实际出发，形成中国特色的社会保障和福利模式。

当然，实现全面建设小康社会奋斗目标的新要求，进一步推进我国科学发展、社会和谐的战略思路，不仅只有这四条，还要有不可或缺的前提条件和其他方面的内容。这前提条件就是始终不渝地把发展作为执政兴国的第一要务和贯彻落实科学发展观的第一要义。还要使经济社会发展要与民主政治和文化建设相协调，要以改革创新的精神进一步加强党的自身建设等。但是以上这四条战略思路，对于在新的历史起点上继续推动我国科学发展、促进社会和谐，无疑是十分重要的。

关于科学社会主义与党的建设

GUANYU KEXUE SHEHUI ZHUYI
YU DANG DE JIANSHE

科学社会主义形成和发展的第一个50年*

从19世纪中叶到19世纪末，这是世界社会主义发展史上极其重要的时期，也是科学社会主义形成和发展的第一个50年。从科学社会主义发展史上看，由于马克思恩格斯创立了唯物史观和剩余价值学说，从而使源远流长的空想社会主义学说终于发展为科学的理论。科学社会主义一经产生就被工人阶级和广大劳苦大众所接受并获得了广泛的传播，从而显示出了它强大的生命力。科学社会主义在1848年欧洲革命和1871年巴黎公社革命的实践中经受了检验并获得了发展。19世纪末，恩格斯根据当时资本主义发生的新变化和工人运动的实际情况，对马克思主义进行了深入的研究和全面的梳理，在哲学、政治经济学尤其是科学社会主义方面发展了马克思主义，形成了科学社会主义发展史上一个相对独立的重要阶段，即恩格斯晚年

* 本文发表于《科学社会主义》2007年第4期。

思想。

从国际工人运动史上看，这一时期也是极为重要的发展阶段。19 世纪中叶，资本主义在欧洲主要国家迅速发展，资本主义基本矛盾已经暴露，资产阶级与无产阶级之间的斗争开始尖锐。于是掀起了此起彼伏的工人运动浪潮。1846 年前后爆发的欧洲三大工人运动，表明工人阶级已经作为独立的政治力量登上了历史舞台。科学社会主义与工人运动的初步结合产生了世界上第一个无产阶级政党——共产主义者同盟。各国工人运动相互呼应相互支持，从而力量不断壮大。1871 年 3 月 12 日爆发的巴黎公社革命是无产阶级同资产阶级之间第一次正面搏斗。欧洲各国工人运动虽然因巴黎公社革命失败而遭受重大挫折，但并没有消失。各国工人阶级继续积聚力量，团结合作。在马克思恩格斯的领导下，成立了第一国际并根据资本主义发展的新形势采取新的策略，工人阶级准备迎接新一轮的战斗。

从人物编年史上看，这一时期是社会主义杰出人物辈出和他们的伟大思想产生和发展的时期，也是他们重要的活动期。最有代表性的是马克思和恩格斯。19 世纪 40 年代上半期，马克思恩格斯完成了从唯心主义向唯物主义，从革命民主主义向共产主义的转变（简称“两个转变”）。他们在批判地吸收人类一切优秀文明成果的基础上创立了历史唯物主义。19 世纪 50 年代末，马克思恩格斯又创立了剩余价值学说。这两大发现使社会主义从空想发展为科学。马克思恩格斯在总结 1848 年欧洲革命和 1871 年巴黎公社革命经验的基础上，丰富和发展了马克思主义学说尤其是科学社会主义。这一时期与马克思恩格斯同时代的著名的思想家、活动家有李卜克内西、倍倍尔、拉法格、考茨基和普列汉诺夫等。他们都为科学社会主义思想的传播和发展以及工人运动的推进做出了自己的贡献。科学社会主义不是温室里的花朵，而是经受了暴风骤雨洗礼的青松。它是在反对资产阶级的反动统治，领导工人阶级运动和同形形色色错误思潮的斗争中发展壮大起来的。这一时期马克思恩格斯深刻批判了蒲鲁东主义、工联主义、拉萨尔主义、巴枯宁主义等流派。从而大大地启发了工人阶级的思想觉悟，提升了无产阶级政党的理论水平，从而也丰富和发展了科学社会主义自身。本文从上述“三史”的结合上，论述科学社会主义形成和发展的第一个50年，并从中引出几点规律性的结论。

一

在马克思恩格斯实现“两个转变”过程中有三部代表作值得我们重视和研究。一是《〈黑格尔法哲学批判〉导言》（简称《导言》）。在《导言》中马克思深入批判黑格尔的法哲学并作出了唯物主义的重要结论：法的关系正像国家的形式一样，既不能从它们本身来理解，也不能从所谓人类的一般发展来理解。相反，它们根源于物质的生活关系。《导言》第一次表述了无产阶级作为旧制度的变革者和新制度的创造者的历史使命的思想。深刻阐述了先进理论的革命性作用。“批判的武器当然不能代替武器的批判，物质力量只能用物质力量来摧毁；但是理论一经掌握群众，也会变成物质力量”，“哲学把无产阶级当作自己的物质武器，同样，无产阶级也把哲学当作自己的精神武器。”二是《1844 年经济学哲学手稿》（简称《手稿》）。在《手稿》中马克思把当时德国哲学界广泛使用的异化概念引入对社会关系的分析。他认为异化劳动有四个特征：第一，工人同自己的劳动产品相异化。第二，工人同自己的生产活动相异化。第三，人同自己类的本质相异化。第四，人与人相异化。马克思指出，私有财产是一切异化的根本原因，又是劳动异化的必然结果。因此，只有扬弃私有财产才能结束异化劳动。异化劳动的提法是马克思关于雇佣劳动的最初表达形式，在他创立剩余价值理论后，就很少使用这个概念了。三是《德意志意识形态》。这是马克思与恩格斯合写的著作。此书第一次比较系统地论述了唯物史观的基本原理。马克思恩格斯阐明了物质生产在人类历史发展中的决定作用。他们认为，人类历史的第一个前提就是必须生存。为此人们首先需要衣食住等。因此，人类第一个历史活动就是生产活动。他们在此书中还考察了政治上层建筑，并从资本主义社会生产力和生产关系的矛盾运动中得出了共产主义必然取代资本主义的结论。马克思恩格斯在此书中还概述了未来共产主义的特征。如私有制的消灭，阶级划分和阶级统治的消灭，城乡对立以及脑力劳动和体力劳动差别的消灭，个人将获得自由全面发展。

标志科学社会主义诞生的是《共产党宣言》（简称《宣言》）的发表。1847年1月，马克思恩格斯接受正义者同盟领导人的要求，加入了同盟，并着手将正义者同盟改组为共产主义者同盟。同年10月，恩格斯在《共产主义信条草案》的基础上写成了《共产主义原理》（简称《原理》）。1847年年底，同盟召开的第二次代表大会再次委托马克思恩格斯起草一篇供发表的纲领，这就是《共产党宣言》。《宣言》是在《原理》的基础上写成的。它吸收了《原理》的基本内容，不采用《原理》中的问答形式。《宣言》简明扼要地阐述了马克思主义的基本原理。《宣言》阐明了马克思主义关于阶级斗争的理论，详尽分析了资产阶级产生、发展的过程，肯定了资产阶级在历史上起过非常革命的作用；《宣言》分析了无产阶级的历史地位和历史使命，作出了“资产阶级的灭亡和无产阶级的胜利同样是不可避免的”（简称“两个必然”）的结论；《宣言》初步阐述了无产阶级专政的思想，奠定了关于无产阶级政党学说的基础。马克思恩格斯在《宣言》中第一次论述了共产党的先进性。“在实践方面，共产党人是各国工人政党中最坚决的、始终起推动作用的部分；在理论方面，他们胜过其余无产阶级群众的地方在于他们了解无产阶级运动的条件、进程和一般结果。”《宣言》还论述了无产阶级夺取政权后的主要任务，并且指出了未来社会“将是这样一个联合体，在那里，每个人的自由发展是一切人的自由发展的条件”；《宣言》还剖析了当时流行的各种社会主义思潮，揭示了这些流派的错误实质；《宣言》还阐明了共产党人对各种反对派的态度，从而奠定了马克思主义战略策略理论的基础。

《共产党宣言》是划时代的文献。正如恩格斯在1888年英文版序言中指出的，“《宣言》的历史在很大程度上反映着现代工人阶级运动的历史；现在，它无疑是全部社会主义文献中传播最广和最具有国际性的著作，是从西伯利亚到加利福尼亚的千百万工人公认的共同纲领”，“不管最近25年来的情况发生了多大的变化，这个《宣言》中所阐述的一般原理整个说来直到现在还是完全正确的”。同时，恩格斯也明确指出，对于《宣言》基本原理的实际运用“随时随地都要以当时的历史条件为转移”。

二

1848年欧洲革命失败后，工人运动和民主运动一度沉寂。到了19世纪50年代末和60年代初又开始重新高涨。在这个历史背景下，于1864年9月成立了无产阶级第一个群众性的国际组织——第一国际，马克思和恩格斯是第一国际的实际领导核心。

这一时期马克思主要潜心研究政治经济学。他撰写了《资本论》第一、第二、第三卷的手稿，创立了剩余价值学说，实现了政治经济学的根本变革。1862年《资本论》第一卷出版，为工人阶级的斗争提供了锐利的思想武器。恩格斯称《资本论》是工人阶级的《圣经》。

马克思在《资本论》第一卷的序言和第二版的跋中，

明确界定了该书研究的对象是资本主义生产方式以及和它相适应的生产关系和交换关系。鲜明地指出《资本论》研究的目的，就是揭示资本主义社会的经济规律。马克思在《资本论》中严密论证了剩余价值的生产、流通和分配的过程和规律。剩余价值理论是马克思主义政治经济学的基石。它揭示了资本主义经济制度的本质和劳动与资本之间的对抗关系，并得出结论：资本主义社会生产资料的集中和劳动的社会化，达到了同它们的资本主义外壳不能相容的地步，这个外壳将被炸毁，资本主义私有制的丧钟必将敲响。

恩格斯高度评价了马克思创立剩余价值学说的伟大意义。恩格斯指出，正是马克思详尽地叙述并揭示了剩余价值形成的实际过程，这是马克思之前的任何一个人都没有做到的；马克思用自己的剩余价值理论完成了政治经济学史上的革命。这“是马克思著作的划时代的功绩。这个问题的解决使明亮的阳光照进了经济学的各个领域，而在这个领域中，从前社会主义者也曾像资产阶级经济学家一样在深沉的黑暗中摸索。科学社会主义就是以这个问题的解决为起点，并以此为中心的。”①

这一期间，马克思还有两篇重要代表作。一是《〈政治经济学批判〉导言》。在《导言》中马克思阐明了政治经济学研究的对象和方法。论述了生产、分配、交换、消费之间的辩证统一关系。马克思还论述了政治经济学的从

① 《马克思恩格斯文集》第9卷，人民出版社2009年版，第212页。

抽象上升到具体的方法。二是《〈政治经济学批判〉序言》。在《序言》中马克思阐述了历史唯物主义的一系列重要原理。马克思在《序言》中还提出了“两个决不会”的论断。“无论哪一个社会形态，在它所能容纳的全部生产力发挥出来以前，是决不会灭亡的；而新的更高的生产关系，在它的物质存在条件在旧社会的胎胞里成熟以前，是决不会出现的。”马克思提出的“两个决不会”与《共产党宣言》中论证的“两个必然”的结论相得益彰，共同构成了科学社会主义的核心。

马克思为第一国际起草的《国际工人协会成立宣言》和《国际工人协会共同章程》是这一时期科学社会主义与工人运动相结合的产物。反映了这一时期工人运动的水平。马克思为了让第一国际中的各种派别都能接受《成立宣言》，在措词上作了灵活的处理。体现了马克思的策略思想，即“实质上坚决、形式上温和”。《共同章程》也鲜明地体现了马克思的重要思想：工人阶级的解放应该由工人阶级自己去争取。工人阶级的解放斗争不是要争取阶级特权和垄断权，而是要消灭一切阶级统治。经济解放是工人阶级的伟大目标，政治运动是实现这一目标的手段，等。

恩格斯1870年2月为他1850年发表的《德国农民战争》20年而写的第二版序言及其补充中，深刻指出了科学社会主义理论对于工人阶级运动所具有的极为重要的意义。恩格斯指出，无产阶级政党只有用科学社会主义理论武装起来并把它与革命斗争的实践结合起来，才能担负起自己的历史使命。并且特别强调党的领导人深入钻研理论的重要性。恩格斯指出，“特别是领袖们有责任越来越透彻地理解种种理论问题，越来越多彻底地摆脱那些属于旧世界观的传统言辞的影响，并且时刻注意到：社会主义自从成为科学以来，就要求人们把它当作科学来看待，就是说，要求人们去研究它。”①

三

从19世纪70年代开始到80年代中期，是资本主义开始由自由竞争向垄断过渡的时期。这一时期资本主义体系的内部矛盾以及主要资本主义国家间的相互竞争尖锐化了。在这个背景下，于1871年3月12日爆发了巴黎公社革命。这是无产阶级为建立自己的统治而进行的第一次英勇尝试，也是无产阶级同资产阶级第一次正面搏斗。但仅存72天就被镇压下去了。马克思为叙述和总结巴黎公社革命而写的《法兰西内战》（简称《内战》）。是这一时期科学社会主义的重要代表作。

马克思在《内战》中叙述了巴黎公社起义、成功和被残酷镇压的过程，总结了巴黎公社的经验教训。从而发展了关于无产阶级的革命，国家和专政的学说。论述了无产阶级夺取政权后应采取的经济社会政策等。《内战》的重要理论贡献在于：马克思发现了在无产阶级革命中要用

① 《马克思恩格斯文集》第2卷，人民出版社2009年版，第219页。

巴黎公社这样的政权来代替资产阶级国家机器。因为巴黎公社政权“实质上是工人阶级的政府”。在马克思看来，未来无产阶级国家是崭新的民主国家。马克思在《内战》中深刻地论述了无产阶级的同盟军问题。他认为，工人阶级没有农民的支持就不能取得革命的胜利。工人阶级与非无产阶级群众首先是劳动农民的联盟，是无产阶级建设新的社会制度的重要条件。马克思还指出，无产阶级夺取政权之后所实行的经济社会变革既不能用行政或法令来实现，又需要经历一个很长的历史变革过程。总之，巴黎公社革命的爆发和马克思恩格斯对巴黎公社经验教训的总结是这一时期科学社会主义发展的标志。正如列宁在1908年写的《公社的教训》中指出，巴黎公社“不失为19世纪最伟大的无产阶级运动的最伟大的典范”。

这一时期马克思恩格斯在反对蒲鲁东主义、拉萨尔主义和巴枯宁主义等机会主义错误中写下了重要的代表作。如《哲学的贫困》、《论住宅问题》和《论权威》等。在这些著作中马克思恩格斯指出，无产阶级专政是最终消灭资本主义社会和建立共产主义社会的决定性前提。而无产阶级要组织成为独立的政党是实行无产阶级专政的基本条件。恩格斯这一时期还研究了农业的社会主义改造问题。第一次指出，在无产阶级夺取政权后农民将通过合作社组织成集体经济。至于改造的具体方法，只能留给后人去完成。

这一时期马克思恩格斯逐步形成了关于东方社会发展道路的理论。这个理论在科学社会主义发展史上占有重要的地位。关于东方社会发展道路问题是马克思恩格斯在撰写《资本论》第三卷和研究俄国国内问题基础上提出来的。但是，对这个问题的论述并不集中，而是散见于他们这一时期的著作、论文、手稿和书信中。

恩格斯在《流亡者文献》的第三、第四、第五篇的文章中批评了俄国民粹派的小资产阶级的空想观点，阐述了对俄国的社会经济关系和革命前景的看法。恩格斯指出，土地公社所有制并不是俄国特有的现象，而是一种古老的社会制度（马克思称之为亚细亚生产方式），俄国村社的普遍存在，说明了俄国农村中的社会关系落后。随着资本主义的发展，土地公社所有制必然会瓦解。但是，恩格斯并不否认俄国有可能不经过资产阶级的小块土地所有制这个中间阶段向社会主义过渡。但这种过渡只有在下述情况下才有可能：西欧胜利地完成了无产阶级革命，而这个革命会给俄国农民提供实现这种过渡的必要条件。恩格斯的这个重要思想后来在1894年写的（《论俄国的社会问题》跋）中有进一步展开。

马克思为撰写《资本论》第三卷“地租篇”而大量阅读了西欧以外的历史资料。他被古老东方国家的亚细亚生产方式所吸引，曾一度中断写作并作了大量的笔记和摘录（学术界称之为《人类学笔记》）。可以看出，马克思准备写一部关于东方社会发展道路的巨著。但是，他没有完成这一宏愿就去世了。即便如此，马克思晚年在研究俄国社会问题的有关书信中已经明确地表达了上述思想。马克思1881年在《给〈祖国纪事〉杂志编辑部的信》和

《给维·伊·查苏利奇的信》及其初稿中，阐述了俄国村社的前景和历史作用以及俄国资本主义发展的命运问题：“或者是它所包含的私有制因素战胜集体因素，或者是后者战胜前者。先验地说，两种结局都是可能的，但是，对于其中任何一种，显然都必须有完全不同的历史环境。一切都取决于它所处的历史环境。”于是马克思得出重要的结论：俄国有可能不通过资本主义制度的卡夫丁峡谷过渡到高级形式的社会，而把资本主义制度的一切积极成果用到公社中来。马克思恩格斯在《共产党宣言》1882 年俄文第二版序言中更加明确指出了俄国不经历资本主义发展的必要前提。“假如俄国革命将成为西方无产阶级革命的信号而双方互相补充的话，那么现今的俄国土地公有制便能成为共产主义发展的起点。”①

在上述两封信中，马克思坚决不同意把他在《资本论》中关于西欧资本主义起源的历史概述扩展为一般发展道路的历史哲学理论。马克思指出，按照这种逻辑，似乎一切民族不管它们所处的历史环境如何，都注定要走西欧这条道路。马克思不同意对历史现象进行简单的类比，指出极为相似的事情在不同的历史环境中出现时也会导致完全不同的结果。马克思在第一封信中还指出，共产主义社会的实质是“在保证社会劳动生产力极高度发展的同时，又保证每个生产者个人最全面的发展”。当然，对于马克思恩格斯的东方社会发展道路理论在科学社会主义发

① 《马克思恩格斯文集》第 2 卷，人民出版社 2009 年版，第 8 页。

展史上的地位要做恰如其分的评价，既不能忽略，又不要拔高。

四

从19世纪80年代初到19世纪90年代末，是资本主义自由竞争转入垄断发展的时期。这一时期资本主义各国之间的斗争加剧，劳动人民的生活状况恶化，无产阶级为未来的革命正在积聚力量。以科学社会主义为指导的独立的各国工人阶级政党在欧洲多数国家建立并得到巩固以及在不同程度上取得发展。1889年7月成立了国际无产阶级组织，即第二国际。

马克思于1883年3月14日逝世。此后，恩格斯担负起领导国际工人运动的使命。恩格斯根据当时资本主义发展的新情况和工人运动发展的需要，在深入研究马克思的理论和总结历史经验的基础上，在哲学、政治经济学尤其是科学社会主义等方面全方位地发展了马克思主义。

在哲学方面，恩格斯对马克思主义发展的代表作有：《家庭、私有制和国家的起源》（简称《起源》）、《路德维希·费尔巴哈和德国古典哲学的终结》（简称《终结》）和《自然辩证法》等。在《起源》一书中，恩格斯进一步展开和发挥了马克思的历史唯物主义。《起源》一书充分利用了马克思生前对摩尔根《古代社会》所作的摘要和批语，而且恩格斯本人也补充了大量的资料。恩格斯在《起源》中论述了唯物史观关于历史发展的决定性因素，归根结蒂是直接生活的生产和再生产。但是，生产本身又有两种。一方面是生活资料的生产；另一方面是人的自身的生产，即种的蕃衍；恩格斯在分析了私有制产生和发展过程后推翻了资产阶级学者鼓吹的私有制古已有之和永恒存在的错误观点，并且揭示了国家的起源和实质。

在《终结》一书中，恩格斯阐述了哲学研究的对象和功能。提出了全部哲学，特别是近代哲学的基本问题，是思维和存在的关系问题；他对黑格尔和费尔巴哈的哲学理论作了全面而深刻的剖析。并且着重阐述了马克思主义哲学与它们的批判继承关系；恩格斯还详细地考察并揭示了社会发展的客观规律，从而阐明了唯物史观的基本原理。需要指出的是，恩格斯晚年对唯物史观的丰富和创新集中体现在他提出了社会历史发展的“合力论”。恩格斯还指出“如果不把唯物主义方法当作研究历史的指南，而把它当作现成的公式，按照它来剪裁各种历史事实，那它就会转变为自己的对立物”。

《自然辩证法》是由 10 篇论文和札记等组成的。虽然是一部未完成的著作，但是恩格斯在书中提出和论述的许多观点是对马克思主义辩证法的补充和发展。比如，支配着历史发展中的辩证法规律也是贯串于人类思维发展中的规律。又比如，自然科学家尽管可以采取他们所愿意采取的态度，但他们还是得受哲学支配。还比如，劳动创造了人本身，要保持人与自然界的和谐关系是客观规律，等等。

在政治经济学方面，恩格斯的贡献主要有二：一是他付出了大量时间和精力整理马克思的遗著《资本论》第二卷和第三卷手稿。恩格斯在为战友马克思铸造这座理论丰碑时无意中也把自己的名字镌刻在上面。二是对资本主义经济发展中的新现象作了深入的观察和思考，并且提出了许多重要的理论创新观点。恩格斯看到了此时资本主义经济发展已经不同于40多年前的状况。他深刻指出，现代政治经济学的规律之一就是：资本主义生产越发展，它就越不能采用作为它早期阶段的特征的那些小的哄骗和欺诈手段。因此，今天认识工人阶级处境悲惨的原因不应当到“这些小的弊病中去寻找，而应当到资本主义制度本身中去寻找”。恩格斯从社会化大生产发展的角度，预见到资本主义经济发展将出现垄断的趋势，虽然他还没有明确使用垄断阶段这个概念；恩格斯对马克思生前所未见过的、较为成熟的资本主义股份公司作了深刻分析。指出，这是资本主义生产方式在其生产关系范围内的“自行扬弃”。恩格斯还对股份资本和虚拟资本作了重要的论述。

在科学社会主义方面，恩格斯晚年对马克思主义的卓越发展主要体现在五个方面：一是根据当时资本主义发展还处在相对稳定时期，恩格斯对无产阶级革命形势和斗争策略进行了深层思考，提出了他前所未提的观点。比如，要重视利用资产阶级民主和普选权来为实现工人阶级政党的目标服务。既要反对一概拒绝议会斗争，又要反对迷信“和平长入社会主义”。同时，恩格斯对他和马克思在19世纪中叶关于当时革命形势判断上的错误作了自我批评。二是探讨了未来无产阶级专政的国家形式。改变了先前在总结巴黎公社革命经验时提出的关于“议行合一”的认识。认为“共和国是无产阶级将来进行统治的现成的政治形式”。三是提出了无产阶级夺取政权以后，对农业进行社会主义改造的构想。四是高度重视工人阶级政党自身建设。尤其是要重视理论建设。五是恩格斯还预测了未来世界战争爆发的危险性，为工人阶级政党制定了反对战争、维护和平和一旦爆发战争所应采取的策略。总之，恩格斯晚年思想是科学社会主义发展史上一个重要的阶段。充分体现了科学社会主义的生命力和马克思主义创始人的实事求是和与时俱进精神。

五

“历史从哪里开始，思想进程也应当从哪里开始，而思想进程的进一步发展不过是历史过程在抽象的、理论上前后一贯的形式上的反映；这种反映是经过修正的，然而是按照现实的历史过程本身的规律修正的。”[①] 当我们从史论结合上论述了自 1845 年至 1895 年的科学社会主义发展史，我们至少可以得出两点重要结论。

一是科学社会主义形成和发展的第一个 50 年是波澜壮阔、跌宕起伏的 50 年。我们可以把自 19 世纪中叶以来至今的科学社会主义发展史大致划分为四个时期，即四个 50 年。第一个 50 年从 19 世纪中叶到 19 世纪 90 年代中

① 《马克思恩格斯文集》第 2 卷，人民出版社 2009 年版，第 603 页。

期；第二个50年是从19世纪90年代中期到20世纪中叶（二战结束）；第三个50年是从二战结束到20世纪90年代中期；第四个50年是从20世纪90年代中期到21世纪中叶。

我们可以用“转变”和“发展”这四个字高度概括科学社会主义形成和发展第一个50年的波澜壮阔、跌宕起伏的情景。“转变”，首先是指空想社会主义作为思潮经过300多年的发展，在19世纪中叶转变为科学社会主义。借用黑格尔的话说，这无疑是人类思想史上“一次壮丽的日出”。因为在此之前的社会主义研究领域，人们都还是在黑暗中摸索。这当然首先应归功于马克思恩格斯创立的唯物史观和剩余价值学说。“转变”的另一层含义是指世界各国的工人运动也发生了质的变化。在19世纪40年代之前的工人运动还停留在捣毁机器、破坏工厂或纯经济斗争阶段。而到了19世纪40年代之后，以欧洲三大工人运动为标志，表明国际工人运动进入了一个新的阶段。工人阶级已经从自在阶级转变为自为阶级，并作为一支独立的政治力量登上了历史舞台。“转变”还指工人阶级政党在科学社会主义指导之下，在马克思恩格斯帮助之下，在同各种错误思潮的斗争中理论和政治水平逐步提高。在欧洲各国建立了独立的工人政党以及第一国际和第二国际组织。

“发展”，是指科学社会主义诞生之后，这个理论经受了工人运动的洗礼而得到了检验和不断的发展。1848年欧洲革命与1871年巴黎公社革命是性质很不相同的两次“大革命”。虽然都失败了，但是马克思恩格斯认真总结了这两次“大革命”，尤其是巴黎公社革命的经验教训，在无产阶级革命与专政，无产阶级政党与革命同盟军以及战略策略等方面进一步发展了科学社会主义。科学社会主义成为当时各种各样主义或思潮中唯一能够指导工人阶级并能成功改变旧世界的科学理论。“发展”还指在1883年3月14日马克思逝世后，在恩格斯指导之下，欧洲各国工人阶级政党不断成熟。与马克思恩格斯同时代的工人运动的领袖和理论家，如李卜克内西、倍倍尔、拉法格和考茨基等在推动欧洲各国工人运动与科学社会主义相结合等方面都做出了不可低估的贡献。尤其是恩格斯晚年对马克思主义做出独创性的贡献，形成了科学社会主义发展史上的一个重要阶段，即恩格斯晚年思想。

二是社会主义是人类社会历史发展的总趋势。马克思在《十八世纪外交史内幕》一文中有一句名言：“要了解一个限定的历史时期，必须跳出它的局限，把它与其他历史时期相比较。”今天，当我们把社会主义从19世纪中叶以来至今的发展划分四个50年而加以研究时，也就不局限于某一个特定的历史时期了。无论从第一个50年，还是跳出这一时期与其他三个50年加以比较，我们会很清楚地看出，社会主义是人类社会历史发展的总趋势。在第一个50年中，科学社会主义理论和运动都经历了潮起潮落的过程，即从高潮—挫折—低潮—复苏—走向高潮。当我们放眼后面三个50年时，社会主义发展的轨迹和总趋势就更加明显了。从十月革命胜利到二战结束后一系列经济文化比较落后的国家走上社会主义道路，这无疑是科学社会主义发展史上的高潮时期。但是在20世纪八九十年代，由于种种复杂原因导致东欧剧变、苏联解体，使世界社会主义运动遭受巨大挫折。挫折不等于消失。社会主义国家虽然从15个减少为今天的5个。但是，社会主义仍然在顽强地向前发展。尤其是中国特色社会主义的成功极大地鼓舞并启示了世人：青山遮不住，毕竟东流去。社会主义是垮不了的。“马克思主义是科学。它运用历史唯物主义揭示了人类社会发展的规律。封建社会代替奴隶社会，资本主义代替封建主义，社会主义经历一个长过程发展后必然代替资本主义。这是社会历史发展不可逆转的总趋势，但道路是曲折的。”①

① 《邓小平文选》第3卷，人民出版社1993年版，第382—383页。

20 世纪科学社会主义的理论发展和实践进程*

马克思曾经说过，“对人类生活形式的思索，从而对这些形式的科学分析，总是采取同实际发展相反的道路。这种思索是从事后开始的，就是说，是从发展过程的完成的结果开始的。”① 虽然本文这个题目的时间跨度很长，内容也颇为复杂，但是，当我们站在 21 世纪初的历史高度来看已经过去的 20 世纪，对科学社会主义的理论发展和实践进程的基本趋势还是可以看得比较清楚的。

一、中国特色社会主义的形成和发展

可以这么说，20 世纪四五十年代以来，科学社会主义的理论发展与实践进程中的最重要成果就是中国特色社

---

* 本文发表于《中国特色社会主义研究》2006 年第 1 期。

① 《马克思恩格斯文集》第 5 卷，人民出版社 2009 年版，第 93 页。

会主义的形成和发展。不了解它也就不了解 20 世纪的世界社会主义。为此，需要把握以下三点：

1. **中国特色社会主义提出的历史背景**。这个背景如果要用言简意赅的语言加以概括那就是“被逼出来的”。中国国内：“文化大革命”的挫折使我国社会主义的形象受损，经济基础濒临崩溃的边缘。对此，邓小平有过朴实而深刻的论述。他说过，“我们干革命几十年，搞社会主义三十多年，截至一九七八年，工人的月平均工资只有四五十元，农村的大多数地区仍处于贫困状态。这叫什么社会主义优越性?”① 他还说过，我国建立起社会主义经济基础后“多年来没有制定出为发展生产力创造良好条件的政策。社会生产力发展缓慢，人民的物质和文化生活条件得不到理想的改善，国家也无法摆脱贫穷落后的状态。这种情况，迫使我们在一九七八年十二月召开的党的十一届三中全会上决定进行改革。”② 国外状况：又可以分为几种情况。一是我们与苏联社会主义模式实际上已经是各走各的路了。从 20 世纪五六十年代开始，我们党就看出苏联模式的弊端。就决定“走自己的路”。加上中苏论战之后，两党在怎么搞社会主义问题上已经分道扬镳了。二是世界资本主义发展咄咄逼人。打开国门之后，我们看到了当代资本主义新变化。尤其是我们周边的亚洲“四小龙”给我们带来了直接的压力（虽然其中“两小龙”是

① 《邓小平文选》第 3 卷，人民出版社 1993 年版，第 10—11 页。
② 《邓小平文选》第 3 卷，人民出版社 1993 年版，第 134 页。

我国的两个地区，但它们毕竟是实行资本主义制度）。邓小平说过，“过去我们比上不足，比下有余。现在比下也有问题了。”当然，即便如此，我们党头脑是清醒的，中国决不能搞资本主义。因此，走老路没有出路，走邪路只能死路一条，唯一的选择只能是走新路即建设中国特色社会主义的道路

2. **中国特色社会主义理论形成和发展简述。**对中国社会主义建设道路的最初探索如果从1956年算起已整整半个多世纪了。回首这半个多世纪，从理论和实践的结合上看，我们认为，中国特色社会主义理论主要是沿着这六条轨迹形成和发展起来的。

（1）如何认识社会主义。这个命题首先是毛泽东提出来的。他在1961年中央工作会议上说，“我们各级干部中许多人不懂得社会主义是什么东西”，“对社会主义，我们现在有些了解，但还不甚了了”。对这个命题作出全面回答的是邓小平。“什么是社会主义，怎样建设社会主义”是邓小平理论首要的基本问题。当然，要回答这个基本问题是相当难的。邓小平在总结国内外社会主义兴衰成败历史经验的基础上，提出的社会主义本质的理论很好地回答了这个问题。从而把对社会主义的认识提高到新的科学水平。但是，社会主义实践没有完结，我们党对这个问题的认识也不能说已经完结。江泽民结合新的实践进一步回答了这个基本问题。一是提出要结合社会主义历史进程来不断深化对社会主义本质的认识；二是把促进人的全面发展引入社会主义本质范畴。

（2）如何认识资本主义。这可以分为如何认识国内和国外的资本主义。党对国内资本主义的认识可以说经历了肯定—否定—否定之否定的过程。新中国成立前后，党对资本主义认识是符合客观实际的。比如，毛泽东提出了“四面八方”的思想，即公私兼顾、劳资两利、城乡互助、内外交流。他还提出了“四分之三”的社会主义经济这个判断，即毛泽东认为，在社会主义改造中出现的国家资本主义经济成分，其“四分之三”是社会主义的。到了“文化大革命”，这方面的认识出现了大倒退。最典型的是割资本主义尾巴。十一届三中全会后经过拨乱反正、解放思想，我们党在对以往认识反思的基础上形成了一系列新思想新观点。我们党对当代资本主义的认识经历了不了解—比较了解—正确处理“两制”关系的过程（关于这方面的认识本文将在第三个大问题中阐述）。

（3）如何认识市场经济。把社会主义基本制度与市场经济结合起来，这是中国共产党重大的理论创新。发展社会主义市场经济是中国这20多年发生奇迹般变化的根本原因。前世界银行副行长斯蒂格利茨说，中国领导人应该获诺贝尔经济学奖。基辛格对邓小平说，你们搞市场经济是同时给社会主义和资本主义共同提出了一个哲学问题。我们党的文献指出，建立社会主义市场经济体制这是前无古人的探索。既然是探索肯定会遇到新情况、新问题。当前经济社会生活出现的一些问题确实与我们搞市场经济是有关的。但是，毋庸置疑，邓小平提出的社会主义也可以搞市场经济是中国特色社会主义的重大成果。我们党对它的认识经历了相当艰难的过程。终于作出了建立社会主义市场经济体制是我国经济体制改革的目标的决定。

（4）如何认识社会主义改革。从理论上看，这个问题可以归结为如何深刻认识和正确处理社会主义社会矛盾（包括基本矛盾和主要矛盾）。我们党对它的认识也是经历了肯定—否定—否定之否定的过程。1956 年，党的八大在这方面提出了较为正确的判断。但是从 1959 年到 1978 年，我们党对社会主义社会矛盾的认识发生了严重的偏摆。十一届三中全会以来进行的一系列拨乱反正中，最重要的一个拨乱反正就是对社会主义社会矛盾的认识。可以说，今天我们党对社会主义社会矛盾的认识达到了一个新的高度：改革是社会主义制度的自我完善，是正确处理社会主义社会矛盾的必由之路。从实践上看，开放也是改革。改革开放是强国之路。

（5）如何认识执政党建设。革命党建设与执政党建设虽然有相同的地方，但是，又有根本的区别。我们党曾经犯了把这两者混淆起来的错误。比如，“文化大革命”中的“五十字”的建党方针就是典型的代表。邓小平首先提出并初步回答了这个问题。“执政党应该是什么样的党，执政党的党员应该怎样才算合格，党怎样才叫善于领导”。“三个代表”重要思想进一步回答了这个问题。但是，对执政党理论的研究并非到此已经穷尽，还有许多问题需要进一步加以研究和回答。比如，如何认识政党执政规律，共产党执政规律和中国共产党的执政规律等问题。但是应该看到，科学社会主义的理论与实践在中国发展的重大成果之一，就是执政党建设理论和实践有了长足的发展。

（6）如何认识当今时代。这决不是可有可无的问题。正确认识当今时代是中国特色社会主义形成和发展的前提。但是在理论上这个问题容易被忽略。其实这在实践中也是极其重要的。因为只有正确认识时代问题，才能为建设中国特色社会主义营造较好的国际环境。我们党能从革命与战争时代的思维方式和战略方针实现向和平与发展时代的思维方式和战略方针转变，首先应归功于邓小平。20 世纪 80 年代中期，邓小平在全面观察当今世界形势之后作出了重大判断：在较长的时间内不发生大规模的世界战争是有可能的，维护世界和平是有希望的。要利用这个有利时期把我国经济建设搞上去。这是全党全国的大局，军队要服从这个大局。以江泽民同志为核心的党的第三代中央领导集体在十四大、十五大和十六大上都坚持了十三大的判断：和平与发展是当今时代的主题。并在各种风波和事件的冲击面前，决不动摇。从而为中国特色社会主义继续发展营造了较好的外部环境。

3. **中国特色社会主义继续发展遇到的挑战和出路。**中国特色社会主义在 20 世纪的大发展以及在跨越新世纪新阶段的继续发展的进程中已经遇到了严峻挑战。体现在理论和实践方面有四大挑战。为此，要相应做出四个战略抉择。

（1）需要进一步深化对科学社会主义再认识。尽管半个世纪来，尤其是近 30 年来，科学社会主义的理论和实践在中国有了大发展。但是，科学社会主义理论发展到今天又到了一个重要关口（或称“拐点”）。如何跨越这个关口是极其重要的。当然，今天的跨越与1978年前后的跨越是不一样的。那时候主要是拨乱反正、正本清源。今天的跨越是要实现深层次上的理论突破。这就是理论上的挑战。目前，理论界十分关注并正在探讨社会主义核心价值观的研究。这个问题，就是这种挑战的现实表现。研究这个问题难度是很大的。我国理论界要像恩格斯当年概括人类文明的精髓和邓小平概括社会主义本质那样，用言简意赅的表述来提炼社会主义核心价值观（社会主义核心价值观与党的文献中的社会主义核心价值体系的提法既有密切联系又有明显区别）。我们认为，具备这三条标准才能称得上是社会主义核心价值观。一是它在科学社会主义理论体系中占有重要的地位。二是它要高于资本主义核心价值观。三是它是跨越时空的。当然，这是艰巨的，但又是必须做的。这“是要费尽革命思想家心血的崇高的创造性的科学工作”。为此，需要来一次思想解放。否则，这个关口是难以跨越的。

（2）积极应对经济全球化的挑战。经济全球化虽然对任何国家都是一把“双刃剑”，但是对于像我们这样经济文化比较落后的社会主义国家的挑战是全方位的，即经济、政治、社会和意识形态等面临全面的挑战。怎么办？像以前那样关上国门？不可能，也行不通；像一些发展中国家那样被动地受冲击，无所作为，这种选择对我国来讲无疑是死路一条；像20世纪一些后起的新兴大国那样，通过对外扩张发动战争转嫁危机，社会主义国家若走此路天理难容。唯一正确的选择是在积极参与经济全球化过程中首先把国内的事情办好，即坚持以经济建设为中心不动摇，不断推进以人为本的全面协调可持续的科学发展观的落实。

（3）要坚决走新型工业化道路。中国特色社会主义建设在 20 世纪，尤其是世纪之交，就已经遇到了资源能源和生态环境压力的挑战。今天，对这两方面的挑战我们已有切肤之感。为此，我们必须选择走新型工业化的道路，超越旧式工业化的发展战略。走新型工业化道路也就是要走科技含量高、经济效益好、资源消耗低、环境污染少、人力资源优势得到充分发挥等这条路子。

（4）要致力于经济社会发展的协调发展。新世纪新阶段我国经济社会发展过程中已面临一系列两难问题的挑战。比如，既要有经济总量的增长，又要有社会事业发展；既要产业结构升级，又要扩大就业；既要城镇化，又不能过多占用土地；既要坚持效率优先，又要更加重视公平；既要提高劳动生产率，又要充分发挥人力资源优势，等等。怎么办？正确的选择是坚决贯彻落实科学发展观，构建社会主义和谐社会。

简而言之，中国特色社会主义在 21 世纪继续发展面临四大挑战，我们必须相应做出四大抉择：一是面临进一步深化对科学社会主义再认识的挑战，需要做出再一次思想解放的抉择；二是面临经济全球化的全方位挑战，需要做出“积极参与，趋利避害”的抉择；三是面临资源能源和生态环境的挑战，需要做出走新型工业化道路的抉择；四是面临经济社会发展中两难问题的挑战，需要做出以科学发展观为指导，构建社会主义和谐社会的抉择。

二、东欧演变苏联解体与对其原因和教训的研究

20 世纪八九十年代发生的苏东演变是 20 世纪社会主义实践发展进程中的重大事件，这是世界社会主义运动的严重挫折。苏东演变发生后的一段时间里，可以说当时反社会主义气焰甚嚣尘上。围绕着苏东变局的原因和教训的分析也是议论纷纷，无所适从。今天简要回顾研究苏联解体的这一段历史，可以起到“以史为鉴，迈向未来”的作用。国内理论界研究苏联解体，可以划分为三个阶段。

第一阶段：1991—1996 年逐步搞清事实真相阶段。

第二阶段：1996—2001 年比较全面和深入分析其发生的原因阶段。

这个阶段出现了翻译参与苏联解体的当事者的大部头著作。比如，《苏联解体亲历记》、《大动荡的十年》、《震撼世界的十年》等。此外，开始多角度探讨苏联解体的原因。并逐步进入到深度探讨苏联解体的原因和教训的状态。

第三阶段：2001 年至今进入探讨苏联解体的根本原因阶段。尽管今天对这个根本原因的分析还难有一致的表述，但是共识增多。国内外关于苏联解体原因的几种观点介绍：

1. 国外。国外一些学者、政治家的观点，在我们看来是不全面、不深刻的。但是，兼听则明。他们从某种角度切入或在某一点上看得比较深，这些对我们研究这个问题是有启发的。比如，华盛顿大学的米勒教授认为，苏联解体的主要原因是戈尔巴乔夫踢开了苏共搞改革。又比如，美国的大卫·科兹教授认为，苏联解体的主要原因是来自苏共领导层的三大政策失误：一是公开性，二是照搬西方市场经济，三是政治民主化。再如，现任俄共主席久加诺夫认为，苏共解体有十二个方面的历史教训。首要的教训是前苏共垄断所有制、垄断权力、垄断真理（即三个“垄断”）。还比如，苏联持不同政见者、哲学家亚历山大·季诺维也夫认为，苏联解体的主要罪责在于整个苏共，既包括苏共上层，又包括普通党员。因为是他们允许异端思想和异己分子进入苏共，等等。

2. 国内。对此也是有多种观点。我们选择其中最有代表性的两种观点加以介绍。

一是主因论。这种观点认为，大家都认为苏联解体是由多种原因起作用的结果。但是，其中必定有一个主要原因起主导作用。不能笼统地说多种因素都起作用，这对总结历史教训是不负责任的态度。至于对什么是主要原因，有不同的解说。有的人认为是经济搞不上去，从而不能满足人民的需求，导致人民抛弃了执政党。有的人认为，是放弃了马克思主义的意识形态，搞意识形态多元化，从而使苏共丧失执政地位。有的人认为，是苏共在西方敌对势力推行的和平演变战略过程中败下阵来。有的人认为，是苏共执政党内部出了问题。有的人认为，是由于苏联与西方国家关系没处理好。比如美苏军备竞赛，愈演愈烈，结果苏联被拖垮了，等等。

二是合力论。这种观点认为，苏联解体是20世纪重大的历史事件。根据唯物史观的原理，任何一个历史事件都是无数个力起作用的结果，最后形成一个总的合力，这就是历史事件（这是恩格斯晚年在历史唯物主义的通信中提出的重要观点）。因此，合力论不赞成甚至反对去寻找某一个主要原因。认为，这很容易造成片面性。理论界对东欧演变原因和教训的分析，在很多方面与上述观点几乎是相同的。

我们党的领导人虽然他们没有专门阐述苏东演变的原因和教训，但是他们在论述社会主义发展的历史经验尤其是共产党执政规律时，实际上对这个问题作了高屋建瓴的提示。

邓小平1992年南方谈话时，在总结国内外社会主义兴衰成败，尤其是十一届三中全会以来我国社会主义建设取得成就经验的基础上，有一段振聋发聩的论述。这对我们分析苏东共产党失败的原因是非常有帮助的。这就是“不坚持社会主义，不改革开放，不发展经济，不改善人民生活，只能是死路一条。”（即“四个不”）可以认为，这四条是苏东失败的根本原因。

中央文献要求全党学习“三个代表”重要思想时，要在时代背景、实践基础、科学内涵、精神实质和历史地位这5个方面下工夫。而提出“三个代表”重要思想的时代背景之一，就是江泽民讲过的“要深刻认识和吸取世界上一些长期执政的共产党丧失政权的教训”。因此，我们完全可以这么认为，丧失了“三个代表”是苏东共产党失败的根本原因。这实际上涉及政党执政规律问题。党中央现在很重视研究执政规律这个问题。但要深入研究执政规律，必须研究这些规律的递进关系：政党执政规律—共产党执政规律—中国共产党执政规律。

三、社会主义与当代资本主义

这是二战结束以来，社会主义国家面对的和需要处理的一个最重大的关系。所谓最重大关系有两层含义，一是指从时间上看，社会主义与当代资本主义的关系（简称“两者关系”）是很漫长的。二是指从结果上看，“两者关系”处理不好对各自乃至对全世界都会产生重大影响。为此，扼要回顾二战以来“两者关系”的历史很有必要。

二战结束以来，社会主义与当代资本主义关系经历了冷战与后冷战这两大阶段。冷战阶段虽然双方没有发生大规模的直接武装对抗，但实质上是处于势不两立的状态。明显特点有三：一是美国与苏联的争霸及军备竞赛愈演愈烈，二是两者意识形态的对立十分尖锐，三是因中苏论战和前苏联搞大国沙文主义从而导致社会主义阵营瓦解。

东欧演变和苏联解体后，“两者关系”进入了后冷战阶段。这一阶段明显特点有四：一是和平与发展是当今世界发展中呈现出来的总趋势，但是其中一个问题都没有解决，天下仍然很不太平；二是美国成了唯一超级大国；三是目前国际恐怖主义的威胁（即非传统威胁）超过了由其他方面的矛盾而带来的威胁（即传统威胁）；四是社会主义国家与西方发达国家的关系出现了重大调整。全面认识和把握后冷战时代的社会主义与当代资本主义相互关系的特点，是我们观察世界、发展自己的重要前提。以下简述我们党对当代资本主义认识的变化和发展。

回顾二战结束以来的60年历史可以看出，我们党对当代资本主义的认识经历了不了解—比较了解—正确处理两者关系的变化和发展过程。1978年前，由于内外两方面原因造成了我们闭关锁国。因此，对外部世界尤其是当代资本主义的变化并不了解。20世纪70年代初，有几个重大事件的发生实际上昭示着时代主题和国际形势正在逐渐地发生变化。1971年我国恢复在联合国的合法席位。1972年中断了20多年的中美关系开始解冻。1973年中日实现邦交正常化，1975年印度支那战争结束，等等。但是，由于国内“文化大革命”还未结束，我们党还没有从“左”的束缚中走出来，所以未能看到当时世界形势的变化，仍然认为我们还是处在革命与战争的时代。

十一届三中全会以后，随着拨乱反正、解放思想进程的推进和党的实事求是思想路线的确立，我们对当代资本主义的认识逐步发生变化，而且认识越来越符合客观实际，提出了许多实事求是的对策。集中表现在3个方面：

首先，认识到并逐步正确分析了当代资本主义的新变化。当我们打开国门之后，首先看到的是西方资本主义国家与我们原先想象的反差太大。我们党是一个与时俱进的党。在实事求是思想路线的指引下，逐步正确地认识和分析了当代资本主义发生重大变化的内外原因。外部原因是经济全球化的发展给它们带来了最大的好处。当然也有风险。正因为经济全球化给它们带来了如此大的好处，所以，西方发达国家实际上形成了对付发展中国家的经济结盟。内部原因有：一是科技革命帮了它们大忙。因为科技革命推动了生产力发展，并要求西方国家必须大幅调整产业结构，在产业结构调整中西方国家原来的阶级和阶层的结构发生了变化，与此相应阶级矛盾、社会矛盾缓和了。此外，科技革命使它们有可能把“蛋糕”做大。他们可以从中切出一块来搞社会福利和保障。从而有了缓解社会矛盾的物质手段。二是上层建筑的自我调节。西方发达国家为了维护其根本制度的生存和发展，对生产关系的某些环节，对一些具体制度进行了自我调节、改良和改善。其中包括借鉴社会主义国家的做法，等等。上述认识是来之不易的，这也是我们党解放思想、实事求是、与时俱进的生动体现。

其次，作出了要与资本主义国家特别是西方发达国家和平共处、合作竞争的战略选择。既然是战略选择，从时间上看就不是短暂的，而是长期的。在当代国际关系史上国与国之间的关系有几种模式。如“大家庭”、“结盟”、“集团政治”等。所有这些模式都比不上我们党提出的和平共处五项原则。当然，我们要看到在与资本主义国家共处与合作中是有激烈竞争的。我们不能“飘飘然”，更不能盲目乐观，要做到心中有数。因此，需要深刻把握邓小平“东西、南北”的战略判断。这是邓小平国际战略思想的最重要的内容。我们认为“东西、南北”的提法要比“一球两制”的提法全面得多、深刻得多。

再次，不断深化对吸收和借鉴当代资本主义文明成果的认识。对于“吸收和借鉴”的这个提法现在似乎已不成问题了。但是我们党形成这个认识是经历了一个过程的。而且深入分析这个提法也还是有不少问题需要研究。改革开放初期，在邓小平大胆倡导下，我国在经济建设中积极引进西方国家的先进科学技术和资金。从而较早地解决了可以利用资本主义的物质文明成果的问题。随后我们在引进西方发达国家先进的管理经验时看到了，西方发达国家的管理理念和法治精神等也很值得学习。实际上这已经得出了西方国家资本主义精神文明中的有益成果也是可以吸收和借鉴的。1992 年，邓小平在南方谈话中提出了一个具有方法论意义的结论：社会主义要赢得与资本主义相比较的优势，就必须大胆吸收和借鉴人类社会创造的一切文明成果，吸收和借鉴当代世界各国包括资本主义发达国家的一切反映现代社会化生产规律的先进经营方式、管理方法。

大家都公认这个结论不但正确而且意义深远。但深入研究这个结论，至少有两个问题当时我们并没有搞清楚或不明确。一是什么是现代社会化生产及其规律；二是这个文明成果中包括不包括资本主义国家的政治文明成果。关于后者，我们一直到了 2002 年年底召开的党的十六大才有了明确的回答。十六大指出，在建设我国社会主义政治文明过程中，要坚持从我国国情出发，总结自己的实践经验，同时要借鉴包括西方政治文明的有益成果在内的人类政治文明，但绝不照搬西方政治制度的模式。

以上我们简述了党对当代资本主义认识的变化和发展过程。足以说明“事非经过不知难”这个道理。虽然今天我们还不能说对当代资本主义的认识已经完结，但是，只要我们保持与时俱进的思维方式，怀有一种包容的心态，同时又坚持我们社会主义核心价值观，我们是可以做到“任凭风浪起，稳坐钓鱼船”的。

综上所述，我们可以用三个“最重大”来概括本文所阐述的主题思想：20 世纪科学社会主义的理论发展和实践进程中的最重大成果就是中国特色社会主义的形成和发展；20 世纪世界社会主义运动出现的最重大挫折就是苏联东欧的失败；20 世纪社会主义国家要面对和处理的最重大的关系就是与当代资本主义的关系。虽然我们对以上三大主题的认识远未完结，但是以下结论对于马克思主义者来说是毋庸置疑的：社会主义是人类社会历史发展的共同走向。世界社会主义的前途是光明的，发展道路是曲折的。

马克思恩格斯创立的科学社会主义*

科学社会主义这门学科是马克思恩格斯创立的。根据他们的论述和科学社会主义发展的历史，科学社会主义研究的是无产阶级解放运动的性质、条件和一般目的的科学，是研究无产阶级解放运动和全人类解放的过程及其发展规律的。也就是说科学社会主义是研究社会主义革命和社会主义建设过程及其发展规律的科学。

一、社会主义从空想发展成为科学

在马克思恩格斯时代，各种各样的社会主义思潮和流派盛行。其中对工人阶级运动产生很大影响的是空想社会主义。这种影响有两重性：既有积极的一面，又有消极的一面。而且随着历史发展空想社会主义的消极影响愈来愈

* 本文是作者在中央党校主体班次的讲稿。

明显。因此怎样使社会主义从空想发展成为科学，就成为马克思恩格斯在19世纪中叶需要解决的历史性课题。

1. **空想社会主义的历史功绩及其局限。**空想社会主义产生于欧洲资本主义发生发展的初期，从1516年托马斯·莫尔《乌托邦》一书的出版算起，至今已有近500年的历史了，空想社会主义在欧洲的发展大体上经历了三个发展阶段。

第一阶段是16世纪和17世纪以托马斯·莫尔和康帕内拉为代表的早期空想社会主义。第二阶段是18世纪以摩莱里、马布利为代表的中期空想社会主义。第三阶段是19世纪初期以圣西门、傅立叶、欧文为代表的晚期空想社会主义，即19世纪三大空想社会主义。

空想社会主义起过重要的历史作用。第一，深刻地揭露和批判资本主义的政治制度、经济制度、社会制度和虚伪的道德观念。尤其是19世纪三大空想社会主义把批判的矛头直指资本主义私有制。如欧文曾深刻指出，私有制“是各国的一切阶级之间的纷争的永久的根源”。从而为启发工人觉悟提供了极为宝贵的材料。第二，对未来社会提出许多积极的主张和天才的预测。如他们主张建立公有制，改变资本主义分配制度，社会要有计划地组织生产。主张消灭城乡对立、阶级差别、脑体差别，提倡社会和谐等。这些思想和主张为马克思恩格斯创立科学社会主义提供了宝贵的思想材料。

但是，由于历史条件和世界观的限制，空想社会主义有重大的缺陷。第一，仅仅从“人的理性”、“永恒正义”

等唯心史观出发来批判资本主义，构想未来社会。不了解资本主义雇佣奴隶制的本质和发展的规律。第二，不了解无产阶级真正的社会地位和历史使命，因而不能找到变革资本主义制度的社会力量。第三，不了解阶级斗争是阶级对立社会发展的直接动力，因而不能找到实现社会主义的正确道路。

2. **两大发现使社会主义从空想发展为科学。**马克思恩格斯在批判地继承了人类优秀思想成果尤其是在研究德国古典哲学和英国古典政治经济学的基础上，创立了唯物史观和剩余价值学说，从而使社会主义从空想变成科学。

唯物史观的创立对于实现社会主义学说变革的意义在于：它运用社会基本矛盾理论，论证了社会主义代替资本主义是社会化大生产发展的客观要求，是资本主义生产方式中的生产力和生产关系、经济基础和上层建筑之间矛盾运动的必然结果；它运用阶级斗争是阶级对立社会发展的直接动力理论，提出要从社会经济关系和阶级关系中去寻求解决无产阶级和资产阶级冲突的途径，说明无产阶级革命和无产阶级专政是实现社会主义的必由之路；它运用人民群众是历史创造者的理论，说明无产阶级和劳动群众只有依靠自己的力量才能实现自身的彻底解放，无产阶级和劳动群众不仅仅是值得同情的阶级，而且是变革资本主义实现社会主义的革命力量。

剩余价值学说对实现社会主义学说变革的意义在于：它揭开了资本主义剥削的秘密，彻底弄清了资本与劳动的关系，从而揭示了资本主义产生、发展和走向灭亡的历史规律；它揭示了无产阶级同资产阶级矛盾和对立的经济根源，阐明了无产阶级的历史地位，找到了变革资本主义的社会力量，克服了空想社会主义不了解雇佣劳动的本质，不了解无产阶级历史使命的缺陷；它揭示了无产阶级彻底解放的根本道路，指出无产阶级只有通过革命的手段夺取国家政权，变革资本主义私有制，建立社会主义公有制，才能获得自身彻底解放，从而为社会主义的实现指明了现实的道路。

马克思恩格斯创立的唯物史观和剩余价值学说使社会主义实现了从空想到科学的历史性飞跃。唯物史观和剩余价值学说是科学社会主义的两大理论基石。1848 年《共产党宣言》的发表，是科学社会主义诞生的标志。

3. **科学社会主义是关于工人阶级和人类解放的伟大学说**。任何一门学科都有其特定的研究对象。当然，学科研究的对象也不是一成不变的。马克思恩格斯对科学社会主义的研究对象作过明确的论述。

最早对科学社会主义研究对象作出界定的是恩格斯。1847 年，他在《共产主义原理》中在回答什么是共产主义即科学社会主义时指出，“共产主义是关于无产阶级解放的条件的学说”①。同年 10 月，他在《共产主义者和卡尔·海因岑》中指出，“共产主义作为理论，是无产阶级立场在这种斗争中的理论表现，是无产阶级解放的条件的

① 《马克思恩格斯文集》第 1 卷，人民出版社 2009 年版，第 676 页。

理论概括"[①]。1848 年，马克思恩格斯在《共产党宣言》（简称《宣言》）中把科学社会主义的研究对象概括为是关于"无产阶级运动的条件、进程和一般结果"的理论。[②] 1880 年，恩格斯在被马克思称之为"科学社会主义的入门"的《社会主义从空想到科学的发展》（简称《发展》）中，进一步将无产阶级运动的性质作为科学社会主义的研究对象。1885 年，恩格斯又在科学社会主义的研究对象中增加了"一般目的"这 4 个字，他指出："共产主义现在已经不再意味着凭空设想一种尽可能完善的社会理想，而是意味着深入理解无产阶级所进行的斗争的性质、条件以及由此产生的一般目的。"[③]

"无产阶级解放的性质"，指的是无产阶级的解放和人类的解放是一致的，无产阶级只有解放全人类才能最后解放自己；指的是无产阶级的解放是要用社会主义取代资本主义，最终消灭一切阶级和阶级差别，解放全人类；指的是无产阶级解放运动是为大多数人谋利益的运动，是人类历史上最伟大最进步的运动。

"无产阶级解放的条件"，"就是要消灭一切阶级"。[④] 而要消灭一切阶级，就是要通过革命推翻资产阶级的政治统治，争得民主；就是要利用无产阶级的政治统治，有步骤地用公有制取代私有制；就是要在建立公有制的基础上

① 《马克思恩格斯文集》第 1 卷，人民出版社 2009 年版，第 672 页。
② 《马克思恩格斯文集》第 2 卷，人民出版社 2009 年版，第 44 页。
③ 《马克思恩格斯文集》第 4 卷，人民出版社 2009 年版，第 233 页。
④ 《马克思恩格斯文集》第 1 卷，人民出版社 2009 年版，第 655 页。

尽快发展社会生产力；就是要在社会生产力充分发展的进程中同私有观念彻底决裂，形成共产主义思想道德；就是要在经济社会全面发展的基础上消灭阶级差别、工农差别、城乡差别，以及体力劳动和脑力劳动的对立等，建设人与人之间事实上平等的和谐社会。“消灭一切阶级”的这些条件，是科学社会主义研究的重点。

“无产阶级解放的一般目的”（按德文原意也可以译为“总目的”），就是建立自由人的联合体，最终实现共产主义。

根据马克思恩格斯关于科学社会主义研究对象的界定和论述，概括起来说，科学社会主义就是研究无产阶级解放运动和全人类解放的过程及其发展规律的科学。

二、科学社会主义基本理论

马克思恩格斯创立的科学社会主义是包括了一系列相互联系的基本原理、基本原则和重要观点的科学理论。科学社会主义基本理论主要包括以下内容。

1. 社会主义代替资本主义的历史必然性。这个历史必然性包括“两个必然”和“两个决不会”的重要原理

“两个必然”是指马克思恩格斯在《共产党宣言》中得出的“资产阶级的灭亡和无产阶级的胜利是同样不可避免的”结论。马克思恩格斯是通过以下两个方面来论证“两个必然”规律的。

首先，马克思恩格斯运用历史唯物主义揭示了人类社会运动和发展的规律。马克思恩格斯认为，生产力与生产关系、经济基础与上层建筑之间的矛盾是人类社会的基本矛盾。在这对基本矛盾中，生产力是最革命、最活跃的因素。生产关系的总和构成社会经济基础。生产力的发展要求生产关系与之相适应。随着经济基础的改变，上层建筑或迟或早也要发生改变。因此，生产力的发展是一切社会变迁的终极原因。生产力的发展，不断推动人类社会沿着原始社会、奴隶社会、封建社会、资本主义社会、社会主义和共产主义社会这条“总的路线”前进。正是这种社会基本矛盾的运动，决定了资本主义社会并不是像某些资产阶级思想家鼓吹的是“千年理想王国”、“永恒的社会”，它必定要被新的更高的社会形态即社会主义社会所取代。

其次，马克思恩格斯分析了资本主义基本矛盾，揭示了资本主义必然被社会主义取代的历史发展的趋势。马克思恩格斯指出，资本主义的基本矛盾是社会化生产与生产资料资本家私人占有的矛盾。这个基本矛盾是资本主义社会一切矛盾产生的总根源。这个基本矛盾表现在阶级关系方面是无产阶级和资产阶级的对立；表现在生产方面是个别工厂中的生产有组织性和整个社会生产的无政府状态的对立。资本主义基本矛盾的产生和发展是资本主义经济危机爆发的根源。在资本主义制度下，这个基本矛盾无法得到根本解决。这个基本矛盾运动的结果，必然是生产力冲破生产资料资本主义私有制的外壳，要求建立生产资料公有制的社会主义社会。

在阐述“两个必然”之后，马克思在1859年写的《政治经济学批判》序言中还阐述了历史唯物主义的另一个重要原理：“无论哪一个社会形态，在它所能容纳的全部生产力发挥出来以前，是决不会灭亡的；而新的更高的生产关系，在它的物质存在条件在旧社会的胞胎里成熟以前，是决不会出现的。”（简称“两个决不会”）

“两个必然”揭示的是社会主义代替资本主义的历史发展趋势，属于人类社会发展过程中的特殊规律。“两个决不会”揭示的是新的社会形态代替旧的社会形态的必然性、长期性和曲折性，属于人类社会发展过程中的一般规律。“两个必然”和“两个决不会”共同论证了社会主义代替资本主义的历史必然性，从而构成了科学社会主义的核心。

2. **无产阶级的历史使命。这就是变革资本主义旧制度，建立社会主义制度并且最终实现共产主义社会。**无产阶级之所以能完成这个伟大的历史使命，是因为（1）现代无产阶级是大工业的产物，是与社会化生产紧密联系，是先进生产力的代表者，因而是最有远大前途的阶级。（2）无产阶级不占有任何生产资料，只能依靠劳动来获得生活条件，其社会经济地位决定了无产阶级最具有革命性。（3）无产阶级与它所从事的社会化大生产密切联系，因而富有组织性、纪律性和团结互助精神。无产阶级所具有的先进性、革命性和组织纪律性决定了无产阶级能够承担起并最终实现自己的历史使命。

无产阶级的历史使命首先是在一国范围内实现的，但是无产阶级革命不仅仅是一个国家或一个地域的单独行为，而是一个世界性的历史进程。无产阶级要实现自己的历史使命，取得社会主义革命和建设的胜利，还必须与农民阶级结成巩固的工农联盟。

3. **无产阶级革命和无产阶级专政。无产阶级要实现历史赋予它的伟大使命，必须通过无产阶级革命和无产阶级专政的途径。**无产阶级革命发生和发展的根源来自于资本主义基本矛盾的运动，决不是无产阶级偏好革命。无产阶级革命的根本问题是国家政权问题，无产阶级夺取政权，使自己上升为统治阶级，这是无产阶级革命取得胜利的根本标志。暴力革命是无产阶级革命的主要形式，但是马克思恩格斯从不否定有用和平方式夺取政权的可能性。这两种方式都是无产阶级革命斗争的重要策略。

无产阶级专政是过渡时期的国家形式，无产阶级专政的历史任务主要是：镇压剥削阶级的反抗，巩固工人阶级和广大人民当家作主的地位；废除资本主义私有制，建立生产资料公有制，消灭剥削制度和剥削阶级，解放和发展生产力；组织农民并把他们吸引到社会主义方面来；改造与私有制相适应的一切经济关系和一切社会关系，进而改造人的传统观念。

无产阶级革命和无产阶级专政都必须要有无产阶级政党的正确领导。因为只有无产阶级政党的正确领导才能取得无产阶级革命的胜利，才能使无产阶级专政成为解放和发展生产力、消灭阶级差别、进入社会主义社会的有力杠杆。这是科学社会主义的基本原理。

4. **未来共产主义社会的发展阶段和基本特征。**马克思恩格斯认为，从无产阶级夺取政权到共产主义社会至少要经历三个阶段。第一，革命转变时期，即实行无产阶级专政的过渡时期。第二，共产主义社会第一阶段，即经过长久阵痛刚刚从旧社会中脱胎出来的发展阶段。第三，共产主义社会高级阶段，即在它自身基础上的生产力和政治、社会、文化等方面已经有了充分发展的阶段。

马克思恩格斯关于未来社会基本特征的论述，概括起来主要有以下 7 个方面内容：第一，社会生产力高度发达。第二，生产资料归全社会占有。第三，人们形成平等合作的关系并在联合劳动的基础上有计划地组织社会生产。第四，在共产主义社会第一阶段实行按劳分配；共产主义社会高级阶段实行“各尽所能、按需分配”。第五，商品生产和货币退出经济生活。第六，消灭了阶级对立和消除了阶级差别，国家的政治职能逐步消失。第七，人的思想境界极大提高，实现了人的自由全面发展。

马克思恩格斯创立的科学社会主义，尤其是他们关于未来社会的科学设想，在 20 世纪社会主义革命和建设的实践中得到了检验，奠定了各国共产党人指导思想的理论基础，并且对整个世界社会主义的历史进程产生了深远的影响。

科学社会主义基本范畴解析*

科学社会主义是不是一门学科，长期以来理论界存在着不同的看法。有的观点认为，科学社会主义虽然重要，但它研究的大都是现实问题。因此，不是严格意义上的学科。还有的观点认为，要不要把科学社会主义作为一门学科并不重要。我们的看法恰恰相反，科学社会主义不但是一门学科，而且是马克思主义理论体系中的一门重要的基础学科。如果不这样看问题，那么既不符合这门学科创始人马克思恩格斯的原意，又会影响现实中的科学社会主义学科的建设和发展。

一、深刻领会马克思主义创始人关于理论范畴的重要论述

恩格斯有句名言，“社会主义自从成为科学以来，就

---

* 本文发表于《当代世界与社会主义》2010 年第 4 期。

要求人们把它当作科学来对待，就是说，要求人们去研究它。”① 从学科建设角度看，应该说多年来确实存在着不重视把科学社会主义作为学科来加以研究和推进的状况。这既降低了这门学科的地位，又削弱了它对当代研究生和大学生的吸引力。这个问题集中体现在对科学社会主义学科的基本范畴研究不够。因为任何一门被称之为严格意义上的学科，都应有它的基本范畴。范畴好比是理论体系“之网的网上的纽结”（列宁语）。它起着把理论体系中的概念、原理、规律联结起来的作用。

理论体系中的范畴是对客观事物的本质和关系的概括，凝结了人们在实践基础上取得认识的成果。任何一门科学理论体系，各个逻辑层次上表达其内涵的范畴都在这个理论体系中占有重要的地位。马克思主义创始人对科学理论体系尤其是自己创立的理论体系的范畴有过一系列重要论述。

马克思指出，范畴的本质是客观世界的各个不同方面、不同阶段的普遍联系的反映。“人们按照自己的物质生产率建立相应的社会关系，正是这些人又按照自己的社会关系创造了相应的原理、观念和范畴。”② 因此，范畴与现实是不能颠倒的。马克思恩格斯曾经批判过蒲鲁东用经济范畴中的逻辑关系来取代现实中的经济关系的唯心主义错误。恩格斯有段名言就是针对蒲鲁东这个错误而说

① 《马克思恩格斯文集》第2卷，人民出版社2009年版，第219页。

② 《马克思恩格斯文集》第1卷，人民出版社2009年版，第603页。

的。“历史从哪里开始，思想进程也应当从哪里开始，而思想进程的进一步发展不过是历史过程在抽象的、理论上前后一贯的形式上的反映；这种反映是经过修正的，然而是按照现实的历史过程本身的规律修正的。”①

马克思恩格斯还指出了范畴的辩证实质，这就是“两个相互矛盾方面的共存、斗争以及融合成一个新范畴，就是辩证运动。”② 唯物辩证法体系包括客观辩证法范畴、主观辩证法范畴和实践范畴。马克思恩格斯认为，在客观辩证法中，发展的范畴是最基本的范畴。在主观辩证法中，联系的范畴是最基本的范畴。在实践辩证法范畴中，实践的范畴是最基本的范畴。

列宁则进一步指出了理论范畴的地位和作用。“范畴是区分过程中的梯级，即认识世界的过程中的梯级，是帮助我们认识和掌握自然现象之网的网上纽结。”③ 列宁把实践范畴作为辩证唯物主义认识论的基础。强调人类的认识必须以实践为基础并在实践中得到不断发展，实践是人类认识过程中的基础“环节”。马克思主义创始人关于理论范畴的重要论述，为我们研究科学社会主义学科的基本范畴提供了重要的指导和启示。本文对科学社会主义的九对基本范畴作以下解读与分析。

---

① 《马克思恩格斯文集》第2卷，人民出版社2009年版，第603页。
② 《马克思恩格斯文集》第1卷，人民出版社2009年版，第605页。
③ 《列宁全集》第55卷，人民出版社1990年版，第78页。

二、马克思恩格斯创立的科学社会主义学科的基本范畴

恩格斯在《社会主义从空想到科学的发展》中指出，现在需要对科学社会主义这门科学的一切细节和联系作进一步的探讨。这既是工人阶级及其政党的历史使命，又是把这门科学推向前进的客观要求。马克思恩格斯虽然没有专门论述过这门学科的基本范畴，但是以下这几对基本范畴贯穿于他们撰写的卷帙浩繁的科学社会主义著作中。

1. **社会化生产与生产资料资本家私人占有**。这是科学社会主义学科的第一对基本范畴。它体现了逻辑与历史的统一。在资本主义生产方式出现之前，普遍存在着以劳动者私人占有生产资料为基础的小生产方式。在与这种低下的生产力水平相适应的生产关系中逐步成长起了新的生产方式：这就是生产资料的使用社会化了，生产本身也由一系列的个人行为变成了一系列的社会行为，生产产品也由个人的产品变成了社会产品。这就出现了社会化的生产方式。但是，在生产资料使用和生产产品都已经社会化条件下，生产资料仍然是资本家私人占有。这就出现了社会化生产与生产资料资本家私人占有的矛盾，这就是资本主义社会的基本矛盾。它“已经包含着现代的一切冲突的萌芽”。因为生产资料私人占有是与个体劳动方式相适应，而社会化生产是与生产资料社会占有相适应。所以，资本主义社会里的一切矛盾归根结底都是由这对基本矛盾

派生出来的。

资本主义社会中无产阶级与资产阶级的对立，个别工厂生产的有组织性和整个社会生产的无政府状态之间的对立，就是由这对基本矛盾发展而来的。社会主义最终必然代替资本主义也是由这对基本矛盾运动和发展的结果。从理论上看，科学社会主义的最重要的内容就是在考察这对基本范畴过程中形成的。恩格斯指出，“现代社会主义，就其内容来说，首先是对现代社会中普遍存在的有财产者和无财产者之间、资本家和雇佣工人之间的阶级对立以及生产中普遍存在的无政府状态这两个方面进行考察的结果。”①

2. **工人阶级与资产阶级**。从历史上看，自从在社会化生产发展中诞生了工人阶级的同时，就有了资产阶级。从这个意义上说，工人阶级与资产阶级是一对“双生子”。从逻辑上看，这一对范畴反映了资本主义社会产生和发展的过程。马克思恩格斯在《共产党宣言》第一章详尽论述了这两个阶级产生、发展和斗争的历史过程。马克思恩格斯指出，工人阶级与资产阶级的斗争是资本主义基本矛盾在阶级矛盾方面的表现。这种斗争是资本主义社会发展的直接动力。这种斗争伴随着资本主义社会的全过程并呈现出了阶段性的特点。由于工人阶级是同社会化生产密切联系在一起，从而使它成为目光远大、最讲纪律、革命性最强的阶级。与社会化生产密切联系，这既是马克思恩格斯研究社会主义的重要出发点，又是他们考察工人

① 《马克思恩格斯文集》第3卷，人民出版社2009年版，第523页。

阶级的先进性和历史使命的切入点。正因为工人阶级是与社会化生产密切联系在一起，才铸就了工人阶级一系列优秀的品格。才使工人阶级成为能够运用社会化生产这个武器来推翻资本主义社会的主体，即“变革的力量”。

当然，工人阶级的诞生和成长要经历从自在阶级到自为阶级这个过程。从自在阶级到自为阶级转变的根本标志就是工人阶级是否有以科学社会主义为指导的政党的领导。因此，工人阶级政党既产生于工人阶级之中，又是工人阶级的先锋队。工人阶级政党的先进性即它以科学社会主义为指导，这是决定着工人阶级运动成败和工人阶级能否完成其历史命运的关键。

在此，我们有必要用马克思主义观点对西方政界、学界关于“白领阶层”和“蓝领阶层”这两个时髦的观点加以剖析。第二次世界大战结束后的半个多世纪，由于西方国家发生了科技革命和资本主义上层建筑自我调节能力的增强，使西方国家社会的阶级和阶层结构发生了很大变化。出现了越来越多脱离直接生产岗位的技术工人、管理人员和第三产业的人员。西方国家称这些人员为“白领阶层”或“白领阶级”。而从事直接生产或体力劳动的工人则越来越少。西方国家称这些人员为“蓝领阶层”或“蓝领阶级”。只要我们坚持用马克思主义观点加以分析，就会发现这两个概念不仅缺乏科学性，而且实际上是对科学社会主义关于工人阶级和资产阶级这对基本范畴的颠覆。因为西方一些政要和学者热衷于使用的“白领阶层”这种提法，实际上把从事脑力劳动、科技劳动、管理劳动和服务劳动的人员剥离出工人阶级的队伍。这样在他们看来，在西方国家真正称得上是工人的就只是“蓝领阶层”了，而且他们认为“蓝领阶层”将越来越少并且最终要被“消灭”。如果将这样的观点引入我们的理论和实践，是有百弊而无一利的。在当前复杂的国际背景下，我们头脑里要有这根“弦”：这就是无论在西方国家，还是在中国，工人阶级的先进性都源自它与社会化生产的密切联系。只要社会化生产存在，工人阶级的优秀品格是不会泯灭的。在共产党领导下工人阶级一定会完成自己崇高的历史使命的。

3. **生产资料公有制与生产资料私有制。**马克思恩格斯是在批判资本主义旧世界中发现未来新社会即社会主义社会的。他们认为，生产资料公有制是未来社会的基本特征。因此，未来社会主义社会与资本主义社会“具有决定意义的差别当然在于，在实行全部生产资料公有制（先是国家）基础上组织生产。”① 马克思恩格斯为什么如此重视生产资料公有制。因为他们认为，未来社会主义社会也是实行社会化生产。这就必然要求实行生产资料社会占有（即公有制）。而社会化生产条件下的生产资料资本家私人占有制则是束缚资本主义社会生产力发展的根本原因。这是必须变革资本主义社会的客观原因。正是从这个意义上，马克思恩格斯在《共产党宣言》中指出，“共产党人可以把自己的理论概括为一句话：消灭私有制。”显

① 《马克思恩格斯文集》第10卷，人民出版社2009年版，第588页。

然这里讲的“私有制”是指生产资料资本家占有制。而不是笼统地指其他私有制。

需要指出的是，马克思恩格斯还用“社会占有生产资料”、“财产公有”或“财产共有”等提法表达生产资料公有制。他们认为，社会主义公有制及其实现形式并不是一成不变的。它们是与社会主义社会发展阶段相适应的。比如，过渡时期生产资料公有制表现为是无产阶级以国家的名义占有生产资料。而在社会主义发展的一定阶段，集体占有生产资料也是公有制的形式。从马克思恩格斯反复使用生产资料社会占有这个提法可以看出，社会所有制是他们认为的理想的社会主义公有制形式。

4. **社会革命与社会改良。**社会革命是指社会矛盾发展到尖锐化程度时必须用革命手段加以解决的社会发展形式。马克思恩格斯充分肯定了暴力革命在社会历史发展尤其是在无产阶级夺取政权实现自身彻底解放过程中的作用。他们指出，暴力革命是“每一个孕育着新社会的旧社会的助产婆”。① 马克思恩格斯认为，只有在主观条件和客观条件都具备时才能发生社会革命。客观条件是指社会矛盾尖锐化，出现了统治阶级不能照旧统治下去和被统治阶级不能照旧生活下去的状况。主观条件是指要唤起人民群众的觉悟和被压迫阶级力量足够强大。对无产阶级革命胜利而言，还需要一个成熟的工人阶级革命政党的领导。

① 《马克思恩格斯文集》第5卷，人民出版社2009年版，第861页。

社会改良是解决社会矛盾的一种途径或方法。马克思恩格斯从来不笼统地赞成或反对社会改良及其形式。他们是从社会历史发展、无产阶级整体利益和具体条件变化等结合起来评价社会革命与社会改良的。恩格斯指出，“如果旧的东西足够理智，不加抵抗即行死亡，那就和平地代替；如果旧的东西抗拒这种必然性，那就通过暴力来代替。”① 马克思也指出，我们从来没有断言，为了达到无产阶级革命的目标，“到处都应该采取同样的手段”。恩格斯晚年根据19世纪末无产阶级运动处于低潮、革命力量处于重新酝酿阶段和资本主义发展出现了新的情况，充分肯定了利用议会、普选权等社会改良手段对实现工人阶级政党伟大目标的重要作用和意义。

5. **民主与专政**。任何国家都包括民主与专政这两个方面。马克思恩格斯认为，民主是一个历史范畴，它经历了一个发展过程。从人类社会历史发展上看，有原始社会的“自然长成的民主制”、奴隶制民主、封建社会民主、资产阶级民主和社会主义民主。马克思恩格斯还认为，民主是与社会主义不可分离的，是工人阶级及其政党追求的目标。他们指出，“工人革命的第一步就是使无产阶级上升为统治阶级，争得民主。”工人阶级取得政权之后还要继续推进民主，尤其要重视发扬工人阶级政党的党内民主。列宁正确地表达了马克思恩格斯的民主思想。列宁指出：没有民主，就不可能有社会主义。“胜利了的社会主

① 《马克思恩格斯文集》第4卷，人民出版社2009年版，第269页。

义如果不实行充分的民主，就不能保持它所取得的胜利，并引导人类走向国家的消亡。”

与民主相对应的专政也是有不同类型的。有奴隶主阶级专政、封建阶级专政、资产阶级专政和无产阶级专政。无产阶级专政是马克思主义国家学说的根本内容。是马克思对科学社会主义的重大贡献。1852年，马克思在致魏德迈的信中讲到，发现现代社会中的阶级斗争“不是我的功劳”。我的理论贡献是提出并论述了无产阶级专政。列宁则明确指出，无产阶级专政是马克思主义国家学说的根本点。对待无产阶级专政的态度是检验真假马克思主义者的试金石。

民主和专政体现了国体与政体的统一。这也是马克思恩格斯的重要思想。毛泽东在《新民主主义论》中言简意赅地指出，国体是指社会各阶级在国家中所处的地位。政体是指国家政权的构成形式。马克思恩格斯认为，同一种国体可以有不同的政体。而且政体形式是可以吸收和借鉴的。社会主义国家是新型民主和新型专政的国家，社会主义民主与无产阶级专政是辩证统一的。只有对敌人实行有效专政，才能保证人民群众的利益。只有切实保障人民的民主权利，在人民内部充分发扬民主，才能进一步巩固无产阶级专政。

6. **经济发展与社会平等**。马克思恩格斯历来是把生产力的巨大增长即发达的经济作为未来社会实现和发展的前提条件。马克思指出，未来社会“是以生产力的巨大增长和高度发展为前提的”，“因为如果没有这种发展，那就只会有贫穷、极端贫困的普遍化；而在极端贫困的情况下，必须重新开始争取必需品的斗争，全部陈腐污浊的东西又要死灰复燃。”①

马克思恩格斯非常强调社会主义经济发展条件下的社会平等。虽然他们都使用过公平、正义和平等的提法，但更多地用平等。他们从来不抽象地谈论社会平等，而是把社会经济发展与实现社会平等密切联系起来。马克思恩格斯认为，共产主义社会可以划分为第一阶段和高级阶段。就分配制度而言，共产主义社会第一阶段主要由于经济发展程度不高和生产关系成熟程度不同等原因，所以只能实行各尽所能，按劳分配。从共产主义社会高级阶段上看，这是权利上的平等但事实上不平等。因此只有到了共产主义社会高级阶段，才能实现真正的社会平等。因为在共产主义社会物质财富极大丰富，人的思想觉悟极大提高。只有在这样的条件下，才能实现真正的社会平等：各尽所能，按需分配。才能保证通过社会生产，使“一切社会成员有富足的和一天比一天充裕的物质生活”，才能实现人的自由而全面的发展。

7. **商品经济与有计划组织社会生产。**马克思恩格斯是从经济基础与上层建筑的统一上认识和分析社会主义与资本主义根本区别的。这对范畴涉及两种制度在经济特征上的区别。

马克思恩格斯认为，资本主义经济是商品经济发展的

---

① 《马克思恩格斯文集》第1卷，人民出版社2009年版，第538页。

最成熟的阶段。资本主义商品生产是社会化生产。但是在生产资料资本家私人占有的条件下，由商品内在两重性所产生的私人劳动与社会劳动的矛盾，就演化为个别企业生产有组织与整个社会生产无政府状态的矛盾。这是资本主义社会经济发展的重要特征，也是自由资本主义时期难以克服的矛盾。

前已述及，马克思恩格斯是在批判资本主义旧世界中发现社会主义新社会的。他们认为未来社会主义社会也是实行社会化生产，并从未来社会也要适应社会化生产的要求和社会主义制度优越性的高度提出，未来社会是有计划地组织社会生产这个重要论断的。因此，我们要从马克思恩格斯的原意即经济领域的特征，而不是从体制（或机制）上来理解未来社会需要对“生产进行的社会的有计划的调节”的正确论断。

8. **人的自由全面发展与全人类解放**。马克思恩格斯非常重视人的自由全面发展，并把人的自由全面发展看做是未来共产主义社会的质的规定和基本原则。马克思恩格斯还多次使用“自由人的联合体”来界定共产主义社会。

但是与历史唯心主义根本不同，马克思恩格斯在这里所讲的人，决不是指抽象的人，也不是仅仅指个人，而是指全体人民。因此，从这个意义上讲人的自由全面发展，必然要同全人类的彻底解放密切联系在一起。由此出发，才能深刻领会马克思恩格斯在《共产党宣言》中发出的号召：全世界无产者联合起来。恩格斯指出，共产主义社会是实现了全人类彻底解放的社会。这是因为只有到了共产主义社会才能做到“人终于成为自己的社会结合的主人，从而也就成为自然界的主人，成为自身的主人——自由的人。”这是人类从必然王国进入自由王国的飞跃。马克思恩格斯指出，研究实现全人类彻底解放这一崇高目标是科学社会主义的重要任务。

9. **基本原则与各国实际**。马克思恩格斯阐述的科学社会主义基本原则贯穿于他们浩瀚的著作中。这些基本原则包括：必须以历史唯物主义为理论基础，必须以实现共产主义社会为最高理想，必须以工人阶级政党为领导核心，必须以解放和发展生产力为根本任务，必须以代表最广大人民的根本利益为党的宗旨，必须以公有制和按劳分配为社会主义社会经济制度的基础，必须以人民当家作主为社会主义民主的本质，必须以改革和完善社会主义制度与体制为执政党的重要使命，等等。

马克思恩格斯历来主张，科学社会主义基本原则必须与各国实际相结合，才能取得社会主义的胜利。他们在《共产党宣言》1872年德文版序言中的这段论述，最清楚地指出了这对范畴的关系。“这些原理的实际运用，正如《宣言》中所说的，随时随地都要以当时的历史条件为转移”。马克思恩格斯提出的关于东方社会发展道路的理论也包含上述的卓越思想：一切民族最终都要走向共产主义，但具体道路并不一样。西方不同于东方，发达资本主义国家不同于像俄国这样落后的东方国家。因此，社会主义的实现必然具有各个国家或各个民族的特色。

当然，对科学社会主义基本范畴的认识是一个有待深入研究和共同讨论的深层次的学科建设的课题。对此，有不同的认识和概括实属正常。笔者仅以此文参加这方面的讨论并求教于同行。

科学社会主义在经济文化比较落后国家的实现和发展*

科学社会主义在100多年来的发展进程中产生过两次历史性飞跃。第一次历史性飞跃是社会主义从空想发展为科学。第二次历史性飞跃是社会主义从理论变为现实。这第二次历史性飞跃首先是在经济文化比较落后的俄国、中国和欧亚一系列国家实现的。这第二次历史性飞跃具有极其重要的理论和现实意义。

一、科学社会主义在俄国

19世纪末20世纪初，资本主义从自由竞争发展到垄断阶段即帝国主义阶段，列宁根据帝国主义时代特征和资本主义发展的新情况，提出了一系列新思想新观点，并领导俄共（布）和工农群众取得了十月革命的胜利，开辟

* 本文是作者在中央党校主体班次的讲稿。

了人类历史发展的新纪元。极大地丰富和发展了科学社会主义理论，把马克思主义推进到新的历史阶段即列宁主义阶段。

1. **帝国主义是资本主义发展的特殊阶段。**19世纪末20世纪初，随着资本主义由自由竞争向垄断转变，资本主义发展进入了以垄断为特征的帝国主义时代。列宁认为，帝国主义是资本主义发展的特殊阶段即垄断阶段。列宁指出："如果必须给帝国主义下一个尽量简短的定义，那就应当说，帝国主义是资本主义的垄断阶段。"① 列宁的这个定义实际上揭示了帝国主义的实质是垄断。垄断实质体现在帝国主义的经济特征上，这些特征主要有以下5条。

第一，生产和资本的集中发展到这样的高度，以致造成了在经济生活中起决定作用的垄断组织。第二，银行资本和工业资本已经融合起来，在这个"金融资本的"基础上形成了金融寡头。第三，和商业输出不同的资本输出具有特别重要的意义。第四，瓜分世界的资本家国际垄断同盟已经形成。第五，最大资本主义大国已把世界上的领土瓜分完毕。

列宁认为，资本主义从自由竞争发展到垄断，归根到底是资本主义基本矛盾发展的结果。一方面使生产更加社会化，另一方面社会财富更加集中在少数金融寡头手里。这又促使资本主义基本矛盾更加尖锐化。列宁指出，帝国

① 《列宁选集》第2卷，人民出版社1995年版，第650页。

主义的寄生性和腐朽性也是由垄断决定的。在垄断和寡头统治背景下，垄断趋势代替了自由竞争趋势，出现了极少数最富强的国家剥削愈来愈多的弱小国家。列宁还阐述了关于帝国主义的腐朽趋势并不排除“资本主义的迅速发展”这一辩证思想。列宁关于帝国主义一系列论述构成帝国主义的理论，它是列宁主义的重要内容。其中所包含的马克思主义立场观点和方法绝没有过时，仍然对我们观察和分析当代资本主义有重要的指导意义。

2. **社会主义在一国或数国首先胜利的理论。**19 世纪 40 年代，马克思恩格斯根据当时资本主义发展的情况，曾经设想社会主义革命不仅仅是一个国家的革命，将在西欧北美几个主要资本主义国家同时发生并共同取得革命胜利。在这个思想中包含着社会主义革命应该在资本主义经济最发达的地方，无产阶级占人口多数的国家发生的观点。

进入帝国主义时代之后，列宁在分析了当时时代特征和经济文化比较落后国家的实际状况后提出，社会主义革命可以在一国或数国首先取得胜利。

列宁揭示了资本主义经济政治发展不平衡规律。这是社会主义可以在一国或数国首先胜利的科学依据。列宁指出，资本主义经济政治发展不平衡是指资本主义各个企业、各个生产部门、各个国家经济力量发展的不平衡。产生这种不平衡的根本原因在于生产资料资本主义占有制。资本主义生产的目的是为了追逐尽可能多的利润，从而造成整个社会生产的无政府状态。表现为各个企业部门、各个国家发展的不平衡。这在自由竞争阶段就出现了，但还不明显，矛盾还不尖锐。到了垄断阶段，这种经济政治发展不平衡就呈现出了规律性，由此引起的矛盾开始激化。这些矛盾激化的结果就是爆发了帝国主义国家之间的战争。

与资本主义经济政治发展不平衡规律密切联系的是列宁提出了帝国主义体系中的薄弱环节的重要观点。列宁认为，在帝国主义时代形成了世界性的经济体系。发达国家和不发达国家都卷入了这个世界性的资本主义经济体系。落后国家成了帝国主义的殖民地，同时也成了帝国主义体系上的各个环节。但它们是薄弱环节。列宁对此曾作过恰切的比喻：帝国主义体系好比铁链，如果其中一个环节是木头做的，那么整个铁链的强度就取决于木头环节即薄弱环节的强度。因此，列宁认为，帝国主义的统治体系是可以在最薄弱环节首先被突破的。也就是说如果无产阶级及其政党能准确地把握时机，采取正确的战略和策略，那么社会主义革命可以从帝国主义铁链的薄弱环节开始。

列宁提出的资本主义经济政治发展不平衡规律和帝国主义体系薄弱环节的新思想新观点，这是社会主义革命可以在一国或数国首先胜利的科学依据。是在帝国主义时代条件下，坚持和发展了马克思主义关于无产阶级革命的思想。为经济文化比较落后国家率先走上社会主义道路指明了方向。第一次世界大战期间，俄国成为帝国主义体系的薄弱环节。俄国布尔什维克党和工农群众在列宁领导下取得了十月革命的胜利，开辟了人类历史发展的新纪元。有力佐证了列宁关于社会主义可以在一国或数国首先取得胜利论断的正确性。

3. **殖民地国家和民族解放运动的理论。**列宁在研究帝国主义时代与殖民地国家的新情况后，提出了殖民地国家和民族解放运动的理论。列宁认为，在帝国主义时代，必须将民族划分为压迫民族和被压迫民族。民族问题已经扩大为民族殖民地国家问题，也从一国范围的问题发展为世界性问题。殖民地国家的民族解放运动是世界无产阶级革命的一部分。列宁论述的这些思想，扩大了民族问题的范围，把它原先仅局限于欧洲弱小民族的问题扩大为全世界一切被压迫民族的独立解放问题，从而为无产阶级革命找到了更广大的同盟军。

列宁认为，帝国主义时代是一个“全世界殖民政策的特殊时代”，世界已经划分为两部分，一部分是殖民地半殖民地的被压迫民族，另一部分是少数拥有巨量财富和强大军事实力的压迫民族。这表明，被压迫民族的解放问题已不是某一国家或某一地区的问题，而是一个世界性的问题。

殖民地半殖民地人民的被压迫地位，决定了他们必然要成为反对帝国主义的一支强大力量。殖民地国家的民族解放运动，按其性质来说虽然是资产阶级民主主义革命，但其斗争锋芒直接指向帝国主义和国际资产阶级，因而终将卷入世界革命运动的总潮流，成为世界无产阶级革命的一部分。

根据帝国主义时代世界革命形势的重大变化，列宁赞同共产国际提出的“全世界无产者和被压迫民族联合起来”的口号，要求帝国主义国家的无产阶级支持殖民地国家的民族解放运动，殖民地国家的无产阶级政党也应该支持并担负起民族解放运动领导者的责任。从而丰富和发展了马克思恩格斯提出的“全世界无产者联合起来”的口号。

列宁关于殖民地国家和民族解放运动的理论丰富和发展了马克思主义民族理论。对于无产阶级领导殖民地国家的民族解放运动具有重要的指导意义，从而对科学社会主义的丰富和发展做出了重要贡献。

4. **新经济政策与列宁建设社会主义的构想**。十月革命胜利后的不久，就发生了帝国主义国家联合进攻俄国和国内反革命叛乱。这就是1918—1920年俄国的国内战争时期。这一时期苏维埃俄国实行的是“战时共产主义”政策。实行这一政策是为了打败敌对力量对俄国的进攻，同时也有列宁和俄共（布）曾一度把马克思恩格斯向社会主义“直接过渡”的思想付诸于俄国实际的原因。

1921年春俄国国内战争结束。由于未及时取消“战时共产主义”政策，从而激化了国内的一些社会矛盾。如发生了农民暴动和士兵叛乱等。列宁是一位善于总结经验的马克思主义者。他认识到在一个经济文化比较落后的国家里，革命胜利后就立即采用“直接过渡”的做法在实践中是行不通的。1921年3月召开的俄共（布）第十次代表大会，决定立刻废止“战时共产主义”，实行从战时共产主义政策向新经济政策的转变。

新经济政策主要内容是：（1）用粮食税代替余粮收

集制，允许农民在交纳一定的粮食税之后，把剩余的粮食拿到市场上交换。（2）允许多种经济成分存在，鼓励农民、手工业者和商品生产者发展私营企业。（3）实行自由贸易，发展商品经济，加快国民经济的恢复和发展。（4）发展国家资本主义，利用资本主义来建设社会主义。实行新经济政策的目的是通过商品和市场把社会主义经济同小农经济结合起来，在此基础上建立牢固的工农联盟。新经济政策实质是经济文化比较落后国家在社会主义革命胜利后只能采取“间接过渡”的办法向社会主义过渡。这是列宁对经济文化比较落后国家如何建设社会主义再认识的重要成果。

通过总结十月革命后的社会主义初步实践，特别是总结新经济政策的经验，列宁在晚年提出了关于俄国建设社会主义的构想，其主要内容包括：

第一，努力实现工业化和电气化，大力发展生产力。列宁强调：劳动生产率，归根到底是保证新社会制度胜利的最重要的东西。为此要努力实现工业化和电气化。因为建设社会主义社会真正的和唯一的基础只有一个，这就是大工业。

第二，实行农业合作化，引导农民走社会主义道路。列宁认为这是经济文化比较落后的国家建设社会主义要解决的重要问题。列宁主张通过合作化的形式把农民引向社会主义道路。因为利用合作社的形式，农民既十分熟悉又便于接受。它可以把农民个人利益和国家利益很好地结合起来。

第三，改革国家机构，加强国家政权建设。苏维埃政权建立后，虽然摧毁了旧国家的官僚机构，但是官僚主义影响仍然严重存在。这就需要坚决改革国家机构，加强国家政权建设。由于俄国经济文化比较落后，新政权需要大批有文化、懂管理的人才。这是加强国家政权建设的重要内容。

第四，加强党的建设，发扬党内民主，增强党的团结。列宁认为，共产党是社会主义建设的领导力量。要巩固和建设社会主义，就必须加强党的建设。而发扬党内民主对于增强党的团结是非常重要的。列宁还提出为了适应党的中心任务是经济建设的需要，党在组织形式和工作方法上也要相应改革。

第五，开展“文化革命”，大力推进文化建设。俄国经济文化比较落后的一个突出表现是文盲半文盲占居民多数。列宁看到了改变这种状况的艰巨性和长期性。列宁把提高全民的文化水平和基本素质，比作是开展一场“文化革命”，实际上就是大力推进文化建设。只有这样才能真正提高劳动生产率，才能彻底挖掉贫穷落后的根子。

第六，加强民族团结，反对大俄罗斯主义。苏联是个多民族国家，民族问题、民族矛盾由来已久。十月革命胜利后，列宁就提出各民族一律平等、要维护各民族的利益。列宁认为要以此作为解决民族问题的根本原则。而要贯彻这个原则就必须反对大俄罗斯主义。

列宁提出并实施新经济政策和关于建设社会主义的构想，是伟大的创举。是对“什么是社会主义，怎样建设社会主义”这个科学社会主义基本问题再认识的重大成果，是留给经济文化比较落后国家执政的共产党人的宝贵财富，是对科学社会主义的丰富和发展。

二、科学社会主义在中国

在科学社会主义与中国革命和建设的实际相结合的过程中产生了两次历史性飞跃，形成了两大理论成果。第一个理论成果是毛泽东思想。第二个理论成果是中国特色社会主义理论体系。

1. 中国共产党对中国特色社会主义道路和理论的探索与开创。中国共产党对中国特色社会主义道路和理论的探索与开创经历了一个长期的艰辛的过程。

以毛泽东同志为核心的党的第一代中央领导集体把科学社会主义基本原理与中国革命实际相结合，领导党和全国各族人民建立了新中国，并取得社会主义革命和建设的伟大成就。为中国特色社会主义的创立奠定了根本政治前提和制度基础。以毛泽东同志为代表的中国共产党人领导人民艰辛探索社会主义建设规律所形成的宝贵经验和理论成果，是中国特色社会主义理论体系的重要理论渊源。

以邓小平同志为核心的党的第二代中央领导集体面对十年“文化大革命”造成的危难局面，坚持解放思想、实事求是，以巨大的政治和理论勇气，正确评价毛泽东同志和毛泽东思想，彻底否定以阶级斗争为纲的错误理论和实践，作出把党和国家工作中心转移到经济建设上来，实行改革开放的历史性决策，确立了党在社会主义初级阶段的基本路线，提出了走自己的路，建设中国特色社会主义这个主题，创立了邓小平理论，奠定了中国特色社会主义理论体系的基础。

以江泽民同志为核心的党的第三代中央领导集体在20世纪与21世纪之交，领导党和人民高举邓小平理论伟大旗帜，经受住了国内外政治风波以及国内经济风险和自然灾害的考验，坚持改革开放，建立社会主义市场经济体制，推进党的建设新的伟大工程，创立了“三个代表”重要思想，丰富和发展了中国特色社会主义理论体系，把中国特色社会主义成功地推向21世纪。

十六大以来，以胡锦涛同志为总书记的党中央，坚持以邓小平理论和“三个代表”重要思想为指导，顺应国内外形势发展变化尤其是根据新世纪新阶段我国经济社会发展出现的阶段性特征，抓住重要战略机遇期，发扬求真务实、开拓进取精神，坚持理论创新和实践创新。提出了科学发展观等重大战略思想，形成中国特色社会主义理论体系的最新成果。

科学社会主义在中国的传播和发展过程，是一个马克思主义中国化的过程，在这个过程中我们党领导中国人民翻身解放，建立了新中国。开辟并逐步形成了中国特色社会主义道路，提出了中国特色社会主义理论体系。

2. **坚持科学社会主义基本原则与我国实际和时代特征相结合。**坚持科学社会主义基本原则也就是要用科学社会主义来观察和解决中国问题。在此，有必要弄清楚基本原理和基本原则这两个概念的联系和区别。

基本原理通常指某一领域、部门或学科中具有普遍意义的基本规律，基本原理以大量实践为基础，因此它正确与否或是否过时，要由实践来检验。从基本原理中可以推论出各种具体原理和命题等；基本原则是指观察问题和处理问题的准绳，由于不同的阶级有不同的阶级立场和利益，因而对问题的看法和处理有不同的基本原则。我们党的文献中常常使用的“基本原理”和“基本原则”，在很多情况下其含义是相同的。这并不妨碍我们在学理研究中将这两个概念加以区分。

我国最大的实际是正处于并将长期处于社会主义初级阶段，这是我国最基本的国情。我国社会主义初级阶段的根本特点是人口多、底子薄，地区之间尤其是城乡之间发展不平衡，生产力总体水平不高。社会主义初级阶段就是在坚持社会主义基本制度条件下经历一个相当长的初级阶段，去实现工业化和经济的社会化、市场化、现代化。十一届三中全会前我们在建设社会主义中出现失误的根本原因之一，就在于提出的一些任务和政策超越了社会主义初级阶段。30 年来改革开放和现代化建设取得成功的根本原因之一，就是克服了那些超越阶段的错误观念和政策，又抵制了抛弃社会主义基本制度的错误主张。在党的纲领中提出并论述了社会主义初级阶段理论，这在马克思主义历史上是第一次。

时代特征反映了时代大背景，也就是说它反映了时代及其主题、基本矛盾和发展方向。执政党只有把握了时代特征，才能选择符合历史发展规律的前进方向和发展战略。

20世纪80年代初，邓小平深刻观察世界发展潮流，根据世界形势的新变化，对时代主题作出了正确判断。提出了“和平和发展是当代世界的两大问题”，并形成了“东西、南北”的重要战略思想。这就是说当今世界矛盾并不只是东西方之间矛盾，还有南北方之间矛盾。东西方之间的主要问题是和平，南北方之间的主要问题是发展。这就为我们确立新时期的发展战略和国际战略提供了科学依据。

党的十三大把邓小平这一战略判断正式表述为“和平与发展是当代世界的主题”。十四大在重申这一战略判断后又用了“时代主题”的提法。十五大后党的文献一般都采用“和平和发展是当今时代的主题”这一表述。它的内涵是：和平与发展是当今世界的基本态势和主要特征，是世界人民的共同愿望和共同要求，是当今世界有待解决的两大课题，是需要共同努力才能实现的两大任务和两大目标。正确把握时代主题是我们党制定社会主义初级阶段基本路线，提出中国特色社会主义理论体系和一系列内政外交政策的基本依据。

总之，中国特色社会主义理论体系是在和平与发展成为时代主题的历史条件下，在我国改革开放和现代化建设的实践中，在总结我国社会主义正反两个方面的历史经验并借鉴其他社会主义国家兴衰成败历史经验的基础上，逐步形成和发展起来的。

3. **中国特色社会主义理论体系的定位。**中国特色社会主义理论体系，就是包括邓小平理论、“三个代表”重要思想以及科学发展观等重大战略思想在内的科学理论体系。

这个理论体系，坚持和发展了马克思列宁主义、毛泽东思想，凝结了几代中国共产党人带领人民不懈探索实践的智慧和心血，是马克思主义中国化的最新成果，是党最可宝贵的政治和精神财富，是全国各族人民团结奋斗的共同思想基础，是扎根于当代中国的科学社会主义。这个理论体系是不断发展的开放的科学理论体系。在当代中国，坚持中国特色社会主义理论体系，就是真正坚持马克思主义。可以认为，这是我们党的文献对这个理论体系的政治定位和理论定位。

中国特色社会主义理论体系是改革开放历史新时期中国共产党人继续推进马克思主义中国化的伟大历史性创造，是全面建设小康社会的根本指针，是实现中华民族伟大复兴的精神支柱。可以认为，这是我们党的文献对中国特色社会主义理论体系的历史定位。

4. **坚定不移地走中国特色社会主义道路。**党的十七大第一次对中国特色社会主义道路作了全面的表述：中国特色社会主义道路，就是在中国共产党领导下，立足基本国情，以经济建设为中心，坚持四项基本原则，坚持改革开放，解放和发展社会生产力，巩固和完善社会主义制度，建设社会主义市场经济、社会主义民主政治、社会主义先进文化、社会主义和谐社会，建设富强民主文明和谐的社会主义现代化国家。

从这个表述中可以看出，中国特色社会主义道路有4

个根本点。一是前提条件就是坚持中国共产党的领导。二是“一个中心、两个基本点”的党的基本路线。三是战略布局即“四位一体”的中国特色社会主义事业总体布局。四是奋斗目标即建设富强民主文明和谐的社会主义现代化国家。

我们之所以要坚持中国特色社会主义道路，就是因为这条道路既坚持了科学社会主义的基本原则，又根据我国实际和时代特征赋予其鲜明的中国特色；这条道路是我们付出艰辛努力反复探索找到的唯一正确的道路；这条道路是经过改革开放30多年的实践证明，能够凝聚党心和民心，能够引领中国发展进步并最终实现中华民族伟大复兴的道路。因此在当代中国，坚持中国特色社会主义道路，就是真正坚持社会主义。

三、社会主义与资本主义的关系

科学社会主义首先在经济文化比较落后的国家取得了胜利并获得了发展。它打破了资本主义的一统天下，开辟了人类历史发展的新纪元。特别是二战结束后，社会主义越出了苏联一国范围，在欧洲、亚洲和拉丁美洲一系列国家取得胜利，形成了强大的社会主义国家体系。当时社会主义国家达到了15个，形成了“三分天下”的格局。即社会主义国家体系占世界人口的1/3，土地面积的1/4，国民生产总值的1/3。与此同时，也就提出了社会主义与资本主义的相互关系的问题，这是马克思恩格斯时代没有遇见过的问题。

在马克思恩格斯看来，社会主义和资本主义是人类发展历史长河中两个相互衔接的阶段，是前后继起的两种社会形态。社会主义作为代替资本主义的更高的社会形态，一方面必须批判资本主义的矛盾和弊端，克服资本主义的历史局限性和阶级局限性。另一方面又要继承资本主义和整个人类社会所创造的一切文明成果，并作为社会主义继续前进的基础和出发点。只有这样才能建设更加美好的社会主义和共产主义社会。

在当今世界，社会主义与资本主义是两种长期并存的社会制度。它们之间是一种共处、合作、竞争、斗争和借鉴的关系，而且在一个相当长的时期内这种格局不会发生重大变化。因此，现实中的社会主义国家在与资本主义既共处又竞争，既斗争又合作的过程中，要坚持科学社会主义基本原则，要善于吸收和借鉴资本主义所创造的文明成果。为此，需要深入全面地研究资本主义尤其是当代资本主义，需要继续实行全方位的对外开放政策，需要进一步积极参与国际经济合作与竞争。只有这样，才能吸收和借鉴人类社会创造的一切文明成果，增强社会主义国家综合国力，创造出比资本主义更高的文明。

社会主义首先在经济文化比较落后的国家取得胜利，这在世界社会主义发展史上具有里程碑的伟大意义。但是，当今世界总的格局仍然是西强东弱即资本主义世界发达，社会主义国家落后。在这样的时代背景下，我们既要对社会主义的未来发展充满信心，因为历史唯物主义揭示了人类社会发展的规律。封建社会代替奴隶社会、资本主义代替封建主义、社会主义经历一个长过程发展后必然代替资本主义，这是社会历史发展不可逆转的总趋势；又要充分认识社会主义代替资本主义的长期性和曲折性。因为社会主义代替资本主义决不是用一种私有制代替另一种私有制，也不仅仅是以新的社会形态代替旧的社会形态，而且要最终消灭剥削制度，消灭阶级和阶级差别，实现全人类的彻底解放。实现如此伟大而艰巨的历史任务，必然要经历漫长而曲折的历史过程。当今社会主义国家从总体上看，还是比较落后即生产力不发达。社会主义要由落后变为强大、由不成熟不完善不发达最终转变为成熟完善发达，需要很长的历史过程。中国共产党人用“几代人、十几代人、甚至几十代人”的提法加以表述。在这个过程中社会主义会遭到各种困难和挫折是难以避免的。社会主义国家要赶上并且超过发达资本主义国家，也需要很长的历史时期，社会主义要在全世界取得最后胜利，则需要经历更加漫长的历史过程。总之，世界社会主义发展的前途是光明的，但是道路是曲折的。

如何认识
21世纪社会主义的复兴*

社会主义是世界历史发展的客观进程，这是谁也无法否认的现实。就是十几年前，在发生了东欧剧变、苏联解体的那场“政治大地震”之后，就有西方有识之士认为，轻言社会主义在20世纪的失败是无知的。就有人议论“社会主义在21世纪的复兴”。今天在经济全球化、世界格局多样化和文化多元化进一步发展的背景下，尤其是中国特色社会主义有了长足进步和一些地区左翼力量崛起的背景下，21世纪社会主义的复兴又成为令人瞩目的话题。这个话题也是个难题，从而也就提出了如何正确认识和客观判断21世纪社会主义复兴这个问题。

首先，要从历史必然性和人民主动性的统一上认识经济文化比较落后国家率先走上社会主义革命和建设道路的合理性。我们在分析了各种各样对社会主义责难的言论后

---

* 本文发表于《人民论坛》2007年第7期。

可以看到有一种观点是有代表性的。这就是社会主义革命率先在经济文化落后国家发生是历史的误会，因而它迟早是要失败的，再次复兴也是不可能的。关于这方面的争论实际上涉及马克思恩格斯以当时发达资本主义国家为研究对象而得出的“社会主义必然代替资本主义”（简称“两个必然”）的结论，对经济文化比较落后的国家是否适用的问题。只要我们遵循马克思主义创始人的思路是可以看出，被马克思称之为具有“铁的必然性”的“两个必然”结论完全适用于经济文化比较落后的国家。

马克思主义创始人的思路是指他们严密论证社会化大生产发生、发展和客观要求的思路。在马克思恩格斯看来，社会化大生产是资本主义发明的，是资本主义社会战胜封建主义社会的“秘密武器”，是资本主义制度一个很大的功劳。但是，资本主义的成功是由于社会化大生产，资本主义的衰败也是由于社会化大生产。因为资本主义生产关系自身已无法容纳下社会化大生产的进一步发展。对此，马克思恩格斯在《共产党宣言》和《社会主义从空想到科学的发展》中都作了严密的论证。可以说任何人都难以从逻辑上推翻。马克思恩格斯在《宣言》中有句名言：资产阶级用来推翻封建制度的武器，现在却对准资产阶级自己了。这个武器就是指社会化大生产。因此，社会化大生产发生、发展和客观要求，这是“两个必然”实现的最深层次的原因。因为它形成了资本主义的基本矛盾，即社会化生产与生产资料资本家私人占有，这是资本主义社会一切矛盾的总根源。而当资本主义生产关系成为社会化大生产的“桎梏”而自身又无法解决这个问题时，只能彻底变革资本主义生产方式，用社会主义生产关系取而代之。这就是马克思说的“铁的必然性”。

那么马克思主义创始人分析社会化大生产的思路，是适用还是不适用经济文化比较落后的国家呢？我们的回答是肯定的。因为社会化大生产具有在空间和时间上不断扩张的特性（其实这就是今天我们称之为的经济全球化），社会化大生产这个特性必然导致它越出国界走向全世界。而在资本主义条件下社会化大生产的发展必然导致资本主义从自由竞争走向垄断，导致资本主义发达国家瓜分世界。而当资本主义大国瓜分全世界时，就把整个世界“分为两半”（列宁语），即一半是社会化大生产发达的资本主义宗主国，另一半是社会化大生产欠发达的殖民地。这样，殖民地国家的无产阶级和人民大众受到的是多重压迫，即本国资本、外来资本和封建主义的压迫。因而这些国家的社会矛盾极其尖锐，这就是经济文化比较落后国家率先进行社会主义革命的根本原因。这是逻辑与历史相统一的结论，是无法推翻的。十月革命就是在这样背景下发生的，它具有客观必然性。决不像某些人所歪曲的那样：是列宁为首的一小撮布尔什维克强加给苏联人民的。

那为什么有些社会矛盾也很尖锐的经济文化比较落后国家并没有爆发社会主义革命呢？这就涉及历史主动性这个问题。因为仅仅是社会矛盾尖锐，那也只是发生革命的客观条件，缺少主观条件或主观条件不成熟，社会主义革命是不会发生的，即使发生了也是难以取得胜利的。而历史主动性是与这些国家的人民群众的觉醒和工人阶级政党的成熟紧密联系在一起的。因此，没有工人阶级政党的先进性及其所引领的经济文化比较落后的国家的人民主动性，社会化大生产发生和发展及其形成的社会矛盾是不能自然而然地导致社会主义。20世纪初尤其是二战结束后，包括中国在内的一系列经济文化比较落后的国家先后走上社会主义革命和建设道路，就是社会发展的规律性与历史主动性相结合的产物。

需要指出的是，马克思主义创始人分析社会化大生产思路的逻辑彻底性，是我们今天认识社会主义必将在21世纪复兴的立论依据。因为21世纪社会主义的复兴是与现存的社会主义国家的发展状况和当代资本主义发展趋势紧密联系在一起的。现存的社会主义国家都是原先经济文化比较落后的国家。因此，这些国家应当在社会主义制度条件下补上社会化大生产发展这一课，这就是我们党的文献多次强调的，要实现工业化和经济社会化、市场化和现代化。完成了上述历史任务，社会主义物质基础才能雄厚，社会主义制度才能巩固，社会主义制度优越性才能得到充分的发挥。其实这正是中国特色社会主义成功的奥秘。这一定会对世界上社会化大生产不发达的社会主义国家起强烈的示范作用。正如邓小平曾经精辟指出的，到了中国全面建设小康社会目标实现，而且是共同富裕，到那时就能够更好地显示社会主义制度优于资本主义制度，就为世界3/4的人口指出了奋斗方向，更加证明了马克思主义的正确性。

二战结束后的半个多世纪以来，当代资本主义确实发生了很大变化。西方发达国家的社会主义前途在哪？仍然在于社会化大生产。当代资本主义发生的新变化，是它们在一定程度上调整了社会化大生产与资本主义生产关系矛盾的结果。但这并不意味着它们能彻底解决这一对基本矛盾。今天我们观察西方发达国家的社会主义前途要把握这两个观点。一是西方发达国家究竟能在多大程度上调节社会化大生产与资本主义生产关系的矛盾。二是西方发达国家的工人阶级确实是发生了变化。但不是“变落后了”，更不是“变没有了”。我们要警惕西方一些政要、学者把“蓝领工人”等同于工人阶级，把“白领工人”等同于中产阶级的“理论陷阱”。工人阶级及其政党是社会化大生产的产物，只要社会化大生产还存在，还发展，工人阶级及其政党是不会消失的。正如鲁迅说的：“石在，火是不会灭的”。社会化大生产的进一步发展仍然是社会主义在21世纪复兴的最根本依据。

其次，要从世界历史进程的长期性和社会主义发展的阶段性的统一上认识社会主义的复兴。我们说社会主义制度是新生事物，往往是从世界历史进程发展的长期性上说的。资本主义从最初萌芽到最后取代封建主义制度，在欧洲经历了近500年。其间不知发生过多少次的阵痛和难产，才确立起了资本主义经济政治文化制度。以1516年托马斯·莫尔的《乌托邦》发表为标志，表明空想社会主义思潮的出现。但是，此后经历了300多年的时间才完成社会主义从空想到科学的转变。社会主义作为社会制度从1917年十月革命胜利算起才90年。90年在人类历史长河中确实只能算是短暂的瞬间。列宁说过，世界历史的尺度是以数十年为单位来衡量的。早10—20年或迟10—20年，这用世界历史尺度来衡量，是算不了什么的。列宁还认为，当新事物刚刚诞生时，旧事物在某些时候总比新事物强些，这在自然界或社会生活中都是常见的现象。邓小平在1992年南方谈话中也深刻指出，社会主义作为新生事物在发展过程中发生曲折是难以完全避免的。邓小平还从人类社会发展长过程上指出，社会主义必然要复兴。他指出，资本主义代替封建主义的几百年间，发生过多少次王朝复辟？所以，从一定意义上说，某种暂时复辟也是难以完全避免的规律性现象。一些国家出现严重曲折，社会主义好像被削弱了，但人民经受锻炼，从中吸取教训，将促使社会主义向着更加健康的方向发展。这些高屋建瓴的论述，充分体现出邓小平作为马克思主义者的远见卓识。

社会主义的发展过程作为人类世界历史进程的组成部分，它自身也是长期性与阶段性的统一。这是中国共产党人全面总结国内外社会主义事业兴衰成败的经验教训后得出的深刻结论，是对科学社会主义的丰富和发展。我们党认为，社会主义制度完全可以在经济文化比较落后的国家率先建立起来，但要巩固和发展社会主义制度需要几代人、十几代人、甚至几十代人坚持不懈的努力奋斗。我们党是最高纲领和现阶段基本纲领的统一论者。反复强调指出，在为共产主义崇高理想而奋斗的同时，一定要脚踏实地为现阶段基本纲领而努力，这样才能一步一步地迈向长远目标；我们既要看到改革开放近30年取得的历史性成就，又不能轻易断言社会主义已经取得完全成功；我们既要认清和平发展仍然是当今时代的主题，和平发展合作是世界潮流，又要看到当今世界还是很不安宁的，影响和平发展的不稳定因素增多，某些因素在一定条件下还会被放大，造成局部动荡。总体力量对比仍然是西强东弱，对此要保持清醒的头脑。

总之，我们坚信社会主义必将复兴。这是因为社会主义经历一个长过程发展后必然代替资本主义，这是社会历史发展不可逆转的总趋势。但是社会主义在21世纪的复兴道路是曲折的、长期的，对此要有足够的思想准备。笔者认为这是每一位清醒的、自觉的、有作为的马克思主义者都会采取的态度。

科学发展观对党的执政能力提出了新的更高的要求*

十六大以来，以胡锦涛同志为总书记的党中央在总结历史经验和新的实践的基础上提出了一系列重大的战略思想。其中科学发展观和构建社会主义和谐社会是统览全局的两大战略思想，而且这两大战略思想内在联系紧密，统一于全面建设小康社会的伟大实践中。本文仅就科学发展观对我们党的执政能力提出了新的更高的要求谈几点认识，并求教于同行。

一、科学发展观反映了当代中国发展的阶段性特征，它要求执政党要不断提高驾驭全局把握中心的能力

科学发展观不是凭空提出来的，也就是说它的产生是

---

* 本文发表于《前线》2007 年第 3 期。

有国内外背景的。从外部看，我们积极参与经济全球化，这为我们吸收和借鉴人类现代文明进步的新成果提供了有利条件，同时也要清醒地看到面临的严峻挑战。影响和平与发展的不稳定、不确定因素增多，综合国力竞争日趋激烈，我们要面对西方发达国家在经济和科技等方面长期占优势的压力。从内部看，1978 年以来，经过近 30 年的发展，尤其是进入新世纪新阶段我国经济社会发展出现了一系列阶段性的特征。

以胡锦涛同志为总书记的党中央非常重视对这些阶段性特征的分析和归纳。2005 年 2 月 19 日，胡锦涛同志在中央党校省部级主要领导干部研讨班上的讲话（简称“2·19”讲话）中从 8 个方面对此作了分析和归纳。在同年秋季召开的十六届五中全会上，胡锦涛同志再次从 10 个方面分析和归纳了这些阶段性的特征。在党中央对这些特征所作的分析中也包含着对长期以来我国经济社会发展中的经验教训的深刻总结。这些阶段性的特征可以概括为“重叠、两难”。“重叠”是指当前我国是发展黄金期与矛盾凸显期重叠；“两难”是指当前我国经济社会发展中遇到的矛盾和问题具有两难的特点。比如，既要继续发展，又要坚持科学发展；既要保持东部发展的活力和率先发展的态势，又要坚持东中西部协调发展等。

虽然我国当前发展的阶段性特征主要是发生在经济和社会领域里，但是历史唯物主义告诉我们，经济社会领域的变化是基础性的变化，它或早或迟要引起上层建筑和其他领域的变化。事实也是如此，新世纪新阶段我国经济社会发展的阶段性特征表明，当前我国的改革进入攻坚阶段，发展进入关键时期。十六届六中全会的《决定》用“经济体制深刻变革，社会结构深刻变动，利益格局深刻调整，思想观念深刻变化。”（简称4个“深刻”）加以概括是非常准确的。

面对如此深刻的“变局”，无疑要求中国共产党作为执政党必须不断提高驾驭全局、把握中心的能力。为什么要强调驾驭全局呢？因为当前我国由经济社会发展引起的变化是全方位的，即面临的发展机遇前所未有，面对的挑战也前所未有。因此，我们党在当前改革发展的关键时期要充分发挥“总览全局、协调各方”的作用。我们要认真落实十六大提出的坚持党的领导的6个方面的重要内容。切实做到党章中规定的“党必须适应形势的发展和情况的变化，完善领导体制，改进领导方式，增强执政能力。”为什么要强调把握中心呢？因为坚持以经济建设为中心这是党在社会主义初级阶段基本路线的核心内容，坚持党的基本路线不动摇，关键是坚持以经济建设为中心不动摇。关于这一点应当说，当前党内外广大干部群众已形成共识。然而，对于我们执政党来说，重要的是，即使在出现纷繁复杂的矛盾和问题的情况下，也要始终牢牢把握以经济建设为中心不动摇。这无疑对我们党的执政能力提出了新的更高的要求。随着我们党提出科学发展观和构建社会主义和谐社会，这标志着我们国家已经进入以经济建设为中心、把构建社会主义和谐社会摆在更加突出地位的新阶段，也就是进入了全面推进经济建设、政治建设、文化建设和社会建设为主要内容的中国特色社会主义事业总体布局的新阶段。这一重要战略思想的提出，既是全面贯彻党的基本路线的要求，又是坚持党的基本路线不动摇的根本保证。对此，我们要深刻领会，认真贯彻落实。这也是我们党在这个新阶段提高执政能力的重要任务。

二、科学发展观抓住了当前影响我国社会和谐的突出的矛盾和问题，要求我们执政党要不断提高引领和推进继续发展、科学发展的能力

十六届六中全会的《决定》从6个方面阐述了当前我国社会总体上是和谐的。与此同时，《决定》也叙述了影响我国社会和谐的6个方面的矛盾和问题。只要我们科学地分析影响我国社会和谐的这些矛盾和问题及其产生的原因，我们就可以清楚地看出，它们大多是发展中出现的矛盾和问题，这些矛盾和问题是可以而且最终都必须通过进一步发展来解决的。这就对我们党引领和推进继续发展科学发展的能力提出了新的更高的要求。而在继续发展、科学发展过程中提高引领和推进科学发展的能力无疑是重点和难点。因为我们党在提出科学发展观的指导思想中就包含了四个“坚持”的重要内容，即坚持发展是硬道理、坚持抓好发展这个党执政兴国的第一要务、坚持以经济建设为中心、坚持用改革和发展的办法解决前进中的问题。相比较而言，要做到科学发展是很不容易的，但这又是必须要解决的。当前我国发展遇到“两难”的矛盾和问题

尤为明显。从宏观上看，既要坚持继续发展，又要做到科学发展；从中观上看，既要鼓励东部地区率先发展，又要进一步实施西部大开发，振兴东北地区等老工业基地，促进中部地区崛起；从微观上看，既要信任和鼓励那些勤劳致富、合法致富的社会群体和阶层的积极性、创造性，又要关心和帮助在经济社会发展中处于困难的弱势群体和阶层，等等。面对我国发展中“两难”的矛盾和问题，亟须提高我们党引领和推进科学发展的能力。

科学发展也就是实现又好又快的发展。这是科学发展观的本质要求。好，就是要使国民经济和社会各项事业实现健康协调可持续发展。在改革开放近 30 年后的今天，在以经济建设为中心，把构建社会主义和谐社会摆在更加突出地位的新阶段，讲发展就是要千方百计地降低发展的成本和代价。发展是需要付出成本和代价的。但决不能不计成本和代价。讲发展还要解决好谁来承担改革发展的成本，谁来享受改革发展的成果等重要问题。应当使发展的成果惠及全体人民群众。只有让全体人民群众共享改革发展的成果，才能做到全体人民共促改革发展，共担改革发展中的困难和风险。因此，从这个意义上说，共享发展应是科学发展的题中应有之义。党中央提出又好又快地发展，我认为这“好”首先应当体现在这里。快，就是要保持我国国民经济和社会各项事业的较快发展。因为解决中国一切问题的关键是发展。对于我们还处于社会主义初级阶段的中国而言，发展始终是硬道理，发展是执政兴国的第一要务，发展关系到人心向背，发展关系到中华民族的兴衰存亡。因此，对于发展决不能有任何动摇。而发展必须体现为要有一定的速度，在我们这样有13亿人口的发展中大国，在目前我国所处的发展阶段，必须保持一个较快的经济增长速度，没有一定的速度就难以发展。

我们党不是政府更不是经济组织，在领导经济工作中决不能包揽一切，但是我们党是执政党，在继续坚持以经济建设为中心不动摇的今天，党不能置身于经济建设之外，无疑要把经济建设作为自己工作的中心。问题只在于，在新的历史条件下，面对执政条件和社会环境的深刻变化，必须加强党的执政能力，提高党的领导水平和执政水平，这就要求我们党必须坚持按照客观规律和科学规律办事，及时研究解决改革和发展中出现的新情况新问题，善于抓住机遇加快发展，不断提高驾驭市场经济的能力。这也就决定了我们党必须不断提高引领和推进继续发展、科学发展的能力。当然要提高这方面能力，仅仅认识科学发展观的核心和本质要求这是不够的，还要下大气力转变存在于各级领导头脑中的传统发展观念，下大力气转变发展方式、创新发展模式、提高发展质量、落实“五个统筹”、切实把我国经济社会发展转入全面协调可持续发展的轨道，努力把速度、结构、质量、效益统一起来，扎扎实实促进经济发展。

三、科学发展观的核心是以人为本，即是以最广大人民群众的根本利益为本，要求执政党要不断提高统筹协调各方面利益关系，妥善处理社会矛盾的能力

我们党把以人为本作为科学发展观的核心，作为构建社会主义和谐社会的出发点、落脚点和首要原则，充分证明了以人为本是我们党治国理政的根本理念。需要指出的是，我们党提出以人为本中的“人”，既不是中外思想史上曾经长期争论过的那种抽象的“人”，也不是指具体的个人或某一社会群体，而是从治国理政理念层面上讲的，是指最广大人民群众和他们的根本利益（自然也包括他们的尊严、生命权和人权等）。

以代表和维护最广大人民利益为己任是中国共产党人的根本宗旨，应该说这个命题并不是现在才提出来的。但是这个命题在当前社会历史条件下已经有了全新的内容，或者说在今天改革发展的进程中，坚持以人为本遇到了新情况新问题。对此，胡锦涛同志有一系列深刻的分析和论述。他在“2·19”讲话中指出，随着我国社会主义市场经济不断发展，随着我国公有制为主体、多种所有制经济共同发展的基本经济制度和以按劳分配为主体、多种分配方式并存的分配制度不断完善，随着我国工业化、城镇化和经济结构调整加速，随着我国社会组织形式、就业结构、社会结构的变革加快，我们正面临着并将长期面对一

些亟待解决的突出矛盾和问题。胡锦涛同志还指出，随着我国改革发展进入关键时期，我国社会存在的一些人民内部矛盾出现了多发多样的状况。

因此，在当前形势下，我国社会存在的矛盾具有以下明显的特点。一是利益矛盾凸显。虽然社会矛盾包括方方面面的矛盾和不同时期有不同的特点，但是现阶段表现得最为突出的是利益矛盾。二是社会各阶层之间的利益矛盾日趋突出。在经济社会结构出现多元化的条件下，社会阶层的分化和新的社会阶层的出现是必然的。由此带来了各阶层之间的利益矛盾或冲突越来越多，而且日趋突出。三是社会矛盾错综复杂。如有经济利益与政治利益之间、阶层之间、党群之间、政府与公民之间的矛盾，还有正当诉求的非理性表达以及腐败和带有黑社会性质的犯罪活动，等等。上述这些矛盾给我们执政党代表和维护人民群众利益带来了严峻的考验，无疑也对执政党的统筹协调各方面利益关系，妥善处理社会矛盾的能力，提出了新的更高的要求。对此，我们要有足够的认识。

面对如此错综复杂的社会矛盾，既不能再搞“以阶级斗争为纲”，又不能熟视无睹，任其发展。唯一正确的选择就是坚持以人为本的执政理念，统筹协调各方面利益关系，妥善处理社会矛盾。十六届六中全会的《决定》对这种正确选择作了全面的阐述，从而为我们党今后切实提高这方面的执政能力指出了努力的方向。

首先，《决定》把科学发展观的核心以人为本作为我国构建社会主义和谐社会的首要原则，即必须坚持以人为本，始终把最广大人民的根本利益作为党和国家一切工作的出发点和落脚点。实现好、维护好、发展好最广大人民的根本利益，不断满足人民日益增长的物质文化需要，做到发展为了人民、发展依靠人民、发展成果由人民共享，促进人的全面发展。

其次，《决定》强调要加强制度建设，保障社会公平正义。统筹协调各方面利益关系，妥善处理社会矛盾，实质上是维护社会公平正义问题。很难想象一个不能正确协调社会各阶层之间的利益关系和无法妥善处理方方面面矛盾的社会能够称之为公正的社会。众所周知，制度更带有根本性、全局性、稳定性和长期性。因此完善制度体系和体制机制，是促进科学发展、构建和谐社会、实现社会公平正义的重要保证。正因为如此，我们党是非常重视逐步建立以权利公平、机会公平、规则公平、分配公平为主要内容的社会公平保障体系。从而在制度上保证人民群众能共享改革发展的成果并朝着共同富裕的方向稳步前进。因此，《决定》强调要通过完善民主权利保障制度、法律制度、司法制度、公共财政制度、分配制度和社会保障制度，来保障社会公平正义。而这6项制度都涉及社会各阶层的切身利益，关系到妥善处理社会矛盾这个重大问题。

再次，《决定》非常重视建立和健全各种有效的机制来解决统筹协调各方面利益关系，妥善处理社会矛盾。机制虽然要低于制度和法律，但它是保障制度和法律实现的重要载体。因此《决定》提出要建立和健全各种科学有效的机制，如建立利益协调机制、诉求表达机制、矛盾调处机制、权益保障机制、党和政府主导的维护群众权益机制等，健全社会舆情汇集和分析机制、矛盾纠纷排查调处工作机制等。此外，《决定》还提出要完善应急管理体制机制，有效应对各种风险，这对于正确处理社会矛盾也是不可缺少的。总之，贯彻落实科学发展观，构建社会主义和谐社会要求执政党必须从执政理念、制度法律、各种机制的有机统一上，不断提高我们党统筹协调各方面利益关系，妥善处理社会矛盾的能力。

新形势下加强和改进党的建设的纲领*

党的十七届四中全会通过的《关于加强和改进新形势下党的建设若干重大问题的决定》（以下简称《决定》），是当前和今后一个时期加强和改进党的建设的纲领性文件。每位党员尤其是领导干部都要认真学习，把握其重点、亮点和精神实质，并把《决定》提出的要求落到实处。《决定》内容丰富，涉及党的建设的宏观、中观和微观各个层面。本文着重论述其中3个问题。

一、要深刻认识加强和改进党的建设的新形势

我们党重视并着手抓党的建设由来已久。据统计：十一届三中全会以来，党的代表大会和全会通过的文件共35份。可以分为5类：经济类最多（17份），党建类其

---

* 本文部分内容发表于《人民论坛》2009年11月。

次（8份），综合类第三（7份），文化建设类第四（2份），社会建设类第五（1份）。那为什么说十七届四中全会通过的《决定》是当前和今后一个时期加强和改进党的建设的纲领呢？关键要深刻认识新形势。正如我们只有深刻认识邓小平理论、“三个代表”重要思想和科学发展观提出的时代背景，才能准确把握这三大理论成果的历史地位和实践基础的道理一样，只有深刻认识这新形势才能准确把握《决定》是当前和今后一个时期加强和改进党的建设的纲领的含义。《决定》所说的新形势包括国内和国外这两个方面。

首先分析国际形势。《决定》是从四个层面来说明“当今世界正处在大发展大变革大调整时期”。一是从世界经济政治格局上看：世界多极化、经济全球化深入发展，世界经济格局发生新变化，国际力量对比出现新态势。二是从科技发展上看：科技进步日新月异，发达国家在科技等方面仍然占优势。三是从思想文化上看：全球思想文化交流交融交锋呈现新特点。四是从突发危机上看：2008年下半年由美国次贷危机引起的国际金融危机影响深远。可以说以上每个层面的情况及其综合起来的状况都对我们党执政产生重大的影响。这是客观现实，我们必须清醒地看到。《决定》中讲到的当前我们党遇到的四大考验，其中改革开放考验和外部环境考验直接与我们所处的国际环境和当前国际形势密切相关。因此，为有效应对国际形势的挑战和风险，特别是应对国际金融危机的冲击，保持经济平稳较快发展，迫切要求我们进一步加强和改进党的建设。这是党中央在确定十七届四中全会的主题时的一个战略考虑。

其次分析国内状况。《决定》用很大篇幅论述这个问题，因为这是我们党提出加强和改进新形势下党的建设的战略考虑的直接依据。国内状况可以从“不变”与“变化”这两个方面加以把握。“不变”是指我国国情和社会主要矛盾没有变，即“我国仍处于并将长期处于社会主义初级阶段的基本国情没有变，人民日益增长的物质文化需要同落后的社会生产之间的矛盾这一社会主要矛盾没有变”。“变化”既包括党所处的国内环境，又指党的自身状况。就党所处的国内环境而言，由于经济建设、政治建设、文化建设、社会建设和生态文明建设（五大建设）全面推进，工业化、信息化、城镇化、市场化、国际化（五化）深入发展，“我国正处在进一步发展的重要战略机遇期，在新的历史起点上向前迈进。”（这个提法与以往文件提法是不同的）处在这样的环境下，我国发展呈现一系列新的阶段性特征，出现一系列新情况新问题。新的阶段性特征就是通常我们说的发展黄金期和矛盾凸显期并存，在发展中遇到了两难问题（简称“两期并存、两难问题”）。当前，出现的新情况新问题中有几点我们必须清醒地看到：一是社会分配不公的情况还是比较严重的，而且有进一步拉大的趋势。出现了少数人占有越来越多财富的状况。二是群体性事件出现了多发性、复杂性的特点。近期出现的群体性事件又分为两类。一类是由境内外敌对势力策划或参与的，如，2008 年拉萨的“3 · 14”

事件和2009年乌鲁木齐的“7·5”事件。另一类主要是由于人民内部利益矛盾而引发的。三是与人民群众切身利益相关的民生问题解决得不尽如人意。如，看病难、上学贵和房价居高不下等问题。四是腐败问题一直是老百姓反映强烈的热点问题。这些问题如果不如实地指出来或长期得不到解决，那么我们所进行的理论宣传就会显得苍白无力。提高党的执政能力就无从谈起。

就党自身状况而言，《决定》分析得很全面，结论很到位。“当前，党的领导水平和执政水平、党的建设状况、党员队伍素质总体上同党肩负的历史使命是适应的。同时党内也存在不少不适应新形势新任务要求、不符合党的性质和宗旨的问题。”《决定》用5个“一些”和1个“有些”（即从6个方面）来说明党自身存在的问题，并且振聋发聩地指出：这些问题严重削弱党的创造力、凝聚力、战斗力，严重损害党同人民群众的血肉联系，严重影响党的执政地位巩固和执政使命实现（即3个“严重”），必须引起全党警醒，抓紧加以解决。

总之，我们只有深刻认识新形势下的“不变”，才能坚持以经济建设为中心不动摇，紧紧围绕党的中心任务来加强和改进党的建设，确保党建工作始终服从服务于党的历史任务即发展是党执政兴国的第一要务；我们只有深刻认识新形势下的“变化”，才能深切领会加强和改进新形势下党的建设的重要性与迫切性，才能深刻认识党在推进改革开放和现代化建设中肩负任务的艰巨性、复杂性、繁重性世所罕见。因而我们要紧紧抓住并努力实现党的建设的主要任务和根本要求。我们常说，正确认识形势是党提出历史任务和路线方针的根本依据。就是这个道理。正因为如此，毛泽东和邓小平等都给我们留下了有关《目前形势和任务》这样的重要历史文献。

二、要准确把握《决定》的重点和亮点

《决定》内容非常丰富，涉及新形势下加强和改进党的建设的方方面面。比如，《决定》内容中涉及大的问题有不断推进马克思主义中国化、时代化、大众化。提高党的建设的科学化水平等。小的问题有农民工入党这个操作层面的问题。因此，准确把握重点和亮点无疑是学习和领会中央文献的一种好方法。以下着重阐述《决定》的3个重点和6个方面的亮点。

1.《决定》的重点。

（1）60年执政党建设的基本经验。我们这个党是一个非常重视并善于总结历史经验的党。新中国成立以来尤其是改革开放以来，每当处在重要历史关头，党总是及时总结经验，从而达到了统一思想、团结一致、阔步向前的目的。回顾十一届三中全会以来几次重要会议对历史和实践经验的总结，对于我们深刻领会《决定》总结的执政党建设的基本经验是很有帮助的。

1981年召开的十一届六中全会，通过了《关于建国以来党的若干历史问题的决议》，对新中国成立以来党的经验教训作了全面总结。标志着党拨乱反正任务的完成，

统一了全党的思想，实现了团结一致向前看。1992 年召开的十四大，对改革开放以来 14 年的成就和实践作了全面总结。从而为挺住国内外政治风波的冲击，推动改革开放进入新的发展阶段奠定了思想基础。2002 年召开的十六大，对十三届四中全会以来 13 年的成就和基本经验作了全面总结。概括了十条基本经验，丰富和发展了对中国特色社会主义基本问题的认识，有力佐证了“三个代表”重要思想是我们伟大事业和伟大工程的指导思想，增强了全党全国人民开创中国特色社会主义事业的信心。2007 年召开的十七大，把改革开放以来的基本经验概括为“十个结合”。胡锦涛同志在纪念十一届三中全会召开 30 周年大会的讲话对“十个结合”加以展开。这“十个结合”的基本经验进一步丰富和发展了中国特色社会主义理论体系，激励了全党全国人民坚定推进改革开放和为实现中华民族伟大复兴而奋斗的决心。

十七届四中全会的《决定》从历史大跨度上把 60 年执政党建设的基本经验概括为六个方面即“六个坚持”。这“六个坚持”围绕着“建设什么样的党、怎样建设党”这个主题，深刻总结党自身建设正反两方面经验，借鉴世界上一些执政党兴衰成败的经验教训，概括了在长期执政实践中探索并形成的执政党建设基本经验。这“六个坚持”体现和深化了对共产党执政规律、社会主义建设规律、人类社会发展规律的认识，是我们党创造的极为宝贵的思想财富，是加强和改进新形势下党的建设的重要指导原则。我们要倍加珍惜，长期坚持，切实运用，并且要在实践中不断丰富和发展。这“六个坚持”与“十条基本经验”和“十个结合”一样，都是管全局管长远的，是中国特色社会主义理论体系的重要内容。是我们学习《决定》要把握的重点。

需要指出的是，《决定》在论述新中国成立以来执政党建设基本经验时提出了要提高党的建设科学化水平这个的重大命题和重大任务。对此，需要从3个层面上加以把握。一是坚持科学理论指导。《决定》在重申马克思主义是我们立党立国的根本指导思想基础上，强调要用马克思主义中国化的最新成果即中国特色社会主义理论体系武装全党。二是重在制度建设。制度建设是党的建设的重要内容，也是提高党的建设科学化水平的重要方面。《决定》论述了建立健全以党章为根本，以民主集中制为核心的党的制度体系。三是要重视运用科学方法。这是提高党的建设科学化水平的题中应有之义。《决定》提出了加强党的建设需要采取的一系列科学的方法，其中包括探索运用现代管理学、组织学、心理学等现代科学方法，借鉴外国执政党建设的有益做法。总之，以科学理论为指导，重视并加强制度建设，充分运用科学方法，是提高党的建设科学化水平的基本点。当然全面阐述“提高党的建设科学化水平”这个命题是篇大文章，需要我们在理论上和今后的实践中进一步探索和总结。

（2）坚持并展开了党的建设总体部署。十七大对党的建设总体部署（简称“党建总体部署”）作了科学概括。十七届四中全会的《决定》在论述党的建设总体要求（简称“党建总体要求”）时坚持并展开了这个总体部署：加强和改进新形势下党的建设，必须全面贯彻党的十七大关于党的建设总体部署，按照党章的要求，着眼于继续解放思想、坚持改革开放、推动科学发展、促进社会和谐，着眼于提高党的执政能力、保持和发展党的先进性，着眼于增强全党为党和人民事业不懈奋斗的使命感和责任感，着眼于保持党同人民的血肉联系，突出重点，突破难点，全面推进思想建设、组织建设、作风建设、制度建设和反腐倡廉建设，提高党的建设科学化水平，进一步把党建设成为立党为公、执政为民，求真务实、改革创新，艰苦奋斗、清正廉洁，富有活力、团结和谐的马克思主义执政党，确保党始终是中国工人阶级的先锋队、同时是中国人民和中华民族的先锋队。《决定》论述党的建设总体要求包括了“四个着眼于”的党建着力点，“五项建设”的党建总体布局，提高党的建设科学化水平的新要求和党建总目标。

《决定》是在总结执政党建设60年尤其是改革开放以来实践经验基础上，坚持并展开了党建总体部署的。这是《决定》对十七大党建理论的发展。从框架结构上看《决定》分为两大板块即总论：第一部分、第二部分；分论：第三至第八部分。《决定》第三部分：建设马克思主义学习型政党，提高全党思想政治水平。实际上是对思想建设的展开。第四部分：坚持和健全民主集中制，积极发展党内民主。实际是对制度建设的展开。第五部分：深化干部人事制度改革，建设善于推动科学发展、促进社会和谐的高素质干部队伍，以及第六部分：做好基层打基础工作，夯实党执政的组织基础。实际上是对组织建设的展开。第七部分：弘扬党的优良作风，保持党同人民群众的血肉联系。实际上是对作风建设的展开。第八部分：加快推进惩治和预防腐败体系建设，深入开展反腐败斗争。实际上是对反腐倡廉建设的展开。而始终贯穿党的“五项建设”的主线是提高党的执政能力建设和保持共产党员的先进性。这充分体现了《决定》着眼全局，统筹部署党的“五项建设”，使这“五项建设”相互配套、相互促进，既突出重点，又整体推进，不断提高党的建设的整体水平。所以《决定》坚持并展开了党建总体部署，虽然文字不多（共258字），但是可以说这段论述是提纲挈领要言不凡，是我们学习《决定》要把握的重点。

（3）建设马克思主义学习型政党是重大而紧迫的战略任务。建设学习型政党虽然是十六届四中全会提出来的，十七大加以肯定。但是把建设学习型政党作为重大而紧迫的战略任务提出来并加以展开论述，则是十七届四中全会的《决定》。《决定》从两个方面论述了建设马克思主义学习型政党是重大而紧迫的战略任务。首先，这是党始终走在时代前列、引领中国发展进步的决定性因素。世界在变化，形势在发展，中国特色社会主义实践在深入，不断学习、善于学习，努力掌握和运用一切科学的新思想、新知识、新经验，就必须建设学习型政党。

其次，这是培养现代型领导干部的要求。党的十一届三中全会以来，我们党在组织路线方面确立了干部四化的方针。实现干部四化在不同时期有不同的内容和要求。当前对领导干部四化的要求就是《决定》中讲的4条：科学理论武装、具有世界眼光、善于把握规律、富有创新精神。

《决定》还对抓紧抓好建设马克思主义学习型政党的战略任务提出了4项基本要求：一是推进马克思主义中国化、时代化、大众化。二是用中国特色社会主义理论体系武装全党。三是开展社会主义核心价值体系学习教育。四是建设学习型党组织。这4项基本要求既明确，又事关执政党建设大局，必须加以重点把握。

建设马克思主义学习型政党是重大而紧迫的战略任务，要求我们全体党员尤其是领导干部要学习、学习、再学习。毛泽东早在延安时期针对当时我们干部队伍的状况讲过的这些话，至今读起来还是很精辟的。他说："我们队伍里边有一种恐慌，不是经济恐慌，也不是政治恐慌，而是本领恐慌。过去学的本领只有一点点，今天用一些，明天用一些，渐渐告罄了。……学习本领这是我们许多干部所迫切需要的。"

当今世界，科学技术日新月异，知识总量呈几何级数增长，知识更新速度加速，据统计，近50年来人类社会所创造的知识比过去的3000年的总和还要多。联合国教科文组织在一份报告中预言：未来的文盲不再是不识字的人，而是没有学会怎样学习的人。现代人才学中有一个理论叫"蓄电池理论"。这个理论认为，人的一生只充一次电的时代一去不复返了。要像一块高效蓄电池，进行不间断的、持续的充电，才能不间断的、持续的释放能量。当然，对于各级领导干部即执政骨干而言，既要重视学习知识，又重视学习本领。正是基于对时代发展趋势的深刻认识和对党自身使命的清醒把握，我们党把建设马克思主义学习型政党作为重大而紧迫的战略任务。每位党员尤其是领导干部要为实现这个战略任务而不懈努力。

2. **《决定》的亮点。**《决定》虽然不是第一份阐述执政党建设的文献，但是由于它是在全面总结新中国成立60年尤其是改革开放以来的党的建设的实践经验基础上形成的，因而有许多亮点。限于篇幅，仅从6个方面加以分析。

（1）在用中国特色社会主义理论体系武装全党上有新提法新要求。党的十七大提出，要用包括邓小平理论、“三个代表”重要思想和科学发展观等重大战略思想在内的中国特色社会主义理论体系武装全党。《决定》在继续强调这个重大结论的同时有新的提法。比如，牢固树立辩证唯物主义和历史唯物主义世界观和方法论。强调要系统掌握中国特色社会主义理论体系。强调要形成有利于学习研究和贯彻科学发展观的政策导向、舆论导向、用人导向和体制机制等。对党员领导干部提出了要做真学真懂真信真用的表率的要求。尤其是对中央委员和省部级领导干部提出要认真研读马克思主义特别是中国特色社会主义理论体系基本著作，切实提高战略思维、创新思维、辩证思维能力。

（2）在坚持健全民主集中制、积极发展党内民主上有新要求新举措。《决定》指出，党内民主是党的生命，集中统一是党的力量保证。加强民主集中制要以保障党员民主权利为根本，以加强党内基层民主建设为基础，切实推进党内民主，广泛凝聚全党意愿和主张，充分发挥各级党组织和广大党员的积极性、主动性、创造性，坚决维护党的集中统一。

完善党内民主制度有不同层面的内容。《决定》重点从坚持和完善党的领导制度、保障党员主体地位和民主权利、完善党代会制度和党内选举制度、完善党内民主决策机制、维护党的集中统一这 5 个层面提出新要求新举措。尤其需要指出，健全决策失误纠错改正机制是第一次写进全会文件。

（3）在深化干部人事制度改革、建设高素质干部队伍上有新提法新举措。深化干部人事制度改革，建设高素质干部队伍，是广大党员干部非常关心的。《决定》在这方面有新提法新举措。提出培养造就高素质干部队伍的关键是形成充满活力的选人用人机制。坚持党管干部原则，全面贯彻干部四化方针。坚持五湖四海，拓宽视野选拔干部，广辟途径培养干部，满腔热情爱护干部，严格要求管理干部，把各方面人才集聚到党和国家事业中来。《决定》还着重论述了坚持德才兼备、以德为先的用人标准，完善干部选拔任用机制，提高领导班子和领导干部推动科学发展、促进社会和谐的能力，培养造就大批年轻干部，健全干部管理机制这 5 个问题。

尤其是《决定》对选拔和考察干部有明确的要求。

比如，要把政治上靠得住、工作上有本事、作风上过得硬、人民群众信得过的干部选拔上来。要从这几个方面考察干部：履行岗位职责、完成急难险重任务、关键时刻的表现、对待个人名利等。根据《决定》关于培养造就大批优秀年轻干部的精神，要求我们合理使用各年龄段干部，切实解决领导干部任职年龄层层递减问题。

（4）在抓好基层党组织工作方面有新论述新思路。我们党历来重视抓基层打好基础工作。因为党的基层组织是落实党的路线方针政策和各项工作的战斗堡垒。由于我国经济社会发展出现了新的阶段性的特征，基层党组织建设也出现了新情况，遇到了新问题（有的地方情况还很严重）。《决定》着重论述了扩大基层党组织覆盖面、推进基层党组织工作创新、增强党员队伍生机活力、建设高素质基层党组织带头人队伍、构建城乡统筹的基层党建新格局这5个问题。尤其要指出的是《决定》在抓好基层党组织工作上有新论述。比如，全面推进各领域党的基层组织建设，实现党组织和党的工作全社会覆盖，做到哪里有群众哪里就有党的工作，哪里有党员哪里就有党组织，哪里有党组织哪里就有健全的组织生活和党组织作用的充分发挥。又比如，《决定》集中地论述了8类基层党组织的职能和作用。这是以往同类文件所没有的。

（5）在弘扬党的优良作风上有新论述新要求。《决定》在总结这些年实践经验基础上指出，弘扬党的优良作风 必须多管齐下，以思想教育、完善制度、集中整顿、严肃纪律为抓手，下大气力解决作风方面存在的形式主义、官僚主义、享乐主义等突出问题。《决定》论述了大兴密切联系群众之风、大兴求真务实之风、大兴艰苦奋斗之风、大兴批评和自我批评之风（即4个“大兴”）。这些提法大家并不陌生，但是《决定》对发扬这些作风都有新的要求。比如，提出健全联系群众制度，创新联系群众方式，机关工作要重心下移，基层干部要坚守一线，领导干部要定期深入基层特别是经济落后、问题较多的地方调查研究，了解群众疾苦，倾听群众呼声，帮助解决困难。并对领导干部下基层提出具体要求。又比如，提出建立健全工作责任制，营造求真务实的良好氛围。党政机关要带头厉行节约。提出增强党内生活的原则性和实效性，坚决反对上下级和干部之间逢迎讨好、相互吹捧，坚决反对党内生活庸俗化。还比如，提出以坚强党性保证党的作风建设。建立党性定期分析制度，把党性分析作为民主生活会重要内容，把作风状况作为党性分析的重要内容，等等。

（6）在反腐倡廉上有新举措新规定。反腐倡廉也是广大党员群众很关注的热点难点问题。《决定》指出，坚决反对腐败是我们党必须始终抓好的重大政治任务。必须把反腐倡廉建设放在更加突出的地位。《决定》在重申反腐倡廉既定方针即坚持标本兼治、综合治理、惩防并举、注重预防的基础上，有新举措新规定。比如，在加强廉洁从政教育和领导干部廉洁自律上规定：把廉政教育列入干部教育培训规划，有针对性地开展示范教育、警示教育、岗位廉政教育，改进教育方式，提高教育实效。又比如，在加大查办违纪违法案件工作力度上，提出健全反腐败协调工作机制，加强查办大案要案组织协调，形成整体合力。还比如，在推进反腐倡廉制度创新上，提出坚持用制度管权、管事、管人，深化重要领域和关键环节改革，最大限度减少体制障碍和制度漏洞，完善防治腐败体制机制，提高反腐倡廉制度化、法制化水平。

需要我们关注的是《决定》提出的健全权力运行制约和监督机制这个问题。虽然我们决不搞西方三权分立和多党轮流执政那一套，但是我们从不反对而且吸收借鉴了“权力需要制约”这一人类政治文明的重要成果。而且我们始终没有停止从实际出发探索适合我国国情的权力运行制约和监督机制的努力。《决定》体现了我们这方面的探索成果。比如，强调要以加强领导干部特别是主要领导干部监督为重点，建立健全决策权、执行权、监督权既相互制约又相互协调的权力结构和运行机制（理论界有人称之为行政体制的“三分法”），推进权力运行程序化和公开透明。《决定》与此相配套制定了一系列的制度、机制和规章。与此相联系，如何认识和对待反腐败问题。现在方方面面对此看法很不一样。笔者认为在反腐败问题要讲两句话：一是“速胜论”和“不可救药论”都是片面的。二是要打“持久战”。正如习近平同志指出的，“我们党是一个拥有370多万基层党组织、7500多万党员的大党，建设好这样一个大党任务十分艰巨。党内出现这样那样的问题是客观存在，解决党内存在的问题也是一个长期复杂的过程，不可能一蹴而就，但我们必须正视存在的问题，出现什么问题就抓紧解决，不能放任不管。”

三、要把《决定》精神落到实处

十七届四中全会通过的《决定》，体现了党和人民事业发展要求，适应了党的建设的需要，是加强和改进新形势下党的建设的纲领。历史经验告诉我们，制定一份好的文件不容易，把文件落到实处更不容易。因此，我们要千方百计共同努力把《决定》精神落到实处。

1. **要强调提高思想认识**。要把《决定》精神落到实处还是要强调认识先行，即提高思想认识，因为思想认识是行动的先导。概括地说，十七届四中全会的《决定》是全面总结了60年执政党建设实践经验，集中了全党智慧，凝聚了全党共识，是加强和改进新形势下党的建设的纲领。

展开地说，《决定》着眼于推动党的十七大关于党的建设总体部署的贯彻落实，围绕当前党的建设中带有战略性、根本性、紧迫性的突出问题，对进一步以改革创新的精神推动党的建设的伟大工程作出了部署。尤其是《决定》从历史的大跨度上概括了党执政60年的基本经验即“六个坚持”，充分体现了我们党重视总结经验和善于总结经验的优良传统。重视并善于总结经验，是我们党发扬成绩、纠正错误、团结奋进的精神动力，也是克服困难风险不断取得胜利的重要法宝。1965年7月26日，毛泽东在中南海会见刚从海外归来的原国民党代总统李宗仁和夫人郭德洁女士时，毛泽东问李宗仁的秘书程思远：“你知道我是靠什么吃饭的?”程思远不知如何回答。毛泽东说：“靠总结经验。”因此，在我们学习和贯彻《决定》精神过程中要掌握党的重视并善于总结经验的这个法宝。只有这样才能进一步认识《决定》是加强和改进新形势下党的建设的纲领。

2. **要以制度机制保证《决定》的精神落到实处。**十七届四中全会闭幕后，党中央要求各级党委要有过硬的措施来保证《决定》精神的贯彻和落实。这过硬的措施也就是制度和机制。因此在解决了思想认识后，就要靠制度机制来保证《决定》的精神落到实处了。这既是对以往历史经验的总结，也是《决定》对我们全党提出的要求。

《决定》的结束语再次强调要以制度机制来保证把加强党的建设落到实处。《决定》指出：“各级党组织要认真贯彻本决定精神，坚持党要管党、从严治党，全面落实党建工作责任制，建立健全党建工作长效机制，确保党的建设各项部署落到实处。”《决定》还对党委、部门、党建工作领导小组、各级党组织书记的职责作出了明确规定。而且对完善党建工作考核综合评价体系，加强分类指导、统筹协调、监督检查等也作出明确规定。因此，只要我们提高思想认识，转变工作作风，依靠制度机制，是可以改变曾经出现过的“学习文件热闹，贯彻文件草率”的不正常的状况。从而把贯彻十七届四中全会的《决定》的精神落到实处。

战略与对策研究

ZHANLUE YU DUICE YANJIU

我国经济社会发展战略的第三次重大转型*

自1978年以来，中国经过近30年的改革开放和社会主义现代化建设今天已经在世界上和平崛起，这是不争的现实。现在越来越多的人尤其是外国友人都在关注、思考、研究中国和平崛起的“奥秘”。在我们看来，“外因是变化的条件，内因是变化的根据，外因通过内因而起作用”。[①] 中国实现和平崛起的重要内因就是近30年来实现了三次重大的经济社会发展战略转型。

一、我国经济社会发展战略三次转型的依据和特点

1978年年底召开的党的十一届三中全会，决定把党

* 本文发表于《中共云南省委党校学报》2007年第3期。

① 《毛泽东选集》第1卷，人民出版社1991年版，第302页。

和国家的工作中心转移到社会主义现代化建设上来并实行改革开放的决策。事实上这是我国第一次经济社会发展战略的重大转型，即从以“阶级斗争为纲”转向“以经济建设为中心”。经济是基础，这是历史唯物主义的基本原理。随着“以经济建设为中心”的发展战略的确立，我国政治、教育、科技和文化事业及其体制的改革和发展也相应地发生了。也许从今天的眼光看，那时期的经济社会发展战略的转型还不是全方位的，但毕竟是深刻的。因为党的中心工作已经明确，我国改革开放的序幕由此拉开，新的体制是由此发轫的。

第二次经济社会发展战略重大转型发生在20世纪90年代初。1992年邓小平南方谈话的发表和当年秋季召开的党的十四大提出了发展社会主义市场经济，建立社会主义市场经济体制的目标。从思想理论上看，这是又一次思想大解放。从经济社会发展战略上看，这是一次全面而深刻的转型，即从搞计划经济转向发展社会主义市场经济。党的文献是这样评价这一次重大转型的：“建立社会主义市场经济体制是我国经济振兴和社会进步的必由之路，是一项前无古人的伟大创举。”我们整整用了10年时间才把社会主义市场经济体制框架初步建立起来。与此相适应，我国的政治、教育、科技和文化事业及其体制也发生了重大而深刻的变化。需要指出的是，由于第二次“转型”也标志着作为执政党的中国共产党的历史方位发生了根本变化。我们党从领导人民为夺取全国政权而奋斗的党，成为领导人民掌握全国政权并长期执政的党，是以新中国成立和社会主义基本制度建立为标志的。而我们党从受到外部封锁和实行计划经济条件下领导国家建设的党，成为对外开放和发展社会主义市场经济条件下领导国家建设的党，是以这第二次经济社会发展战略重大转型为标志的。

第三次经济社会发展战略重大转型是发生在新世纪新阶段。经过20多年改革开放和现代化建设，尤其是我国加入世界贸易组织积极参与经济全球化之后，经济社会发展出现了一系列阶段性的特征。我们党敏锐地看到了这一事实。胡锦涛同志2005年2月19日在中央党校举办的省部级主要领导干部提高构建社会主义和谐社会能力专题研讨班上的讲话从8个方面分析了这些阶段性特征。党的十六届五中全会又把这些阶段性特征归纳为10条。党的十六届六中全会再次强调，全党要保持清醒头脑，居安思危，深刻认识我国经济社会发展的阶段性特征，并对这些特征再次作了全面而深入的分析。简而言之，从这些阶段性特征中可以看出我国经济社会发展遇到了一系列两难的问题。比如，既要坚持继续发展，又要做到科学发展；既要保持东部率先发展的态势，又要实现东中西部协调发展等。为了解决这些两难问题我们需要进行又一次经济社会发展战略的转型。党的十六大以来，党中央国务院先后出台了一系列纲领和重要的方针政策。如全面建设小康社会、建设创新型国家、实施十一五规划纲要、建设社会主义新农村等。最为重要的是，十六届三中全会以来，我们先后提出了科学发展观等重大战略思想。由此可见，适应第三次重大“转型”的经济社会发展战略已经基本成型。

这些经济社会发展战略的特点我们可以用“以科学发展观指引经济社会发展，以构建社会主义和谐社会为目标，以实现又好又快发展为着眼点，以全体人民共同建设、共同享有改革发展成果为出发点和落脚点”加以表述。简言之，第三次转型是从“以经济建设为中心”向“以经济建设为中心、把构建社会主义和谐社会摆在更加重要地位”的转型。这次转型已经而且必将继续对中国特色社会主义现代化建设事业产生重要而深远的影响。

二、我国经济社会发展战略第三次转型的深刻背景

唯物辩证法告诉我们，只有从内因与外因的结合上才能讲清楚事物发展的动力、过程和趋势。因此，只有联系我国走和平发展新道路的深刻背景，才能认识和把握我国经济社会发展战略第三次转型的必然性及其对中国特色社会主义现代化建设事业产生的深远影响。

中国和平发展新道路就是一条基本实现我国社会主义现代化的道路。它理所当然发端于新中国成立之后，但应该客观地说，只是在 1978 年以后这条新道路才有了长足的发展。现在已经基本成型，而且还要继续延伸，一直要持续到 21 世纪中叶，才能实现我们坚定不移地走这条道路的初衷：实现中华民族的伟大复兴。

中国和平发展新道路新在哪里，也就是说如何理解我们走过的这条全新的道路。对此，我们可以从三个方面加

以把握。

一是从社会主义基本制度的性质看，我们是社会主义国家，社会主义基本制度决定了我们不会去侵略他国，不能对外扩张。新中国成立之初，毛泽东就说过，我们是马克思列宁主义者，我们的国家是社会主义国家。因此，一百年、一万年，我们也不会侵略别人。他有句名言：要把中国建设成“大强国而又使人可亲”。新中国成立初期，由于以美国为首的西方反华势力对我国实行封锁政策，我们怀有的对外发展平等友好关系和实行开放的愿望一时无法实现。但是，20 世纪 50 年代初期，朝鲜战争刚刚停战，印度支那战争刚刚结束，亚洲及世界形势有所缓和，中国共产党人立即作出开始探索我国社会主义建设道路的决策。《论十大关系》就是这一时期探索的代表作。后来由于种种复杂的原因，我们一度中断了对和平发展道路探索的努力。1978 年后，以邓小平为代表的中国共产党人重新开始了这一被中断的探索，并取得了举世瞩目的成就。邓小平把中国特色社会主义界定为是不断发展生产力的社会主义，是主张和平的社会主义。这个判断实际上指出了党领导人民探索这条新道路的根本特点：发展、和平。邓小平在 1992 年南方谈话中深刻指出，“社会主义中国应该用实践向世界表明，中国反对霸权主义、强权政治，永不称霸。中国是维护世界和平的坚定力量。”

二是从几次重大历史关头我们党作出的郑重选择上看，这条道路既是合乎历史发展潮流，又是来之不易的。“事非经过不知难。”1978 年以来的 20 多年，我们是从风风雨雨中走来，经历了3次重大历史转折关头。在中国特色社会主义旗帜和党的实事求是思想指引下，我们拒绝走邪路，不走回头路，选择走新路。1978年前后，摆在我们面前有3条路。

1976年10月，组织上解决“四人帮”问题之后，我们徘徊了两年。到底是继续搞“以阶级斗争为纲”呢？还是另辟新路。与此同时，资产阶级自由化思潮也出来了，这种思想潮的实质是取消共产党领导，反对走社会主义道路，主张全盘西化即资本主义化。以邓小平为代表的中国共产党人选择了新路，也就是十一届三中全会果断作出的停止“以阶级斗争为纲”，把党和国家工作中心坚决转到经济建设上来，并实行改革开放的决策；第二次历史关头是20世纪八九十年代，国内外都发生了政治风波，在国外先是东欧演变、后是苏联解体。在世界社会主义遭受严重挫折的时候，我们党面临严峻抉择。有的人主张“社会主义红旗已倒”，只能改变社会主义方向，加入西方“民主化”潮流。有的人把国内外政治风波出现的原因归咎于实行了社会主义改革开放，主张回到1978年前的老路上去。以邓小平南方谈话和党的十四大召开为标志，我们党向全世界宣示：中国共产党领导中国人民继续推进改革开放，继续沿着中国特色社会主义现代化道路前进；第三次是发生在20世纪与21世纪之交。1997年2月中国改革开放的总设计师邓小平去世，这一年要召开党的十五大。全世界都在关注进入新世纪前中国共产党将举什么旗，走什么路。世人为何关注中国，因为当时中国又一次面临着抉择。以江泽民为代表的中国共产党人在十五大上昭告天下，我们将高举邓小平理论伟大旗帜，继续把中国特色社会主义全面推向21世纪。所谓全面也就是对外继续奉行独立自主和平合作的方针，对内继续坚持“一个中心、两个基本点”的党的基本路线不动摇。3次历史性关头，中国共产党领导人民都选择了“走新路”。这就决定了20多年来我们走过的和平发展道路是一条全新的路，是一条富民强国、促进世界和平的康庄大道。

三是从与历史上一些后兴国家所走的道路和冷战思维方式的比较上看，我们所走的和平发展道路是为人类社会做出重大贡献的康庄大道。有比较才有鉴别。世界历史上确实有些后兴国家崛起之后，依靠对外扩张甚至不惜发动战争来打破原有的国际关系体系，走上争夺霸权的道路。比如，19世纪的德国和20世纪的日本和德国。它们都是当时世界上的大国。但是，1978年以来中国选择了一条以努力争取和平的国际环境来发展自己，又以自身的发展来维护世界和平的发展道路。我们可以用“四不”即不争霸、不称霸、不当头、不当附庸来概括20多年来我们所走的这条道路的特点。因此，我们以前不走，今后也决不走那些后兴大国曾经走过的、害人又害己的路。

中国和平发展道路也是在摒弃了冷战思维方式后才能形成的。在世界历史上除了有那些后兴国家走争霸道路的崛起模式外，还存在着固守冷战思维方式的国家。在20世纪90年代世界冷战格局解体后，这些国家仍然坚持以自己的社会制度和意识形态为标准来判断是非曲直，有的甚至把这些作为“普世”的社会制度和价值来要求别国。这是导致当今世界很不安宁的重要原因之一。中国所走的和平发展道路是坚决摒弃了冷战思维方式，坚定奉行和平、发展、合作的对外方针，进一步推动改革开放，是在与经济全球化相联系而不是相脱离的进程中，通过吸收和借鉴人类文明的优秀成果，独立自主地走符合国情的社会主义现代化建设道路，也就是走和平崛起的民族振兴之路。

三、我国经济社会发展战略第三次转型面临的挑战和对策

经过了近30年的发展，我国改革开放和现代化建设取得了举世公认的成就。1978年以来，我国GDP年均增速达9.4%；1978年我国经济占世界经济总量不到1%，2005年已达4%；2006年我国经济总量已跃居世界前4名，进出口总额排名世界第三，外汇储备世界第一，利用国内民间资金用于投资过1万亿美元，等等。

但是，我们也要清醒地看到我们前进中遇到了一系列困难和问题的严峻挑战。主要有三：第一，资源尤其是能源短缺的挑战。我国人均资源量本来就居世界后列。加上“两高一低”（投入高、能耗高、效益低）旧式工业化的发展模式，这就使得我国在实现未来15年的发展目标上出现了资源尤其是能源短缺的软肋。第二，生态环境的挑战。我国在快速工业化过程中出现了环境污染严重、生态

状况恶化。资源消耗大，回收率低等都造成对生态环境的破坏。“十一五”开局之年的节能减排指标未能实现，凸显生态环境的严峻。第三，经济社会发展过程中遇到了一系列两难问题的挑战。当前我国经济社会发展遇到的两难问题集中体现了当今中国发展的阶段性特征，简而言之，就是发展黄金期和矛盾凸显期并存。因此，我们面临的发展机遇前所未有，面对的挑战也前所未有。在如此严峻的挑战面前，当代中国共产党人并没有无所作为甚至后退，我们党作为执政党领导人民坚定不移地继续推进和平发展道路并在经济社会发展战略的第三次转型期主要采取了以下对策。

第一，超越旧式工业化，走新型工业化的发展道路。不超越旧式工业化，不但国内工业的今后发展难以为继，势必还会加剧世界各国之间能源的恶性竞争。我国已决定要走一条科技含量高、经济效益好、资源消耗低、环境污染少、人力资源优势得到充分发挥的新型工业化道路。而且这条道路的主要点和要求都已经体现在“十一五规划”之中。

第二，超越近代一些后兴国家的传统崛起之路和冷战思维方式，进一步积极参与经济全球化。我国认同并参与经济全球化有个过程。从初步开放到正式加入 WTO，再到今天我们要进一步融入经济全球化，用了近 30 年的时间。为什么我们能在不长的时期内实现全方位对外开放，关键在于我们超越了近代一些后兴国家所走过的那种挑战现有国际秩序和称霸争霸的崛起之路，摒弃了冷战思维方式。

第三，超越不合时宜的社会治理的理念和模式，以科学发展观指引经济社会发展，不断提高执政党构建社会主义和谐社会的能力。面对第三次经济社会发展战略转型期遇到的两难问题。我们党作为执政党及时地提出了科学发展观和构建社会主义和谐社会的重大战略思想，强调科学发展、和谐发展、共享发展、和平发展的崭新理念，并以此为指导制定了当今治理我国社会的目标、任务、政策和机制。

虽然这三大对策并不是与第三次转型期经济社会发展战略相适应的对策的全部内容，但却是最基本的对策。只要我们从上述3个层面，3大对策上认识和把握我国经济社会发展战略的第三次转型，就一定会得出结论：这次战略转型必将对我国继续走和平发展道路和推进中国特色社会主义现代化建设产生重大而深远的影响。

建设和发展中国特色社会主义的切入点*

建设和发展中国特色社会主义是十一届三中全会以来我们党全部理论和实践的主题。这个主题是怎样破题的，换言之，它的切入点是什么？30 年后，回过头来看这个问题就更清楚了。农村的改革发展是建设和发展中国特色社会主义的第一个切入点。1984 年邓小平在同外宾谈话时明确指出，“从中国的实际出发，我们首先解决农村问题。”、“我们首先在农村实行搞活经济和开放政策，调动了全国百分之八十的人口的积极性。我们是在一九七八年底制定这个方针的，几年功夫就见效了。”

这是我们党在端正思想路线后作出的正确的历史性选择。农村的改革发展对于当代中国，“是一种带革命意义的改革”，怎么评价都不为过。正如十七届三中全会指出，30 年前，我们党全面把握国内外发展大局，尊重农

---

* 本文发表于《人民论坛》2008 年第 20 期。

民首创精神，率先在农村发起改革，并以磅礴之势推向全国，领导人民谱写了改革发展的壮丽史诗。选择农村改革发展这个切入点的巨大意义在于，它为建立和完善我国社会主义初级阶段基本经济制度和社会主义市场经济体制进行了创造性探索，为实现人民生活从温饱不足到总体小康的历史性跨越、推进社会主义现代化做出了巨大贡献，为战胜各种困难和风险、保持社会大局稳定奠定了坚实基础，为成功开辟中国特色社会主义道路、形成中国特色社会主义理论体系积累了宝贵经验。

在我国农村改革发展取得历史性成就的30年后的今天，党的十七届三中全会又选择了在新形势下推进农村改革发展这个主题。这是因为它是我们掌握改革开放主动权、推动经济社会新发展，即建设和发展中国特色社会主义的关节点。我们为什么选择这个关节点呢?

这是因为在新的历史起点上推进改革发展，必须着力在农村改革发展上取得新突破。对于我们国家而言，新的历史起点就是指新世纪新阶段以来我国进入了黄金发展期和矛盾凸显期并存的阶段。在这样背景之下，既要看到我国农村30年的巨变，又要看到新形势下农村存在的矛盾和问题，尤其是深层次的体制问题凸显了。我国农村的粮食产量从1978年之前的6000多亿斤增加到2007年的10030亿斤。30年增长60%以上，30年前没有解决温饱的有2.5亿人，减少到2007年年底的1479万人。农民年均纯收入从1978年的134元增加到2007年的4140元。农村的基础设施、教育文化和医疗卫生等方面的水平也有明显提高。但是也要看到，在新的历史起点上我国农村改革发展也面临不少困难和挑战，特别是城乡二元结构造成的深层次矛盾突出。农业基础仍然薄弱，最需要加强。农村发展滞后，最需要扶持。农民增收仍然困难，最需要加快。

这是因为面对农业、农村发展的新形势新任务，必须继续创新农村体制机制。我国总体上已进入以工促农、以城带乡的发展阶段，进入加快改造传统农业、走中国特色农业现代化道路的关键时刻，进入着力破除城乡二元结构、形成城乡经济社会发展一体化新格局的重要时期。这就是我国目前农业、农村发展面临的新形势。而面对的新任务包括近期任务和中长期目标任务。近期任务是指，把建设社会主义新农村作为战略任务，把走中国特色农业现代化道路作为基本方向，把加快形成城乡经济社会发展一体化新格局作为根本要求，坚持工业反哺农业、城市支持农村和多予少取放活方针，创新体制机制，加强农业基础，增加农民收入，保障农民权益，促进农村和谐，充分调动广大农民的积极性、主动性、创造性，推动农村经济社会又好又快发展。中长期目标任务就是十七届三中全会通过的《决定》所指出的到2020年我国农业农村发展要达到的六项目标和任务。

这是因为实现全面建设小康社会奋斗目标的新要求，必须加快农村改革发展。党的十七大提出，要以中国特色社会主义理论体系为指导，继续解放思想，坚持改革开放，推动科学发展，促进社会和谐，夺取全面建设小康社会新胜利。在我们这样农村人口众多的发展中大国实现全面小康的宏伟目标，最艰巨最繁重的任务在农村，最广泛最深厚的基础也在农村。为此，我们需要做到四个“必须”。一是必须结合农村改革发展这个伟大实践，大胆探索、勇于开拓，以新的理念和思路破解农村发展难题，为推动党的理论创新、实践创新提供不竭源泉。二是必须把握农村改革这个重点，在统筹城乡改革上取得重大突破，给农村发展注入新的动力，为整个经济社会发展增添新的活力。三是必须加强农业这个基础，确保国家粮食安全和主要农产品有效供给，促进农业增产、农民增收、农村繁荣，为经济社会全面协调可持续发展提供有力支撑。四是必须抓住农村稳定这个大局，完善农村社会管理，促进社会公平正义，保证农民安居乐业，为实现国家长治久安打下坚实基础。

鉴于以上三条最重要的立论依据，我们党把进一步推动我国农村改革发展作为这次全会的主题，把它视为建设和发展中国特色社会主义的关节点。正如胡锦涛同志指出的，夺取全面建设小康社会新胜利，开创中国特色社会主义事业新局面，农村改革仍然是我国改革的关键环节，农业农村发展仍然是我国发展的战略基础。抓住农村改革发展这个重点，就能掌握整个改革开放的主动权，就能带动我国经济社会新一轮发展。

当前和今后一个时期进一步推动我国农村改革发展，关键是要做到“三突破、一放活”。“三突破”是指，我们要在大力加强制度建设，不断完善有利于农业农村发展

的体制机制上有大的突破；在大力发展现代农业，不断提高农业综合生产能力上有大的突破；在大力发展农村公共事业，统筹城乡公共资源分配，不断促进农村社会全面进步上有大的突破。“一放活”是指在多予少取放活这个大政策中“放活”是关键。要在坚持农村现有土地承包关系保持稳定和长久不变的前提下，可根据农民的意愿，坚持依法自愿有偿的原则，允许农民以多种形式流转土地承包经营权，发展适度规模经营。**这是一篇大文章，要允许并支持这方面的大胆探索。**

党的十七届三中全会指出，推进我国农村改革发展面对不少困难和挑战。要求全党必须居安思危、加倍努力。只要我们全党上下进一步解放思想，统一认识，扎扎实实地把解决好农业、农村、农民问题作为全党工作的重中之重，适应农村改革发展的新形势，顺应亿万农民过上美好生活的新期待，我们一定会开创农村改革发展的新局面，为我国农村改革发展的“第二次飞跃”夯实牢固的基础。

建设社会主义新农村多角度研究*

建设社会主义新农村是我国现代化进程中的重大历史任务。从我国人口多、底子薄、耕地少、城乡发展极不平衡等实际上看，建设社会主义新农村无疑是一项宏大复杂的系统工程。因此，需要明确思路、突出重点、统筹兼顾。从理论上看，它是一个内涵丰富、分量很重的命题。因此，需要从多学科、多角度方面加以研究。本文主要从世界各国现代化发展进程的纬度，构建社会主义和谐社会的战略高度和实现人的现代化的深度来研究建设社会主义新农村，并力求从中得出若干规律性的结论。

一、没有农业现代化就没有国家现代化

马克思在《资本论》第 1 卷的序言中有这样一句名言："工业较发达的国家向工业较不发达的国家所显示

---

* 本文发表于《福建行政学院学报》2006 年第 2 期。

的，只是后者未来的景象。”这句名言被收入美国《国际社会科学百科全书》，并作为该辞典中阐释现代化含义的第一词条。马克思这句名言至少包括这两层含义：一是世界各国现代化的发展是有共同规律的；二是现代化欠发达的国家要注意研究和借鉴现代化发达国家所走过的道路。

那么，现代化发达的国家（主要指西方发达国家）在推进农业和农村现代化方面有哪些带有共性的东西（或称共同规律）呢？

1. **现代化的最终实现取决于农业现代化。**纵观世界各国尤其是西方发达国家的现代化发展进程，我们可以看到在工业现代化与农业现代化的相互关系上存在着以下三种景象。一是有的国家在工业化的初期，就出现了工业化与农业和农村现代化比较协调发展的状况。当然，这样的国家在世界上是极少数的。以美国最为典型。1929—1933年，资本主义世界爆发经济大危机之后，美国实行了罗斯福新政。在这个新政中就包括了重视并支持农业发展这个重要内容。罗斯福新政实施后，美国政府制定并实施了一系列保护和支持农业的政策法规。包括农产品价格保护体系、信贷支持体系、农业保险体系等。美国很早就重视农业的科学研究，农业基础设施建设、农业生态环境的保护和农产品市场体系的建立等。从而奠定了美国工业现代化与农业现代化协调发展的基础。进入21世纪后，美国仍然是世界上几个少有的工业化与农业现代化协调发展的国家之一。美国目前还是世界上最大的农产品出口国。

二是在现代化发展进程中，有些国家农业和农村现代化发展起初是滞后的。但是，由于政府重视，采取了一系列扶持政策，使农业发展逐步赶了上来，实现了与工业化的协调发展。西欧多数国家属于这种情况。在20世纪30年代之前，西欧这些国家的农业和农村现代化是明显滞后的。当时这些国家的农产品长期主要靠从国外进口。虽然这些国家的农村状况各异，但从总体上看都滞后于城市发展。二战结束后，成立了欧洲共同体（也就是现在的欧盟）。这些国家开始重视本国农业的发展。它们像美国一样对农业采取有力的保护和扶持政策。农业现代化滞后状况有了明显改观。现在的欧盟由过去是世界上第一位谷物进口经济体，变为世界上第二位谷物出口经济体。亚洲"四小龙"中的韩国，其农业和农村现代化的发展过程也与它们类似。

三是相当多发展中国家由于各种不同的原因造成了偏重发展工业化，忽视农业、农村的发展。从而造成了庞大的生活贫穷的农民群体。这些国家实际上形成了这样一种"恶性循环"。由于农业发展滞后，制约了工业化的速度和规模。而工业化水平不高，也就无法支持和推动农业和农村的发展。这种恶性循环给发展中国家带来了严重的社会问题。如：社会两极分化严重，失业人口居高不下，大量失地农民盲目涌进大城市，形成了城市周边大片的贫民窟等状况。我们通常所说的"拉美现象"，就包括上述因农业和农村现代化严重滞后而给经济社会发展带来的弊端。

从对以上三种景象的分析中我们可以得出这么一个结

论：一个国家在迈向现代化过程中，它实现现代化的时间表是取决于农业现代化的状况的。我们说西方发达国家已经实现了现代化，就是因为它们工业化与农业现代化已经实现了协调发展。我们说广大发展中国家还未实现现代化，主要是指这些国家农业发展滞后，从而拖住了现代化发展的后腿。从一定意义上说，现代化主要是转化农业、农村和农民（简称“现代化就是化农”）。因此，我们完全可以这么说，没有农业现代化也就没有国家现代化。

与此同时，我们还可以得出另一个结论：我们党提出的“两个趋向”揭示了现代化发展的重要规律。“两个趋向”也就是指“纵观一些工业化国家发展的历程，在工业化初始阶段，农业支持工业，为工业提供积累是带有普遍性的趋向；但在工业化达到相当程度以后，工业反哺农业，城市支持农村，实现工业与农业、城市与农村协调发展，也是带有普遍性的趋向。”

2. **科技革命及其成果在农业中的运用是实现农业现代化的第一动力**。我们在分析二战以后当代资本主义发生新变化过程中，都公认科技革命是它们发生新变化的重要原因。但是，不少文章在分析这个原因时更多地看到科技革命对西方发达国家的航天、军工和服务业等领域的巨大影响。实际上，科技革命对西方发达国家农业的影响也是很明显的。据不完全统计，自科技革命以来，西方发达国家农业增长的60%—80%是靠科学技术。尤其是近二三十年来，以生物技术、信息技术为标志的高新科学技术的发展，对西方国家的农业现代化起着巨大的推动作用。

基因技术的运用彻底改变了动植物之间只有近亲才能杂交的传统认识。实现了动物、植物、微生物不同物种之间基因的间界转移，不但可以产生出全新的物种。而且可以实现稳产、高产。例如，把血红蛋白基因转移到玉米，既能保持玉米的高产性能，又可以提高玉米中的蛋白质含量。此外，信息技术在农业中的运用正在全方位地改变传统农业。信息技术运用于农业生产技术操作领域、生产经营领域和农业管理领域等，不但大大降低了农产品的成本，而且还使精准农业和设施农业等应运而生。

高科技运用于农业不但使农业初级产品可以加工成为附加值极高的新产品，而且还使那些以初级农产品为基础的医药、化工、能源等行业的发展出现了转机，其意义非凡。比如，可以用藻类植物生产酒精和石油代用品；用玉米、甘蔗等作物秸秆发酵生产乙醇；用农作物秸秆生产板材代替木材甚至钢材，等等。因此，完全可以这么说，科技革命及其成果在农业中的运用是西方发达国家实现农业现代化的第一推动力。

2006 年 2 月 14 日，胡锦涛同志在省部级主要领导干部“建设社会主义新农村”专题研讨班上的讲话（简称“建设新农村讲话”）中指出，“加快建设现代农业，提高农产品的国际竞争力，必须把加快农业科技进步列入建设创新型国家规划，作为一项关键措施来落实，大力提高我国农业科技整体实力。”我们认为，这既是建设社会主义新农村（简称“建设新农村”）的重要举措，也抓住了我国农业现代化中的关节点。

3. 政府在推进农业现代化过程中起着不可替代的作用。这是世界各国特别是西方发达国家在实现农业现代化过程中带有共性的经验和做法。为什么政府在其中的作用不可替代。首先这是由农业产业的特点所决定的。无论发达国家，还是发展中国家，农业产业的弱质特点都是共同存在的。因为农业生产过程是经济再生产和自然再生产相互交织的过程。因此，农业与工业相比受自然条件影响大、生产周期长、投资回报慢。这些特点决定了要推进农业现代化仅靠农业自我发展、自我积累是不行的，必须要由政府（当然也包括社会）给予大力的扶持。其次，这也是由政府的自身职能所决定的。现在我们把政府职能概括为16个字：经济调节、市场监管、社会管理、公共服务。上述概括与西方管理学理论的概括几乎完全一样。体现了社会化大生产对政府提出的要求。众所周知，要推进农业现代化需要大量的公共服务，主要体现为基础设施的建设，社会化的服务和公共政策的支持等等。而这一切主要是靠政府。人们还用“有所为”和“有所不为”来比喻政府的职能。对农业的扶持是政府“有所为”的题中应有之义。因此，农业现代化不是传统农业自我演进的过程，而是政府按照农业现代化的发展规律，充分发挥市场机制的作用，组织农民和企业等市场主体，采取强有力的政策引导和支持的自觉推动的过程。可以这么说，无论发达国家还是发展中国家，只要搞农业现代化，政府都是无可替代的组织者和推动者。这种情况在西方发达国家尤其明显。美国和欧盟对农业的补贴政策由来已久，而且数目惊人。进入21世纪以来，美国对农业的补贴每年达660亿美元。对每户棉农补贴每年为10万美元。西方发达国家农民的收入中有1/3靠政府补贴。欧盟每年用于农业和农村发展的支出占预算总支出的50%左右。

中共中央、国务院《关于推进社会主义新农村建设的若干意见》（即2006年中央1号文件，简称《意见》）指出，各级政府“要明确自身在新农村建设中的职责和任务，特别是宏观管理、基础产业和公共服务部门在制定发展规划、安排建设投资和事业经费时要充分考虑统筹城乡发展的要求，更多地向农村倾斜。”胡锦涛同志在“建设新农村讲话”中指出，“农业和农村基础设施薄弱，已成为我国农村生产力进一步提高的主要障碍。要把加强农村基础设施建设、提高农业物质装备水平、改善农村生产生活条件作为加快农村生产力发展的重要着力点。”这些论述和举措适应了农业现代化发展对政府职能提出的要求。

当然，能为我国吸收和借鉴的西方发达国家推进农业现代化发展的规律不仅仅只有这三条。还有它们重视城乡协调发展，把农业变成一体化经营的综合性产业，注意节约资源、保护生态、改善环境，把农业变成自然、经济和社会有机结合的可持续产业，等等。限于篇幅，不作细述。总之，世界各国现代化进程启示世人：不实现农业和农村现代化，不仅国家现代化是不全面的，而且还会拖国家现代化的后腿，这就是规律。规律既不能取消，又不能超越，而且违背了它，还要受到规律的惩罚。

二、建设新农村是构建社会主义和谐社会的根本要求

1. **构建社会主义和谐社会是我们党治国理政的根本理念。**科学社会主义关于未来社会是和谐社会的理论和党的建设特别是执政党建设理论，是我们党提出构建社会主义和谐社会的重要理论依据。对当今国内外形势发展背景下我国经济社会发展呈现出阶段性特征，和对党执政基础和完成执政使命的挑战所作的清醒的分析，是我们党提出构建社会主义和谐社会的实践依据。因此，构建社会主义和谐社会是我们党在整个社会主义现代化建设时期治国理政的根本理念。这个根本理念的提出也吸收和借鉴了人类历史上关于社会和谐的优秀思想成果，弘扬了中华民族的优秀传统，具有深厚的文化底蕴和亲和力。建设社会主义新农村是我国现代化进程中的重大历史任务，毋庸置疑，我们要把这个根本理念贯穿于建设新农村的始终。

构建社会主义和谐社会的提出，使中国特色社会主义事业总体布局从“三位一体”扩展为“四位一体”。因此，坚持这个根本理念，也要求我们要从中国特色社会主义事业总体布局的高度认识并推进新农村的建设。

2. **建设新农村是构建社会主义和谐社会的根本要求。**我们至少可以从两个方面理解这个根本要求。首先，城乡协调发展是构建社会主义和谐社会的重要内容。自 1978 年以来，我们国家经过了近 30 年的改革发展，应该说取

得了举世公认的成就。但是，我们也要清醒地看到，我国“人口多、底子薄、地区发展不平衡、生产力不发达的状况没有根本改变”。而上述状况在我国农村表现得尤为明显。正如胡锦涛同志在“建设新农村讲话”中指出的，“目前我国农业和农村发展仍然处在艰难的爬坡阶段，制约农业和农村发展的深层次矛盾尚未消除，促进农民持续稳定增收的长效机制尚未形成，农村经济社会发展滞后的局面也还没有根本改变。”由此形成了目前我国城乡面貌反差很大、城乡发展不协调的状况。不改变这种状况也就谈不上构建社会主义和谐社会。前已述及，世界各国现代化发展的经验告诉我们：能否保持城乡之间的协调发展，是关系现代化建设成败的重要前提。一些西方发达国家较好地处理了城乡关系，经济社会得到了迅速发展，较快地进入了现代化国家的行列。相反的，一些发展中国家没有处理好城乡关系，导致农村发展长期滞后，从而造成人口过分向城市集中，形成了数量庞大的城市贫困阶层等。反而制约了经济社会的发展，从而使这些国家现代化进程严重受阻。主要由于历史和现实的原因，使我国成了多数人口在农村，城乡二元结构明显的发展中大国。尽管我们尽了很大努力，但长期形成的工农失调、城乡失衡的状况还没有根本改变，有些方面还在加剧。改变城乡不协调的任务十分艰巨。自从2000年我国实施西部大开发战略以来，应该说区域之间的差距得到了遏制，但是城乡之间的差距还在拉大。构建社会主义和谐社会的目标要求我们必须改变城乡不协调的状况。建设新农村是实现城乡协调发展的必由之路，实现城乡协调发展从而实现农村和谐也是构建社会主义和谐社会的重要任务。正是从这个意义上我们说，农业丰则基础强，农民富则国家盛，农村稳则社会安。没有农村的和谐，就不可能有整个社会的和谐。而这些目标的实现要靠我们扎扎实实地推进社会主义新农村建设。

其次，建设新农村必须贯彻中国特色社会主义事业总体布局的要求。前已论及，要从中国特色社会主义事业总体布局的战略高度来认识建设新农村。需要指出的是，我们不少人尤其是一些领导干部，在他们头脑中的“四位一体”的总体布局仅仅是体现在城市的建设和发展中，他们忽视了农村的建设和发展也要贯彻这个总体布局。可以说，这也是导致我国工农、城乡关系失调的一个认识方面的原因。党的十六届五中全会提出的，建设“生产发展，生活宽裕，乡风文明，村容整洁，管理民主”的新农村的总要求，则充分体现了中国特色社会主义事业总体布局发展的根本要求。我们今天要建设的新农村，是社会主义经济建设、政治建设、文化建设、社会建设和生态建设协调并进的新农村。也是繁荣、富强、民主、文明、和谐的新农村。正如胡锦涛同志指出的，“这五句话 20 个字，体现了我国广大农民群众的根本利益和强烈愿望，涵盖了当前和今后一个时期‘三农’工作的主要方面。我们要紧紧围绕这条主线，有计划有步骤有重点地把社会主义新农村建设推向前进”。当然要实现建设新农村的总要求，任重道远。为此，我们要团结一致，艰苦奋斗，求真务实。为完成党中央国务院在《意见》中提出的 8 项任务而不懈努力。

三、建设社会主义新农村关键在人

建设社会主义新农村是一项宏大复杂的系统工程。我们要以科学发展观为指导，把握好五句话的总要求，坚持尊重实际尊重群众的原则，贯彻多予少取放活的方针。同时还要把握好建设新农村的各个关键环节。我们认为，在这些关键环节中，人是最为根本的。这涉及对人的现代化的认识。现代化理论认为，人是现代化的主体。人的现代化是现代化发展和实现的出发点和落脚点。我们党提出科学发展观的核心是以人为本，体现了现代化发展规律的要求，是社会主义现代化建设指导思想的重大发展。我们这里讲的人，主要是指农民和农村的基层干部。

1. **要最广泛最充分地调动农民的积极性。**在建设新农村过程中，我们无疑要按照中央的要求，加大各级政府对农业和农村增加投入的力度，扩大公共财政覆盖农村的范围，强化政府对农村的公共服务，逐步建立起以工促农、以城带乡的长效机制，千方百计增加农民收入等。但是，我们决不能仅仅把农民看做是城市帮扶的对象，是工业反哺的客体。应当从认识上和工作中都要把农民作为建设新农村的主体，着眼于最广泛最充分地调动广大农民建设新农村的积极性。也就是说，建设新农村伊始，我们就要注意防止可能出现的“见物不见人”的倾向。而充分发挥农民的主体作用对于我国农业和农村发展的重大意义，已被十一届三中全会以来我国农村改革和发展的实践所佐证。

1978 年以前我国农村是很落后的，农民生活是很困难的。主要的原因是当时我们在农村实行了脱离客观经济现实、超越了经济发展水平、没有按经济规律办事的政策。十一届三中全会后，改革首先从农村开始，在我国农村同样还是那些地，同样还是那些农民，但我们用了不到 5 年时间就解决了新中国成立 30 年以来未能解决的农民温饱问题。究其根本原因，就是邓小平说的“搞责任制，抛弃吃大锅饭的办法，调动农民的积极性”。邓小平认为，我国农村改革“是一种带革命意义的改革”。之所以成功是因为我们“调动了全国百分之八十的人口的积极性”。[①] 邓小平从调动农民积极性层面上来总结我国农村改革和发展的“第一个飞跃”的成功经验，对于我们今天建设新农村具有方法论的意义。新中国成立以来，尤其是十一届三中全会以来的历史经验证明，必须把调动农民积极性作为制定农村政策的首要出发点。农民的积极性是发展农业和农村经济的根本。农村改革为什么能调动农民积极性呢？邓小平认为，一是给农民自主权，二是给基层自主权，从而给农民带来了实惠。今天在建设新农村过程中我们一定要切实保障农民的民主权利，使农民得到实实在在的利益，这样才能充分调动农民的积极性。

建设新农村一定要把农民作为主体，即作为依靠的基

① 《邓小平文选》第 3 卷，人民出版社 1993 年版，第 117、78、65 页。

本力量。这是贯彻和落实科学发展观的核心即以人为本的根本要求。我们决不能仅仅简单地把农民看做是政府关爱、扶持的对象。把以人为本落实到建设新农村中去就是以农民为本，其最基本的内涵就是要以农民为主体。只有这样才能最广泛最充分地调动农民建设新农村的积极性、主动性和创造性。以农民为主体，这也是由我们建设新农村的长期性、艰巨性和复杂性所决定的。面向未来，今天我们站在一个新的历史起点上。但是，我们也要清醒地看到，当前遇到的困难和问题也是在新的层面上。因为，我国还处于并将长期处于社会主义初级阶段。目前，农业、农村仍然是我国经济社会发展中最薄弱的环节，我国城乡无论在面貌、居民收入和消费以及社会事业发展等方面都存在着巨大反差。因此，建设新农村任重道远。我们只有使亿万农民认识到建设新农村是他们自己的事业，他们是建设新农村的主体，才能充分调动亿万农民的积极性，发挥出他们的聪明才智。正如胡锦涛同志在"建设新农村讲话"中指出的，"广大农民群众是推动生产力发展最活跃、最积极的因素。充分发挥广大农民群众的主体作用，是建设社会主义新农村成败的关键。"

2. **要千方百计切切实实地提高广大农民的自身素质。**我们说广大农民是建设新农村的主体，是基本依靠力量，决不意味着农民就不必提高自身的素质了。恰恰相反，建设新农村的重大历史任务和要把以人为本落到实处，迫切要求必须把提高亿万农民的自身素质摆在更加突出的地位。

从建设新农村这20个字的总要求上看，也必然要求从根本上转变农民传统的生产方式、生活方式、交往方式和价值观念，引导农民通过投身建设新农村的实践，转变传统观念，提高文化水平，陶冶精神情操等，在走向富裕迈向文明和建设新农村过程中使自己真正成为这个伟大事业的价值主体和创造主体。这无疑对今天农民的自身素质提出了更高的要求。

从现实状况上看，目前我国农村劳动力素质的整体文化水平低，缺乏职业技能等。据有关资料统计，我国92%的文盲、半文盲在农村。目前，在全国4.9亿农村劳动力中，具有大专及以上文化程度的只占0.6%，高中及以上的占13%；小学文化程度的占29．2%；不识字或识字很少的占7.5%。受过职业技术培训的农民不足5%；受过技能培训的仅为1%。因此在我国农村相当多的地区实际上形成了这么一种“恶性循环”：由于农村劳动力素质低导致农业劳动生产率低，致使农村经济发展水平不高，而农村经济发展水平低下又制约了农村劳动力素质的提高。因为在农村经济发展水平低的情况下，是难以增加对农村教育的投入的。目前我国人均受教育年限仅为8年，农村更低。我国农村中大专以上文化程度占从业人口的比例只有0.14%；据统计，2003年592个重点县的剩余劳动力中，有2/3以上贫困地区的劳动力因文化程度、身体和年龄方面的限制达不到城镇企业所要求的就业条件。此外，公共资源分配上的不平衡也是制约农民素质提高的重要原因。比如，我国农村中学生是城市的4倍，而国家所拨的教育经费中用于农村中学教育的只占城市的38%；2004年我国农村文化事业费仅占全国文化事业费26.5%，低于城市文化事业费47个百分点。

总之，建设社会主义新农村要求我们千方百计、切切实实地提高农民的素质。正如胡锦涛同志在“建设新农村讲话”中指出的，“亿万农民是建设社会主义新农村的主体。提高农民的综合素质，是建设社会主义新农村的重要保证。”为此，我们要加强农村精神文明建设；要增加对农村教育的投入，重点发展农村义务教育和技能培训；要着力普及和巩固农村九年义务教育；要大力发展农村职业教育和技能培训，等等。

在我国，人口多、劳动力多，特别是农村劳动力多是我们的基本国情。目前我国农村还有上亿富余劳动力需要转移，但是，这些农村劳动力整体文化水平低，缺乏职业技能培训。如果这为数众多的农村劳动力的素质能得到提高，那么，我们就可以变人口压力为劳动力资源优势。因此，我们必须适应经济社会发展对劳动力的需求，在有意识地引导农村富余劳动力向非农业产业和城镇转移的同时，大力发展农村职业教育和技能培训，使广大农民适应建设新农村的要求，这是我国现代化建设的一项重要的战略任务。而政府在其中起着其他社会组织不可替代的作用。正如，十六届五中全会指出的，要扩大公共财政覆盖农村的范围，强化政府对农村的公共服务。要培养有文化、懂技术、会经营的新型农民，提高农民的整体素质。使我们感到欣喜的是，党中央对这个问题是非常重视的，措施是得力的。2006 年中央 1 号文件，就制定了具体措施加快培养推进新农村建设的新型农民。中央政府已经决定在 2005—2010 年安排 100 亿元资金，实施职业教育基础能力建设工程，重点建设 1000 所县级职教中心，形成一批能满足技能型人才培养要求、适应农村劳动力转移培训需要的职业教育骨干基地。不少地方政府也作出决定，拨出可观的款项专门用于从农村转移出来的劳动力进行职业教育和技能培训。在这个问题上要发挥中央和地方政府的积极性。

3. 要使广大基层干部成为建设社会主义新农村的带头人。毛泽东指出，政治路线确定之后，干部就是决定的因素。目前，党中央国务院关于建设社会主义新农村的大政方针已经明确。建设新农村能否取得预期效果，关键取决于农村基层干部对上述方针政策措施的贯彻和落实，尤其是取决于他们创造性的工作。

我们党对各级领导干部是有最基本的要求和标准的，如德才兼备。但这些基本要求和标准体现在不同层次、不同领域的领导干部上，又有不同的具体内容。全面建设小康社会的奋斗目标和建设社会主义新农村的历史任务迫切要求广大农村基层干部能够成为带领农民勤劳致富、合法致富的好带头人。

近 30 多年来，在我国农村改革和农业经济发展过程中已涌现出不少这样的致富带头人。但是，目前的数量是远远不够的。这些带头人在建设新农村的过程中所起的作用是极其重要和难以取代的。这些农村带头人一般说来，思路开阔，文化素质较高，市场意识、捕捉信息和自主能力强，在发展农业经济中具有前瞻性的眼光。他们能起着外接广阔市场，内联千家万户的桥梁作用。

总之，农村好带头人有利于提高农民的组织化程度，有利于带动农民增收致富，有利于加快农村人力资源的开发，等等。一句话，这些好带头人在建设新农村中起着榜样、示范和教育的效应。因此，不少地方的农民都有这种体会，“给钱，给物，不如选个好的村干部”。像江苏省华西村的吴仁宝、山东省三元朱村的王乐义和北京市韩村河的田雄等，就是农村好带头人的突出代表。

应当看到，建设新农村中的好带头人既不是突然间冒出来的，也不是离群索居或单枪匹马创业的好汉，他们是在推进“三农”发展的实践中涌现出来的。他们离不开广大农民群众的支持，更离不开农村基层党支部的培养和帮助。江泽民深刻指出，党的基层组织是党的全部工作和战斗力的基础。近 30 年来，农村改革和发展的经验告诉人们：农民要致富，关键要建好党支部。因为村党支部是党在农村的最基层的组织，是村级组织和各项工作的核心，是党的路线方针政策的具体执行者。近 30 年来的实践还证明：凡是经济建设、政治建设、文化建设、社会建设和生态建设搞得好的农村，都有一个坚强的党支部和一个好“班长”。正如胡锦涛同志在“建设新农村讲话”中指出的，“建设社会主义新农村必须充分发挥农村基层党组织的领导核心作用。”“特别是要加强村班子建设，努力培养事业心强、能干事、公道正派的带头人。”我们要以目前正在农村开展的第三批党员先进性教育活动为契机，把开展先进性教育与农村经济社会发展结合起来，与培养越来越多的农村好带头人结合起来，与帮助农民进行职业教育和技能培训，从而使他们增收致富结合起来。这样农村党员先进性教育活动才能开展得有声有色，才有效果，才能起着扎扎实实地推进社会主义新农村建设的作用。

4. **要把建设学习型社会的重点转向农村。**党的十六大提出了建设学习型社会的任务。党中央提出的这个任务的重要性和前瞻性已被越来越多的人所认识。建设学习型社会的必然性和重要性是由我们所从事的全新事业的性质和任务所决定的。正如邓小平指出，“我们现在所干的事业是一项新事业，马克思没有讲过，我们的前人没有做过，其他社会主义国家也没有干过，所以，没有现成的经验可学。我们只能在干中学，在实践中摸索。”① 十六大以来，全面学习、终生学习已蔚然成风。建设学习型社会也取得了明显进展。涌现出一批批学习型城市、学习型企业、学习型机关、学习型社区和学习型乡镇等。对此，应当给予充分的肯定。现在我们需要明确提出，要把建设学习型社会的重点转向农村。其立论依据主要有二：首先，这是与建设新农村的根本要求相适应的。前面我们分别从三个方面论述了建设新农村关键在人。所谓关键，在实践中就体现为建设新农村的基本途径。因此，只有让农民了

① 《邓小平文选》第3卷，人民出版社1993年版，第258—259页。

解建设新农村的方针政策和措施，使他们认识到建设新农村是关系到他们当前切身利益和未来美好生活的事业，才能调动其积极性、主动性和创造性，这无疑需要学习；只有让农民认识到，他们的自身素质，还不能适应完成建设新农村这个重大历史任务的要求，因此需要通过各种途径主要是学习这个途径来提高素质，完善自己。至于要使我们的农村基层干部不负历史使命的要求和广大农民群众的期望，成为建设新农村的好带头人，也只能通过不断的学习即向知识和实践学习才能实现。

其次，这是与中央的大政方针和政策措施相配合的。十六届五中全会以后，党中央国务院关于建设新农村的一些重要方针、政策已经陆续出台，比如，党中央国务院最近通过的《意见》等。目前中央政府已明确要求，各地区各部门尤其是基础产业和公共服务部门，要更多地关注和支持农村，把工作重心逐步地转向农村，把掌握的资源更多地投向农村，把基础设施建设重点转向农村。因此，适时地提出把建设学习型社会的重点转向农村既是适应当前我国经济社会发展新阶段的需要，而且又具备了较好的时机和条件，可以说已经水到渠成。

当然，从认识论上看，建设社会主义新农村还有许多未被认识的必然王国。因此，处于推进我国社会主义现代化进程重要阶段的今天，我们全党上下尤其是农村的基层干部和广大农民群众都要学习、学习、再学习。从实现人的现代化上看，终生教育、终生学习无疑是实现人的自身现代化的根本手段。

走中国特色城镇化发展道路*

党的十六大指出要逐步提高城镇化水平，坚持大中小城市和小城镇协调发展，走中国特色的城镇化道路。这既是对以往我国城镇化发展经验的总结，又为我们今后进一步提高城镇化水平指明了方向。本文结合中央党校社会发展研究所城镇化课题组近一年来在我国有关省市进行的分层次的选点调研，对走中国特色的城镇化道路提出我们的思考和建议。

一、中国特色城镇化发展的初步经验

虽然我国城镇化水平还不高，还低于世界上同等经济发展水平的国家。但是，近 10 年尤其是近几年我国城镇化还是取得了长足的发展。就全国而言，根据第五次全国人口普查的统计口径，2000 年我国城镇化水平为 36.09%，

* 本文发来于《科学社会主义》2005 年第 3 期。

2001年为37.7%，2002年为39.1%，2003年为40%，2004年为41%。以我们调研的省、市为例：北京市2000年为77.6%，2003年为79.05%；山东省2000年为38%，2003年为48%；黑龙江省2000年为50%，2003年为53%；重庆市1997年为28%，2003年为38.1%。

新中国成立以来，我国城镇化发展大致经历了三个阶段。一是稳步发展阶段（1949—1958年），工业化带动了城镇人口增长，全国城镇化水平从10.6%提高到16.3%，年均增长0.63个百分点。二是徘徊和停滞阶段（1958—1978年），这20年间城镇化水平从16.3%才提高到17.9%，年均增长只有0.08个百分点。三是快速发展阶段（1978年—至今）城镇化水平从1978年的17.9%，提高到2004年的41%，年均增长0.88个百分点。其中1998—2002年年均增长1个百分点。我国目前已经形成了长江三角洲、环渤海京津冀北、珠江三角洲都市连绵区以及沿长江黄金水道的城市带。这既是中国特色城镇化发展的成果，又是今后我们进一步提高城镇化水平的强大基础。那么近几年我们发展中国特色城镇化有哪些主要经验呢？我们认为至少有以下三条。

1. **各级领导精神状态好，对城镇化发展有共识**。我们在调研中深切体会到，从总体上看，各级党政领导的精神状态好。“聚精会神搞建设，一心一意谋发展”的意识强。各级领导普遍认为，不断推进城镇化发展是实现全面建设小康社会（简称“全面小康”）的必由之路。所谓必由之路就是必须要走而无法绕开的路。因为当前“三农”

状况是实现我国全面小康的最大制约因素。而要破解这个制约因素不能就“三农”论“三农”。应该跳出“三农”寻找解决“三农”的出路。不少地方的领导都有这个共识：解决农业问题要靠发展工业，解决农村问题要靠发展城镇，解决农民问题要靠减少农民。而发展工业、发展城镇、减少农民、增加市民也就是中国特色城镇化的发展。有的领导还形象地说，解决“三农”问题关键在“三化”（工业化、城镇化、市场化）。有些领导还从世界眼光来看待城镇化的发展。他们认为，通过推进城镇化和工业化来达到现代化是国外尤其是西方国家现代化的成功经验，我们应该加以吸收和借鉴。这个观点需要加以展开。18世纪60年代，英国率先开始了工业革命，掀起了世界历史上第一次城市化的运动，从而推动了英国经济的发展，使英国成为当时世界上最强大的国家。二战后的日本，用30年左右的时间把城市化水平从原先的28%迅速提高到75%，促进了工业化的新发展，加快了日本现代化进程，使其跻身于世界强国之列。当然，国外也有不成功的城镇化的案例。比如，拉丁美洲一些国家在现代化发展过程中出现了过度城镇化和城镇化滞后等教训，对此我们也要引以为戒。有些领导还指出，1978年以后，我国相继崛起了长江三角洲、珠江三角洲和环渤海湾“三大城市群”，从而成为我国现代化建设步伐最快、水平最高的地区。这些地区无疑会提前实现全面小康，率先实现现代化。这些充分说明，推进中国特色城镇化与实现现代化相伴相随，相互促进。因此，进一步提高城镇化水平对于实现全面小康具有特殊重要的作用。思想是行动的先导。各级领导精神状态好，对城镇化、工业化、市场化发展有共识，无疑是近几年中国特色城镇化迅速发展的一条重要经验。

2. **千方百计寻找经济的生长点，以工业化带动城镇化**。这是带有共性的成功经验。各级领导普遍认为，城镇化发展的核心内容是转移农村富余劳动力，实现城乡充分就业，根本目的是为了提高人民群众的生活水平，重中之重是发展经济，强化产业支撑。因此，要从本地实际出发千方百计寻找经济生长点。城镇化是经济发展的集中反映，经济发展是城镇化的活力所在。离开了经济发展特别是产业支撑，城镇化就成了无源之水、无本之木。这样的城镇化是“空心城镇化”。目前在我国有些地方已经出现了“空心城镇化”的现象。尤其是在大规模移民的新城镇，出现了农民移进来而稳不住的情况。虽然在这些城镇房子是新的、公共设施也是新的，但是，由于缺乏产业支撑即缺少物流、人流和信息流等，使这些城镇名不符实。因此，推动城镇化的根本动力是经济发展，尤其是产业的发展。有的地方领导深刻指出，全面小康的必由之路是城镇化，城镇化的核心是经济发展，要以经济发展来带动社会的全面发展。城镇是经济发展的重点，产业发展是促进经济发展的基本因素。扩大就业是推进城镇化的关键。所以，要使城镇化得到发展，就必须竭力寻找经济的生产点，实现城乡互动、三次产业互动、城镇化与新型工业化和市场化互动。也是近几年我们走中国特色城镇化道路的重要经验。

3. 遵循规律，因地制宜，努力走出一条适合本地情况的城镇化道路。许多领导干部认为，纵观国内外城镇化发展历史，总结本地区发展经验可以看出，城镇化发展是有规律可循的，因而不能去违背这些规律。比如，上述提到的城乡互动、三次产业互动、城镇化与新型工业化和市场化互动等就是规律。但是，由于我国人口多、底子薄、耕地少、地区发展不平衡、生产力不发达的状况没有根本改变等，这些仍然是我们的基本国情。因此，东西南北中和发达与欠发达地区的情况千差万别。这就要求各地领导必须因地制宜，因时制宜，从本地区实际情况出发推进城镇化的进程。我们只能从我国实际出发，走中国特色城镇化道路。外国的经验可以借鉴，决不能照搬。

推进城镇化要因地制宜还包括另一层重要含义，即要从本地区实际出发寻找解决“三农”的出路，选择新型工业化和城镇化互动模式，尤其是要寻找符合本地实际和能够发挥自己优势的经济增长点。较为普遍的认识是，在农产区首先要做好农业产业化这篇大文章，决不可削足适履，扬短避长。在非农产区情况更为复杂，适宜发展第二产业的就发展第二产业，适宜发展第三产业的就发展第三产业（简称“宜二则二，宜三则三”）。决不可为追求产值或赶时髦而去做那些“种了别人的地，荒了自己的田”的背离本地实际的事。

有些地方领导指出，大力发展非公经济是推进中国特色城镇化发展的带有规律性的经验。因为城镇化从一定意义上说就是转移农民。转移农民一般说来有三种途径。一是在城镇办起非公企业，使农民变为业主、定居城镇；二是让农村富余劳动力到城镇非公企业打工；三是在农村办起非公有制的现代农业，集约经营从而使农民收入翻番。使这些农民可以实现住在城镇，下乡经营。转移农民的这三种途径，不少地区都积累了成功经验。我们认为，要大力推动发展非公经济来带动城镇化发展的经验。因为据统计资料显示，自1992—2002年的11年里，非公经济为我国提供1.18亿个就业岗位。目前我国农村尚有1.5亿剩余劳动力，要把他们转移到城镇，绝大多数也只能是靠发展非公经济为他们提供就业岗位。因此，我们必须毫不动摇地发展非公经济。2006年2月，国务院通过了《关于鼓励支持和引导个体和私营等非公有制经济发展的若干意见》，这对于我们推广上述经验，进一步提高城镇化水平是一个重要机遇。

上述三条可以说是近几年中国特色城镇化发展的初步经验。讲经验并不是说我国城镇化就不存在弊病和不足了。我们在调研中也深切感到，以下这两方面的不足要引起有关部门和领导的高度重视。一是中央决策部门在制定或出台重大的涉及我国城镇化发展的方针政策时对分类指导这个根本着眼点考虑不足。这是地方和基层反映的带有共性的意见。前已述及，我国幅员辽阔、各地发展很不平衡、情况纷繁复杂。决策部门制定或出台重要的方针政策时一定要坚持分类指导、区别对待的原则。坚持这个原则其实就是我国城镇化发展的重要特色。2003年下半年中央实施的宏观调控政策其要点有五：即五个“坚持”。其中第一个“坚持”是坚持把引导好、保护好、发挥好各方面的积极性、促进国民经济既快又好地发展作为加强宏观调控的根本着眼点。第二个“坚持”是坚持突出重点、区别对待、不搞“一刀切”。因此，这样的宏观调控政策是留有余地的重大政策。有利于各级领导从实际出发，创造性地开展工作。实践证明也是及时、正确、有效的。二是地方领导以科学发展观指导本地城镇化发展的自觉性不够。讲这个不足决不是要当“事后诸葛亮”。虽然作为完整、明确的科学发展观概念是在2003年的十六届三中全会才提出的。但是，多年来党中央提出的要实现我国国民经济快速、持续、健康发展的方针就包含着科学发展观的重要内容，而且有些地方在推动城镇化发展方面也有能比较自觉地以科学发展观为指导的经验。比如，沿海有些地区几年前就提出该地区城镇化要以加快经济发展、促进社会进步、坚持统筹城乡发展为指导思想。当然，更多的地方都是根据当地经济发展的“盘子”来规划本地城镇化发展的“路子”。这样就很难充分体现全面、协调、可持续的科学发展观。而且，在实践中已经暴露出了不少问题。比如，我国城镇无个性、水泥森林遍布，市政建设一阵风等，说到底就是缺乏科学发展观的指导。对于这些方面的教训要加以总结，以使今后在推进中国特色城镇化过程中少走或不走弯路。

二、走中国特色城镇化道路需要正确处理几个关系

总结各地城镇化发展的成功经验，分析目前存在的问题和制约因素，我们认为，进一步提高我国城镇化水平，走中国特色城镇化道路需要正确处理以下四对关系。

1. **“三农”、城镇化和新型工业化的互动。**现在各级领导已基本形成共识：解决“三农”问题要在“三农”之外找出路。城镇化能吸纳农村富余劳动力，减少农民，增加城镇居民，而且能成为我们推动新型工业化的有效载体。新型工业化是城镇化发展的原动力，它的发展决定了城镇化发展的规模和速度。所以，这三者是紧密联系互相促进的关系。今天我们讲工业化必须讲新型工业化，以区别于我们以往对工业化的传统认识。新型工业化“新”在何处？第一，它的发展必须符合全面、协调、可持续的科学发展观的要求。第二，它是注重科技进步和劳动者素质提高的工业化。第三，它是寻求从我国国情出发实现科技、资本和劳动密集型相统一的工业化。当然，仅仅看到上述三者的互动关系是不够的。关键是要找到三者互动的最佳结合点，或者说是要找到实现这三者良性互动的有效途径。我们认为这个有效途径就是要不断壮大县域经济。十六大提出的“壮大县域经济”是把它放在“全面繁荣农村经济、加快城镇化进程”这一发展战略中论述的。实际上为我们指出了解决这三者良性互动的基本思路。但

是，这个思路并不是所有的领导都认识或把握的。当然对壮大县域经济也要因地制宜。破解“三农”问题、推动城镇化和新型工业化互动的结合点在于壮大县域经济，这是由县域经济地位的基础性和作用的重要性所决定的。从宏观上看，我国现有的县和县级市2200多个，县城面积900多万平方公里，占全国面积的94%，县城人口9.4亿，占全国人口的73%；县城的GDP总量5万多亿元，占全国GDP的52%。从微观上看，县域作为城乡经济社会联系的过渡地带，具有统筹城乡经济发展的特殊优势。县域经济是以县为单位的区域经济，从根本上说是农村综合经济，是直接面对“三农”的经济。县域经济的主题就是发展农村经济、提高农业效益、增加农民收入、减少农业劳动力。同时县域经济又是联系大中城市发展的经济。总结以往尤其是近几年我国城镇化发展的经验，使我们越来越清晰地认识到，必须把“三农”问题的解决同新型工业化（包括农村工业化和农业内部产业化等）和城镇化密切结合起来。分析全国经济实力百强县，也可以清楚地看出工业是立县的根本。只有工业强起来的县，经济才有支撑力。因此，只有推进新型工业化才能有效地解决“三农”问题，才能进一步提高城镇化水平。而发展城镇要以现有的县城和有条件的建制镇为基础，并在此基础上发展县域经济。总之，不断壮大县域经济是解决“三农”问题的主要出路，是推动新型工业化和城镇化良性互动的结合点。也是我国城镇化发展的又一重要特色。我们要做好壮大县域经济这篇大文章。

2. **城镇化发展与土地占用的关系**。所谓关系其实也就是矛盾。正确处理这对关系也就是要在尊重客观规律的前提下，通过主观努力把握好“度”，从而较好地解决矛盾。可以预言，城镇化发展与土地占用的矛盾将长期存在，而且在今后一二十年内推进我国城镇化的进程中会愈来愈凸显出来。因此要下大气力加以解决。现在的情况是，一方面我国城镇化水平近几年有了明显的提高，成绩要充分肯定。与此同时，这几年占地数目也是惊人的。据统计，从1997年至2003年我国耕地减少了1亿亩。以下是国土资源部通过遥感卫星测试的我国省会城市（2001—2002年）不到一年半时间里的占地数字。北京：20650亩，天津：37556亩，石家庄：4166亩，太原：1637亩，呼和浩特：7730亩，沈阳：29509亩，长春：12782亩，哈尔滨：6152亩，上海：23367亩，南京：10256亩，杭州：14766亩，合肥：12995亩，福州：15830亩，南昌：14878亩，济南：13112亩，郑州：10043亩，武汉：5914亩，长沙：5916亩，广州：19804亩，南宁：10089亩，重庆：19112亩，成都：11761亩，贵阳：11667亩，昆明：14274亩，西安：15312亩，兰州：4823亩，西宁：1684亩，乌鲁木齐：1079亩，银川：6514亩。

另一方面，在实现全面小康目标，进一步推进中国特色城镇化发展的过程中仍将不可避免地继续占用土地（其中包括耕地），国家有关部门经过测算后认为，要在2020年实现全面小康的目标，今后每年我国的城镇化水平增长不能低于 1 个百分点。以此为基准预测，我国每年城镇人口年均要增加 1880 万，年均住房要相应增加 3 亿至 4 亿平方米。因此，年均建设用地 2000 平方公里。这是惊人的，同时又是客观的数据。既要推进城镇化就不能不占地。这正如毛泽东当年在《论十大关系》中指出的，“又要马儿跑得好，又要马儿不吃草。世界上那有这样的道理!”怎么办？需要正确处理和统筹解决城镇化发展与占用土地的关系。我们认为，解决这对矛盾可以采取“钢性”与“弹性”相结合的方法。所谓钢性是指各级和各地领导在“实行最严格的耕地保护制度，保证国家粮食安全”即要守住 18 亿亩耕地这个红线。在这个根本政策上不能有任何动摇，不能采取上有决策，下有对策的态度，更不能去做那些“吃祖宗的饭，断子孙的粮”的蠢事。比如，有些地方领导不考虑本地实际情况，在片面的政绩观驱动下，滥建各种名目的“开发区”等等，实在是劳民伤财。所谓“弹性”是指在不违背如前所述的根本政策前提下，应允许各级、各地领导从本地实际出发推动城镇化发展，在土地利用总体规划和用途管制的范围内有一定的自主权。实际上有不少地方已经创造了统筹解决这一对关系的好经验。比如，有些省市建委在制定的用好用活土地政策中规定：可以实行建设用地指标周转，集体建设用地指标置换，农用地整理指标折抵，小块整理地块新增耕地指标有偿流转，农用地转用指标调剂，存量集体建设用地使用权流转，建设用地指标分类供给的政策。还有实行占地指标的严控与实现农用地的动态平衡，等等。

这些做法是值得肯定和加以推广的。

3. **城镇化外延扩张与内涵提高的关系。**城镇化的发展首先是体现在外延的扩张上，这是毫无疑问的。国家有关部门在预测今后提高我国城镇化水平所设定的指标，其中许多也是从城镇化的外延上考虑的。比如，今后我国城镇化每提高1个百分点，就要增加城镇人口1880万，年均增加就业岗位830万个，生活用水14.4亿立方米，建筑耗能66亿度，土地开发资金3000亿元—4000亿元，等等。但是，城镇化的外延扩张和内涵提高始终是不能截然分开。如果片面追求城镇化的外延扩张要么出现“空心城镇化”现象，要么就会降低城镇化的质量。甚至会出现拉美一些国家在发展过程中产生的“农民城市”等现象。今后在中国特色城镇化道路的过程中，城镇的外延扩张和内涵提高的任务都是很艰巨的。相比较而言，后者才刚刚破题。

从我国国情出发，提高城镇化的内涵有很多事情要做。首先是要保证和逐步提升现有的居住在城镇的5亿人口的生活质量。需要解决住房、文化教育、体育和商业设施、道路、交通、绿化、供水、排污和环境保护等诸多事情，解决上述问题就是提高城镇化内涵的要求。为此，一要靠经济发展，二要靠现代科技创新，三要体制改革和政策配套等。其次是要提高现有城镇的文化底蕴。随着我国社会主义现代化建设的发展，我国人民群众的生活水平已跨越了温饱，2000年底达到了总体小康。现在正在向全面小康迈进。与此相适应，人民群众日益增长的文化需求也更加迫切。这就提出了要进一步增强我国现有城镇尤其是新开辟城镇的文化底蕴或提高文化含量问题。虽然这不是一朝一夕就能解决的，但必须把它作为今后进一步提高我国城镇化水平的一项重要任务来完成，这也是走中国特色城镇化道路的题中应有之义。从总的看，我国大城市尤其是京、津、沪这方面做得比较好。但是，我们更要重视总结和推广中小城市在这方面好的经验和做法。比如，越来越红火的红色旅游，一般都在生态较好的中西部地区的小城市甚至是乡镇中展开。红色旅游既能挖掘和弘扬革命传统和历史文化，又能大大提升这些中小城市和乡镇的文化底蕴和品位。因为人们在红色旅游中既领略了我国大好河山和悠久历史文化，又陶冶了革命的传统。这是对我们进一步提高城镇化内涵的有益启示。所谓增强城镇的文化底蕴其实就是指要加强城镇文化建设。先进文化建设能够为城镇化提供巨大的智力支持、精神动力和思想条件，从而提升城镇的档次。

4. **城镇化的推进与社会保障制度的建立和完善的关系。**在这次城镇化课题组全国性的调研中我们对于上述这对关系看得愈来愈清楚。也就是说今后要进一步提高我国城镇化水平，必须把逐步建立农村社会保障制度和完善城市社会保障体系提到议程。总结近几年来中国特色城镇化发展的实践可以看出，城镇化的推进与社会保障制度存在着这么一种关系：如果社会保障制度建设的速率快于城镇化的速度，两者就会呈现出良性互动和发展的态势。如果社会保障制度建设的速率慢于城镇化的速度，不但会制约城镇化的推进，甚至还会出现社会问题。

现在的问题是，在我国农村和小城镇建立社会保障制度才刚刚开始探索或试点，广大农民仍处在我国社会保障体系的覆盖面之外。这就给我们进一步提高城镇化水平带来了困难，甚至会成为影响社会和谐的潜在因素。因为随着城镇化的推进，必然有越来越多的农村富余劳动力转移到城镇，也就是说今后失地农民、无地农民和进城打工的农民将会越来越多。如果把这一部分人排除在我国社会保障体系以外，既不符合全面建设小康社会的目标，又容易造成社会动荡。这决不是什么耸人听闻的预言。世界各国现代化发展的历史证明，从人均1000美元到3000美元的发展阶段，既是“黄金发展期”，又是“矛盾凸显期”。而且我国目前进入这个发展阶段又有新的特点，即三个重叠。也就是黄金发展期、矛盾凸显期和全方位对外开放期重叠。在这个阶段，据统计我国已经出现了4000万失地农民。其中不少已成为“务农无地，上班无岗，低保无份”的“三无”农民。因此，我们必须把建立农村社会保障制度提到议程，这是中国特色城镇化极为重要的内容。

此外，我国城镇化内涵的不断提高也就包括要逐步完善现有城镇的社会保障体系。应该看到，现有城镇社会保障体系还是很不健全、很不完善的。存在着明显的两个薄弱环节。一是养老保险。并不是说我们对养老保险不重视，主要是因为我国进入老龄社会（亦称“银色浪潮”）的速度很快，老龄人口基数大，再加上我国底子薄、人口多、负担重，这对我国养老保险制度提出了尖锐挑战。二是失业和再就业人员的社会保障。在发展市场经济，建立现代企业制度的过程中，部分工人失业和工人再就业的情况将会长期存在。这几年我们已经积累了解决这方面的经验和做法。应当说其中相当多是属于权宜之计的经验和办法。解决工人失业和劳动力岗位变换而带来的再就业问题的关键是健全和完善失业保险制度。只有这样才能提高我国企业和职工的抗风险能力，才能真正做到维护社会稳定。因此，无论从进一步推进中国特色城镇化发展上看，还是从正确处理改革发展稳定上看，建立并完善覆盖广泛、标准适中、基本保障与补充保障相结合的合乎我国国情的社会保障体系已迫在眉睫。

三、对中国特色城镇化道路的认识和相关建议

在总结中国特色城镇化发展的初步经验和论述正确处理我国城镇化建设的几个重要关系的基础上，我们认为中国特色城镇化道路的“特色经验”至少有以下几条。

1. **以科学的发展观为指导**。只有以全面协调可持续的科学发展观为指导，我国城镇化道路的进一步拓展才可能避免其他国家和我们以往走过的弯路。回顾西方一些国家尤其是发展中国家的城镇化进程，可以看到每次城镇化都会带来生态环境的严重破坏，资源被过度开发、城市文化遗产遭破坏和空气河流被严重污染等问题。我国的国情和社会主义现代化建设的目标模式决定了我们必须走出一

条具有自己特色的城镇化道路，即要走城市与生态、城市与农村、城镇化与新型工业化协调发展的路子，走可持续发展的路子，走有利于人的全面发展和经济社会共同进步的路子。简而言之，中国特色城镇化必须体现以人为本的理念。决不能重蹈先破坏后建设、先污染后治理、先蔓延后整治的弯路，或者“只建物，漠视人”的城镇化路子。

2. **分类指导，因地制宜，实现城镇化发展模式多样化。**我们国家幅员辽阔，情况千差万别。在我国沿海有多达几十万人口的乡镇。而在边疆少数民族地区也有1—2户人家的乡镇。因此，在今后进一步提高我国城镇化水平的过程中一定要树立分类指导、因地制宜、实现城镇化发展模式多样化的战略观念。按照城镇化发展的重点，可以划分为大城市和特大城市模式、中等城市模式、小城镇模式、大中小城市与小城镇协调发展模式，等等。在我国西部城镇化过程中要十分重视发挥大城市的发展极的作用。现代化理论中的发展极原理主要是指，一个区域的所有地域并不是以同样的速度增长，而往往是在某一点或几点上发展最快。这些发展最快的点便是带动其他部分的发展极，它在整个区域中发挥主导作用。而这个发展极往往是集中在大城市。比如，美国当年开发西部就选择了中部的芝加哥和底特律等几个大城市为发展极，形成集聚、扩散和幅射效应，从而使城镇化发展带动了西部开发。这个经验体现了区域发展的规律性，我们要加以研究和借鉴。我们认为，我国西部宜采用大城市带动或幅射的城镇化发展模式，而在我国东部发达地区宜采用大中小城市与小城镇协调发展的城镇化模式。前面提到的长江三角洲、环渤海京津冀北、珠江三角洲都市连绵区和沿长江黄金水道的城市带的发展模式大同小异，都体现了这种城镇化的发展模式。

3. **政府主导，多方参与，充分调动一切积极因素。** 我国实行的是社会主义市场经济。政府的功能可以用“有所不为和有所为”加以概括，也就是说有些领域或有些事政府不应该去管，而在有些领域有些事政府必须去抓。比如，经济调节、市场监管、社会管理和公共服务等，这就是现代政府的职能。而在推进中国特色城镇化过程中政府是起主导作用的。这种主导作用主要体现为：一是制定规划（包括体现以人为本的城镇化发展理念、城市总体形象设计、中长期发展规划等）；二是抓基础设施建设和提供公共服务；三是一定的资金投入；四是协调各方、整合资源。这些方面的作用是其他社会组织和团体无法替代的。令人欣喜的是，我国不少省市政府已作出决定，每年拨出数目可观的款项用于培训本省市的农民，提高农民素质，以利于农村富余劳动力转移，这类的事只能由政府来主导。当然，讲政府的主导作用丝毫不排斥而且必须调动方方面面的积极性。要积极鼓励企业、个人、外商等以多种方式参与城镇的基础设施和公共事业的投资、建设和经营。尤其是在我国目前民间资金已突破 12 万亿元的情况下，如何引导民间资金加入城镇化发展进程也是一篇大文章。我们要在总结实践的基础上形成政府规划、引导和管理，社会方方面面踊跃参加开发和建设的城镇化发展体制。

最后，围绕着进一步提高我国城镇化水平，走中国特色城镇化道路提两条相关的建议。

一是各级领导要高度重视和全面把握走中国特色城镇化道路这个极其重要的问题。近20多年，特别是这几年，我国城镇化有了长足的发展，这是相对新中国成立后的30年而言的。一旦把我国的城镇化水平摆到全球范围看，就显得落后了。据联合国统计资料显示，2000年全球人口60.6亿，城镇化水平47.2%（而我国2000年才36.9%），高出我国当年城镇化水平11个百分点。有资料显示我国城镇化水平与同等经济发展国家相比要低约10个百分点，与同等工业化水平国家比要低约20个百分点。

应该看到，城镇化水平是衡量我国全面建设小康社会目标是否实现和实现程度的硬指标。世界各国现代化进程证明：城镇化是一个国家经济发展的载体，经济发展是城镇化发展的根本动力。就我国而言，据统计，GDP总量的70%，国家税收的80%，第三产业增加值的85%，高等学校和科研力量的90%都是来自我国的城市和城镇。要在今后不到15年的时间里实现全面小康的目标，我国的城镇化水平年均增长不能低于1个百分点。据统计，“十五”期间我国城镇化每年提高1个百分点，它对经济发展的直接和间接贡献可达3个百分点左右。而要达到城镇化年均增长1个百分点的要求任重而道远。因此，正像有些地方领导指出的，中国特色城镇化的进一步提高，决不能理解为再盖几幢体现21世纪水平的高楼大厦，再修几条现代化的高速公路，必须把它与全面建设小康社会和构建社会主义和谐社会的目标紧密结合在一起。前世界银行副行长、2001 年诺贝尔经济学获奖者斯蒂格利茨把中国的城镇化和美国的高科技发展并列为影响 21 世纪人类社会发展进程的两大关键因素。他还认为城镇化是新世纪对中国的第一大挑战。斯蒂格利茨的预言我们认为言之有理。我们各级领导要从战略高度重视并全面把握走中国特色城镇化道路这个重大课题，尤其要清醒地认识到在体制、政策、土地、能源、人口等方面的制约因素。发达地区要防止头脑发热、急躁冒进等倾向。欠发达地区要克服信心不足、办法不多、无所作为等情绪。

二是关于城镇化的提法。理论界历来有一种观点认为，城市化和城镇化虽然只有一字之差，但两者的内涵是很不一样的。本文主要是对调研报告的提炼，加入概念之争不是我们的初衷。本文是把城市化和城镇化作为同一的提法来使用的（这与现行的重要文献中的提法一致）。但是，我们在实际调研中也感觉到，城市化和城镇化是有区别的。首先，明显的区别有二。第一，集聚和辐射的主体不同。城市和镇都具有集聚和辐射的功能。但是两者的主体不同。城市化的主体是大中小城市，而城镇化的主体准确地说主要是指建制镇。尽管城市和城镇就其功能上讲没有本质的区别，但作为功能载体的城市和城镇还是有区别的。第二，发展指向不同。城市化的指向显然是指从城市指向郊区或农村，这种作用在大中型城市的发展极上体现得特别明显。而城镇化发展的指向主要是指由于农村劳动力人口转移到小城镇集居、进镇务工、经商、办企业等，从而使城镇发展成熟起来进而推动了城镇化。

其次，十六大报告的这“三句话”实际上是从三个层面上论述中国特色城镇化问题。“要逐步提高城镇化水平”是指今后我国城镇化要达到的中长期目标；“坚持大中小城市和小城镇协调发展”是指为实现上述目标我们所选择的路径。而且在这句话中已经把大中小城市和小城镇加以区别；“走中国特色的城镇化道路”是指实现我国城镇化的中国模式。显然，目标、路径和模式三者是有区别的。有鉴于此，建议今后中央文件尤其是制定“十一五”规划阐述这个问题时可以考虑统一使用“走中国特色城市发展和城镇化道路”，这样可能更为恰切。

最广泛最充分地调动一切积极因素*

最广泛最充分地调动一切积极因素是建立和发展统一战线的根本目的。是我们党战胜一切困难，夺取革命、建设和改革事业胜利的重要法宝，也是实现全面建设小康社会目标的根本途径。党中央三代领导集体都高度重视这个问题。尤其是以江泽民同志为核心的党的第三代中央领导集体，积极回应当代世界和中国发展变化提出的新要求，解放思想与时俱进，丰富和发展了新时期党的依靠力量和统一战线的理论，尤其是在最广泛最充分地调动一切积极因素方面有重要的理论创新和实践成果。

一、党中央三代领导集体高度重视调动一切积极因素这一重大问题

以毛泽东为主要代表的中国共产党人在调动一切积极

* 本文发表于《求是》2004 年第 9 期。

因素方面做出了独创性的贡献。毛泽东在总结中国革命历史经验时指出，统一战线、武装斗争和党的建设是中国革命取得胜利的三大法宝。他认为，统一战线的本质就是调动一切积极因素。新中国成立后，我国进入了由新民主主义革命向社会主义的转变时期。以毛泽东同志为核心的党的第一代中央领导集体继续运用统一战线这一法宝，动员一切积极因素、巩固政权、进行土地改革、抗美援朝、肃清国民党在大陆的残余势力、恢复国民经济等。随着这些任务的完成，建国初期在国内阶级关系方面，无产阶级与资产阶级的矛盾已凸显出来。在社会主义改造中如何正确对待曾经是同盟者的我国民族资产阶级，是党领导的统一战线所要解决的一个重大问题。我们党和毛泽东创造性地把马克思主义基本原理与我国国情相结合，制定了对待我国民族资产阶级的正确方针和政策。在政治上继续与民族资产阶级保持联盟，实行既团结又斗争的方针；在经济上采取和平赎买和实行国家资本主义的政策，对资本主义工商业进行社会主义改造。成功地做到既消灭了民族资产阶级，又把这个阶级的绝大多数人逐步改造成为劳动者的目的。在社会和谐的背景下完成了对资本主义工商业进行社会主义改造，这是我国统一战线历史上光辉的一页。

以毛泽东同志为核心的党的第一代中央领导集体指出，调动一切积极因素，是为实现党的总路线和总任务服务的。20 世纪五六十年代，在开始“寻找一条适合我国情况的建设社会主义的路线”时期，党和毛泽东高度重视调动一切积极因素这个问题。作为最初探索中国社会主义建设道路的代表作《论十大关系》，实际上是论述我国社会主义建设中的十个规律性问题。毛泽东讲过他写这本书的目的，“就是要把国内外一切积极因素调动起来，为社会主义事业服务。”毛泽东指出，“什么是国内外的积极因素？在国内，工人和农民是基本力量。中间势力是可以争取的力量。反动势力虽是一种消极因素，但是我们仍然要作好工作，尽量争取化消极因素为积极因素。在国际上，一切可以团结的力量都要团结，不中立的可以争取为中立，反动的也可以分化和利用。总之，我们要调动一切直接的和间接的力量，为把我国建设成为一个强大的社会主义国家而奋斗。”① 此外，毛泽东在《关于正确处理人民内部矛盾的问题》中科学界定了人民这个概念，正确划分了人民的范围，明确地把我国民族资产阶级划入社会主义时期人民范围。无疑，这是对马克思主义人民观的重大发展。1957 年以后，由于反右斗争和阶级斗争扩大化，上述正确的思想和方针不断地受到“左”的思想的干扰。到了“文化大革命”，调动一切积极因素这一重要方针在理论和实践上都遭受了重大挫折。

党的十一届三中全会的召开，开辟了社会主义改革开放和现代化建设的新时期，形成了以邓小平同志为核心的党的第二代中央领导集体。我们党和邓小平在拨乱反正解放思想和总结历史经验的过程中，十分重视统一战线工作的恢复和发展。十分重视调动一切积极因素这个问题，并

① 《毛泽东著作选读》下册，人民出版社 1986 年版，第 720、721 页。

在理论和实践方面有许多突出的建树。首先，我们党和邓小平把十一届三中全会以后的统一战线界定为新时期的统一战线，并且明确指出了新时期统一战线的外部环境、内部组成和工作职能等都发生了重大变化。因此，新时期我国统一战线的任务“就是要调动一切积极因素，努力化消极因素为积极因素，团结一切可以团结的力量，同心同德，群策群力，维护和发展安定团结的政治局面，为把我国建设成为现代化的社会主义强国而奋斗。”① 其次，在拨乱反正基础上对新时期调动一切积极因素的理论前提作了具体的分析。我们党和邓小平指出，由于剥削阶级作为阶级已被消灭，国内阶级状况发生了根本变化。原工商业者的绝大多数已经成为社会主义劳动者或拥护社会主义的爱国者。地主、富农中的绝大多数人已经改造成为自食其力的劳动者。我国各民主党派已经成为各自所联系的那一部分社会主义劳动者和拥护社会主义的爱国者的政治联盟。我国各民族之间的关系是团结友爱、平等互助的新型社会主义民族关系。“一国两制、和平统一”的方针得到港、澳、台同胞、海外侨胞和世界上一切公正人士的拥护和欢迎。新时期的统一战线是全体社会主义劳动者、拥护社会主义的爱国者、拥护祖国统一的爱国者的最广泛联盟。再次，明确指出，我国知识分子已经是工人阶级的一部分。在拨乱反正中邓小平深刻论述了要尊重劳动、尊重知识、尊重人才。邓小平指出，知识分子的劳动也是劳

① 《邓小平文选》第2卷，人民出版社1994年版，第187页。

动。知识分子绝不是什么“臭老九”，等等。从而使我国工人、农民和知识分子的联盟在社会主义基础上更加巩固，开创了调动一切积极因素的新局面。

党的十三届四中全会以来的13年，尽管和平与发展的时代主题没有变，我国正处于社会主义初级阶段的基本国情没有变，现阶段我国社会的主要矛盾没有变，党的基本路线和基本纲领没有变，但是，也应该实事求是地看到在上述“四个不变”的背景下，世情、国情和党情都发生了显著的变化。以江泽民同志为核心的党的第三代中央领导集体，积极回应当代世界和中国的发展变化对党和国家工作提出的新要求，在调动一切积极因素方面也取得了可喜的成绩。十六大在总结13年基本经验时，把“坚持团结一切可以团结的力量，不断增强中华民族的凝聚力”作为一条宝贵的基本经验。13年来，我们高举爱国主义、社会主义的旗帜，加强全国各族人民的大团结、巩固和发展最广泛的爱国统一战线。加强同民主党派和无党派人士的团结，做好民族工作、宗教工作和侨务工作，坚持“一国两制”方针，调动一切积极因素，为完成祖国统一大业和实现中华民族的伟大复兴而进行了不懈的努力奋斗。

二、“三个代表”重要思想在调动一切积极因素方面的创新

应该看到，十三届四中全会以来的13年党领导人民

建设中国特色社会主义的实践是“三个代表”重要思想形成和提出的直接实践来源。因此，“三个代表”重要思想作为13年实践的系统化的理论升华，它在调动一切积极因素问题上有重大的创新。主要体现在这两个方面。

1. **首先分析理论创新。**改革开放特别是十三届四中全会以来，随着我国社会经济成分、组织形式、就业方式、利益关系和分配方式日益多样化（简称“五个多样化”），我国社会的阶层结构发生了新的变法，出现了民营科技企业的创业人员和技术人员、受聘于外资企业的管理技术人员、个体户、私营企业主、中介组织的从业人员、自由职业人员等社会阶层（简称“六个新的社会阶层”）。如何看待新出现的社会阶层，这是我们无法绕过的一个重大问题；改革开放以来，在经济与社会发展的同时，“五个多样化”愈益明显，这些变化体现在新时期人民内部出现了一个以往所没有的新特点即各种不同的利益群体的出现。如何正确处理新时期人民内部不同利益的矛盾，这又是我们无法绕过的另一个重要问题。改革开放和现代化建设实践中提出的这两大课题呼唤解放思想、理论创新，尤其是劳动观念的更新。也就是说出现的这“新的社会阶层”究竟是剥削者呢，还是劳动者？人民内部出现不同的利益群体往往是与他们在财富创造过程中所起的作用不同密切联系在一起的。而这种“作用不同”又是与劳动形态不同密切联系在一起的。因此，要科学地回答实践中提出的这两大课题必须更新原有的劳动观念。

应该看到，由于种种原因特别是受“左”的思想影响，我们党内和社会上的不少人头脑中的劳动观念是有问题的。这些问题集中表现在3个方面。一是劳动观念狭窄。认为劳动就是指体力劳动或简单劳动，不把脑力劳动或复杂劳动看做也是劳动。二是对劳动认识偏颇。在经过20多年改革开放之后，现在社会上却出现了一种对劳动的极端看法即轻视甚至于鄙视体力劳动和简单劳动，因而瞧不起工人和农民这基础性的劳动。三是对马克思主义的劳动观点理解有误，即混淆了价值形成的源泉和财富形成的源泉。

江泽民敏锐地觉察到，劳动观念的更新问题决不仅仅是学术理论问题，首先是重大的政治判断问题。因为这至少要涉及两大问题。第一，我国20多年改革开放和现代化建设走过的路到底对不对。如果像有的观点所认为的20多年的改革开放和现代化建设的结果出现了一个新生的资产阶级，那么能说我们走过的这条路是对的吗？第二，21世纪初中国特色社会主义的路怎么走。如果像有的观点所认为的，这也是剥削，那也是搞资本主义，那么这能叫走中国特色社会主义道路吗？所以，江泽民从2000年开始，三番五次地提出要深化对社会主义社会条件下的劳动和劳动价值理论的认识。在以江泽民同志为核心的党的第三代中央领导集体的领导下，经过深入调研和全面总结历史经验，我们党在更新劳动观念方面取得了重要成果，并把这个成果写进了十六大报告，这个重要成果集中体现为十六大提出了新型的社会主义劳动观念（简称“新劳动观”）。

新型社会主义劳动观念的要点有四：一是必须尊重劳动、尊重知识、尊重人才、尊重创造。这要作为党和国家一项重大的方针在全社会认真贯彻。二是要尊重和保护一切有益于人民和社会的劳动。不论是体力劳动还是脑力劳动，不论是简单劳动还是复杂劳动，一切为我国社会主义现代化建设做出贡献的劳动都是光荣的，都应该得到承认和尊重。海内外各类投资者在我国建设中的创业活动都应受到鼓励。三是一切合法的劳动收入和合法的非劳动收入，都应该得到保护。不能简单地把有没有财产、有多少财产当做判断人们政治上先进和落后的标准，而主要应该看他们的思想政治状况和现实表现，看他们的财产是怎么得来的以及对财产怎么支配和使用的，看他们以自己的劳动对中国特色社会主义事业所作的贡献。四是要形成与社会主义初级阶段基本经济制度相适应的思想观念和创业机制，营造人们干事业、支持人们干成事业的社会氛围。放手让一切劳动、知识、技术、管理和资本的活力竞相迸发，让一切创造社会财富的涌泉充分涌流，以造福于人民。等等。据此十六大得出结论：贯彻“三个代表”重要思想，必须最广泛最充分地调动一切积极因素，不断为中华民族的伟大复兴增添新力量。

“新劳动观”是当代中国共产党人解放思想理论创新的硕果。一定会在新世纪新阶段全面建设小康社会的实践中愈来愈充分地显示出它在转化为物质力量中的巨大作用。当然，“三个代表”重要思想在调动一切积极因素上的理论创新还包括党建理论创新尤其是“两个先锋队”

的提出。“两个先锋队”的提出对于最广泛最充分调动一切积极因素具有深远的意义。虽然“两个先锋队”的提法我们党在民主革命时期就使用过。1935年12月，中共中央政治局讨论通过的瓦窑堡会议的决议指出，“中国共产党是中国无产阶级的先锋队……同时中国共产党又是全民族的先锋队。”刘少奇同志在七大修改党章的报告中，多次使用了“人民群众先锋队”、“中国人民先锋队”的概念。邓小平在八大所作的《关于修改党章的报告》中也指出，我们党不仅应当成为工人阶级的先锋队，而且应该成为中华民族先进分子的“集合体”。但是，在世纪之交，在全面总结中国共产党80多年的历史经验，在面对完全不同的时代主题和国内中心任务的条件下，我们党重提“两个先锋队”其中无疑有更新、更深刻、更广泛的内容。对“两个先锋队”提出的意义我们要有足够的估计。简言之，“两个先锋队”的论断是我们党总结历史经验、回应现实挑战、面向未来发展而做出的重要理论创新。既然我党是“两个先锋队”，那么合乎逻辑地决定了我们党必须有两大基础即阶级基础和群众基础，决定了我们党的性质是阶级性和群众性的统一。这是我们党在新时期的历史条件下对党的性质认识的进一步深化和发展。正确把握“两个先锋队”的重要论断，有利于我们拓展党的工作覆盖面，提高党在全社会的影响力和凝聚力，有利于全党同志更加深刻地认识和履行党所肩负的历史责任，团结和依靠最广大人民群众建设中国特色社会主义。

2. **其次分析推动发展。**应该看到，劳动观念的更新是渗透在改革开放以来特别是近13年来的实践中。十六大对此作了总结、肯定和提倡。人们公认，十三届四中全会以来的13年，是我国综合国力大幅度跃升、人民得到实惠最多的时期，是我国社会长期保持安定团结、政通人和的时期，是我国国际影响显著扩大、民族凝聚力极大增强的时期。应该说“新劳动观”在我国这13年的发展中功不可没。前已论及，新世纪新阶段中国特色社会主义要继续发展就必须最广泛最充分地调动一切积极因素。而这里讲的因素包括人的因素和物的因素。“新劳动观”为最广泛最充分地调动人和物的因素奠定了新的理论基础。有鉴于此，“新劳动观”中有两个关节点我们要注意把握。

一是当今时代劳动的形态和内容已经发生了根本变化。100多年来，人类社会的生产力水平和经济社会关系发生了重大变化，先后掀起并完成了科技革命、企业组织革命和管理革命等。从而大大地扩展了劳动的形态和内容。出现了科技劳动、现代服务劳动等新型的劳动形态。管理劳动也成为一种独立的劳动形态。这些形态的劳动与生产劳动一样也创造价值，而且它们在价值创造中所占的比重也越来越大。从事这些形态劳动的主体与从事生产劳动的主体一样都是劳动者。我国改革开放以来出现的“六个新的社会阶层”，他们大多数不从事生产劳动，而主要从事科技劳动、管理劳动和服务劳动等。十六大把他们界定为与工人阶级、广大农民和知识分子等一样，都是中国特色社会主义的建设者。这是有充分的实践和理论依据的。这对于最广泛最充分地调动人的积极因素具有极为重要的意义。因为在构成生产力的诸要素中人的要素是第一位的。而且在共产党的领导下，只要做到最广泛最充分地调动人的积极因素，什么人间奇迹都可以创造出来。

二是创造价值的源泉是一元的，即劳动；而创造财富的源泉是多元的。虽然从归根结底上说，这是马克思早已阐述过的观点。马克思在《哥达纲领批判》中指出，“劳动不是一切财富的源泉。自然界同劳动一样也是使用价值（而物质财富就是由使用价值构成的！）的源泉。”[①] 马克思赞成经济学家威廉·配弟提出的这个命题：土地是财富之母，劳动是财富之父。但是，十六大结合当代经济社会发展的实践，尤其是我国改革开放以来的中国特色社会主义建设的实践明确提出，劳动、知识、技术、管理和资本等要素，都是创造财富的源泉，而且要根据这些要素在财富创造过程中的贡献进行分配。这个重要结论既是“新劳动观”中的关节点。又是对马克思主义劳动和劳动价值论的重大发展。它已经而且一定会在今后经济建设的实践中继续发挥重要的作用。改革开放以来，我们在充分利用两类生产要素即国外的和国内的生产要素方面积累了相当成功的经验。比如，我们积极引进国外先进的科学技术和管理经验，大胆地利用外资为我国经济建设服务。到2002年年底，我国引进外资达500亿美元，首次超过美国。相比较而言，这几年在充分发挥国内生产要素方面做得不够，也就是说这方面还有很大的潜力可以挖掘。比

① 《马克思恩格斯文集》第3卷，人民出版社2009年版，第428页。

如，截至2003年第一季度，我国居民国内存款已突破10万亿元。至于我国劳动力资源丰富而且廉价，这也是一种优势。总之，我们要把十六大提出的“新劳动观”特别是两个“一切”运用到发展生产力的实践中去，这对于我们实现全面建设小康社会目标具有极为重要的意义。因为它可以转化为推动发展的巨大物质力量。

总而言之，以江泽民同志为核心的党的第三代中央领导集体在最广泛最充分调动一切积极因素方面的理论创新和实践成果，对于新世纪新阶段全面建设小康社会，共创我们幸福生活和美好未来具有重要的理论指导和推动实践的意义。

解决当前我国若干社会阶层利益诉求的建议*

全面了解和把握我国社会各阶层的利益诉求，这是党和政府制定方针政策的根本依据。回应并在条件允许的范围内解决他们的利益诉求，则是当前构建社会主义和谐社会要做的重要工作。我随中央党校构建社会主义和谐社会课题组，在东中西选点调研和较为深入地了解和认识这些省的工人、失地农民和私营企业主等利益诉求的基础上，就解决失地农民和私营企业主的利益诉求问题提几点建议。

一、失地农民的利益诉求及其解决的对策建议

1. 利益诉求。土地是农业最主要的生产要素，是农民赖以生存和安身立命的唯一资源，是保障农民基本生活

* 本文发表于《科学社会主义》2005年第6期。

需要的基本手段。农村土地是集体所有，农民持有使用权。但是，由于工业化和城镇化进程的加快，农用地每年都被大量征用。据统计，仅从1987年到2001年，全国征用土地2400万亩，由此造成至少3400万失地农民。目前，我国人均耕地面积仅为世界平均水平的1/3，全国有600多个县的人均耕地面积低于国际公认的0.795亩的警戒线。据估算，目前我国完全失去土地和部分失去土地的农民有4000万—5000万人之多，而且每年还以200万—300万人的速度递增。

我们在调研中深感失地农民的某些利益诉求是我们必须加以高度关注而且经过努力是可以解决的。一是征地补偿标准低，补偿办法不完善。土地对农民来讲有基本生活保障功能，有扩大再生产和发展农村集体经济等功能。但现在一般只对失地农民作基本生活保障方面的补偿。据统计资料显示，当前征地补偿额中，失地农民只得到5%—10%，村级集体经济组织得到25%—30%，而60%—70%为政府及各部门获得。二是现行土地管理制度、耕地保护制度在某些方面的“缺位”，造成多方逐利土地的现象，有些地方政府在“经营城市”口号下实行“土地财政”，与农民争利；有些地方政府以“零地价”吸引投资商，形成了“政府请客，农民买单”。尤其必须引起高度重视的是因征地政策差异，或标准不一，或前低后高，引起农民不满，造成各种各样的矛盾，甚至导致矛盾激化酿成群体性事件。三是失地农民就业再就业难度相当大。大部分失地农民对未来感到茫然。尤其是补偿费用完后如何生存，令农民焦虑。

2. **三点建议**。第一，要认真贯彻落实2005年中央1号文件提出的实行最严格的耕地保护制度，减少失地农民。各地区要相应制定失地农民规模的警戒线。从而避免以此而诱发并激化的社会矛盾。近期应重点解决提高征地补偿标准，解决资金不到位的问题。鉴于对“经营城市”理解各异，建议不再提这个口号。在实践上应弱化行政操作，强化市场引导，应明确国家征用土地只限于公用建设，而商业用地则应用市场机制进行操作。

第二，要从制度安排入手，努力从根本上解决失地农民的问题。失地农民问题之所以成为严重的社会问题，从深层次的原因上分析，是对失地农民没有进行制度性的安排，而采用一次性补偿，一次性安置等。这种短视行为，必将把矛盾带入城市的发展中，必将给构建和谐社会带来不稳定的因素。

既然失地农民是与工业化、城镇化（简称“两化”）相伴而生，解决失地农民问题就应放在这“两化”中一起统筹考虑。各级政府要将失地农民纳入城镇就业体系并逐步被社会保障体系所覆盖。同时加强对失地农民的技能培训、就业援助和创业指导，努力使失地农民渡过困境，获得新的职业，至少有对将来生活的信心。

第三，畅通反映失地农民利益诉求的渠道，并探索在体制内建立代表农民利益的组织。失地农民问题是当前农村存在的突出问题。它暴露了当前我国农民利益诉求渠道的不畅通，在维护农民利益方面存在着体制性问题。最近，四川汉源、河北定州发生由于失地农民问题引起的暴力事件，严重影响了社会稳定和政府形象。类似的隐患在全国各地还大量存在，要引起党委和政府高度重视和警醒，应对其深层原因作出分析。包括失地农民在内的农民阶层如何有效、畅通地表达利益诉求、维护自身利益已经成为在农村构建和谐社会的重大课题。我们认为，要从治本上想办法解决。一是要真正发挥农村基层党支部、村民委员会的作用，使它们真正做到上情下达，下情上达，及时全面地反映农村的社情民意；二是在市场经济的条件下，要建立和不断完善农村合作经济组织，在产供销各个环节维护农民的经济利益。三是探索在体制内建立代表农民利益的组织。失地农民的利益屡屡受到侵害的重要原因是，在征地过程中农民少发言权、没有谈判权。有些地方政府以“经营城市”为名，与民争利，甚至为所欲为。如何在体制内建立代表农民利益的组织是到了应该考虑的时候了。只有到了农民有真正的发言权和集体谈判权时，农民的切身利益才能得以维护。工人有工会，非公经济人士有工商联，作为人口最多的农民没有代表自己利益的群众性组织，这是不符合社会主义民主政治发展趋势的。农民是我们党执政的阶级基础。不相信农民，也就是不相信群众，这是违背党的宗旨的。对此，既要解放思想，又要积极稳妥地探索。

从解放思想、与时俱进上看，建议把 1950 年政务院第 41 次会议通过的《农民协会组织通则》经过修改之后将它恢复起来。当时通过的《农民协会组织通则》，对我国农民协会的性质、任务和会员的权利和义务等都有明确的规定。后来由于受“左”的思想影响，这个规定名存实亡。从积极稳妥地探索上看，要组织力量进行可行性研究和试点。关键是把握好两点。一是将农民群众组织纳入体制内，并把他们组织好。要使农民群众组织的作用与农村基层党政组织和合作经济组织的作用融合在一起，共同构成一个农村的和谐社会体系。二是要防止这些组织行政化，即在社会主义市场经济的条件下，在利益多元化的现实生活中，确保农民组织应从下到上、真正地而不是在形式上代表农民的利益，这样的农民组织才有吸引力。

二、私营企业主的政治参与和政治诉求及其解决的对策建议

1. **政治参与**。近几年，我国私营企业主的政治参与呈现这样两个特点：正常性参与和不正常性参与。

第一，从参与方式上看，正常性参与又有两种形式即安排性参与和非安排性参与。安排性政治参与，是指由各级党委统筹考虑，按照必要的程序推荐他们作为人大代表、政协委员的候选人参加选举或协商，或推荐到政府部门、工商联等组织任职。据统计，2002 年全国私营企业主被选为县级以上人大代表的有 9000 多人，当选县级以上政协委员的有 3 万多人，担任全国工商联执行委员的有 233 人，全国工商联副主席 8 人，担任省级政协副主席兼工商联主席的有 3 人。九届全国政协委员中非公经济代表

人士42名，比八届时增加一倍多，十届全国政协又有所增加。

非安排性政治参与，主要是指私营企业主入党问题。参与形式主要是加入中共、民主党派，以及对基层政治的积极参与，组建和参加各种社团等。到2002年底，全国私营企业主中，中共党员高达30%。

非正常的政治参与是体制外的政治参与，具有隐性的特点。比较典型的是官商结合，用金钱影响或支配权力。如，在党政机关寻找靠山。此外还有一些私营企业主通过经济手段当选低层级的人大代表、村党支部书记、村委会主任等。

第二，从动机和目的看，现阶段私营企业主的政治参与，更多是为了从体制内寻求安全感，为非公企业发展创造有利条件。

私营企业主现阶段的政治参与，相当一部分不是出自于他们的民主意识和社会责任感，更多的是从经济利益层面上考虑，具有鲜明的利益比较和利益选择的特点。比如，2004年，温州市私营企业主中当选的市人大代表、政协委员共提交议案提案等52件。多数内容都是为企业发展寻求良好的环境。少数私营企业主当选为人大代表、政协委员后，参政议政的积极性并不强烈。目前党内外对私营企业主的政治参与仍有各种评论，对如何发挥他们的政治作用仍有种种顾虑。笔者在调研后认为，当前的私营企业主政治参与更多的是以个体形式出现，并不是作为一个阶层参与政治生活的。对私营企业主的政治参与，应像对待非公经济发展一样，给予鼓励、支持和引导。私营企业主参与政治，体现了我们党在认识上的与时俱进，对于推进我国社会主义民主政治建设的进程、最广泛最充分地调动一切积极因素具有十分重要的意义。私营企业主的政治参与，十分有利于他们自身和非公经济的健康发展，也为私营企业主阶层表达政治诉求提供了正常、畅通和有效的渠道。

2. **政治诉求**。当前，私营企业主的政治诉求主要表现为强烈要求为非公经济的发展提供更加有利的外部环境。在发达地区调研后我们深感，非公经济发展已经进入了一个转型的关键时期。随着非公经济发展壮大，私营企业主越来越认识到创新制度、调整结构、转变发展方式的重要性。非公经济的一些深层次的结构性、素质性的矛盾进一步显现，如产业层次不高、创新能力弱、企业规模小等，还面临产业准入和贷款难等问题。私营企业主想通过政治参与的渠道，能够充分地反映这方面的问题，力求影响和改变政府的某些决策。概括他们的具体要求，大致有这几个方面：

第一，希望党和政府能在制度上、体制上、法律上、政策上，更加明确非公有制经济的地位。他们认为目前中央文件中对非公经济的提法是不够彻底的。从而容易造成与公有制经济是两张皮。他们非常关注并欢迎全国人大十届二次会议通过宪法修正案关于“公民的合法的私有财产不受侵犯”的条款。但部分私营企业主还不满足，希望有更加明确的法律和规定。

第二，要求在产业准入方面进一步放宽领域，降低门槛。他们要求除法律法规和国家政策有明确的限制外，凡是对外资和国有企业开放的领域，均应向民间资本和非公经济开放。他们尤其希望能让非公企业平等地参与基础设施建设竞争。参与文化产业、旅游等服务业和金融机构的改制、改组等。

第三，要求在政策支持和资源配置方面享受与国有企业一样的待遇。他们主要要求在财政支持、税收优惠、技改立项、用地用电、银行信贷、发行股票债券等方面应与国有企业一视同仁。

第四，希望不断地完善服务型政府。私营企业主渴望国家政策稳定，要求政府能提供有效的政策导向。希望政府能不断改善服务，特别是要进一步深化政府的审批制度的改革，建设高效廉洁的服务和保障体系。

笔者认为，私营企业主阶层的政治参与和政治诉求的表达，不但是非公经济健康发展的需要，而且是中国特色社会主义民主政治建设的需要，更是构建社会主义和谐社会的客观要求。必须在思想认识上摒弃对非公经济和私营企业主的偏见，把他们真正作为中国特色社会主义建设者加以对待。因此要进一步解放思想，积极支持、鼓励和正确引导私营企业主的政治参与和政治诉求。

三、两点建议

1. 必须坚持在体制内解决私营企业主的政治参与和

政治诉求问题。这就要求通过加强和健全人民代表大会制度和中国共产党领导的多党合作和政治协商制度，使私营企业主中的人大代表、政协委员和工商联成员，通过议案提案和大会发言等表达他们的合理要求。有关部门应及时研究和回应他们的政治诉求。其中合理的应得到采纳，并在政策层面有所体现。如果不能在体制内很好地反映私营企业主的政治诉求，不能满足他们合理的参政议政的愿望，那么很容易导致他们采取非正常政治参与渠道来表达诉求。而在体制外表达政治诉求是不好的，甚至是危险的。因为这很容易形成“暗箱操作”、“权钱交易”和“精英结盟”，从而形成难以控制的“体制外政治”的现象，其负面影响不可低估。虽然任何时候都会有体制外的不同意见。但是，我们要引导和解决私营企业主这一新的社会阶层在体制内正常参与政治，反映他们合理的政治诉求，这是十分重要的。这就要求，一方面要把加强人大、政协工作作为今后继续推进政治体制改革的重要任务加以落实；另一方面要真正发挥私营企业主中的人大代表、政协委员的作用。不能仅仅是从统战意义上认识和发挥他们的作用。

2. **私营企业主政治参与也必须是有序的、渐进的**。从当前情况看，私营企业主政治参与和政治诉求表达具有比较优势。因此，要在统筹考虑我国其他社会阶层的利益诉求前提下，解决私营企业主阶层的政治参与问题。有一种意见认为，与非公经济的发展势头和贡献相比，在私营企业主的政治参与方面的步伐可以迈得更大一些。不但要在人大、政协，还可以考虑在政府的人事安排上加以体现。这个意见应予重视。

以浙江省台州市为案例，以下这种情况要引起我们的重视。随着基层直接民主选举的展开，私营企业主越来越多地参与基层选举已成趋势。他们中的很多人已经成了农村基层党组织和村民自治组织的负责人，这种情况在浙江省台州市比较典型。今年台州市换届选出的4399名村支书中，经商办企业的有1386名，占31.5%；换届选出的3684名村民委员会主任中，经商办企业的有1743名，占37.3%。可以预言，随着直接选举的逐步扩大，私营企业主运用自身的有利条件当选为基层组织、甚至是基层政权（包括乡镇或更高一级政权）负责人的比例还会扩大。对此，我们要全面分析，正确引导，不必人为设限。但是，私营企业主的政治参与的扩大必须考虑到与其他阶层的平衡。也就是对各社会阶层政治参与也必须统筹考虑，既要考虑到扩大党执政的群众基础，又要考虑夯实党执政的阶级基础，这样可以积极稳妥地推进我国基层民主政治建设。要克服一些地方对私营企业主的政治安排存在的随机性问题。

此外，个别被安排为人大代表、政协委员的私营企业主素质不高，甚至违法乱纪，造成不良影响。因此，对私营企业主的政治参与应有一套科学规范的制度和办法（包括选拔和管理）。切实体现党管干部、党管人才的原则。可以参照党内干部的培养、考察和管理的做法，制定并形成一套符合私营企业主阶层情况的政治参与和管理的规制。

加快推进以改善民生为重点的社会建设*

这是党的十七大报告第八部分的标题。十七大报告公布后，第八部分引起了人们极大的关注。这是为什么呢？这是因为社会建设与人民的幸福安康息息相关，同时，社会建设也跟我们党的性质、宗旨和奋斗目标息息相关。这是这一部内容引起广大群众和各级干部党员重视的重要原因之一。以下讲三个问题。

一、执政党越来越重视社会建设

我们党作为执政党越来越重视社会建设。这几年我们党把社会建设提到很重要的地位，跟以前相比，对社会建设的提法有很明显的变化。我认为主要有3条理由。

第一，执政党越来越重视社会建设，从根本上讲这是

* 本文是在十七大后作者作为国家机关和北京市十七大精神宣讲团成员的报告稿。

由我们党的性质、宗旨和奋斗目标所决定的。我们党已经有 80 多年的光辉历史，与党刚刚成立的时候相比，与党在革命战争时代相比，应该说我们党历史方位、外部环境和内部条件都发生了根本变化。

马克思主义唯物辩证法告诉我们，变和不变都是相伴相生的。任何事物都是在变和不变过程中发展的，用这个观点来观察我们的党，可以清楚地看到，党今天与新中国成立之前与建党初期所处的历史方位、外部环境、内部条件都发生了很大变化，但是我们党有几点没有变，这就是中国共产党的性质、宗旨和奋斗目标是没有变的。

首先谈谈性质。党章规定，中国共产党是中国工人阶级的先锋队，同时是中国人民和中华民族的先锋队，这是对党的性质的界定。几年前党的十六大通过的党章作出了这个规定，当时党内外不少人不理解。我们意识形态部门还做了很多工作，跟全体党员、全国人民解释，为什么从原来一个先锋队变成两个先锋队，后来经过全党的学习，大家都认可了，都接受了。这两个先锋队的提法实际上是既坚持了我们原来对党的性质的规定，同时又有与时俱进的地方。大家知道，1935 年底，我们党所领导的中国工农红军长征到达陕北后，这时候已经爆发抗日战争，所以党马上转入领导全国抗日。在全中国的抗日潮流中我们党提出两个先锋队，就是中国共产党是中国工人阶级，同时是中国人民和中华民族的先锋队。当然，2002 年召开了十六大并在十六大党章中重提两个先锋队，应该说有了更加丰富的内涵。

那又如何理解这个提法既坚持了我们原来对党的性质的认识，同时也有与时俱进的地方。因为从全国范围来看，在新中国成立之前，我们党不可能把社会建设提到议程，因为那时我们党在全国还不是执政党。其实我们党在局部地区执政的时候，也是非常重视人民群众的生活问题。用老百姓的话来讲，就是油盐酱醋茶。在 20 世纪 30 年代，在福建和江西交界处建立了苏维埃政权，这些地区称为苏区。我们党早在苏区局部执政时，就很注意解决社会问题。

1936 年我们党到达延安之后，在延安执政 13 年。这是我们党局部执政的 13 年。对这 13 年要好好总结，实际上无论在闽赣苏区，还是在延安解放区，都有很多宝贵的重视民生的经验可以总结。比如，毛泽东 1934 年 1 月写的一篇文章《关心群众生活，注意工作方法》，就是在闽赣苏区他搞调查研究的时候写的。毛泽东在文中指出，老百姓油盐酱醋茶的问题、妇女生病等问题我们干部都要关心。可见，我们虽然在民主革命时期还没有在全国地区执政，但是在局部地区执政时就很关心老百姓，关心社会问题。

其次谈谈宗旨。从我们党的宗旨上看，中国共产党的宗旨决定了我们党一定会重视关系到人民群众切身利益的社会问题。大家知道，我们党的历代领导集体的核心，对党的宗旨表述虽然不完全一样，但是精神实质是完全一样的。比如毛泽东曾用一句脍炙人口的话来表达我们党的宗旨，就是“全心全意为人民服务”。虽然毛泽东离开我们很长时间了，但是他提出的为人民服务这个思想，全心全意为人民服务这句话，可以说是将世世代代铭记在中国人民的心中。

有一条消息我至今难忘：1993 年在纪念毛泽东诞辰 100 周年时，新华社记者在街头随访。记者问到，你知道毛泽东吗，他们都说知道。又问毛泽东哪句话使你印象最深，后来经过统计，多数人认为毛泽东的“为人民服务”这句话给他们留下了最深的印象。为人民服务就是毛泽东对我们党的宗旨言简意赅的归纳。

到了邓小平时期，邓小平反复讲到，我们搞改革开放，建设有中国特色社会主义，就是要为中国人民谋利益。所以要为中国人民谋利益这是邓小平对我们党的宗旨言简意赅的概括。

为中国人民谋利益和为人民服务，精神实质是一样的。进入新世纪后，我们党于 2002 年召开了十六大。把以江泽民同志为核心的党的第三代中央领导集体提出的“三个代表”重要思想，与邓小平理论一起作为指导思想写进党章。其中第三个“代表”就是指中国共产党代表中国最广大人民的根本利益，这是对我们党的宗旨所作的又一次非常准确的表述。

十六大以来，以胡锦涛同志为总书记的党中央提出“以人为本，全面协调可持续的发展观”。“以人为本”这四个字非常能够体现我们中国共产党的宗旨。胡锦涛同志还有一系列重要论述。比如，权为民所用，情为民所系，利为民所谋等。党中央历届领导集体用不同语言表达了中国共产党的宗旨。这个宗旨决定了我们党一旦成为执政党就必须把关系老百姓切身利益的社会建设提到重要议程。

再次谈谈奋斗目标。从党的奋斗目标上看。有长远目标和近期目标之分。我们在为近期目标即当前的目标而奋斗的时候，从来没有忘记我们长远的目标，这长远的目标就是从1921年党成立那天开始党章就讲到，中国共产党是以实现共产主义为伟大目标。我们中国共产党是最高纲领与现阶段纲领的统一论者。现在社会有些错误观点在泛滥，要引起我们警惕。有种观点认为中国特色社会主义跟民主社会主义没什么区别。实际上是根本不一样的。这两种“主义”在对最终目标的认识上就是根本不同的。因此完全可以这么讲，中国共产党80多年来不变的是我们的性质、宗旨和奋斗目标。这也决定了我们党夺取全国政权，取得执政地位后，始终重视关系人民切身利益的社会建设。

第二，执政党越来越重视社会建设是由贯彻落实科学发展观与构建社会主义和谐社会所决定的。党的十七大在论述科学发展观的时候，与以往相比，有新的展开和新的特点。我们党最早提出科学发展观是2003年召开的十六届三中全会。而且这几年对它的宣传很到位、很透彻。党的十七大论述科学发展观有新的展开和新的特点。提出了4个“必须坚持”，这以前文件就没有。还有论述了贯彻落实科学发展观必须做到四项要求：要求坚持党的基本路线，要求积极构建社会主义和谐社会，要求继续深化改革开放，要求加强党的建设等，这都是新的展开。

党的十七大在论述科学发展观时还有一个很重要的特点，即把科学发展观和构建社会主义和谐社会统一起来论述。对此，我们要加以很好的把握。为什么要把它们两个结合起来？胡锦涛总书记在开幕式上作报告的时候，用了八句话概括十七大的主题。其中第六、第七句话是：推动科学发展，促进社会和谐。同时十七大报告还在其他内容中把科学发展观和构建社会主义和谐社会结合在一起论述的。比如，科学发展，社会和谐是发展中国特色社会主义的基本要求，所以这两大基本要求决定了我们党越来越重视社会建设。此外，要提请大家注意，十七大用科学发展观等重大战略思想来概括十六大以来的党中央的一系列理论创新成果。而在“等重大战略思想”中的第一个重大战略思想就是指构建社会主义和谐社会。为什么需要把这两者统一起来呢？因为这两者有很多共同点，主要有4条：都强调以人为本，都强调统筹兼顾，都强调全面协调可持续，都强调要提高党的执政能力。

以人为本，统筹兼顾，全面协调可持续发展，都要求我们党在发展经济的同时，把社会建设摆在更加重要的位置。当前在经济建设、政治建设、文化建设、社会建设发展中，显然是社会建设是滞后的。因此要做到全面协调可持续发展就必须要加大社会建设力度。

大家知道，近30年改革开放和发展的成绩是举世公认的。十七大报告的第一、第二部分对29年来，特别是这5年来改革开放和现代化建设作了全面、客观的总结。我们党是个实事求是的党。注意并看到了发展也会带来负面影响，改革也有失误的地方。十七大报告在讲完成绩后马上讲到我们的工作与人民的期待、时代的要求还有不小的距离。而且概括了存在的8个方面的矛盾和问题。据考证，十六大以来一些党的重要文献都有叙述我们遇到的矛盾和问题。相比较而言，十七大讲得最多、最全面，体现了实事求是精神。

这还可以从我们总结抗击非典的经验教训和在某些局部地区的环境遭受严重污染的事件中看出来。我们党提出重视社会建设问题，除了有前面那两条宏观理由，还有微观的理由，这就是我们在改革发展过程中的教训。2003年上半年发生在全国一些地方的非典疫情给我们以很深刻的教训，充分暴露我们社会建设这条腿短。从总结经验的角度来讲，坏事确实可以变好事。我个人认为，科学发展观，构建社会主义和谐社会提出当然有很多原因和背景，直接原因和背景就是我们在总结非典的教训当中看到了我们社会建设严重滞后。

1978年之前，我们各个县都有防疫站，后来发展市场经济之后，不少防疫站变成卡拉OK厅，有的变成青少年活动中心，有的变成家具展销店等。如此状况，当重大疾病到来时那肯定束手无策。另外大家知道，我们有些地方环境受到严重污染，而身受其害的首先是人民群众。总结这方面的教训，也是我们重视社会建设的重要原因。

以上我宏观地论述了党的性质、宗旨和奋斗目标，讲了贯彻落实科学发展观和构建社会主义和谐社会的要求，这些是我们党越来越重视社会建设的根本理论依据。当然，总结改革发展中的一些教训也是重要的依据。

二、加快推进社会建设的主要内容

这是十七大报告第八部分的主要内容和亮点。社会建设主要有六大任务。

第一大任务是优先发展教育，建设人力资源强国。虽然十七大在论述完成这项任务时讲了 8 个要点。但是其中 3 个要点最重要。第一个要点是优化教育结构，这个问题写进党代会报告是很有意义的，大家知道，1978 年以来，我们教育科技发展得很快，但是从今天总结经验的角度来讲，或者从进一步发展教育科技来看，还有很多地方是需要总结的。比如，我们现在已经看到，教育结构不尽合理。教育可以按照不同标准来划分：从教育对象来讲，可以分为国民教育、干部教育，还有老年人教育等。从层次上看，教育可以分为初等教育、高等教育。从类型上看，教育可以分为素质教育、职业教育等等。但是不管怎么划分，这里面都有一个优化教育结构的问题。应该看到，我们国家教育在这方面确实存在着问题。从优化教育结构来讲，是有许多地方需要加以改革的。自从 1977 年恢复高考之后，应该说我国国民教育发展得很快。但是其他方面教育，比如成人教育，继续教育、老年人教育尤其是职业教育，相对来说就显得滞后。

在优先发展教育建设人力资源强国的任务中，要把握的第二个要点，就是报告中讲到的要促进义务教育的均衡发展。这里讲的均衡主要是指城乡在义务教育方面发展不均衡。家住北京的同志可能没有这种感触，因为你们很难想象，我国农村还有很多家庭小孩连初中高中教育都没有接受过。也就是说我国农村的义务教育都没有完全做到，这是官方的统计资料。目前我国农村人口中，还有4亿多人口的文化程度在高中文化以下，全国文盲人数92%是在农村。所以讲到促进义务教育均衡发展主要是指要克服城乡发展中义务教育方面的不均衡。

第三个要点就是要大力发展职业教育，刚才讲到，我分析教育结构优化时讲到，职业教育是我们国家教育结构中的短腿，所以这个问题写进党代会报告我认为意义很大。因为执政党重视了这个问题就好办了，当然这里有个观念的变化问题。我们有些教育部门领导眼睛盯着高端人才，盯着高层次人才，这固然没有错。但是我国还处在社会主义初级阶段。从数量来看，我们更需要的是那些能工巧匠，也就是技能型人才。这些人才靠普通院校是培养不出来的，是要靠职业技术学校培养。这些年我们党和政府重视到了，但是为什么不能扭转这个局面呢？固然有很多原因，比如有教育体制上的原因，有就业导向原因等，比较复杂，限于篇幅不作展开。因此把大力发展职业教育写进党代会报告这是很有意义的。

第二项任务是实施扩大就业的发展战略，促进以创业带动就业。大家知道，就业是民生之本，前几年在党和政府的文件中就提出来了，表明我们对这个问题的重视，今天把这个问题写入党代会报告，体现了党和政府对这个问题的高度重视。就业是民生之本，是构建和谐社会一个重要基础，但是它也是两难的问题。为什么是两难问题？从宏观上看，就业充分与经济发展的速度联系密切。速度快表明经济发展也快，就业情况就比较好。但是贯彻落实科学发展观要求我们只能保证有一定的速度。并不是速度越高越好。这就制约了我们依靠发展速度来促进就业；从科学技术发展并转化为生产力上看，我们国家尤其是这几年科学技术发展得很快，科学技术转化生产力的比重也逐步提高。总体上看，已经超过50%，这是好事。但是由于科学技术转化为生产力的比重不断提高，其结果出现了减员或裁员。也就是说很多生产工序不需要那么多人在岗位上工作了。此外，发展社会主义市场经济，企业和个人的自主权大了。从这个角度讲，择业主要是企业与个人之间的双向选择，这也容易出现失业人员。我们政府是非常关心在发展市场经济过程中出现的那些下岗、待业的群众，因为促进就业是政府的职责。这就是两难：发展社会主义市场经济是必然选择，但是市场经济充分发展的结果肯定要带来一批弱势群体被边缘化，所谓边缘化的群体也就是那些没有固定工作的群体。

实施扩大就业战略，要把握两点。第一点是要在创业上下工夫。大家知道，在现阶段，我们只有通过创业才能打开就业的空间。我们在北京就可以看到，现在就业很难，特别是北京高层次的人才比较多，现在已经出现几百个、几十个研究生来竞争一个公务员岗位。前几年是千军万马过独木桥参加高考，后来随着大学教育的发展，现在千军万马过独木桥考大学情况有了很大的改变。但是今天却出现了千军万马考公务员。十七大提出了，只有创业才能打开我们当前就业的空间。政府要在观念上要引导百姓，只有大家一起来创业，才能够创造充分就业的岗位。同时政府要在政策上支持更多劳动者成为创业者。要在创业上下工夫，就是政府和群众要双向互动。老百姓应该大胆地创业，政府要鼓励，即在观念上、政策上鼓励更多的劳动者成为创业者。

与上述问题相联系，政府的角色定位要合适。大家知道，社会主义市场经济体制在我国已经初步建立起来了。但是，我国政府是强势政府。强势政府有好的一面，就是它在为群众、为公民服务方面可以有更多的手段。但是强势政府要防止越位、错位，本来应该是老百姓自己解决的问题，有些地方政府为了体现亲民，为了体现政绩等，把不该由政府干的事情包下来。这些做法就是对政府角色定位的认识是不正确的。我觉得可以用“有所为、有所不为”来界定政府的角色，这是比较恰当。比如，群众自己要怎么创业，要选择什么产品作为投资对象，政府就不要去管。但是以下这几点是我们政府要做的，也是十七大报告中讲到的。比如，再就业的培训，农村劳动力转移之前的培训，规范人力资源市场，这些都是市场做不到的。因为市场是不会出钱去给再就业人员培训的。尤其是农村劳动力转移这是政府要做的，还有困难群众的就业援助等。因为在发展市场经济过程中，肯定会出现弱势群体。所以我们要建立一个困难群体的就业援助制度和机制。比如，辽宁省在解决零就业家庭方面做得比较好。省市政府规定如果某个家庭没有一个人参加工作，或没有一个人有工资收入的，那政府就应该负责解决一个就业岗位。

第三项任务是深化收入分配制度改革，增加城乡居民的收入。这也是大家非常关心的但是又是很复杂的问题。根据十七大精神，做好这项工作要把握以下几点。

第一，要健全劳动、资本、技术、管理等生产要素按贡献参与分配的制度。虽然说，按生产要素贡献参与分配这个提法不是现在才提出来的，党的十六大报告中就提出来了。但是十七大报告重申要按照生产要素的贡献参与分配，并且提出了要完善健全这个制度。也就是说现在我们不能仅仅停留从观念上来解决这个问题了。十六大之后我们用了很长时间做这样工作：从理论和道理上阐明按照劳动、资本、技术、管理等要素参与分配，这不是剥削，这是符合市场经济规律的。今天讲到，要把这个制度健全起来。这个制度一旦健全起来，对激发我们国家经济发展的深层动力和扩大内需都是非常重要的。所以在分析到国家经济发展动力的时候，特别是分析为什么内需总是难以启动时，我们要看到如果没有法制和制度来保证按照生产要素的贡献参与分配，那么劳动者就没有创业的积极性，也就没有投入和投资的积极性了。在十六大后的5年提出要健全按照劳动、资本、技术、管理等生产要素的贡献参与分配的制度，是很有意义的。

第二，要正确把握现阶段已经形成的深化收入分配制度改革的正确思路。当然，要把正确的思路变成行动并坚持到底，还有一段很长的路要走。但是不管怎么样，我们今天已经找到了深化收入分配制度改革，增加城乡居民收入的正确思路，这可以用 5 句话（10 个字）加以概括。第一：提低。就是要提高最低收入者的收入，提高扶贫标准和低工资标准。在 2007 年“两会”期间温家宝总理讲过，我国贫困人群还有 2000 多万。这 2000 多万是按照我国的贫困标准，如果按照联合国的贫困标准那还不止这个数了。所以随着经济发展要不断提高扶贫标准。第二：扩中。就是要扩大中等收入者的比重。在十七大报告中，把扩大中等收入者的比重写进去了，这也是值得我们注意的。因为扩大中等收入者的比重是我们全面建设小康社会的一个重要指标。全面建设小康社会有很多指标体系，其中一项重要指标是看中等收入者在全部人口中的比重，到目前为止还是占少数，要经过十多年的努力才能占多数。第三：调高。调节过高的收入。我们今天收入分配制度是存在着弊端，这与市场经济体制不健全有密切关系。在市场经济的国家都会出现收入过高的问题。社会主义市场经济是有办法做到调节收入过高的。政府税务部门现在有了一定办法。比如，从 2006 年年底开始，要求居民申报 12 万元以上的年收入。虽然现在还没有对 12 万元以上收入增收累计税，但是统计一下是有好处的，对我们今后的决策，对我们出台新的税种都有帮助。第四：保合。保护合法的收入，这也是很重要的。大家知道，这里讲的合法收入很重要的是保护合法的非劳动收入。现在很多人都不安心，总是怕什么时候又要来一次剥夺。如果在党代会报告中，或者在我们法律当中规定，我们要保护合法的收入，而这合法收入中包括合法的非劳动收入，比如按照资本、技术、管理等要素参与分配，这就是非劳动收入，但是这是合法的，这是非常有意义的。所以刚才讲的这4点都是有联系的。第五：取非。我们要取缔非法的收入。这方面我们还有很多工作要做。尽管要实现这个深化收入分配制度改革的思路还有很长路要走，但是我们在改革收入分配制度方面，已经形成这10个字的思路并且将它写进党代会报告，这是令人鼓舞的，体现了我们党作为执政党决心解决这个问题。

第三，要做好宣传解释工作。我们国家在发展市场经济中，不同群体收入差距在拉大，而且有进一步拉大的趋势。面对这个事实我们要实事求是地做好宣传解释工作。当前出现这种情况是在大多数居民收入都有了比较明显增长这个前提下出现的，这个基本的判断应该给老百姓讲清楚。想想看，20多年前中国普通工人，月工资才四五十元。现在的人很难想象：当时一个工人工资才四五十元怎么养活一个家庭。现在对农民工工资都有个最低规定，所以一定要做好宣传解释工作。既要指出我们已经形成了这方面的正确思路，实现这个思路要靠我们长期艰苦努力，又要指出我们当前出现的收入分配差距是在大家都有明显增长的情况下出现的。还要宣传我们党作为执政党，我们政府作为人民政府一定要高度重视解决贫富差距拉大问题。与此同时还要指出，增加城乡居民的收入，缩小城乡居民的收入差距一定不能跟平均主义画等号。如果收入分配制度改革改到干多干少一个样，那是失败的改革。

第四项任务是我们要加快建立覆盖城乡居民的社会保障体系，保障人民的基本生活。这是广大老百姓极其关心的问题，我认为要完成这项任务，需要把握两点。

一是要加快完善我国的社会保障体系。我们国家目前社会保障体系已经初具框架。所谓初具框架就是起点低，覆盖面还不广。十七大报告用一个基础、一个重点和一个补充加以概括。就是说当前初步建立的我国社会保障体系的基础是社会保险、社会救助和社会福利。社会保障体系的重点是基本养老、基本医疗和最低生活保障。另外一个补充是指要把慈善事业和商业保险作为我们国家目前完善社会保障体系的一个补充。这个问题是比较专业的，现在政府和有关部门都已经看到了，不能忽视这个补充。我觉得我们国家的慈善事业和商业保险还有很大的发展空间，所以我们政府和有关部门应该重视，要善于利用慈善事业和商业保险来推动我们国家目前已经初具规模的社会保障体系。

二是要把握加快建立覆盖我国城乡居民的社会保障体系的重点和难点都是在农村。加快推进社会建设必须统筹考虑城乡社会保障体系建设。但是重点和难点都在农村。十七大报告论述这个问题的时候，提出了我们要不断探索建立农村养老保险制度，全面建设新型的农村合作医疗制度。这实际上给我们各级政府指出了我们今后解决这个问题的着力点和推进思路。这是很有意义的。经济学理论中有个“短板原理”，即水桶里水的高度取决于短板的高度。农村养老保险制度就是我国城乡居民社会保障体系的短板。由此切入，对于建立符合我国国情的中国特色的社会保障体系具有重要意义。

第五项任务是建立基本医疗卫生制度，提高全民的健康水平。这个任务也是攸关人民群众的健康与生命的大问题。前已述及，十七大报告公布后，第八部分大家很关注。因为这部分内容都是跟人民的健康、人民的利益、人民的生活，还有人民对公共产品的需求密切联系在一起的。进入新世纪新阶段，虽然我国社会的主要矛盾没有改变，但是主要矛盾的表现形式发生了变化，其中变化之一是人民群众日益增长的对公共产品的需求与公共产品的供给短缺矛盾凸显了，所以在当前和今后相当长一段时间，这一对矛盾会是很明显的。当然这是学者、专家的语言。用老百姓的话说就是“看病难看病贵”等，老百姓对看病、医疗水平和医疗服务质量的要求就是对公共产品的需求，这方面来讲是我们当前不能满足的。我认为，十七大报告在论述第五项基本任务即建立基本的医疗卫生制度，提高全民健康水平，这部分写得很细、很具体，因而可操作性比较强。

第六项任务是完善社会管理，维护社会安定团结。大家知道经过 29 年改革开放，特别是经历了 1989 年在北京发生的政治风波之后，应该说全党、全国人民已经形成共识，即对维护我们社会安定的重要性必要性的认识大家是一致的。但是要通过完善社会管理，健全制度和机制来维护社会安定团结，这个问题并不是所有人都认识到的，而且还存在着很多工作上的薄弱环节。

如何发挥社会管理制度和体制的功能，并通过这些功能的发挥来维护我们社会安定团结，这个问题需要不断的探讨和实践。这是因为真正维护社会安定团结，虽然在认识上大的思路已经有了，但是还有很多工作要做。大思路有了不等于我们已经在实践中就兑现了。党的十六届四中全会指出，坚持“党委领导、政府负责、社会协同、公众参与”的社会管理格局。我认为这16个字概括得非常好，在我们国家共产党是执政党，各级执政骨干也就是各级党和政府的领导干部。在我们国家要做好什么事情，离开党的领导是不行的。我们政府是驾驭社会主义市场经济的强势政府。因此，完善社会管理必须由政府来抓。这在西方学者看来可能难以理解，但这就是中国特色。在这十六个字中，对党委领导、政府负责这两个方面应该说没有什么异议，或者说从总的看，还是做得比较好。相对来说是社会协同、公众参与还是有很大距离的。因此仅仅有共识有大思路还不够，仅仅有管理格局还不够，关键是落到实处。我觉得16个字中后面8个字，“社会协同、公众参与”不是一篇小文章。做好这篇文章，发挥社区的作用是非常重要的。

我国各地区的社区建设发展很不平衡。有些地方的社区作用发挥得比较好，各地社区发展的模式也不一样。发达地区、欠发达地区、中部地区都是有区别。需要看到，我们北京的社区作用目前发挥得不够，这跟我们首都的很多特点有关系。如大单位多，流动人口多。在2003年上半年爆发非典疫情以及在抗击非典过程中我们就可以看到，在广东、江苏、上海主要是发挥社区的作用，在北京主要发挥单位的作用。就是说在我们北京，如何发挥社区作用也还是有大量工作要做的。社区是执政党执政的基础，社区建设状况关系到执政党的兴衰成败。我们要从这样的战略高度来认识把社会管理格局落到实处的重要性和迫切性。

三、关于推进社会建设论述的亮点和思考

这一部分是介绍十七大报告中关于推进社会建设论述的亮点以及在此基础上的一些思考，供大家学习十七大精神时参考。

十七大报告中关于推进社会建设的亮点是不少的，主要体现在论述和举措这两个层面。所谓的亮点就是指以前没有，或者说以前虽然有，但是今天又有了新的论述和解释。

1. **在论述层面：改善民生的提法首次进入我们党代会文件。**应该说改善民生的提法这几年在报刊、媒体出现的频率比较高，在这几年总理所作的政府工作报告中也提得比较多。但是在党代会报告中把改善民生提法写进去，这是第一次，也是报告第八部分最令人瞩目的亮点。当然，这也是顺理成章的。前面讲到，既然我们党已经确立了以人为本的理念，既然我们党越来越重视社会建设，那必然要把社会建设中的人们最关心的民生问题摆在更加重要的地位，因而写进了党代会报告。

十七大报告在论述推进社会建设方面的第二个亮点是，在论述到全面建设小康社会目标的时候，关于社会建设的目标更加明确，要求也更高。因为建设小康社会有两层含义，两个阶段。一是总体小康。是指从20世纪80年代开始到2000年我们完成的总体小康任务这一阶段，这是叫总体小康；二是全面小康。当然全面小康的目标是由十六大提出来的，而十七大对全面小康目标提得更加明确，要求也更高。所以我们学习十七大报告的第八部分关于社会建设时，还要联系其他部分尤其是第四部分来理解。

十七大报告第四部分论述了2020年我们要达到全面小康的目标。而在社会事业方面的目标是，要做到人人享有社会基本生活保障，人人享有基本医疗卫生服务。这是以前文件中所没有的，因此这无疑是个亮点。

十七大报告的第四部分和第八部分，都讲到建设全面小康社会的一些阶段性目标。比如，第八部分在论述社会建设要达到的阶段性指标时提出，要努力达到“五有”，即要使全体人民“学有所教、劳有所得、病有所医、老有所养、住有所居”。因此，两个“人人享有”和“五有”的提法，无疑是十七大报告的亮点。十七大报告中有这样一句话：我们党奋斗的一切都是为了人民。这在社会建设方面体现得实实在在。

2. 举措方面：十七大报告在论述社会建设举措方面有比较具体、可操作和关联性强等特点。这是以往党代会文件少有的。比如十七大报告第八部分论述优化教育结构，论述得很具体。细到要深化教学内容方式的改革，要改革招生制度，要改革质量评估制度，要减少中小学生的课业负担。正因为在举措上比较具体，所以可操作性强。

实际上教育与就业等联系是非常密切的。十七大报告第八部分论述这些问题时体现了举措的关联性。因为教育抓好了本身就是对就业的一种促进，比如，如果我们教育的结构、专业的设置等符合经济发展，那么就不会出现几百个研究生争夺一个工作岗位。这是与我们大学专业设置不合理等有关系。社会保障体系跟就业问题联系就更密切了。大家知道，在社会发展过程中，尤其是在发展社会主义市场经济过程中，总是会有一小部分人被边缘化，甚至被淘汰。但是我们是社会主义国家，对这些被边缘化，被市场经济发展过程所淘汰的弱势群体不能坐视不管，对这部分人怎么管呢？根据世界各国的惯例，是用社保先养起来，当然也鼓励他们积极就业。另外刚才讲到，我们在发展经济过程中，不断有一部分人待业、下岗、下岗后重新上岗，在这期间，他们一旦失业，马上进入社保体系，社保体系建立起来后，失业问题就不会那么尖锐了。从这个意义上讲，经济发展的速度要与社会保障建立和完善的速度相适应，一旦不适应，就会出现拖经济发展的后腿。

此外，建立社保制度和基本医疗卫生制度，还有构建和谐社区，加强社会管理等这都是密切联系在一起的。当前这些方面出现的问题，其中有些问题还很严重。但总的看，是发展中的问题。产生这些问题的原因也是各不相同的。为什么现在农民工的社保一时建立不起来呢，有种种原因。不能只认为是政府不重视，还有其他原因。比如，农民工本身也不乐意交养老保险，希望业主直接把现金发给他。还有目前农民工社会保障中的社会统筹这部分难以接转，也就是带不走。因此农民工就没有参加养老保险的积极性了。当然也有一些地方政府为了图方便和一些业主为了占便宜等原因，使农民工的社保一时难以建立起来。长此下去，一旦出现一些工伤事故，那么受害者就是农民工和其他弱势群体了。这些社会建设的任务和措施都是紧密联系在一起的，所以我国有些地方的社保改革试点才开始走向社会，这个矛盾在北京是比较突出的。北京现在社会保障这块基本都在单位。目前单位的社保是转移不出去的，其他地方干部调到北京来，也没有办法接续。所以社会建设各项举措关联性很强，这在十七大报告中体现得比较明显。

3. **关于推进社会建设的几点思考。**第一点思考是一定要把经济又好又快发展摆在首位，这是必须反复强调的。今天我们讲在构建社会主义和谐社会当中我们要把公平和社会建设摆在更加突出的位置，这都没有错。但是我们不要忘记一个前提，这个前提十七大报告已经讲了。必须要在经济发展的基础上，更加注重社会建设，这个前提非常重要。学习和把握十七大精神，一定要全面，也就是一定要讲两点论。决不能得出我们今后就是以社会建设为中心来推动建设中国特色社会主义，那就偏离了党的基本路线，中心只有一个，就是以经济建设为中心，但是今天讲发展经济就必须讲又好又快地发展。

在十七大期间，胡锦涛总书记在江苏组作了发言。在讲到发展时，总书记回顾了这几年来我们对发展的认识过程。他讲到刚开始的时候我们对发展是比较偏重速度，重视 GDP，后来发现仅仅重视 GDP 是不够的，又提出经济发展要又快又好，把快放在前面，什么时候把快改过来呢？就是 2006 年中央开的经济工作会议后，把又快又好改成又好又快。不能认为这仅仅是次序的颠倒，这体现了我们党对经济发展观念的变化，体现了我们党在发展认识上的与时俱进。

十七大指出我国目前两个“没有变”：我国还长期处在社会主义初级阶段这个国情没有变；人民群众日益增长的物质文化需要同落后的社会生产的主要矛盾没有变。这就决定了我们只能把经济又好又快发展摆在第一位。也就是说第一步是把蛋糕做大，第二步是把蛋糕分好。

今天我们讲经济的发展，再也不能把眼光只盯在那 GDP 总量上了。我记得温总理在 2005 年的一次讲话中批评了一些领导干部，说他们头脑里只知 GDP，不知 CDC（疾病控制预防中心的英文减缩）。非典疫情发生后，我们很多领导才知道，CDC 是很重要的。

第二点思考是一定要更加重视社会建设。在解决上述前提之后，我们必须理直气壮地讲一定要重视社会建设。因为社会建设同老百姓日常生活、身体健康、生命质量、生活水平等密切联系在一起。前面阐述的社会建设的六大任务，其中每一项任务都跟老百姓利益息息相关。前面讲到要把党的性质、宗旨和目标落到实处，就必须更加重视社会建设，这点我们在学习十七大精神的时候要加以宣传。

学习十七大报告的第八部分，也还要联系十六届六中全会通过的《决定》。我稍作统计：从 1978 年到十六届六中全会，我们党一共开了 35 次会议，这些会包括全会、党代会等。通过了 35 份文件，但是在 35 份文件中唯独只有这份文件是我们党执政后，特别是十一届三中全会以来党制定的第一份指导加强社会建设的文件。所以今天我们要理解和把握加强社会建设，既要学习十七大精神，又要联系十六届六中全会的《决定》。

今天我们要赢得人民，要真正让群众了解我们党的性质、宗旨和奋斗目标，最能让老百姓看到我们党切切实实在为他们谋利益，我认为就是社会建设。所以我们要实现经济建设、政治建设、文化建设、社会建设的协调发展。

第三点思考是一定要尽力而为，量力而行。尽力而为是指什么？经过改革开放 20 多年，我国在经济、政治、文化和社会建设方面应该说都取得了很大成绩，尽管离人民的期待还有差距。由于我们 20 多年发展打下的物质基础，今天我们已经拥有一定的物质手段来解决一些社会问题，有了一定的物质条件来加快社会建设。比如，2006 年取消了农业税，这也是很重大的举措。另外在西部地区，在教育方面实行“两免一补”，这在前几年是难以想象的。今天的物质基础和物质手段使我们具备了加快推进社会建设的一些物质条件。但同时一定要强调要量力而行。也就是要看到我们国家还处在社会主义初级阶段。党的文件讲得很清楚很全面。社会主义初级阶段的特点是什么？就是人口多、底子薄、耕地少、生产力总体水平不高、各个地区不平衡等等。当年，邓小平讲我国国情反复强调两点。一是讲我国人口多，二是讲我国耕地少。由于这两大制约因素，决定了我们国家在社会主义初级阶段，尤其是到2020年实现全面建设小康社会目标是受很多因素制约的。所以十七大强调，我们面对的机遇前所未有，面对的挑战也是前所未有。就拿人口来讲，我们今天13亿人口，这并不是我们中国人口的最高峰，根据我们有关权威部门测算，要到2040年，我们中国人口达到15亿的时候那才开始下降。现在我们是低速增长，西方国家的人口早就走过增长阶段，已经在负增长。以耕地少为例，根据测算，我们这么大国家，如果没有18亿亩的耕地就不能保证我们国家的经济和政治安全。但是由于种种原因使我们的耕地在缩减。总之，我国国情就决定了我们在指导思想上要高度重视社会建设。当前我们也拥有一定的物质基础和物质手段来解决一些最急迫的社会问题。所以我们一定要把经济又好又快发展摆在首位，一定要重视社会建设，一定要在社会建设中尽力而为、量力而行。我觉得这三个“一定要”对于我们全面领会十七大精神，尤其是报告的第八部分是很有帮助的。

要把以人为本落到实处*

以人为本是科学发展观的核心，是构建社会主义和谐社会的出发点、落脚点和首要原则。因此，以人为本是我们党治国理政的一个根本理念。而要把这个根本理念落到实处，要靠各级党政领导创造性的工作。

辽宁省从2004年年底以来对近百万市民生活的棚户区进行改造（简称“棚改”）的实践和成绩，就是把以人为本落到实处的生动范例。“棚改”对于辽宁全省工作而言，也许是局部性的工作。但是在特定的社会背景下这项工作是可以起放大的影响和作用的。这个特定的社会背景就是在辽宁省改革开放进入了关键时期，生活在条件差的棚户区的市民中有相当多的人是下岗工人。其中“零就业”家庭就有十几万户。对于这些人而言，实际上承担了过多的改革开放的成本。辽宁省委、省政府和有关地市领导下了很大决心，要把“棚改”作为第一号民心工程

* 本文发表于2007年2月13日《人民日报》。

加以实施。在“棚改”过程中他们千方百计想办法，克服了许许多多的困难。笔者有机会于2006年年底到过这些棚户区进行实地调研，也被深深感动。使我感动的不仅仅是那些醒目的数字。比如，到2006年年底共拆棚户房1212万平方米，34.5万户120万人迁进新区，其中90万人是国企工人。有29.3万户89.9万国企工人住上了新房，帮助了19.7万户零就业家庭实现了24万人的就业，等等。更让我感动的是，那些得到了实实在在好处的群众发自肺腑的话语。曾经参加过辽沈战役和国庆典礼、长期住在棚户区的78岁退休老工人王占英亲口对我们说，我一生经历的两件大事使我永世不忘。一是我参加过的土改，二是今天的“棚改”。我做梦也没想到住了几十年棚户，晚年还能搬进这么好的新楼房。许多住进新居的群众和我一样，打心眼里感谢党和政府。

辽宁省“棚改”的实践和成绩至少可以给我们几点启示。一是我们党以人为本的执政理念是在通过为群众办实事过程中体现出来的。经过这几年宣传，以人为本的理念已众人皆知。要使以人为本不至于被虚化，即要在广大群众中入耳入脑入心，必须从解决广大群众最关心、最直接、最现实的问题入手，才能实现。我们各级领导要有战略眼光，不能把眼睛只盯在有形的GDP总量上，要重视那些看似无形实际上影响很大的东西，这就是党群关系、干群关系。抚顺市领导给我讲的那一席话发人深省。他们说，“棚改”虽然不直接创造GDP，但是它在改善了人民群众的居住环境的同时，使老百姓看到了社会主义制度能集中力量办大事的优越性，看到了共产党提出的以人为本不仅仅是口号而且是实实在在的行动。这是一种“无形的资产”，而这正是我们这个时期最为宝贵的东西。

二是要重视并努力解决当前贯彻以人为本过程中遇到的矛盾和问题。以人为本的理念与我们党的立党为公、执政为民的根本宗旨是完全一致的。但是应该清醒地看到，当前贯彻以人为本理念遇到了矛盾和问题。它集中表现为如何正确协调社会各阶层之间的利益关系。当前我国的社会矛盾固然包括方方面面的矛盾，但是利益矛盾非常突出。在利益矛盾中社会各阶层之间的利益矛盾凸显而且呈现出错综复杂的状况。因此，贯彻和落实科学发展观，构建社会主义和谐社会对执政党尤其是各级党委政府的执政能力提出了新的更高的要求。党的十六届六中全会的《决定》提出，各级领导班子和领导干部要不断提高构建社会主义和谐社会的6方面的本领。而其中每一方面的本领都与解决人与社会尤其人与人即社会各阶层之间利益矛盾的能力紧密联系。辽宁省“棚改”经验告诉我们，要善于通过为群众办实事的途径协调和解决社会各阶层之间的利益矛盾。

三是要善于运用体制机制来解决今后可能出现的更为复杂的矛盾和问题。提出这个问题是考虑到两个重要的因素。第一，发展社会主义市场经济、完善市场经济体制及其所要求的产业结构调整和升级、国企改制等，都不是短时期内能完成的，在这个较长过程中工人下岗、失业和再就业将成为常态。第二，我国加入WTO过渡期已经结束，在经济建设方面我们面临着全方位的对外开放。可以预见，外资其中包括外企等将更容易更多地进入我国。可以预见，企业中员工与企业主之间，外企员工与内企员工之间的差别或矛盾等可能凸显。因此，我们要未雨绸缪，善于通过建立和健全各种有效便捷的体制机制来解决工人阶级与其他阶层、工人阶级之间出现的矛盾和问题。当然，我们特别关注工人阶级在改革发展中出现的问题，并不意味着可以忽视其他阶级和阶层的利益关系问题。对于这些问题也要善于运用体制机制加以解决。需要指出的是，十六届六中全会的《决定》非常强调这个问题，提出了要建立健全包括党和政府主导的维护群众权益在内的 8 个体制机制。我们要善于运用这些体制机制，解决今后在更为复杂的背景下贯彻以人为本过程中遇到的矛盾和问题。

一项关系社会主义现代化建设全局的重大决策*

2005年年底，党中央国务院出台了《关于深化文化体制改革的若干意见》（简称《意见》）。《意见》指出了深化文化体制改革的指导思想、原则要求和目标任务等。2006年年初，又召开了全国文化体制改革工作会议，对深化文化体制改革工作做了进一步的部署。深化文化体制改革是以胡锦涛同志为总书记的党中央在科学判断国际国内形势、全面把握当今世界文化发展趋势、深刻分析我国基本国情和战略任务的基础上，继经济体制、政治体制、教育体制等改革之后作出的又一项关系社会主义现代化建设全局的重大决策。我们要充分认识深化文化体制改革的重要性和紧迫性，进一步增强深化文化体制改革的责任感、紧迫感和使命感。

深化文化体制改革是全面贯彻落实科学发展观，构建

* 本文发表于2006年5月15日《人民日报》。

社会主义和谐社会的根本要求。科学发展观是指导发展的世界观和方法论的集中体现，它也是指导我国文化发展和深化文化体制改革的重要指导思想。因此，我们必须根据科学发展观的要求树立新的文化发展观。新的文化发展观的内容主要有：1. 深化认识文化的地位和作用。即要充分认识文化在综合国力竞争中的地位和作用，以及繁荣先进文化具有全局性、战略性的意义。2. 深化认识文化的发展方向。即坚持马克思主义在意识形态领域的指导地位，坚持党对文化工作的领导，坚持先进文化的前进方向。3. 深化认识文化发展的动力。即坚持以改革为动力，以体制机制创新为重点，建立起新的体制机制，解放和发展文化生产力。4. 深化认识文化发展的思路。即一手抓公益性文化事业，一手抓经营性文化产业，两手抓、两加强。5. 深化认识文化发展的格局。即形成以公有制为主体、多种所有制共同发展的文化产业格局和以民族文化为主体、吸收外来有益文化的文化市场格局。6. 深化认识文化发展的目的。即坚持以人为本，创造更多更好的精神文化产品，满足人民群众日益增长的精神文化需要，促进人的全面发展（即“六个深化认识”）。为此，我们需要有一整套与新的文化发展观相适应的制度和体制来做保障。但是，应该看到目前我国文化体制与发生了重大变化的国内外形势、与树立新的文化发展观是不相适应的，所以，必须深化文化体制改革。坚决冲破一切妨碍文化发展的思想观念，坚决改变一切束缚文化发展的做法和规定，坚决革除一切影响文化发展的体制弊端。

构建社会主义和谐社会是十六大以来我们党又一重大的理论创新成果。构建社会主义和谐社会既是我们党肩负的、需要为之长期奋斗才能完成的历史使命，又是我们党在整个社会主义现代化建设时期治国理政的根本理念。这个根本理念要求我们既坚持发展是硬道理，坚持发展是执政兴国的第一要务，又要努力实现又好又快的发展。这就是说社会主义和谐社会决不是平平静静、安安稳稳的社会。而应当是通过不断深化改革达到全面协调可持续发展的社会。因此，构建社会主义和谐社会决不是要减缓改革，甚至是停止改革，而是需要坚定不移地推进改革。深化文化体制改革是我们继续推进改革的重要内容。以马克思主义为指导的先进文化是渗透于社会主义和谐社会的六条基本特征之中的。因此，我们要充分认识文化建设和文化体制改革对于构建社会主义和谐社会的重要意义。胡锦涛同志在一系列重要讲话中深刻论述了文化建设与经济建设、政治建设和社会建设的辩证关系。推进中国特色社会主义事业总体布局也要求我们，需要把文化建设和经济建设、政治建设和社会建设一起纳入经济社会发展全局，促进经济社会协调发展。需要我们大力弘扬和培育以爱国主义为核心的民族精神和以改革创新为核心的时代精神，不断巩固全党全国人民团结奋斗的共同思想基础。需要我们切实加强思想道德建设，提高全民族思想道德素质，形成良好的社会氛围和人际关系。需要我们创造更多更好的精神文化产品，提高人们科学文化素质，促进人的全面发展。《意见》也指出，要从构建社会主义和谐社会的高度来充分认识深化文化体制改革的重要性和紧迫性。总之，全面贯彻落实科学发展观，构建社会主义和谐社会都要求我们必须深化文化体制改革、解放和发展文化生产力、为繁荣社会主义先进文化注入了强大活力，为实现文化建设与经济建设、政治建设和社会建设的协调发展提供精神支撑和文化条件。

深化文化体制改革是建立完善社会主义市场经济体制，满足人民日益增长的精神文化需求的迫切需要。自从党的十四大把建立社会主义市场经济体制作为我国经济体制改革的目标后，我们用了整整10年时间初步建立起了社会主义市场经济体制框架。与此相适应，我国文化体制改革在这一时期也取得了进展。党的十六大提出要再用10年时间完善社会主义市场经济体制。随着社会主义市场经济的初步建立，市场在资源配置中的基础性作用得到充分发挥，以及对外开放的不断扩大。我国文化赖以生存和发展的体制环境和社会条件等发生了深刻的变化。现有文化体制与建立完善社会主义市场经济体制不相适应的状况越来越凸显。比如，文化领域在许多方面仍然停留在传统体制的模式上，习惯于用计划经济手段管文化、办文化，把经营性文化产业混同于公益性文化产业，该由政府主导的公益性文化事业长期投入不足，该由市场主导的经营性文化产业长期依赖政府。一些掌握国有文化资源的单位，缺乏活力和竞争力，游离于市场经济之外，一些国有文化单位被“边缘化”，有的甚至难以为继。十六大提出，要根据社会主义精神文明建设的特点和规律，适应社会主义市场经济发展的要求、推进文化体制改革。十六届三中全会明确指出要把深化文化体制改革纳入完善社会主义市场经济体制之中。十六届四中全会明确提出要深化文化体制改革，解放和发展文化生产力。十六届五中全会强调要构建公共文化服务体系，积极发展文化事业和文化产业。这就要求加快文化体制的自身改革，使文化体制与经济体制改革相适应，为社会主义文化建设提供有力的体制保障。

深化文化体制改革也是满足人民群众日益增长的精神文化需要的迫切要求。当前我国人民群众的生活水平已经到了从跨越温饱到实现总体小康，再向全面小康发展的阶段。人民群众的精神文化需要发生了很大的变化。反映这种变化的恩格尔系数在全国的平均水平已经降到了0.5以下，城市已降到0.4以下。人民群众精神文化需求迅速增长，文化消费能力大大增强，鉴赏水平不断提高，呈现出多层次、多形式、多样化的特点。这种状况使文化发展和文化产品在满足人民群众的精神文化需要方面出现了几个明显反差。一是在满足城乡文化需求和文化资源分配方面的反差。2000年，我国总体达到小康水平时，农村未达标的两项指标就属于文化方面。2004年我国农村文化事业费仅占城市文化事业费的26.5%，低于城市文化事业47个百分点。二是一些文化资源的闲置与对文化资源需求的反差。一方面是国家某些文化资源大量闲置，另一方面是有能力生产精品力作的单位的文化资源严重短缺。三是主流意识形态建设取得了明显成绩与文化方面存在消极现象的反差。近几年，我们在坚持以科学的理论武装人、以正确的舆论引导人、以高尚的精神塑造人、以优秀的作品鼓舞人，尤其是在中央实施马克思主义理论研究和建设工程之后，主流意识形态建设取得了明显的成绩。与此同时，西方文化产品大量涌入，鱼龙混杂、良莠皆有。国内侵权盗版现象屡禁不绝，落后的，甚至是腐朽的东西又沉渣泛起，等等。上述反差凸显人民群众日益增长的精神文化需要与不能满足这种需要的矛盾，彰显深化文化体制改革的重要性和迫切性。因为这些反差从根本上说，还是文化生产力未得到进一步的解放和发展，社会主义先进文化还不能适应人民日益增长的精神文化需求。这就要求我们深化文化体制改革，加快建立有利于文化发展、面向群众、面向市场和优秀文化产品不断涌现的体制机制，最大限度地激发文化发展活力，生产更多思想性、艺术性、观赏性俱佳的精品力作，促进文化自身繁荣，使文化发展成果惠及全体人民。

深化文化体制改革是适应对外开放新形势，推动中华文化走向世界的必然要求。当今世界，文化与经济、政治相互交融，文化在综合国力竞争中的地位和作用越来越突出。在全面建设小康社会，实现中华民族伟大复兴的历史进程中，繁荣和发展社会主义先进文化具有全局性、战略性的地位和作用。我们党对文化的特殊功能和重要作用的认识也是不断地与时俱进的。从“三个代表”重要思想中关于代表先进文化的前进方向的深刻论述，到十六大关于文化越来越成为综合国力和国际竞争力的重要组成部分的科学判断。今天我们指出要适应对外开放的新形势，通过深化文化体制改革，解放和发展文化生产力，使中华文化走向世界，充分体现了中国共产党人的气魄。文化是综合国力的重要体现这已成共识。但是，还要看到一个国家、一种文明在文化上的成就相对于经济和政治，往往具有更持久的竞争力和生命力。因为在组成综合国力的各种因素中，文化能够起渗透其间的独特作用，其地位和作用愈来愈明显。国际上有一种观点，它把综合国力划分为硬实力和软实力。硬实力是指经济力、科技力、军事力等，而软实力则是指包括凝聚力、向心力、诚信力等在内的文化力。这种观点是值得吸收和借鉴的。

我们说文化力是软实力，决不能认为它是看不见摸不着的东西。事实上它是以文化产业为载体为支撑的。历史的经验，尤其是经济全球化的进一步发展的现实告诉我们，任何先进的文化或意识形态，如果没有优势文化产业为载体为支撑，不但难以发展，甚至是无法立足的。因为任何观念形态的东西，都有赖于某种物质载体来体现，才有可能进一步发展起来。当今世界尤其是西方发达国家，文化产业已经成为国民经济的一个重要方面，它在国内生产总值构成中所占的比重越来越大，从而被称之为朝阳产业。文化生产力已经成为社会生产力的重要组成部分。

我国加入世界贸易组织后，尤其是随着过渡期的结束，我国进入全方位的对外开放阶段。应该清醒地看到，我国文化发展尤其是文化体制与这种形势是不相适应的。对外全方位的开放，一方面带来了思想观念、价值取向和行为方式等方面的交流和碰撞。这既给我们吸收和借鉴人类优秀文化成果，推动我国文化走向世界提供了有利条件。另一方面又面临着西方价值观念、文化产品等对我们提出的挑战；还面临着外国文化企业和文化资本等大量涌入而出现的文化产品进出口严重逆差的压力。此外，当今世界高科技迅猛发展，数字技术的广泛应用和互联网的普及带来文化传播与覆盖方式的重大变化。这种状况对我国文化发展而言也是机遇与挑战并存。但是，应该承认，我们在文化建设的观念上，还不能主动适应这些重大变化。我们在文化的体制、结构和管理等方面也还很不适应这些重大变化的。比如，我们许多国有文化单位还停留在传统体制，不具备进入国际市场、参与国际竞争的市场主体地位和实力，如果不改变这种不适应的状况，不加大文化体制改革的力度，不进一步促进文化发展，那么我们不但不能在激烈的国际竞争中赢得应有的市场率，而且还无法有效地维护国家的文化安全。也就是说，存在着既打不出去又守不住的危险。我们要有这种危机感和紧迫感。

而要彻底改变上述这些不适应的状况，唯一的出路在于改革。总之，全方位对外开放的外部环境要求深化文化体制改革，国内现代化建设进一步发展的实践呼唤深化文化体制改革，人民群众日益增长的精神文化需要迫切要求深化文化体制改革，广大文化工作者渴望深化文化体制改革。

改革开放是中国特色社会主义最鲜明的特征。近30年的改革开放伟大实践证明，哪里有改革，哪里就有新局面。文化体制改革试点的实践也证明，哪里有改革，哪里就有文化的大发展。因此，我们要毫不动摇地坚持文化体制的改革方向，通过深化文化体制改革解放和发展文化生产力。要用改革的办法解决前进中的问题，要用改革的理念来凝聚人心。因此，我们要抓住机遇而不可丧失机遇，开拓创新而不可因循守旧，要锐意进取、奋发有为，不断开创深化文化体制改革和繁荣社会主义文化的新局面。

要使协商民主成长为先进文化的重要组成部分*

协商民主是我国社会主义民主制度的一种基本形式，它在我国有较长的发展历史。协商民主也是当今世界民主发展的一种潮流。中国共产党代表先进文化的前进方向，应致力于使协商民主成长为先进文化的重要组成部分。为此需要从马克思主义世界观和方法论的高度认识文化的反作用，充分挖掘和不断创造使协商民主成长为先进文化的有利条件，下大决心克服制约因素。在这方面执政党的带头作用是至关重要的。

一、要正确认识和把握文化的反作用

对于文化反作用的认识似乎不成为一个问题。其实在

* 本文根据作者在浙江省政协和中国社科院联合举办的“政协文化论坛”上的发言修改而成，发表于2009年12月14日《学习时报》。

这个问题上曾经出现过不少理论和实践上的误区。今天仍然有一些貌似时髦的西方思潮，还影响着人们正确认识这个问题。例如，前几年有些西方学者曾炒作过葛兰西的“文化领导权思想”。葛兰西是意大利共产党创始人。1926年11月被捕后在法西斯监狱度过了近20年的铁窗生活，他给后人留下了《狱中杂记》等宝贵文献。在书中他提出了许多很有价值的见解，值得研究和借鉴。而“文化领导权思想”恰恰不是葛兰西思想的亮点，因为他的这个思想夸大了文化领导权在无产阶级夺取政权和改造旧社会中的作用。从而背离了经济基础对于上层建筑的决定作用，而这是历史唯物主义的基本原理。因此，今天仍然有必要从马克思主义世界观和方法论上正确认识文化的反作用，才能在当前各种思潮交流交融交锋中保持清醒的头脑。才有利于推动协商民主成长为先进文化。

对于文化的反作用要坚持讲两句话。一是文化的反作用是属于第二性的。它是相对于经济基础的决定作用这第一性而言的。对此，毛泽东有过经典的论述。“一定的文化是一定社会的政治和经济在观念形态上的反映”、“至于新文化，则是在观念形态上反映新政治和新经济的东西，是替新政治新经济服务的。”① 回顾历史，我们曾经在经济基础与文化观念这个决定作用与反作用关系上走过的弯路（包括毛泽东本人晚年在这个问题上也犯了错误），“前事不忘，后事之师”。历史和现实都提醒我们：

---

① 《毛泽东选集》第2卷，人民出版社1991年版，第694、695页。

在经济与文化的关系上要始终坚持唯物史观的根本观点。

二是文化的反作用有其鲜明的特点。文化的反作用虽然是属于第二性的，但这并不否定文化的重要性，更不是说不要去研究文化反作用的特点及其表现形式。恰恰相反，对此还研究得很不够。笔者认为，深刻性和持久性是文化反作用的两个鲜明的特点。深刻性是指文化能渗透到人类社会的各个领域（如经济、政治、法律、社会、环境等）和人类自身的各个方面。持久性是指文化的影响无处不在，无时不有，源远流长。以下这个观点是绝大多数人都赞成的：法律条文再多但没有法文化的国家，则不是法治国家。同样的道理，没有与民主相适应的政治文化，那么这样的制度就不是真正意义上的民主制度，这样的民主制度也是不能长久的。正如美国政治学家阿尔蒙德指出的“如果公民不能创造、维持一种有利的政治文化，更准确地说，创造一种普遍支持这些理想和实践的文化，民主就不可能维持。”

文化的反作用是这样的重要和明显，所以如果我们仅仅把协商民主作为一项制度、一种形式，而没有把它提升为一种文化即促使其成长为人类先进文化的重要组成部分，那么协商民主就难以真正发挥它的作用，甚至作为一种民主制度的形式也是难以持久的。因此正确认识文化的反作用是一个很重要的问题。恩格斯晚年曾就包括文化在内的上层建筑的反作用问题作了精辟的论述。“根据唯物史观，历史过程中的决定性因素归根到底是现实生活的生产和再生产。无论马克思或我都从来没有肯定过比这更多的东西。如果有人在这里加以歪曲，说经济因素是唯一决定性的因素，那么他就是把这个命题变成毫无内容的、抽象的、荒诞无稽的空话。”① 恩格斯认为对历史进程起重大影响的还有上层建筑的各种因素。如宪法，政治的、法律的和哲学的理论，宗教的观点等等。

二、在我国协商民主成长为先进文化的有利条件和制约因素

如同恩格斯所认为的，“自由、平等、博爱”决不是资本主义的专利的道理一样，协商民主也决不是西方国家的专利。在近二三十年西方国家兴起的政治思潮和政治主张中协商民主是重要内容。虽然其中有不少值得我们研究和借鉴的地方，但是协商民主在我国已经有比较长的发展历史了。这是推进我国协商民主成长为先进文化的有利的历史条件。

协商民主在我国的发展历史大致可以划分为 4 个阶段：第一阶段，从抗日战争时期建立的民主政权到新中国成立，这是协商民主制度产生和形成时期。这一时期需要把握的亮点有：抗战时期延安建立的人民政权实行“三三制”的参议会制度和解放战争时期实行的代表会议制度。在这期间毛泽东提出了两个“一定要学会”，即“我们一定要学会打开大门和党外人士实行民主合作的方法，

① 《马克思恩格斯文集》第 10 卷，人民出版社 2009 年版，第 591 页。

我们一定要学会善于同别人商量问题。”第二阶段，从新中国成立到1954年全国人民代表大会召开。这是协商民主制度较快发展时期。这一时期最大的亮点是1949年通过的《中国人民政治协商会议共同纲领》。它是建国纲领，而且代行宪法职能。第三阶段，从1954年到1966年，是选举民主和协商民主并存的形成时期。这一时期需要把握的亮点有：以毛泽东同志为核心的党的第一代中央领导集体，在出现了政协是否有存在必要的疑问时，明确指出了政协的性质、地位和职能。毛泽东既不赞成取消人民政协的意见，又反对把人民政协搞成国家权力机关。从而奠定了政治协商和民主监督是人民政协基本职能的基础。从全国政协三届一次会议开始，政协和人大代表一起审议政府工作报告，共商国是，并由此形成惯例。从此“两会”成为我国社会主义民主政治的一个“品牌”。第四阶段，从1978年至今，这是协商民主作为我国社会主义民主制度基本形式的形成、确立和不断完善时期。以邓小平同志为核心的党的第二代中央领导集体，在拨乱反正结束后对新时期人民政协存在和发展的依据和人民政协的性质、地位、根本任务和主要职能等基本问题作了深刻而全面的论述，奠定了新时期统一战线理论的基础，夯实并拓展了人民政协的政治基础。邓小平指出，新时期统一战线已经发展成为全体社会主义的劳动者、社会主义事业的建设者、拥护社会主义的爱国者和拥护祖国统一的爱国者的联盟。以江泽民同志为核心的党的第三代中央领导集体，非常重视人民政协在我国民主政治建设中的作用。

1993年3月，我国宪法修正案写进了“中国共产党领导的多党合作和政治协商制度将长期存在和发展”的内容。党的十五大把坚持和完善中国共产党领导的多党合作和政治协商制度，作为党在社会主义初级阶段政治纲领的重要内容，明确肯定了人民政协是实现我国基本政治制度的重要机构，确定了团结、民主是人民政协的两大主题，拓展和延伸了人民政协的基本职能，即在政治协商、民主监督的基础上，增加了参政议政的职能。

十六大以来，以胡锦涛同志为总书记的党中央在总结以往民主政治建设实践基础上确立了中国特色协商民主制度的政治地位。进一步明确了人民政协是我国社会主义民主政治的重要形式，推动了人民政协基本职能的制度化、规范化、程序化。指出了人民政协在构建社会主义和谐社会中的重要作用，重视加强人民政协的自身建设。2006年2月中共中央下发了《关于加强人民政协工作的意见》（简称《意见》），明确地把选举民主和协商民主作为我国社会主义民主制度的两种基本形式。《意见》是新中国成立57年来第一次以党中央名义颁布的关于人民政协工作的文件，其中对协商民主制度的定位具有里程碑的意义。如前所述，在我国具有推进协商民主成长为先进文化的历史条件、制度基础和政治优势。

中华文化博大精深，源远流长，其中包含很多有利于促进协商民主成长为先进文化的思想精华，我们要重视挖掘和发扬光大。我们党历来重视挖掘和弘扬中华文化的思想精华。早在民主革命时期，毛泽东就有过精辟的论述。

“我们这个民族有数千年的历史，有它的特点，有它的许多珍贵品。对于这些，我们还是小学生。今天的中国是历史的中国的一个发展；我们是马克思主义的历史主义者，我们不应当割断历史。从孔夫子到孙中山，我们应当给以总结，承继这一份珍贵的遗产。”[①] 毛泽东还指出，自十月革命以来，先进的中国人就开始用历史唯物主义方法来重新审视中国的一切了。其中，李大钊就是一位代表。他先后发表了《自然的伦理观与孔子》等文章，充分揭示了传统文化产生、存在、发展的经济社会基础。党的十七大指出，中华文化是中华民族生生不息、团结奋进的不竭动力。要全面认识祖国传统文化，取其精华，去其糟粕，使之与当代社会相适应、与现代文明相协调，保持民族性，体现时代性。

中华文化中的思想精华确实是协商民主成长为先进文化的思想沃土。如“天地之间，莫贵于民”的民本思想。又如“以和为贵，和而不同”、“己所不欲、勿施于人”、“协和万邦”、“天人合一” 等和合思想。还有“天下兴亡，匹夫有责”的爱国主义传统。可以这么说，具有五千年悠久历史的中华文化积淀已渗透在每一个中国人的基因中了。因此我们要深刻理解十七大提出了“弘扬中华文化，建设中华民族共有的精神家园”这个命题的深刻含义。而促使协商民主成长为先进文化，则是这个命题的题中应有之义。

---

① 《毛泽东选集》第2卷，人民出版社1991年版，第533—534页。

当然也要看到，在我国存在着制约协商民主成长为先进文化的消极因素。这主要来自两个方面。一是思想认识方面。毋庸讳言，中华文化中也有思想糟粕，尤其是封建主义的思想残余。比较突出的有：民主传统匮乏。在中国几千年的封建社会里虽然不乏有民主萌芽、民主主张等，但决不能生长出现代意义上的民主。即便如前所述的民本思想也是与唯物史观有着根本区别的。封建社会中的民本主张其实是把民众作为国家治理的对象，即是从维护地主阶级统治的重要性上说的。因此“为民作主”被认为是天经地义的。这根本不同于马克思主义民主观中的“社会公仆”与“社会主人”这现代民主思想。主体意识缺失。人格的独立和平等即人具有主体意识，这是现代民主思想的基石。而封建社会恰恰造成了个人没有独立的人格和自主平等的意识。形成了人们祈盼上天恩赐和希望清官能为民作主等奴性意识。对此马克思有过精彩的论述。“他们不能代表自己，一定要别人来代表他们。他们的代表一定要同时是他们的主宰，是高高站在他们上面的权威，是不受限制的政府权力，这种权力保护他们不受其他阶级侵犯，并从上面赐给他们雨水和阳光。”① 对立思维严重。这主要是指在封建主义思想影响下传统政治思维中存在着两极对立的思维惯性。统治者把来自民众的不同意见或政见视为洪水猛兽，必欲去之而后快。在认识上搞非此即彼，缺乏宽容与理性，等等。上述这些封建主义的思

① 《马克思恩格斯文集》第2卷，人民出版社2009年版，第567页。

想残余影响着党的领导干部、党员和民众。这是思想认识上影响协商民主成长为先进文化的消极的因素。我们要旗帜鲜明地加以反对并下大气力克服。

二是在制度和机制上存在的问题。这些问题可以划分为两类。一类是由于封建主义残余影响而形成的制度性障碍，这是需要引起我们高度重视的问题。对此需要重申邓小平关于反对封建主义残余和要解决它对现行制度产生消极影响等重要论述，把解决这个问题再次摆到重要的议事日程。对于封建主义残余的影响既不能漠视又不要夸大。“不能漠视”是指，邓小平当年列举的封建主义残余对党和国家政治生活的影响及其形成的制度性障碍并未完全消失，更不能认为我们已经解决了这个问题。“不要夸大”是指，影响党和国家政治生活的消极因素很多，是什么问题就解决什么问题，不要什么问题都往封建主义残余这个“筐子”里装。

另一类是由于现阶段民主政治发展不足而造成的某些制度空白。比如，虽然现在已确立了协商民主制度的政治地位，但是由于缺乏配套性的法规、制度和机制来规范和保障。因而也就难以巩固协商民主制度的政治地位，从而造成了协商民主与选举民主不协调不平衡发展的状况。这种状况如不加以改变，会反过来影响选举民主的推进。对此，需要通过在党的领导下有步骤有次序地推动我国民主政治建设来解决。

综上所述，可以看出思想认识和制度与机制上存在的问题都是制约协商民主成长为先进文化的不利因素。如果不加以重视解决，那么推进协商民主成长为先进文化的努力和效果就会大打折扣，甚至名存实亡。因此，我们需要统一认识，奋发有为，也就是要克服各种不利因素和消极影响，充分挖掘和不断创造促使协商民主成长为先进文化的各方面的有利条件。

三、要使协商民主成长为先进文化关键在党

这里讲的“关键在党”主要是从以下两个方面加以分析的。一是党内民主状况对于协商民主的发展具有极端重要性。十六大指出，党内民主是党的生命，对人民民主具有重要的示范和带动作用。这个判断极其重要，因为我国的国情和党情是中国共产党长期领导一党执政。党内民主状况会直接带动或制约社会民主的发展。虽然在革命战争年代党就有了协商民主的做法，在新中国成立初期我们党推进协商民主成绩斐然。但是“过去先进不等于现在先进，现在先进不等于永远先进；过去拥有不等于现在拥有，现在拥有不等于永远拥有”。况且将协商民主作为社会主义民主制度的基本形式，在实践中才确立不久，在理论研究上才刚刚破题，不可能一蹴而就。而要使协商民主成长为先进文化的重要组成部分任重而道远，关键在党。

二是代表先进文化的前进方向，这是我们党始终站在时代前列，保持先进性的根本体现和根本要求。党的十七届四中全会提出建设马克思主义学习型政党的重大而紧迫的战略任务，也是从我们党代表先进文化前进方向提出的

要求。世界在变化，形势在发展，中国特色社会主义实践在深入，不断学习、善于学习，努力掌握和运用一切科学的新思想、新知识、新经验即努力掌握先进文化，这是党始终走在时代前列引领中国发展进步的决定性因素。这就要求我们要牢牢把握先进文化的发展趋势和要求。既然协商民主是我们的优良传统，是我国社会主义民主制度的基本形式，是当今世界民主发展的一种潮流，那么我们要在不断推进社会主义民主政治建设的同时，努力创造条件让协商民主成长为先进文化，这是我们党把握先进文化发展趋势，代表先进文化前进方向的根本要求。

总之，要使协商民主成长为先进文化的重要组成部分，这是社会主义民主政治建设的重要的实践任务和理论命题。命题中的“成长”其基本含义有二：一是协商民主成长为先进文化也要遵循客观规律即它是个自然历史过程，不能超越阶段，不能急于求成，甚至于拔苗助长。二是协商民主成长为先进文化需要主体的推动。党和人民是推动协商民主成长为先进文化的主体。但就主体自身而言，关键也在党。

结束语：马克思主义为什么今后还管用*

可以说广大党员干部都是赞成这个判断的：自马克思主义诞生以来的一百多年历史和实践的发展证明马克思主义是正确的、管用的。但是，这个判断还没有回答马克思主义为什么今后还管用。因为，过去和现在正确、管用并不等于今后也还是正确、管用。关于后一个判断实际上涉及一个深层次的理论问题，即马克思主义体系中哪些是能够长久起作用的最根本的东西，也就是说它们是能够跨越时空的。本文从四个方面阐释这一重大的理论和现实问题。

我们阐释这一问题的前提，是认同随着历史和实践的发展，尤其是时代特征的变化和科学技术的不断进步，马克思主义体系中的一些原理、观点和结论（包括个别重要的原理、观点和结论），将不断地被改变，甚至过时。

---

* 本文发表于《红旗文稿》2006年第19期。

其实这个前提体现了活生生的辩证法。如果认为马克思主义体系中的所有原理、观点和结论都是正确的，都是不能改变的，实际上是在贬低这个理论。因为只有宗教才认为自己是万古不变的信条，但那不是科学理论。

一、马克思主义是科学的世界观和方法论

马克思恩格斯着重是从哲学角度论证他们的世界观和方法论的。但是不能认为马克思主义世界观和方法论仅存在于马克思主义哲学中，它是体现在整个马克思主义体系中。马克思主义的世界观和方法论给我们提供了全方位认识外部世界的科学图景，揭示了客观世界的本来面貌。从而使它成为完备、深刻而无片面性的学说。列宁曾经用“最彻底、最完整、最周密、内容最丰富的发展论”来界定马克思主义的世界观和方法论，并认为这是马克思恩格斯“科学思想中的最大成果”。从而给人类特别是工人阶级提供了认识世界和改造世界的思想武器。而作为先进的工人阶级及其先锋队共产党来说，任何时候都需要正确地认识世界，合乎规律地改造世界，正是从这个意义上我们说，马克思主义的世界观和方法论过去和现在管用，今后还管用。

众所周知，唯物辩证法是马克思主义世界观和方法论的核心内容。恩格斯曾经深刻地指出，唯物辩证法具有跨越学科和超越时空的特点。他指出，“自然科学家尽管可以采取他们所愿意采取的态度，他们还得受哲学的支配。

问题只在于：他们是愿意受某种蹩脚的时髦哲学的支配，还是愿意受某种建立在通晓思维历史及其成就的基础上的理论思维形式的支配。”① 恩格斯这里讲的“理论思维形式”其实就是指世界观和方法论。他还指出，“对于现今的自然科学来说，辩证法恰好是最重要的思维形式，因为只有辩证法才为自然界中出现的发展过程，为各种普遍的联系，为从一个研究领域向另一个研究领域过渡提供类比，从而提供说明方法。”②

此外，马克思恩格斯运用科学的世界观和方法论研究社会主义所得出的结论具有强大的说服力和生命力。从中也可以看出马克思主义的世界观和方法论是能够长久起作用的“伟大的认识工具”（列宁语）。马克思恩格斯是在分析资本主义现实以及从历史事实和发展过程基础上提出了科学社会主义的。而不像空想社会主义者从绝对真理、抽象理性和永恒正义等出发来描绘社会主义。尽管这个理论反映了被压迫阶级和群众的诉求，但毕竟是不成熟的、有明显缺陷的理论主张。为了同它加以区别，马克思恩格斯把自己的理论称为科学社会主义。马克思恩格斯是在揭示人类社会发展一般规律的基础上，指明了未来社会主义的发展方向，决不先验地为未来社会规定具体细节。马克思恩格斯运用科学的抽象方法揭示未来社会主义的一般特征，即从大量的现象中舍掉了许多非典型、非本质的因

① 《马克思恩格斯文集》第9卷，人民出版社2009年版，第460页。
② 《马克思恩格斯文集》第9卷，人民出版社2009年版，第436页。

素，以揭示本质性、规律性的东西。他们还坚持发展的观点，把未来社会主义看成是一个充满辩证运动、经常变化和改革的社会，而不认为它是一成不变的；马克思恩格斯坚持从实际出发的观点，指出了未来社会主义在不同国家的实现形式也是不同的。坚决反对有人把他们的理论当做“一般历史哲学理论”，指出“极为相似的事变在不同的历史环境中”也会引起“完全不同的结果”。

如上所述的马克思恩格斯关于社会形态发展是自然历史过程的观点；关于一般规律与特殊规律相统一的观点；关于科学的抽象法；关于社会辩证发展的观点；关于坚持一切从事实出发研究问题的观点等，其中有些就是马克思主义世界观和方法论的重要内容，有些是它的根本要求。而这些观点无疑在今后人类认识世界改造世界的历史长河中都是长久起作用的，这就是说，马克思主义的科学世界观和方法论今后仍然管用。

二、马克思主义具有与时俱进的理论品质

马克思主义的诞生无疑是人类思想史上一次伟大的变革。用恩格斯的话说，在此之前的思想家们“所做的一切研究都只是在黑暗中摸索”。但是，马克思恩格斯从来没有要求别人（包括后人）把他们的学说作为教条加以顶礼膜拜，从来没有认为他们的理论就不再发展了，这是因为马克思主义具有与时俱进的革命理论品质。在这方面，马克思主义创始人及其后继者都有一系列精辟的阐

述。恩格斯深刻地指出："马克思的整个世界观不是教义，而是方法。它提供的不是现成的教条，而是进一步研究的出发点和供这种研究使用的方法。"[①] 或者说它提供的是"继续发展和详细研究这个科学所应遵循的道路。"列宁多次阐述过这个重要思想。"我们决不把马克思的理论看做某种一成不变的和神圣不可侵犯的东西；恰恰相反，我们深信：它只是给一种科学奠定了基础，社会党人如果不愿落后于实际生活，就应当在各方面把这门科学推向前进。"[②] 毛泽东也曾深刻地指出，任何国家的共产党人，任何国家的无产阶级的思想界，都要创造新的理论，写出新的著作，这样才能解决自己国家革命的实际问题。邓小平曾经说过："绝不能要求马克思为解决他去世之后上百年、几百年所产生的问题提供现成答案。"[③] 江泽民指出，"我们要突破前人，后人也必然会突破我们。这是社会前进的必然规律。"胡锦涛同志也指出，当代中国共产党人要肩负起时代赋予的光荣使命，不断为丰富和发展马克思主义做出新的贡献。

马克思主义与时俱进的理论品质决定了马克思主义后继者与它的创始人之间既有继承的一面，又有发展的一面，既一脉相承又不断创新。因此，马克思主义理应包括马克思去世之后的一百多年他的后继者对这个理论的丰富和发展。对此，中国共产党人把它称之为中国化的马克思

① 《马克思恩格斯文集》第 10 卷，人民出版社 2009 年版，第 691 页。
② 《列宁选集》第 1 卷，人民出版社 1995 年版，第 274 页。
③ 《邓小平文选》第 3 卷，人民出版社 1993 年版，第 291 页。

主义，并在党的文献中对马克思主义与时俱进理论品质作了全面的论述：马克思恩格斯广泛研究前人的思想材料，批判地吸取前人的思想成果而形成超越前人的学说，为工人阶级和全人类的解放运动创造了科学的思想体系。列宁揭示了世界资本主义经济政治发展不平衡的规律，提出社会主义革命可以在一个国家或几个国家首先获得成功，并且领导十月革命取得了胜利。毛泽东把马克思列宁主义基本原理同中国革命具体实际相结合，创立了新民主主义理论，指导中国革命取得了胜利，并领导中国人民走上了社会主义道路。邓小平总结了国内外社会主义发展的经验和教训，提出了建设中国特色社会主义理论，指引我国社会主义事业进入蓬勃发展的新时期。十三届四中全会以来，以江泽民为主要代表的中国共产党人在建设中国特色社会主义的实践中，加深了对什么是社会主义、怎样建设社会主义和建设什么样的党、怎样建设党的认识，积累了治党治国新的宝贵经验，形成了“三个代表”重要思想。十六大以来，以胡锦涛同志为总书记的党中央根据新世纪新阶段我国经济社会发展出现的阶段性特征，在总结改革开放和现代化建设实践基础上，提出了科学发展观和构建社会主义和谐社会等一系列重要战略思想。这是马克思主义中国化的生动体现。正是马克思主义具有与时俱进的理论品质，从而能使这个科学理论不但历经磨难而不衰，而且能薪火相传，生机勃勃。也正是从这个意义上，我们说，马克思主义今后还管用。

三、马克思主义的价值观是认识世界改变世界的重要工具

应该说，以往我们对马克思主义价值观研究得不够，其实它是一个极其重要的深层次的理论问题。所谓价值观是指人们对认识对象（包括人与事）的评价标准、评价原则和评价方法的观点的体系。人们认识外部世界有两种情况或称有两种类型的认识。一是知识性的认识，即以反映客体本身的状况为反映内容，以获得对客体或“真”或“伪”的认识。这种认识在自然科学中体现得比较充分。也就是说自然科学只回答“真”与“伪”；二是评价性认识。这种认识不仅以客体自身状况为反映内容，而是以客体与主体间的价值关系为反映内容，不但要获得关于客体对主体的“真”与“伪”，而且还要获得“善”与“恶”、“美”与“丑”的认识。这种认识普遍地存在于社会科学和人文科学之中。马克思主义价值观属于评价性认识。由于它是以绝大多数人的根本利益和人类彻底解放为认识和判断的标准，因而马克思主义价值观在评价真伪、善恶、美丑方面具有客观性、真理性和持久性。因而它也是我们认识世界改变世界的重要工具。也正是从这个意义上说，它是超越时空的。

以马克思主义的价值观来认识社会主义就形成了社会主义核心价值观，就可以得出社会主义是制度与价值相统一的科学结论。在社会主义思想史上存在过两种有代表性

的非马克思主义价值观的社会主义流派。一种是实体化的社会主义，即认为社会主义就是指社会形态和制度，是可以感知的实体，反对认为社会主义也是一种价值观。这方面的代表人物有考茨基、阿尔都塞等人；另一种是价值化的社会主义，即认为社会主义就是一种价值认识和伦理观念，反对把社会主义看做是一种社会制度。这方面的代表人物有伯恩施坦和一些社会民主党的思想家。而马克思主义的价值观认为，社会主义是制度与价值观统一。这种统一是来自于社会主义本身发展是逻辑与历史的统一。这就与上述两种流派划清了界线。

因为在马克思恩格斯看来，社会是一个关系体系。人们在长期的实践中经过不断的交往，将某些交往关系社会关系固定并规范下来，从而形成了制度。正如马克思指出的，“社会不是由个人构成，而是表示这些个人彼此发生的那些联系和关系的总和。”人们的活动不仅造就了社会关系，还形成了社会制度，而且还要使社会制度反映并实现社会主体即人的价值观。因此，制度是价值观的载体，价值观则是制度设计和安排的依据。不同价值观影响下的制度具有不同的性质和特点。从这个意义上说，价值观是制度之魂。对于科学社会主义而言，社会主义是制度和价值观的有机统一。社会主义核心价值观是社会主义制度之魂，社会主义制度的本质在社会主义核心价值观中得到了充分体现。而且两者处在不断互动的过程中。也就是说，社会主义制度的建立、改革和完善，与社会主义核心价值观的建构、发展和创新是一个良性互动过程，从而充分显示了社会主义制度的凝聚力、吸引力和生命力。

马克思主义价值观为什么能超越时空，还因为它是吸收和借鉴了人类历史上一切优秀的合理的价值观资源，其中自然也包括资本主义价值观中的合理的成分。在这方面极具说服力的例子就是恩格斯在《家庭、私有制和国家的起源》一书中对自由、平等、博爱的论述。以往我们曾经认为，自由、平等、博爱是资产阶级的口号，是资本主义的专利，这不符合恩格斯的原意。恩格斯指出，在人类社会历史发展的初期即氏族公社时期，就出现了朴素的自由、平等、博爱的萌芽，但是在进入私有制社会尤其是资本主义社会之后，自由、平等、博爱被蒙上了虚伪的面纱，这不是自由、平等、博爱的过错，而是资本主义制度造成的。恩格斯在此书的结尾部分深刻指出，只有到了未来社会即共产主义社会，人类社会初期就已经出现的自由、平等、博爱才能“在更高级形式上复活”。如前所述，从马克思主义价值观的特点和形成过程来看，有力地佐证了列宁对马克思主义的评价。“马克思主义同‘宗派主义’毫无相似之处，它绝不是离开世界文明发展大道而产生的一种故步自封、僵化不变的学说。恰恰相反，马克思的全部天才正是在于他回答了人类先进思想已经提出的种种问题。”① 因此，离开了吸收和借鉴人类以往一切优秀的、合理的价值理念，马克思主义价值观就失去了它丰富的历史内涵，没有对资本主义价值理念的批判和超

① 《列宁选集》第2卷，人民出版社1995年版，第309页。

越，马克思主义价值观就失去了它的吸引力和持久性。

关于社会主义核心价值观，这是一个正在研究中的重要理论课题。当前这方面的研究取得了很大的进展，主要表现为两点：一是大家公认要加强对社会主义核心价值观的研究。曾经有一种观点长时期影响着我国理论界。这种观点认为，提社会主义核心价值观很难与历史上主张价值化社会主义的流派和社会民主党的某些主张划清界线。在解放思想、实事求是的指引下，近几年理论界开始研究这个问题。令人鼓舞的是，2004 年党中央决定实施马克思主义理论研究和建设工程（简称“工程”）。为扎实推进这个“工程”成立了由方方面面专家学者组成的课题组，对马克思主义理论体系中的重要问题进行分门别类的攻关。其中就有一个课题组是专门研究社会主义价值观问题的，并且已经出了阶段性成果；二是努力对社会主义核心价值观的内容做出尽可能全面的概括。虽然观点不尽相同，概括的角度也不一样，但是没有截然对立的观点。以下介绍三种有代表性的概括，供大家参考。第一种是上面提到的课题组的观点。他们认为，社会主义核心价值观主要是由新集体主义、人民功利主义、自由—民主主义构成。第二种观点认为，可以把社会主义核心价值理念概括为：发展、富裕、民主和文明。第三种观点，也就是笔者曾在国家教育部主办的《思想理论教育导刊》（2005 年第 4 期）上发表的“对社会主义的再思考”一文中提出的观点。笔者认为，社会主义核心价值观可以用民主、平等、集体主义和人的自由全面发展加以概括。当然，还有其他类似的概括，在此不作赘述。笔者认为，虽然对它的内涵的概括至今还未形成共识，但是最为重要的意义在于，大家对研究社会主义核心价值观的重要性、必要性和现实可能性已形成了共识，这是我国理论界与时俱进的一个生动体现。

四、马克思的高尚人格和批判精神跨越了时空阻隔而流芳百世

这个问题似乎与本文论题关系不大，其实还是联系得很密切的。因为马克思主义理论的品格、精神和实质是与这个理论体系创始人马克思本人紧密联系在一起的。马克思的高尚人格和批判精神也是决定马克思主义今后仍然管用的重要因素。马克思作为思想家、伟人是举世公认的。众所周知，1999 年年底，在英国 BBC 广播公司举办的世界范围内“千年思想家”的评选活动中马克思独占鳌头。在最近 BBC（第四频道）举行的“英国人心中最伟大的哲学家”的民意投票中马克思又一次荣登榜首。虽然我们对作为思想家、革命家和历史伟人的马克思无须搞个人崇拜，但是在马克思身上有太多的品格和精神值得我们去总结、去学习。本文仅谈两点。

一是马克思的高尚人格。这不仅体现在马克思一生虽然十分贫穷，但是为了给工人阶级锻造锐利的思想武器他鞠躬尽瘁，死而后已。而且还体现在他人生观确立以后的两大价值选择中，即为了“人类的幸福和我们自身的完

善”。这是马克思在中学毕业时写的论文《青年在选择职业时的考虑》中提出来的。我国广大青年学生对此也是耳熟能详，脍炙人口。但是熟悉的东西不等于我们已经真正认识了它。马克思在青年时代选择的这两大价值取向，影响了他的一生，他是用自己终生的活动来实践它。马克思指出的为了“人类的幸福”，用我们今天话来讲就是集体主义。为了“我们自身的完善”，这仍然是当今时代许许多多人追求的崇高思想境界。正是由于马克思有了这种高尚人格，所以能够克服常人难以想象的困难。创造了令几代人仰慕的科学成果。最为典型的要算是《资本论》的撰写过程和出版。马克思为揭示剩余价值的秘密，指出资本主义社会发展的趋向，呕心沥血几十年，过着有时穷得竟“买不起一张寄信邮票”的艰苦生活，终于写成并出版了《资本论》第一卷。列宁说过，“如果不是恩格斯牺牲自己而不断给予资助，马克思不但无法写成《资本论》，而且势必会死于贫困。”① 马克思自己也说过，《资本论》第一卷的稿费甚至不够我偿付写作它时所吸的雪茄烟的烟钱。但是《资本论》以及从中体现出来的马克思的高尚人格是不能用市场价格来衡量的。马克思的高尚人格无疑为后人树立起了一座庄严宏伟的丰碑。

二是马克思的批判精神。德语中的“批判”一词与我们国人对它的理解是有着差异的，更是根本区别于我国“文化大革命”时期开展的“大批判”。马克思的批判精

① 《列宁选集》第2卷，人民出版社1995年版，第417页。

神就是指分析、扬弃和超越的精神，这个精神体现在整个马克思主义体系中。对于旧事物，马克思的座右铭是“怀疑一切”；对于资本主义社会，马克思的态度是“在批判旧世界中发现新世界”；对于新生事物，马克思欣赏的是它对旧事物的扬弃和新事物能不断地实现自我超越。从欧洲思想发展史上看，批判精神是与当时盛行的宗教迷信和盲目崇拜相对立的。因为，在马克思的批判精神面前“不存在任何最终的东西、绝对的东西、神圣的东西；它指出所有一切事物的暂时性；在它面前，除了生成和灭亡的不断过程、无止境地由低级上升到高级的不断过程，什么都不存在。”① 这种批判精神无疑是当时欧洲思想解放和科学进步的动力。对于资本主义社会而言，这种批判精神一旦为广大群众所掌握就会变成改变旧世界的伟大力量。正是马克思的批判精神，使他成了当时德国反动政府的眼中钉。他们驱赶马克思，迫使马克思离开了自己的祖国，直到去世仍在异国他乡。马克思的批判精神是反动当局消灭不了的，时间也不能使这种精神泯灭。只要世界上还存在着阶级压迫和阶级剥削，还存在着不自由、不民主、不公正等社会现象，马克思的批判精神就会穿透时空的阻隔，仍然起着革命性的作用。英国剑桥大学政治学教授加里斯特·琼斯指出，“《共产党宣言》虽然出版于1848 年，但我们现在经常谈到的全球化、裁员、跨国公司、世界经济朝着这个方向或那个方向发展，所有这些内

---

① 《马克思恩格斯文集》第 4 卷，人民出版社 2009 年版，第 270 页。

容在书中都能找到，它有令人惊讶的现实意义，任何其他文献都没有这个力量。”

当然，作为今天领导中国人民实现了民族解放、国家独立并正朝着实现中华民族伟大复兴道路上前进的中国共产党人来讲，重要的是学习和把握马克思的批判精神中的扬弃、超越这些真谛，因为只有这样，才能实现我们党的指导思想和党所领导的事业以及党自身建设的与时俱进。

图书在版编目（CIP）数据

严书翰自选集/严书翰著.（“学习”理论文库）
-北京：学习出版社，2010.11
ISBN 978-7-80116-969-3

Ⅰ.①严… Ⅱ.①严… Ⅲ.①中国特色-社会主义建设模式-文集 Ⅳ.①D616-53

中国版本图书馆 CIP 数据核字（2010）第 172867 号

严书翰自选集

YAN SHUHAN ZIXUANJI

严书翰 著

责任编辑：李 岩
技术编辑：王晓勇

出版发行：学习出版社
北京市崇文门外大街 11 号新成文化大厦 B 座 11 层（100062）
010-66063020 010-66061634
经 销：新华书店
印 刷：北京联兴盛业印刷股份有限公司

开 本：880 毫米×1230 毫米 1/32
印 张：16.5
字 数：328 千字
版次印次：2010 年 11 月第 1 版 2010 年 11 月第 1 次印刷

书 号：ISBN 978-7-80116-969-3
定 价：75.00 元